概説 新しい公益信託法

CHARITABLE TRUST LAW

古谷真良 ［編著］
FURUYA Masayoshi

太田道寛 ｜ 藤井梨絵 ｜ 大塚一輝 ［著］
OTA Michihiro ｜ FUJII Rie ｜ OTSUKA Kazuki

一般社団法人 金融財政事情研究会

はしがき

　「公益信託に関する法律」（以下「新公益信託法」といいます。）が、令和6年5月14日、第213回国会（通常国会）において成立し、同月22日に令和6年法律第30号として公布されました。新公益信託法は、令和8年4月1日の施行を目指して施行準備が進められております。

　新公益信託法は、少子高齢化、地域社会の疲弊、環境問題など対応すべき社会課題が複雑化し、日々新たな課題が生まれる現代社会において、公益法人制度とともに、公益信託制度を、より使い勝手のよい制度とすることを目指して、「公益信託ニ関スル法律」（大正11年法律第62号）を全面的に改正したものです。もともと、大正時代に制定された信託法の一部であった公益信託制度が、今般、約100年ぶりに抜本的に見直されたことになります。

　今般の法改正に向けては、法務大臣の諮問機関である法制審議会に設置された信託法部会において、部会長を務められた中田裕康教授（早稲田大学大学院教授（要綱答申時））をはじめとする同部会の委員・幹事や当時の担当官の方々、その要綱を踏まえた立法化の実現のために動かれた金子修さいたま地方裁判所所長（前法務省民事局長）、竹内努法務省民事局長をはじめ、法務省民事局参事官室の担当者の方々の多大な御尽力がありました。その上で、公益信託の潜在力を理解し、公益法人制度と共通の行政庁が公益信託制度の認可・監督を担うという重要な方針を示して、それを実現された北川修総務省政策立案総括審議官（前内閣府公益認定等委員会事務局長）、高角健志同事務局長、大野卓同事務局次長のほか、同事務局の方々の熱意と想いがありました。本改正に関わった一人一人のお名前を挙げることはできませんが、この場をお借りして、皆々様に対して、心よりお礼を申し上げます。

　公益信託制度は、信託法、公益法人制度、公益信託税制その他の法制度と密接に絡んでおり、新公益信託法の条文だけを見ても、その全体像を理解することは容易ではありません。具体的な制度運用は、下位法令等の整備を待つ必要があり、現時点で全てを網羅的に説明することは困難ですが、初めて公益信託制度の利用を検討したり、新しく行政庁の側で担当したりする方々が、新制度の現在地を確認し、今後の検討のスタート地点としてご理解いただけるよう、

なるべく図や表を作成し、相互レファレンスができるように心掛けました。

　本書の執筆は、内閣府又は法務省の立場で、改正法の立案事務に従事した著者が行いましたが、その内容については、内閣府や法務省で立案を担当した方々の多大な御協力の上に成り立っているものであり、この場をお借りして、皆々様に対して、心よりお礼を申し上げます。なお、本書中の意見にわたる部分は、著者の個人的な見解を述べたものにすぎず、本書の記載内容についての責任もまた、全て著者が負うものです。また、本書の刊行に当たっては、一般社団法人金融財政事情研究会の平野正樹氏、吉川真優子氏に大変お世話になりました。記して謝意を表します。

　最後に、我々が、新公益信託法の立案に当たって、新しい公益信託制度の適正な運用を願いつつ、その可能性を忘れないために、法案準備室の壁に貼っていた言葉を記させていただきます。

　「信託は、その目的が不法や不能でないかぎり、どのような目的のためにも設定されることが可能である。したがって、信託の事例は無数にありうるわけで、それを制限するものがあるとすれば、それは、法律家や実務家の想像力の欠如にほかならない。」（四宮和夫『信託法［新版］』15頁（有斐閣、1989年））

　令和7年2月

著者一同

法令等の表記

本文上、特段断りのない法条は、新公益信託法を表す。
その他本文で略称する法令等は以下のとおり。

新公益信託法 ：公益信託に関する法律（令和6年法律第30号）
旧公益信託法 ：公益信託ニ関スル法律（大正11年法律第62号）
信託法 ：信託法（平成18年法律第108号）
旧信託法 ：信託法（大正11年法律第62号）
信託法整備法 ：信託法の施行に伴う関係法律の整備等に関する法律（平成18年法律第109号）
一般法人法 ：一般社団法人及び一般財団法人に関する法律（平成18年法律第48号）
公益法人認定法 ：公益社団法人及び公益財団法人の認定等に関する法律（平成18年法律第49号）
　　　　　　　　※公益法人認定法の条項については本文中に明示がなければ、公益社団法人及び公益財団法人の認定等に関する法律の一部を改正する法律（令和6年法律第29号）による改正後の条項を指す。
公益法人認定法整備法：一般社団法人及び一般財団法人に関する法律及び公益社団法人及び公益財団法人の認定等に関する法律の施行に伴う関係法律の整備等に関する法律（平成18年法律第50号）
公益法人制度改革関連：一般法人法、公益法人認定法及び公益法人認定法整備法の総称
3法
事務処理政令 ：公益信託に係る主務官庁の権限に属する事務の処理等に関する政令（平成4年政令第162号）
許可審査基準 ：公益信託の引受け許可審査基準等について（平成6年9月13日公益法人等指導監督連絡会議決定）

税法令については本文中に明示がなければ、令和6年度の税制改正後（所得税法等の一部を改正する法律（令和6年法律第8号）又は地方税法等の一部を改正する法律（令和6年法律第4号）による改正後）の条項を指す。

所法 ：所得税法（昭和40年法律第33号）
所令 ：所得税法施行令（昭和40年政令第96号）
法法 ：法人税法（昭和40年法律第34号）
法令 ：法人税法施行令（昭和40年政令第97号）
相法 ：相続税法（昭和25年法律第73号）
相令 ：相続税法施行令（昭和25年政令第71号）

相基通：相続税法基本通達
消法　：消費税法（昭和63年法律第108号）
消基通：消費税法基本通達
印法　：印紙税法（昭和42年法律第23号）
登法　：登録免許税法（昭和42年法律第35号）
措法　：租税特別措置法（昭和32年法律第26号）
措令　：租税特別措置法施行令（昭和32年政令第43号）
措規　：租税特別措置法施行規則（昭和32年大蔵省令第15号）
措関通：租税特別措置法関係通達
地法　：地方税法（昭和25年法律第226号）

【著者略歴】

● 編著者 ●

古谷　真良（ふるや　まさよし）

　内閣府大臣官房公益法人行政担当室企画官（法務省民事局参事官室と兼務）

● 著　者 ●

太田　道寛（おおた　みちひろ）

　法務省民事局民事第二課補佐官（前内閣府大臣官房公益法人行政担当室参事官補佐）

藤井　梨絵（ふじい　りえ）

　法務省民事局調査員兼内閣府大臣官房公益法人行政担当室政策調査員（三菱UFJ信託銀行より出向）

大塚　一輝（おおつか　かずき）

　内閣府大臣官房公益法人行政担当室主査

＊2025年3月末現在

目　　次

第1章　公益信託制度の概要

第1節　公益信託制度……………………………………………………………2

（1）公益信託制度の現状………………………………………………………2

（2）公益活動のツールとしての公益信託制度の特徴………………………6

第2節　公益信託制度改革の経過……………………………………………10

（1）信託法改正の経過………………………………………………………12

（2）公益信託税制改正の経過………………………………………………12

（3）公益法人制度改正の経過………………………………………………14

（4）旧公益信託法に係る法制審議会等の経過……………………………14

（5）「新しい時代の公益法人制度の在り方に関する有識者会議」での審

議……………………………………………………………………………15

（6）経済財政運営と改革の基本方針2023等………………………………16

（7）令和6年通常国会における公益2法及び公益信託関連税法の改正……17

（8）経済財政運営と改革の基本方針2024等………………………………23

（9）新公益信託法の施行に向けた準備……………………………………23

第3節　旧公益信託制度の概要………………………………………………25

（1）一般的な仕組み…………………………………………………………25

（2）主務官庁制の仕組み……………………………………………………26

第4節　新しい公益信託制度の概要…………………………………………28

（1）新しい公益信託制度の概要……………………………………………28

（2）新しい公益信託の関係者………………………………………………31

第2章　新公益信託制度と関係法令

第1節　新公益信託法と他法令の関係………………………………………44

第2節　新公益信託法と信託法の関係………………………………………45

（1）信託法の特別法としての新公益信託法………………………………45

(2) 新公益信託法における信託法の特則等 ……………………………………45

(3) 目的信託と公益信託の関係 ……………………………………………46

第3節　新公益信託法と公益信託税制との関係 …………………………52

第4節　新公益信託法と公益法人認定法との関係 ………………………55

(1) 公益法人認定法と整合的な新公益信託法の制定 …………………………55

(2) 新公益信託法と公益法人認定法の主な異同等 ……………………………55

(3) 旧公益信託法の改正に伴う公益法人認定法等の一部改正（附則第27
条及び第28条関係）…………………………………………………57

第5節　他の関係法令 ……………………………………………………59

(1) 新公益信託法と地方自治法との関係 ……………………………………59

(2) 新公益信託法と信託業法との関係 ………………………………………59

第3章　公益信託に関する法律　逐条解説

第1節　公益信託に関する法律（本則）…………………………………63

第1章　総　　則 ……………………………………………………63

第1条　（目的）………………………………………………………63

第2条　（定義）………………………………………………………64

1　第1項について ………………………………………………64

2　第2項及び第3項について ……………………………………67

第3条　（行政庁）……………………………………………………68

第4条　（公益信託の要件）…………………………………………69

1　公益信託の方法に関する規律（第1項）……………………70

2　公益信託の信託行為に定める事項（第2項）………………70

3　受益者の定めを設けることの制限（第3項）………………73

第5条　（公益信託の名称等）………………………………………73

第2章　公益信託の認可等 ……………………………………………75

第1節　公益信託の効力 ……………………………………………75

第6条　（公益信託の効力）…………………………………………75

第2節　公益信託の認可 ……………………………………………75

第7条　（公益信託認可の申請）……………………………………75

目　　次　vii

1 公益信託認可の申請主体（第1項）······································76

2 公益信託認可の申請書の記載事項（第2項）··························76

3 公益信託認可の申請手続の添付書類（第3項）························78

第8条　（公益信託認可の基準）···80

1 公益信託の目的（第1号）···81

2 受託者の資格（第2号）···81

3 信託管理人の資格（第3号）···82

4 公益信託事務の処理の内容（第4号）····································83

5 関係者に対する特別の利益に関する規制（第5号）····················84

6 第三者に対する特別の利益に関する規制（第6号）····················84

7 投機的な取引等の規制（第7号）···86

8 収支の均衡（第8号）···87

9 公益事務割合の規制（第9号）···88

10 使途不特定財産の規制（第10号）·······································89

11 報酬規制（第11号）··90

12 他の団体の意思決定への関与の規制（第12号）························91

13 残余財産の帰属権利者についての規制（第13号）······················92

第9条　（欠格事由）···93

第10条　（公益信託認可に関する意見聴取）·································96

第11条　（公益信託認可の公示）···97

第12条　（公益信託の変更等の認可）···98

1 第1項について···99

2 第2項について···100

3 第3項から第6項までについて···100

第13条　（申請書の経由）··101

1 第1項について···101

2 第2項について···101

第14条　（公益信託の変更の届出等）··101

1 第1項について···101

2 第2項について···102

第15条　（受託者の辞任の届出等）··102

1	第1項について	……………………………………………	102
2	第2項について	……………………………………………	103

第3節　公益信託事務の処理等…………………………………………103

第16条　（公益信託事務の収入及び費用等）………………103

1	第1項について	……………………………………………	104
2	第2項について	……………………………………………	104

第17条　（使途不特定財産額の保有の制限）…………………104

1	第1項及び第2項について	…………………………	105
2	第3項について	……………………………………………	105

第18条　（寄附の募集に関する禁止行為）……………………106

第19条　（公益信託報酬）……………………………………106

第20条　（財産目録の備置き及び閲覧等）……………………107

第21条　（財産目録等の提出等）………………………………110

第4節　公益信託の併合等………………………………………111

第22条　（公益信託の併合等の認可）…………………………111

1	第1項について	……………………………………………	112
2	第2項及び第3項について	………………………	112
3	第4項から第7項までについて	………………………	113

第23条　（公益信託の終了事由等）……………………………113

1	第1項について	……………………………………………	113
2	第2項について	……………………………………………	114

第24条　（公益信託の継続）…………………………………114

1	第1項について	……………………………………………	115
2	第2項及び第3項について	………………………	115

第25条　（信託の終了の届出等）………………………………116

1	第1項について	……………………………………………	116
2	第2項について	……………………………………………	116

第26条　（清算の届出等）……………………………………117

1	第1項及び第2項について	………………………	117
2	第3項について	……………………………………………	117

第27条　（残余財産の帰属）…………………………………117

目　次　ix

第5節　公益信託の監督……………………………………………………118

第28条　（報告徴収及び立入検査）……………………………………119

　　1　第1項について…………………………………………………119

　　2　第2項及び第3項について………………………………………119

第29条　（勧告、命令等）…………………………………………………120

　　1　第1項について…………………………………………………120

　　2　第2項について…………………………………………………121

　　3　第3項について…………………………………………………121

　　4　第4項について…………………………………………………121

　　5　第5項について…………………………………………………121

第30条　（公益信託認可の取消し）……………………………………122

　　1　第1項について…………………………………………………123

　　2　第2項について…………………………………………………123

　　3　第3項について…………………………………………………123

　　4　第4項について…………………………………………………124

第31条　（公益信託認可が取り消された場合における新受託者の選

　　　　任）……………………………………………………………124

第32条　（行政庁への意見）………………………………………………124

第6節　信託法の適用関係…………………………………………………126

第33条　（信託法の適用関係）……………………………………………126

　　1　信託法の読替えの考え方………………………………………129

　　2　第33条第1項の規定（適用除外規定）内容について……………130

　　3　第33条第2項の規定内容について………………………………133

　　4　第33条第3項の規定（読替規定）内容について……………………133

第3章　公益認定等委員会等への諮問等……………………………………137

第1節　公益認定等委員会への諮問等……………………………………137

第34条　（委員会への諮問）………………………………………………137

　　1　第1項について…………………………………………………139

　　2　第2項について…………………………………………………140

　　3　第3項について…………………………………………………140

第35条　（答申の公表等）…………………………………………………140

1　第1項について……………………………………………………………140

2　第2項について……………………………………………………………141

第36条　（内閣総理大臣による送付等）………………………………141

1　第1項及び第2項について………………………………………………142

2　第3項について……………………………………………………………142

第37条　（委員会による勧告等）………………………………………143

1　第1項について……………………………………………………………143

2　第2項について……………………………………………………………144

3　第3項について……………………………………………………………144

第2節　都道府県に置かれる合議制の機関への諮問等………………145

第38条　（行政庁が都道府県知事である場合についての準用）…………145

第39条　（都道府県知事による通知等）………………………………145

第4章　雑　　則……………………………………………………………145

第40条　（協力依頼）……………………………………………………146

第41条　（情報の提供）…………………………………………………146

第42条　（権限の委任等）………………………………………………147

1　第1項について……………………………………………………………147

2　第2項について……………………………………………………………147

第43条　（是正の要求の方式）…………………………………………148

第44条　（命令への委任）………………………………………………149

第5章　罰　　則……………………………………………………………149

第45条…………………………………………………………………………149

第46条…………………………………………………………………………150

第47条…………………………………………………………………………150

1　第1号について……………………………………………………………151

2　第2号について……………………………………………………………151

第48条…………………………………………………………………………152

第49条…………………………………………………………………………152

1　第1号について……………………………………………………………153

2　第2号及び第3号について………………………………………………153

第2節　公益信託に関する法律　附則（他法の整備に関する規定を除く。）……154

目　次　xi

既存の公益信託の経過措置の方針について……………………………154

附　　則…………………………………………………………………157

第1条　（施行期日）………………………………………………………157

第2条　（公益信託に関する法律の適用等に関する経過措置）………158

　　1　第1項について………………………………………………………158

　　2　第2項について………………………………………………………158

第3条　（旧公益信託許可の申請に係る経過措置）……………………158

第4条　（旧公益信託の新法の規定による公益信託への移行）………159

　　1　第1項について………………………………………………………160

　　2　第2項について………………………………………………………160

　　3　第3項について………………………………………………………160

第5条　（旧公益信託の清算に関する経過措置）………………………161

　　1　第1項について………………………………………………………161

　　2　第2項について………………………………………………………161

第6条　（移行認可の申請）………………………………………………162

第7条　（移行認可の基準）………………………………………………162

第8条　（移行認可の欠格事由）…………………………………………162

　　1　第1項について………………………………………………………163

　　2　第2項について………………………………………………………163

第9条　（移行認可の申請のためにする信託の変更等）………………163

　　1　第1項について………………………………………………………164

　　2　第2項について………………………………………………………164

　　3　第3項について………………………………………………………164

　　4　第4項について………………………………………………………164

　　5　第5項について………………………………………………………164

第10条　（移行認可に関する意見聴取）…………………………………165

　　1　第1項について………………………………………………………165

　　2　第2項について………………………………………………………165

第11条　（旧主務官庁への通知）…………………………………………165

第12条　（旧公益信託の公益信託への移行）……………………………165

第13条　（委員会への諮問）………………………………………………166

第14条　（答申の公表等）……………………………………………167

第15条　（内閣総理大臣による通知）………………………………167

第16条　（行政庁が都道府県知事である場合についての準用）………168

第17条　（名称又は商号の使用制限に関する経過措置）……………169

　　1　第1項について………………………………………………169

　　2　第2項について………………………………………………169

第18条　（罰則）………………………………………………………169

第19条……………………………………………………………………170

第20条……………………………………………………………………170

第21条　（過料に関する経過措置）…………………………………170

第22条　（準備行為）…………………………………………………171

　　1　第1項について………………………………………………171

　　2　第2項について………………………………………………171

第23条　（政令への委任）……………………………………………171

第4章　公益信託税制改正の概要

第1節　旧公益信託税制の概要………………………………………174

　(1)　税制上の区分……………………………………………………174

　(2)　信託税制上の公益信託の位置付け……………………………174

第2節　新しい公益信託税制の概要…………………………………177

第3節　新しい公益信託税制の詳細…………………………………179

　(1)　公益信託に財産を拠出した場合の課税関係…………………180

　(2)　信託期間中の課税関係…………………………………………200

　(3)　公益信託の信託財産から財産を受給した場合の課税関係………204

　(4)　改正前の公益信託における課税関係（経過措置）……………205

第5章　参考資料

1　公益信託ニ関スル法律………………………………………………208

2　公益信託法の見直しに関する要綱…………………………………209

3 公益信託に関する法律における信託法の読替表　抄……………………222
4 公益信託に関する法律と公益社団法人及び公益財団法人の認定等に関
　する法律の比較表……………………………………………………………316
5 公益信託　税法関連条文……………………………………………………360

　事項索引……………………………………………………………………………415

第 **1** 章

公益信託制度の概要

第1節　公益信託制度

(1)　公益信託制度の現状

　公益信託は、委託者が、一定の公益目的のため、受託者に対してその財産を移転し、受託者をしてその公益目的に従って財産を管理又は処分させ、もってその公益目的を実現しようとする信託制度である。旧民法に基づく公益法人制度と同様に、主務官庁による許可・監督の下、民間の資金を活用して公益活動を行うための制度として、大正11年制定の旧信託法第66条から第75条までの規定において法制化された[1]。社会的に同様の機能を持つ財団法人制度の利用が広がったことに対して、公益信託は当初利用がされることなく、昭和52年になって初めて第1号が誕生した。

　それ以来、奨学金の支給、自然科学研究、まちづくりや自然環境保護活動への助成等の活用がされ、平成15年には572件（一般社団法人信託協会加盟会社受託分[2]。信託財産残高約720億円）まで増加したものの[3]、その後減少傾向となり、令和元年以降で信託銀行を受託者とする新規受託は図表1−1−3のとおり6件、令和6年3月時点では378件（信託財産残高約535億円）まで減少している（令和5年度中の新規受託は零である。）[4]。他方で、公益社団法人又は公益財団法人（以下「公益法人」という。）は、令和5年12月1日時点で、

1　【公益信託制度の成立経過】
　　法学者江木衷博士（1858〜1925）が、法制審議会で、「私益信託を柱とし、社会的に有益な公益信託を欠落させている政府案は間違っている。」として、他の委員等からの賛同を得られない中、孤軍奮闘して信託法に盛り込んだ経緯がなければ、公益信託は存在していなかったであろうといわれている。太田達男「誰も唱えなかった公益信託─もし江木衷博士がいなかったら─」公益財団法人公益法人協会創立25周年記念公益法人論文選・財団法人公益法人協会等参照。

2　【信託会社等以外が受託者である公益信託】
　　令和5年8月時点で、社会福祉法人を受託者とする公益信託6件が存在する。個人を受託者とする公益信託（「公益信託軽井沢グアム学生交流基金」外務省所管）も存在したが、令和6年3月末に終了する予定とされていた（官報報告─KARUIZAWA ROTARY CLUB（https://www.karuizawa-rc.jp)）。

3　【公益信託現況調査結果】
　　令和2年7月に総務省大臣官房総務課管理室において、令和元年12月1日時点の公益信託435件について、主務官庁の別、委託者・受託者・信託管理人の属性、信託財産の状況、収支状況等を網羅的に調査した結果は、総務省ホームページで公表されている（https://www.soumu.go.jp/menu_news/s-news/01kanbo03_02000038.html)。

9,711法人、公益目的事業費約6.2兆円、総資産約32兆円[5]となっており、公益信託は、公益法人と同様の社会的機能を営むものとされていながら、制度が十分に活用されていないという状況となっている。

　公益信託の利用が低調である原因は、①主務官庁制の下での許可・監督の基準・運用が統一されていなかったこと、②公益信託の引受許可申請手続に多くの時間とコストがかかること、③公益信託が一般に知られていないこと、④信託財産が原則として金銭に限られていること、⑤事務に見合った適正な報酬が得られず、受託者にとって推進のインセンティブが働きにくいものであること等が挙げられている[6]。

4　【公益信託データベース】
　　一般社団法人信託協会加盟会社受託分の公益信託の名称、活動内容、目的、発足年月日、主務官庁、都道府県、当初信託財産、受託者、照会先等については、令和6年7月現在、同協会が提供する公益信託データベースにより検索可能である（https://www.shintaku-kyokai.or.jp/data/search_entrusted/）。
5　国、都道府県公式公益法人行政総合情報サイト公益法人information「公益法人の統計」令和5年「公益法人の概況及び公益認定等委員会の活動報告」（https://www.koeki-info.go.jp/outline/koueki_toukei_n4.html）参照。
6　【公益信託の利用が低調な理由】
　　「公益信託事務に関するアンケート調査結果について」（平成27年5月11日、一般社団法人信託協会作成、法制審議会信託法部会第31回会議提出資料）等を参照。

第1節　公益信託制度　3

図表1−1−1　公益信託の受託件数推移、信託財産残高の推移

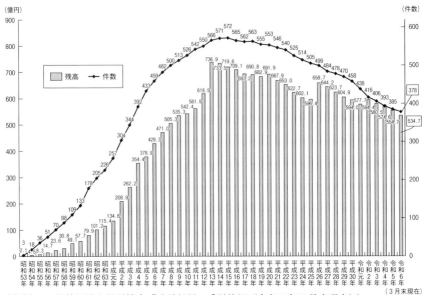

(出典)　一般社団法人信託協会「公益信託の受託状況（令和6年3月末現在）」

図表1−1−2　信託目的別の公益信託受託状況

信託目的	件数	割合（注）	信託財産残高（単位：百万円）
奨学金支給	123	33%	20,867
自然科学研究助成	61	16%	6,564
教育振興	47	12%	1,544
国際協力・国際交流促進	26	7%	2,831
社会福祉	28	7%	2,681
芸術・文化振興	18	5%	4,431
都市環境の整備・保全	27	7%	6,887
自然環境の保全	16	4%	3,919
人文科学研究助成	12	3%	809
文化財の保存活用	2	1%	93
動植物の保護繁殖	1	0%	74
その他	17	4%	2,771
合計	378	―	53,477

(注)　小数点第1位を四捨五入
(出典)　一般社団法人信託協会「公益信託の受託状況（令和6年3月末現在)」に基づき筆者作成

図表 1 － 1 － 3　令和元年以降の新規受託の例

名称等	活動内容	発足年月日	委託者	当初信託財産
公益信託島田宗衛・令子記念育英基金（奨学金支給・文部科学省）	東京都大田区・千葉県千葉市を中心とする東京都及び千葉県内の高等学校に在籍する、学業優秀、品行方正でありながら経済的に恵まれない生徒に対して奨学金を給付する。	令和 4 年11月18日	個人	1 億円
公益信託山内順子奨学基金（奨学金支給・愛媛県教育委員会）	愛媛県内の中学校、高等学校、中等教育学校、高等専門学校に在学し、学業・人物ともに優秀でありながら経済的事情により修学困難な状況にあるものに対して奨学育英事業を行い、もって地域社会のために貢献し得る有用な人材の育成に寄与することを目的とする。	令和 4 年 9 月14日	個人	0.5億円
公益信託商船三井モーリシャス自然環境回復保全・国際協力基金（国際協力・国際交流促進・外務省）	モーリシャス沖のタンカー座礁事故被害の影響を受けたモーリシャス共和国の自然環境回復、保全に貢献する支援を行い、かつその活動がモーリシャス国民の健康的な生活及び持続可能な経済発展に資すること。	令和 3 年11月24日	法人	1 億円
公益信託産業保健研究奨励基金（自然科学研究助成・厚生労働省）	産業保健分野における優れた活躍により、担当集団における産業保健活動の向上への寄与が大きいと認められる、若しくは今後産業保健活動への寄与が期待される若手産業保健専門家を表彰して褒賞金を送り、若手産業保健専門家の育成に資	令和 3 年 4 月 9 日	法人	5 億円

第 1 節　公益信託制度　5

	すること。			
公益信託宮田幸比古記念ALS研究助成基金（自然科学研究助成・厚生労働省）	筋萎縮性側索硬化症（ALS）の早急な根治療法の確立を希求し、ALS研究者の研究活動を援助すべく基礎及び臨床研究に対して助成を行い、もって学術の振興と人類の福祉の向上に寄与すること。	令和3年3月26日	個人	1億円
公益信託康本徳守記念結節性硬化症関連神経難病研究基金（自然科学研究助成・厚生労働省）	結節性硬化症及び関連する脳・神経系の難病に関する基礎及び臨床研究に対して助成を行い、もって学術の振興と人類の福祉の向上に寄与すること。	令和元年9月20日	法人	3億円

（出典）　一般社団法人信託協会「公益信託の受託状況」等に基づき筆者作成

(2)　公益活動のツールとしての公益信託制度の特徴

　公益信託は、社会的課題の解決のための民間公益活動ツールの一つである。

　個人や法人が社会的課題の解決に向けた取組を行うに当たり、公益信託制度や公益法人制度以外にも、特定非営利活動法人などへの直接寄附、コミュニティ財団等を通じた間接寄附やソーシャル・インパクト・ボンド、社会貢献型金融商品などへの投融資（いわゆるインパクト投資）など、多様な選択肢が準備されている。また、社会的課題解決に民間の資金を活用するという観点では、休眠預金等活用制度も利用されている。その中で、公益活動のツールを用いる支援主体の観点から見た、公益信託制度の利用に当たっての特徴の概略は次のとおりである。

ア　寄附のツールとしての公益信託

　公益信託は、自らの意思で自らの財産を公益活動に用いる寄附の方式の一つであるが、直接寄附と異なり、公益信託という器を用いて信託財産を拠出し、受託者による公益信託事務の処理を通じて継続的に助成等の公益活動を行うことが可能である。また、直接寄附であれば寄附した後に寄附金の活用が寄附先団体に委ねられることが多いことに比べて、公益信託は、委託者の死後も含め

て、受託者による公益信託事務の内容を契約等により拘束し、その適正な実施を信託管理人に監督させることが可能である[7]。そのほか、公益信託であれば、公益信託の名称を用いることができること、公益法人並みの税制優遇を受けることができること、受託者の破産等があっても受託者を変更して信託財産が保護されること等が、直接寄附と異なる点ということも挙げられる。

別の観点から見ると、新しい公益信託制度では、委託者・寄附者から拠出された財産は、実質的に委託者等から手離れし、残余財産が委託者等に戻ることがないこと（新公益信託法第4条第2項第3号等）が、公益信託認可に連動した税制優遇の前提であり、委託者等に対して信託財産を用いて特別の利益を与えるものではないことも制度的に確保されているとの側面もある。

☛ 新公益信託法における委託者の地位・権限等については、第1章第4節(2)ア参照

☛ 公益信託税制において委託者・寄附者に認められる税制優遇については、第4章第3節(1)ア・イ参照

イ　公益法人と連携する公益活動のツールとしての公益信託

公益信託は、公益法人と社会的に同様の機能を有するとされるが、①事務所や機関の設置などが求められないこと、②受託者が行う公益信託事務の内容を信託行為により事務や期間の単位で柔軟に設定することが可能であること、③担い手が破産等しても、公益信託であれば受託者を変更して公益信託が継続されること等が特徴として挙げられる。公益法人における冠基金や指定寄附は、公益法人に対する寄附として税制優遇を受けることができることから、より類似した社会的機能があるといえる。今般の公益信託法及び公益法人認定法の改正では、第三者に対する特別の利益の規制の例外とする（第8条第6号等）、

7　【委託者等の意向について】
　　委託者が公益信託の信託目的として公益事務の種類等を定めることとなり、受託者は信託目的を達成するための忠実義務等を法的に負うこととなる。委託者の意向の中には、契約内容の一部として受託者を法的に拘束することが明らかなものだけではなく、「指図」（例えば、信託業法第2条第3項第1号等）、「指定」（例えば、公益法人会計における寄附の指定等）、「助言」（例えば、米国の寄附者助言信託（Donor Advised Fund）の助言等）などのいかなる概念に相当するものか明らかではないものが存在することが想定される。新しい公益信託の制度において、委託者等の意向を公益信託事務（信託財産の運用を含む。）に反映させることがどの程度許容されるかは、今後、公益事務の該当性や特別の利益供与に当たらないかといった観点等から審査がされていくものと考えられる。

残余財産の相互移転を許容する（第8条第13号等）等の措置も講じられており、両者の制度があいまって、きめ細かな公益活動が行われていくことが期待される。

- ☛ 新しい公益信託制度と公益法人制度の異同については、第2章第4節⑵参照
- ☛ 残余財産の相互移転については、第2章第4節⑶イ参照

ウ　投資等と異なる公益活動のツールとしての公益信託

近時は、インパクト投資をはじめ、企業活動や投資活動における社会的課題の解決を行う手段の幅が広がっている中で、公益信託による公益活動は、寄附金控除や公益信託の運用益に対する非課税措置等の税制優遇はあるものの、公益信託による委託者への財務的なリターンがないため、財務的なリターンを前提とする投資活動や企業による収益活動とは区別される。

図表1－1－4　公益活動のツールとしての特徴比較

	寄附			投資
	公益信託の設定	公益法人の設立	団体への直接寄附	インパクト投資（株式）
拠出者の意向	委託者が信託目的等を設定し、信託行為をするため委託者の思いが反映可能	定款の定めにより、設立者の意向に沿った事業内容とすることが可能	寄附した後の具体的な使われ方は把握が困難なこともある	一般的に投資先の経営に関わるまでの想定はしていない
手続	受託者が行政庁に対して認可を申請することから、委託者にとっては、公益法人の設立と比較し、負担が少ない	定款認証を受け一般法人を設立し、行政庁による認定を受ける必要がある	財産を拠出するのみで可能	財産を拠出するのみで可能
拠出者へのリターン	委託者等への財務的なリターンは不可（実質的に手離れ）	設立者等への財務的なリターンは不可（報酬を除く）	設計によっては、返礼品等拠出者へのリターンが可能	投資によるリターンを得ることが目的の一つ
規模	機関設置が不要であることから、公	法人運営のため、機関設置と	少額からの寄附が可能（団体に	少額からの投資が可能

8　第1章　公益信託制度の概要

	益法人と比較すると小規模な財産で設定は可能（最低限の運営費等は必要）	一定の財産が必要	よっては、最低寄附額はあり）	
財産	金銭的価値を算出でき、信託のために使われるものであれば、不動産や権利等も信託財産とすることが可能	設立時の財産に特段の制限はない	金銭によるが一般的には多い	一般的には金銭をもって株式を購入
税制優遇	寄附金控除、別枠損金算入等の優遇あり	寄附金控除、別枠損金算入等の優遇あり	寄附先によっては、寄附金控除、別枠損金算入等の優遇あり	特段の税制優遇はない
破綻時の取扱い	受託者が破産しても信託財産は保護される（倒産隔離機能）	法人が破産した場合、一般的に財産は保護されない	法人が破産した場合、一般的に財産は保護されない	投資先が破産した場合、一般的に株式価値は無価値となる

（注）　あくまで公益信託の設定の特徴を示すための参考比較であることに留意が必要。団体への直接寄附は、法人や団体、国等へ寄附を行うことを指しているが、全てのケースを網羅するものではなく、比較のための一例として記載。
（出典）　筆者作成

第2節　公益信託制度改革の経過

図表1－2－1　公益信託制度改革の主な経緯

	公益法人制度	公益信託制度	公益信託税制
明治29年	旧民法制定（第34条～）		
明治31年	旧民法施行		
大正11年		**旧信託法制定（第66条～）**	
大正12年		旧信託法施行	
昭和15年			公益信託に関する規定創設
昭和52年		第1号案件の誕生	
昭和62年～63年			特定公益信託・認定特定公益信託税制の整備
平成16年9月		信託法の見直しに関する諮問（諮問第70号）	
平成18年2月		法制審議会「信託法改正要綱案」答申（私益信託に関する部分）	
同年5月	公益法人制度改革関連3法成立（第164回通常国会）		
同年12月		**信託法成立（第165回臨時国会）旧信託法は旧公益信託法に**	
平成19年3月			信託税制改正（公益信託は従前の取扱いを維持）

平成20年9月		信託法施行	改正税法施行（信託部分）
平成20年12月	公益法人認定法等施行		
平成25年11月	旧民法法人から公益法人等への移行期間（5年間）満了		
平成27年4月		公益信託法改正研究会（公益社団法人商事法務研究会主催）開始	
平成28年6月		法制審議会　公益信託制度に関する調査・審議を再開	
平成31年2月		法制審議会信託法部会「公益信託法の見直しに関する要綱案」答申	
令和4年10月	内閣府「新しい時代の公益法人制度の在り方に関する有識者会議」開始		
令和5年6月	内閣府「新しい時代の公益法人制度の在り方に関する有識者会議」最終報告		
令和6年3月		**公益信託税制を含む改正税法成立（第213回通常国会）**	
同年5月	**公益2法成立（第213回通常国会）**		
令和7年4月	改正公益法人認定法施行（予定）		
令和8年4月		新公益信託法施行（予定）	改正税法（公益信託部分）施行（予定）
令和10年3月		旧公益信託の移行満了（予定）	

（出典）　筆者作成

(1) 信託法改正の経過

　公益信託の規律もその一部であった旧信託法について、我が国の社会経済活動の発展・多様化や海外における法整備の動きに対応した抜本的な見直しが行われることとなり、平成16年9月法制審議会総会において、法務大臣から、旧信託法を全面的に見直してその現代化を図ることを目的とする諮問第70号がされた。これを受けて設置された信託法部会において、私益信託部分に限って「信託法改正要綱案」が策定され、平成18年2月法務大臣に答申された。これを踏まえて、同年12月、第165回臨時国会において、信託法が成立した。

　旧信託法のうち公益信託に関する部分については、その当時、民間の資金を利用して公益活動を行うという点で共通する公益法人制度の全面的な見直し作業が並行して進んでいたことから、実質的な改正が行われず、旧信託法の法律番号を付けたまま、その法律名を「公益信託ニ関スル法律」と改正した上で、旧信託法第66条以下の規定の内容を基本的に維持し、信託法との調整を図る観点から若干の改正が行われたにとどまった。

　そのため、信託法案及び信託法の施行に伴う関係法律の整備等に関する法律案に対する附帯決議・五（衆議院法務委員会・参議院法務委員会）（以下「信託法の附帯決議」という。）において「公益信託制度については、公益法人と社会的に同様の機能を営むことに鑑み、先行して行われた公益法人制度改革の趣旨を踏まえつつ、公益法人制度と整合性のとれた制度とする観点から、遅滞なく、所要の見直しを行うこと」とされた。

　このように、平成18年の時点において、旧公益信託法については、公益法人制度改革の趣旨を踏まえつつ、信託制度と法人制度との差異を適切に考慮し、公益法人と公益信託の間で整合性のとれた制度設計をするための将来的な見直しが予定されていた。

☛ 新公益信託法と信託法の関係については、第2章第2節参照

(2) 公益信託税制改正の経過

　大正11年の旧信託法制定に伴い、所得税法が改正され信託財産から生ずる所得についての受益者等課税信託の制度が設けられたものの、公益信託を対象とする規定はなかったところ、昭和15年の税制改正において、公益法人の非課税

とのバランスから公益信託の信託財産からの収益に対する非課税措置に関する規定が所得税法第6条（当時）において創設され、同時に法人税法第5条（当時）に所得税法第6条の準用規定が設けられた。この税制改正の際に、それまで受益者不特定の場合において、受託者を納税者とする技術的な代替課税の制度から、委託者又はその相続人を受益者とみなして課税する委託者課税の方式に変更がされた。昭和22年及び昭和40年の税制改正を経て、公益信託に関する条文は現在の所得税法第11条第3項となったが、実質的な内容は昭和15年時のものから変更はなかった。

その後、一般社団法人信託協会からの要望をきっかけに、昭和62年の税制改正において、法人又は個人が一定の要件を満たす公益信託（特定公益信託）の信託財産とするために金銭を拠出した場合にこれを寄附金の支出とみなすこととし、さらに、このうち特に著しく公益性が高いものとして主務大臣の認定を受けたもの（認定特定公益信託）は、特定公益増進法人に対する寄附金（法人の場合）又は特定寄附金（個人の場合）とみなして、寄附金の別枠損金算入（法人の場合）又は寄附金控除の特例（個人の場合）の対象とされることとなった（旧法法第37条第5項、旧所法第78条第3項）。続く昭和63年税制改正では、委託者が個人の場合、相続財産のうちの金銭を認定特定公益信託の信託財産とするために支出したとき、当該金銭の額は、相続税の課税価格の計算の基礎に参入しない（旧措法第70条第3項）ことや、受給者の課税関係の明確化等の措置が行われた。

平成18年に信託法が改正されたことに伴い、平成19年に信託税制が見直された際に、公益信託については、信託法の附帯決議に照らして、当面の間の措置として、公益信託（特定公益信託を除く。）の委託者又はその相続人その他の一般承継人は当該公益信託の信託財産に属する資産及び負債を有するものとみなし、かつ、当該信託財産に帰せられる収益及び費用は当該委託者等の収益及び費用とみなして、法人税法の規定を適用するものとされるとともに、公益信託は、法人課税信託である受益者等が存しない信託に該当しないものとして、従前と同様の取扱いとなるよう規定が設けられた（法法附則第19条の2（当時）等）。その際には今後、公益信託制度の見直しに伴って、法人税法における公益信託の取扱いについても見直しが行われるものとされた[8]。

☛ 新公益信託法と公益信託税制との関係については、**第2章第3節参照**

☞ 公益信託税制の詳細については、第4章参照

(3) 公益法人制度改正の経過

公益法人制度に関しては、平成18年第164回通常国会において公益法人制度改革関連3法が成立し、主務官庁による許可・監督制は廃止された。その後、平成20年12月から、旧民法等の下において設立された公益法人について、新たな公益法人制度の下での公益社団法人・公益財団法人又は一般社団法人・一般財団法人への移行が行われていたが、平成25年11月に5年間の移行期間が満了した。

☞ 新公益信託法と公益法人認定法との関係については、第2章第4節参照

(4) 旧公益信託法に係る法制審議会等の経過

公益法人の移行期間の満了を受け、法務省は、平成27年4月から公益社団法人商事法務研究会が主催した公益信託法改正研究会に参加するなど改めて公益信託法制の見直しに着手し、休会となっていた法制審議会信託法部会が平成28年6月の第31回会議から再開された（部会長：中田裕康東京大学大学院教授（当時））。

信託法部会において、旧公益信託法の見直しについて調査審議[9]が進められ、平成29年12月の「公益信託法の見直しに関する中間試案」のパブリックコメント等を経て、平成30年12月に、①公益信託の信託事務及び信託財産の拡大、②公益信託の受託者の拡大、③主務官庁による許可・監督制の廃止を骨格とする「公益信託の見直しに関する要綱案」が取りまとめられた。信託法部会の決定を受けて、平成31年2月、法制審議会総会において、諮問第70号（公益信託部分）についての報告・審議の後、「公益信託の見直しに関する要綱案」が原案どおり全会一致で採択され、直ちに法務大臣に答申がされた。

---

8 【公益信託税制】
　財務省ホームページ「平成19年度税制改正の解説」（https://warp.da.ndl.go.jp/info:ndljp/pid/11122457/www.mof. go.jp/tax_policy/tax_reform/outline/fy2007/explanation/index.html）295頁等参照。

9 【法制審議会の調査審議の経過】
　法制審議会信託法部会の再開後の経過（第31回以降）については、法務省ホームページにより公表されている（法務省：法制審議会—信託法部会（https://www.moj.go.jp/shingi1/shingikai_shintaku.html））。

☞ 要綱の内容については、第5章参考資料1参照

⑸ 「新しい時代の公益法人制度の在り方に関する有識者会議」での審議

その後、しばらくの間、主務官庁に代わる行政庁の調整がつかない等の事情で法案提出に至っていなかったものであるが、「新しい資本主義実現会議」において、民間による公益的活動の促進に向けた取組を行う方針が示されたことを踏まえ、令和4年10月から内閣府において「新しい時代の公益法人制度の在り方に関する有識者会議」[10]（以下単に「有識者会議」という。）が開催され、その中で、民間による公益的活動の活性化のための環境整備の一環として公益信託制度改革が取り上げられた。

令和5年6月に取りまとめられた上記有識者会議の最終報告では、公益信託制度について、平成31年2月の要綱を踏まえつつ、公益信託制度を公益認定制度に一元化し、公益法人認定法と共通の枠組みで公益信託の認可・監督を行う仕組みとする検討を行うこととされた。

> 「新しい時代の公益法人制度の在り方に関する有識者会議」最終報告（公益信託制度改革部分抜粋）
> ア　平成31年の法制審議会答申を受けた信託事務や受託者の範囲拡大
> 　　現在の公益信託制度（公益信託ニ関スル法律〔大正11年法律第62号〕）を見直すために法務省において平成31年法制審議会の答申がされているところ、当該答申を踏まえ、公益信託制度を公益認定制度に一元化し、公益法人認定法と共通の枠組みで公益信託の認可・監督を行う仕組みとすることで、民間による公益的活動に関する選択肢を多様化し、活性化するための環境を整備する。【法律】
> イ　公益法人認定法と共通の枠組みによる公益信託の認可・監督
> 　（ア）　公益信託の認可・監督について、公益法人制度と同様に、内閣総理大臣又は都道府県知事が行い、その諮問を受けた公益認定等委員

---

10 【有識者会議の審議の経過】
　　有識者会議の経過は公益法人informationに公表されている（新しい時代の公益法人制度の在り方に関する有識者会議―公益法人information（https://www.koeki-info.go.jp））。

第2節　公益信託制度改革の経過　15

会等の合議制の機関が公益性の判断を行う。【法律】

（イ）　収支相償原則や遊休財産規制等の規律等について、信託制度としての特殊性を考慮しつつ、新しい公益法人制度の見直しに整合させるとともに、共通の枠組みとなることにより、民間の公益的活動におけるシナジー効果を生むような制度設計を検討する。【法律・内閣府令・会計基準】

（ウ）　公益法人制度と整合する制度とする観点から、新たな公益信託制度に適した税制改正要望を検討する。

ウ　現行制度における公益信託の取扱い

　現行制度における公益信託が新しい公益信託制度に移行するための措置についても検討する。【法律】

(6)　経済財政運営と改革の基本方針2023等

　こうした中、政府において、新しい資本主義が目指す民間も公的役割を担う社会を実現していく上で、公益法人制度改革と並び、公益信託制度改革が大きな柱と位置付けられ、閣議決定がされた。

・経済財政運営と改革の基本方針2023（令和5年6月16日閣議決定）

「寄附性の高い資金を呼び込むため、公益法人の事業変更認定手続や公益信託の受託者要件の見直しを行う。」

「公益社団・財団法人制度を改革するため、2024年通常国会への関連法案の提出とともに体制面を含め所要の環境整備を図る。」

・新しい資本主義のグランドデザイン及び実行計画2023（令和5年6月16日閣議決定）

「公益信託の活用を推進させるため、税制優遇を受けられる受託者の要件を緩和し、インパクトスタートアップも参入可能とする。」

「公益信託制度について、主務官庁による許可・監督を廃止して、公益法人認定法と共通の枠組みで公益信託の認可・監督を行う仕組みを構築する。このため、来年の通常国会に必要な法案の提出を図るとともに、体制整備を図る。」

(7) 令和6年通常国会における公益2法及び公益信託関連税法の改正

　その後、内閣府と法務省が共働した見直しが進められ、令和6年3月5日に公益信託に関する法律案が閣議決定の上、第213回通常国会に提出された（閣法第45号）。同年4月1日に参議院内閣委員会に付託され、同月2日に趣旨説明が行われた後、同月4日の参議院内閣委員会において公益法人認定法の改正法案と一括での審議が行われた。参議院内閣委員会において、主に審議の対象となったのは、①公益信託が使いやすい制度へと改正されることの意義、②公益信託の受託件数が減少している理由及び受託件数の増加見込み、③公益信託の信託事務及び信託財産の拡大により想定される活用方法、④公益信託の信託財産の運用における「投機的な取引」の該当性の判断基準、⑤公益信託の利用促進に向けた取組及び周知策等であった[11]。その後、同月5日に参議院本会議で可決し、衆議院に送られた。

　衆議院においては、同年5月7日に衆議院内閣委員会に付託され、同月8日に趣旨説明が行われた後、同月10日の衆議院内閣委員会において公益法人認定法の改正法案と一括での審議が行われた。衆議院内閣委員会において、主に審議の対象となったのは、①公益信託認可の審査手続及び審査期間、②公益信託の活用が低調な理由と制度改革の意義、③公益信託制度とインパクト投資との関係、④金銭以外の信託財産の具体例、⑤公益信託報酬の支払基準の必要性等であった[12]。その後、同月14日に衆議院本会議において可決（全会一致）され、これをもって新公益信託法が成立し、同月22日に令和6年法律第30号として公布された。衆議院・参議院において、5年後に必要な見直しを行う旨を含めた

---

11 【参議院内閣委員会での審議内容】
　　詳細については、参議院ホームページ「会議録情報」参照。会議録情報：参議院（https://www.sangiin.go.jp/japanese/joho1/kaigirok/kaigirok.htm）。主な質疑項目等については、参議院ホームページ「委員会・調査会・憲法審査会質疑項目」参照。第213回国会委員会・調査会・憲法審査会質疑項目：参議院（https://www.sangiin.go.jp/japanese/kaigijoho/shitsugi/213/s063_list.html）。
12 【衆議院内閣委員会での審議内容】
　　詳細については、衆議院ホームページ「内閣委員会の会議録議事情報一覧」参照。内閣委員会の会議録議事情報一覧（https://www.shugiin.go.jp/internet/itdb_kaigiroku.nsf/html/kaigiroku/0002_l.htm）。主な質疑項目等については、衆議院内閣委員会ニュース参照。衆議院内閣委員会ニュース（https://www.shugiin.go.jp/internet/itdb_rchome.nsf/html/rchome/News/naikaku213.htm）。

第2節　公益信託制度改革の経過　17

附帯決議が付されている。

> ・衆議院内閣委員会　公益社団法人及び公益財団法人の認定等に関する法律の一部を改正する法律案及び公益信託に関する法律案に対する附帯決議（令和6年5月10日）
> 　政府は、両法の施行に当たっては、次の事項に留意し、その運用等について遺漏なきを期すべきである。
> 一　公益法人制度及び公益信託制度を中心とした民間による公益活動の一層の活性化のため、両法の趣旨、新たな税制措置の内容等について、関係者を始め広く国民に対し周知徹底を図るとともに、社会経済情勢の変化等を踏まえ、両法施行後五年を目途としてそれぞれ必要な見直しを行うこと。
> 二　過去に公益法人の不祥事が相次いだことに鑑み、不適切な事案に対する行政庁による監督等を厳格に行うとともに、公益信託に対する監督等についても公益法人と共通の行政庁が担う制度と改めることを踏まえ、両制度に係る監督等が透明性を確保しつつ迅速かつ的確に実施されるよう、国の体制強化を図るとともに、自治体の体制強化のための必要な支援を行うこと。
> 三　公益法人の財務規律に係る判定、公益信託の認可等について、全国を通じて統一的かつ透明性の高いものとするために、都道府県に対して情報提供等を行うなど必要な措置を講ずること。
> 四　公益法人における財務情報の開示、自律的なガバナンスの充実等に係る措置の実施に伴う事務手続や人材確保等について、小規模の公益法人等に対し必要な支援に努めること。
> 五　改正後の公益社団法人及び公益財団法人の認定等に関する法律に基づく内閣府令等の策定に当たっては、公益法人の関係者を含め広く国民から意見を聴取し、運営実態等を十分踏まえること。
> 六　既存の公益信託の新たな制度への円滑な移行が図られるよう、公益信託の関係者の意向や運営実態等を十分踏まえ、適切な措置を講ずること。
> ・参議院内閣委員会　公益社団法人及び公益財団法人の認定等に関する法

律の一部を改正する法律案及び公益信託に関する法律案に対する附帯決議（令和6年4月4日）

政府は、両法の施行に当たり、次の諸点について適切な措置を講ずるべきである。

一　公益法人制度及び公益信託制度を中心とした民間による公益活動の一層の活性化のため、両法の趣旨、新たな税制措置の内容等について、関係者を始め広く国民に対し周知徹底を図るとともに、社会経済情勢の変化等を踏まえ、両法施行後五年を目途としてそれぞれ必要な見直しを行うこと。

二　過去に公益法人の不祥事が相次いだことに鑑み、不適切な事案に対する行政庁による監督等を厳格に行うとともに、公益信託に対する監督等についても公益法人と共通の行政庁が担う制度と改めることを踏まえ、両制度に係る監督等が透明性を確保しつつ迅速かつ的確に実施されるよう、体制の充実に努めること。

三　公益法人の財務規律に係る判定、公益信託の認可等について、全国を通じて統一的かつ透明性の高いものとするために、都道府県に対して情報提供等を行うなど必要な措置を講ずること。

四　公益法人における財務情報の開示、自律的なガバナンスの充実等に係る措置の実施に伴う事務手続や人材確保等について、小規模の公益法人等に対し必要な支援に努めること。

五　改正後の公益社団法人及び公益財団法人の認定等に関する法律に基づく内閣府令等の策定に当たっては、公益法人の関係者を含め広く国民から意見を聴取し、運営実態等を十分踏まえること。

六　既存の公益信託の新たな制度への円滑な移行が図られるよう、公益信託の関係者の意向や運営実態等を十分踏まえ、適切な措置を講ずること。

　また、公益信託の税制改正については、令和6年度税制改正大綱で公益信託税制の改正が採択され、国税については所得税法等の一部を改正する法律（令和6年法律第8号）が、地方税については地方税法等の一部を改正する法律（令和6年法律第4号）がそれぞれ成立した（いずれも令和6年3月28日成立、

同月30日公布）。

令和6年度税制改正大綱（公益信託関係箇所抜粋）

一　個人所得課税（国税）

(6)　公益信託制度改革による新たな公益信託制度の創設に伴い、次の措置を講ずる。

① 公益信託の信託財産につき生ずる所得（貸付信託の受益権の収益の分配に係るものにあっては、当該受益権が当該公益信託の信託財産に引き続き属していた期間に対応する部分の額に限る。）については、所得税を課さないこととする。

② 公益信託の受託者（個人に限る。）に対する贈与等により、居住者の有する譲渡所得の基因となる資産等の移転があった場合には、当該居住者に対しその贈与等によるみなし譲渡課税を適用することとする。

③ 公益信託の委託者がその有する資産を信託した場合には、当該資産を信託した時において、当該委託者から当該公益信託の受託者に対して贈与等により当該資産の移転が行われたものとして、当該委託者に対しその贈与等によるみなし譲渡課税を適用することとする。

④ 公益信託の信託財産とするために支出した当該公益信託に係る信託事務に関連する寄附金（出資に関する信託事務に充てられることが明らかなものを除く。）について、特定公益増進法人に対する寄附金と同様に、寄附金控除の対象とする。

⑤ 公益法人等に対して財産を寄附した場合の譲渡所得等の非課税措置について、次の措置を講ずる。

イ　適用対象となる公益法人等の範囲に、公益信託の受託者（非居住者及び外国法人に該当するものを除く。）を加える。

ロ　非課税承認を受けた財産を有する公益信託の受託者が、その任務の終了等により、当該財産を当該公益信託に係る信託事務の引継ぎを受けた受託者に移転しようとする場合において、当該財産の移転に関する届出書を提出したときは、本非課税措置を継続適用できることとする。

20　第1章　公益信託制度の概要

（注）上記ロの措置は、当該任務の終了等に係る事由により国税庁長官の非課税承認を取り消すことができる場合には、適用しない。

ハ　非課税承認を受けた財産を有する公益信託の受託者が、公益信託の終了により、当該財産を他の公益法人等（当該公益信託に係る帰属権利者となるべき者に限る。）に移転しようとする場合において、当該財産の移転に関する届出書を提出したときは、本非課税措置を継続適用できることとする。

（注）上記ハの措置は、当該公益信託の終了に係る事由により国税庁長官の非課税承認を取り消すことができる場合には、適用しない。

ニ　国税庁長官の非課税承認の要件である寄附者の所得税等を不当に減少させる結果とならないことを満たすための条件等について、上記イに伴う所要の措置を講ずる。

⑥　その他所要の措置を講ずる。

（注）現行の特定公益信託及び特定公益信託以外の公益信託について、所要の経過措置を講ずる。

（地方税）〈個人住民税〉

⑴　個人住民税について所得税における（略）⑥（略）の見直しに伴い、所要の措置を講ずる。

二　資産課税（国税）

⑴　公益信託制度改革による新たな公益信託制度の創設に伴い、次の措置を講ずる。

①　公益信託の信託財産とするために相続財産を拠出した場合について、相続財産を贈与した場合等の相続税の非課税制度の対象とするほか、所要の措置を講ずる。

②　公益信託から給付を受ける財産については、その信託の目的にかかわらず贈与税を非課税とする。

③　その他所要の措置を講ずる。

⒆　公益信託制度改革による新たな公益信託制度の創設に伴い、公益信託の信託行為に関する契約書（行政庁の認可を受けた後に作成される

第2節　公益信託制度改革の経過　21

ものに限る。）には、印紙税を課さないこととする。

三　法人課税（国税）

⒀　公益信託制度改革による新たな公益信託制度の創設に伴い、次の措置を講ずる。

①　公益信託の信託財産に帰せられる収益及び費用については、委託者及び受託者の段階で法人税を課税しないこととする。

②　公益信託の信託財産とするために支出した当該公益信託に係る信託事務に関連する寄附金（出資に関する信託事務に充てられることが明らかなものを除く。）について、特定公益増進法人に対する寄附金と同様に、別枠の損金算入限度額の対象とする。

③　その他所要の措置を講ずる。

（注）現行の特定公益信託及び特定公益信託以外の公益信託について、所要の経過措置を講ずる。

（地方税）

⑵　国税における諸制度の取扱い等を踏まえ、その他所要の措置を講ずる。

四　消費課税（国税）

⑵　公益信託制度改革による新たな公益信託制度の創設に伴い、公益信託の信託財産に係る取引については、その受託者に対し、当該受託者の固有資産に係る取引とは区別して消費税を課税するとともに、特定収入がある場合の仕入控除税額の調整措置の対象とする。

（注）現行の特定公益信託及び特定公益信託以外の公益信託について、所要の経過措置を講ずる。

（地方税）〈地方消費税〉

⑴　公益信託の信託財産に係る取引については、その受託者に対し、当該受託者の固有資産に係る取引とは区別して消費税が課税されることに伴い、地方消費税について所要の措置を講ずる。

（注）現行の特定公益信託及び特定公益信託以外の公益信託について、所要の経過措置を講ずる。

(8) 経済財政運営と改革の基本方針2024等

公益2法の成立後は、新制度に施行に必要な体制や一元的な情報プラットフォームの整備、特に公益信託については信託業法（平成16年法律第154号）との関係を整備すること等が閣議決定された。

☛ 新公益信託法と信託業法の関係については第2章第5節⑵参照

・経済財政運営と改革の基本方針2024（令和6年6月21日閣議決定）

「公益法人・公益信託による公益活動の活性化のため、新制度施行に必要な体制や一元的な情報提供プラットフォームの整備を行う。」
・新しい資本主義のグランドデザイン及び実行計画2024（令和6年6月21日閣議決定）

「新たな公益法人制度・公益信託制度による公益活動の活性化のため、公益認定等総合情報システムの改修等の体制整備を段階的に実施する。公益信託制度に関しては、信託業法との整理を進める。」

また、高齢社会対策大綱（令和6年9月13日閣議決定）において、新しい公益信託制度の活用に向けて、「公益法人の活動等に関する情報発信や新しい公益信託制度に関する普及啓発を図ることにより、遺贈等による公益法人への寄附や公益信託の活用を促進する。」との方針が示されている。

(9) 新公益信託法の施行に向けた準備

公益法人認定法の改正法が令和7年4月に施行することを踏まえて、新公益信託法は、令和8年4月の施行を目指すものとされており、令和6年7月の第2回有識者会議フォローアップ会合では、図表1－2－2のような予定が示された。なお、令和7年1月より、公益設定等委員会の下に「新たな公益信託制度の施行準備に関する研究会」が設置され、具体的な施行準備が進められている（詳細は、公益法人information（脚注57）を参照。）。

第2節　公益信託制度改革の経過　23

図表１－２－２　施行に向けた準備（公益信託制度改革）

法律	●主務官庁制の廃止・行政庁の一元化 ●公益法人認定等委員会等による公益認定・監督制度の構築 ●公益法人の公益認定に整合的な認可基準・監督体制の法定 ●公益信託認可を受けた公益信託全てについて、基本的に公益法人並びの税制優遇の措置（認可に連動した税制優遇、受託者・信託財産等の拡大） ●既存の公益信託の移行措置
政令・府令	●公益法人制度と整合的な形で、信託としての特殊性を踏まえつつ整備 ●公益信託認可の申請書に記載する事項及び添付書類、公益信託認可の基準の具体化・明確化に係る政令・内閣府令等 ●財務規律、行政手続及び透明化等に係る内閣府令等
運用指針（ガイドライン）	●公益法人制度と整合的な公益信託ガイドラインの策定 ●モデル公益信託契約書案等の策定 ●公益法人制度の見直しを踏まえ、公益信託の特長である軽量・軽装備を生かした手続簡素化を検討 ●公益信託に適したモデル事例の研究
会計基準	●公益法人の会計基準と整合的な、公益信託の会計の在り方の検討（会計研究会において今後検討予定）
その他	●信託業法との関係整理 ●公益法人との一元的なプラットフォームの整備 ●公益法人制度の見直しや従前の認定・監督の蓄積を踏まえた公益信託制度の運用方針の検討 ●地方自治体の制度移行の支援 ●ユーザーに公益信託の潜在力を周知するための戦略的広報・周知活動の展開

（出典）「公益法人等制度改革の全体像（令和６年７月５日実施の第２回有識者会議フォローアップ会合資料)」に基づき筆者作成

第3節　旧公益信託制度の概要

図表１－３－１　旧公益信託制度の概要

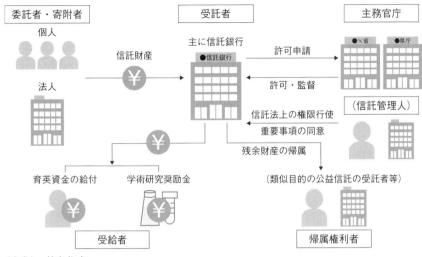

(出典)　筆者作成

(1) 一般的な仕組み

旧制度における公益信託については、信託銀行等の受託者が主務官庁による引受けの許可を受けた上で、委託者である個人又は法人が受託者に対して、公益目的のために金銭を信託し、奨学金等の育英資金の給付や研究者等に対して学術研究奨励金の支給等を行うことが一般的であった。信託管理人は、信託の変更等の重要事項の同意や計算書等の承認を行い、また、助成先に関して知見を有する者で構成された運営委員会[13]が受託者に対して助成先の推薦や重要事項に関する助言・勧告を行うことも多くの公益信託において行われていた。

旧制度における公益信託の許可申請から運営監督までの一般的な流れは次の

13　【運営委員会の設置】
　　旧制度においては、許可審査基準や税法の要件で運営委員会の設置が求められていた。受託者が主に信託銀行であり、助成先等に関する知見を必ずしも有していなかったということが、税法において、公益性の担保のために運営委員会が必要とされた理由であると考えられる（吉牟田勲「昭和62年の本格的な公益信託税制改正の経緯」信託191号（平成9年）63頁）。

とおりとされていた。

（申請・許可段階）

① 委託者が受託者との間で、一定の公益目的の選定、その目的達成のための信託事務の内容、信託管理人の選任・運営委員会の設置、税制上の優遇を受ける公益信託とするかなどについて打合せを行い、信託契約書等の内容を相談する。

② 受託者は、主務官庁とも事前協議し、その上で、公益信託の引受けの許可について、主務官庁に申請する。これに対し、主務官庁は、当該申請を審査の上で許可をする。

③ 主務官庁による許可を受けた後、委託者と受託者との間で、公益信託契約を締結する。

（運営・監督段階）

④ 運営委員会等は、公益目的の円滑な執行のため、助成先の推薦及び公益信託の事業の遂行について受託者に対して助言・勧告を行う。

⑤ 受託者は、公益信託の目的に沿った助成先への助成金の交付等を行うとともに、毎年1回、一定の時期に信託財産の状況について、事業報告書及び収支決算書等により信託管理人に報告する。

⑥ 受託者は、毎事業年度終了後、3か月以内に事業報告書等を主務官庁に提出し、信託財産の状況について官報による公告をする。

⑦ 信託管理人は、受託者の職務のうち重要な事項について承認を与える等の監督を行う。

⑧ 主務官庁は、公益信託の事務処理について検査をしたり、受託者に対して必要な処分を命ずる等の監督を行う。

---

(2) 主務官庁制の仕組み

旧制度の公益信託の所管は、主務官庁（行政事務を分担管理する内閣総理大臣又は各省大臣）が、政令の定めるところにより、主務官庁の権限の全部又は一部を国に所属する行政庁に委任することができ（旧公益信託法第10条）、また、主務官庁の権限に属する事務の全部又は一部を都道府県の知事その他の執行機関が処理させることができる（同法第11条第1項）とされていた。また、

事務処理政令により、主務官庁の権限を委任された「国の地方支分部局の長」並びに主務官庁の権限に属する事務を処理することとされた「都道府県知事」及び「都道府県教育委員会」も公益信託の許可等に係る事務を行うこととされていた。これらは旧公益信託法に規定している主務官庁である「本府省」を含めて、「所管官庁」と呼ばれていた。

　主務官庁は、都道府県の執行機関がその事務を処理するに当たりよるべき基準を定めることができるとされており（旧公益信託法第11条第2項）、許可審査基準等がそれに当たるものとして告示されている（同条第3項）。各所管官庁は、申請手続をそれぞれの省令や規則で定め、許可審査基準に基づき許可・監督を行っていた。

第4節　新しい公益信託制度の概要

(1) 新しい公益信託制度の概要

図表１－４－１　新しい公益信託制度の概要

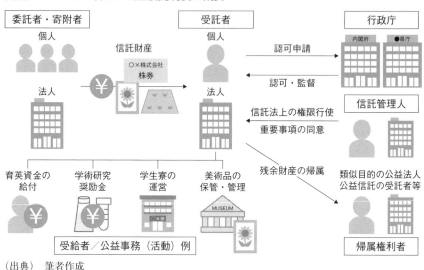

（出典）　筆者作成

　新公益信託法は、公益を目的とする信託としての制度設計や委託者、受託者及び信託管理人等の役割に大きな変更を加えるものではないが、認可・監督との関係では主務官庁制を廃止し、公益法人と共通の行政庁（内閣総理大臣又は都道府県知事）による認可及び監督の制度を創設している。

- ☛ 行政庁の意義については、第3章の第3条の解説参照
- ☛ 行政庁の地位等については、第1章第4節(2)オ参照

　新しい公益信託制度の一般的な流れは、図表１－４－２（☛ 詳細は引用された条項の第3章の解説参照）、関係者の権限等については次項(2)のとおりである。

　新公益信託法では、公益法人制度と同様に、認可基準及びガバナンスの規律等を法律上に規定している。公益信託の受託者や信託管理人の資格要件及び欠格事由のほか、公益法人制度と整合した財務規律、受託者が認可後に遵守すべ

き事項等も規定されている。

　一般社団法人又は一般財団法人（以下「一般法人」という。）が公益認定を受けてなることができる公益法人制度と異なり、公益信託は、行政庁の認可を受けなければ、その効力が生じないものとされ、公益信託の変更等についても行政庁の認可を受けなければ原則効力が生じないものとされている。

　新しい公益信託制度では、金銭に加え、美術品や不動産などを信託財産とし助成以外の公益信託事務を行っても税制優遇に差異が生じないことから、これまでの金銭の助成を行う公益信託に加え、以下のような新しい公益信託の設定が広がることが想定される。

① 　美術品の保管・管理……美術品及び金銭を信託財産とし、価値の高い美術品の保管・管理により、文化芸術の普及向上に寄与することを目的とする公益信託。受託者は、美術品の保管・管理や美術館等への貸出しを行う。

② 　留学生向けの学生寮の運営……土地建物及び金銭を信託財産とし、留学生の受入れにより、国際的な人材育成と国際交流の促進に寄与することを目的とする公益信託。受託者は、留学生への居室・食事の提供を行う。

　行政庁は、公益認定等委員会[14]又は都道府県に置かれる合議制の機関の意見に基づき、それぞれ、公益信託の認可、勧告・命令及び認可取消し等を行うこととなる。

　公益信託が終了した場合には、直ちに清算手続に入ることとなる（信託法第175条）。

---

14 【八条委員会】
　　公益認定等委員会は、国家行政組織法（昭和23年法律第120号）第8条に基づいて、各省庁に設置される審議会等と同じく、内閣府設置法（平成11年法律第89号）第37条に基づいて内閣府に置かれる第三者組織である。法律で定められた所掌事務の範囲内で重要事項に関する調査審議や不服審査などの事務を処理する合議制の機関で、諮問への答申などを主な業務とする。

図表1-4-2 新しい公益信託制度の流れ

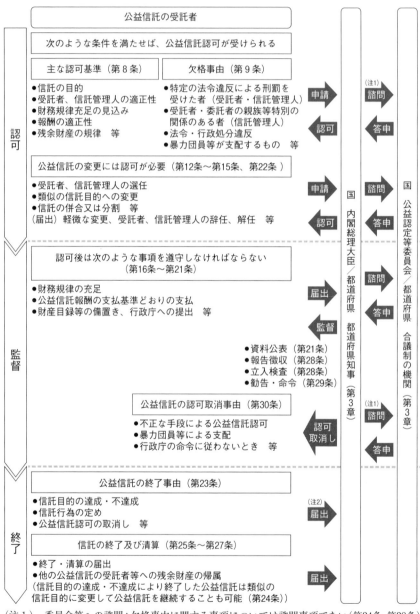

(注1) 委員会等への諮問：欠格事由に関する事項については諮問事項でない（第34条、第38条）
(注2) 公益信託認可の取消時は届出不要（第25条）
(出典) 筆者作成

(2) 新しい公益信託の関係者

ア 委託者の地位・権限等

(ア) 委託者の地位等

委託者は、新公益信託法第2条第2項及び信託法第2条第4項により、同法第3条各号に掲げる方法により信託をする者と定義されている[15]。新公益信託法第4条第1項においては、信託契約（信託法第3条第1号）又は遺言（同条第2号）の方法により行うとされている。

☛ 自己信託（信託法第3条第3号）の方法によってする公益信託が認められていない理由については、第3章の第4条の解説参照

公益信託は受益者の定めのない信託として不特定多数の者の利益を増進するものであり、信託財産により委託者や関係者が特別の利益を受けること、また、公益信託の残余財産が委託者に帰属することは認められない。

委託者の地位を他の者に移転することは認められる[16]。また、旧公益信託法には委託者の相続人に関する規定はなかったものの、信託法第147条について、遺言により公益信託を設定した場合には、委託者の相続人は委託者が有してい

---

15 【追加信託と寄附】

　公益信託の信託財産とするための支出については、委託者の立場での「追加信託」（法令上の概念ではなく、実務で使われている概念とされる。）と「寄附」の二通りがある。当初の委託者が、追加信託を行うことに加え、第三者の立場で寄附として財産を拠出することも可能である。また特定の公益信託の理念に共感した第三者がその受託者の信託財産とするため、「寄附」による拠出を行うことに加え、第三者が、追加的に委託者としての地位を取得することが可能であることから「追加信託」として拠出することも可能である。

　これらの場合の法形式として、「追加信託」については、当初の信託行為で財産の追加が確定的に定められていれば、その追加信託は、当初の信託行為によるものと考えられ、当初の信託行為に財産の追加が確定的に定められていない場合は、信託法第16条第1号を踏まえた贈与契約とも考えられる。一方、「信託の変更」と整理される説もある。旧制度においては、信託行為に追加信託や第三者からの寄附を予定する旨を定める規定を設けている事例があったとされている。また、「寄附」については贈与契約となると考えられる。

　なお、「信託契約を締結する」「信託する」「寄附する」又は「贈与する」等といった用語の用い方については、問題となる場面によって異なる部分もあるので留意する必要がある。民法、信託法、公益法人認定法とともに、税法上の用語法にも留意する必要がある。例えば、税法上の「寄附金」における「寄附」には当初信託を設定する場合、追加信託する場合及び第三者が財産拠出する場合のいずれの場合も含む用語として用いられている（法法第37条第1項、所法第78条第3項等参照）が、「贈与」（所法第59条第1項第1号等）には、当初の信託を設定する行為は含まれていないものと解されるほか、「信託する」との文言が用いられている部分（措法第83条の2の2第1項第1号ハ等）もある。

た信託法上の権利義務を原則として相続により承継しないが、その反対解釈として契約により公益信託を設定した場合には、委託者の相続人は委託者が有していた信託法上の権利義務を原則として相続により承継すると考えられており、いずれの場合にも信託行為で別段の定めをすることができると解されていた。しかし、公益信託については、委託者の相続人は必ずしも委託者が設定した公益目的に賛同するとは限らず、委託者の相続人との間で利害が対立する可能性があり、設定の方法が契約か遺言かを問わず委託者の地位の相続を禁止することが相当であると考えられることから、新公益信託法第33条第１項において信託法第147条を適用除外とした上で、新公益信託法第33条第２項において、公益信託の委託者の相続人は、委託者の地位を相続により承継しないものと規定されている[17]。

　委託者は、公益信託の信託財産として財産を拠出した場合に、一定の税制優遇を受けたり、名称を付したりすることができるなど特別の地位を与えられる[18]。公益信託税制との関係では、これまで公益信託は委託者に公益信託の信託財産として財産を拠出した後も受益者が存しないことから委託者に利益がとどまると見られ委託者課税が前提とされていたが、今般の公益信託税制改正により、私法上の権利義務関係に即した形で受託者課税の課税方式に変更されている。

　☛ 委託者・寄附者に認められる税制優遇については、**第４章第３節(1)ア・イ参照**

---

16 【委託者の地位の移転に関する認可】
　　委託者の地位は信託行為の要素であり、新公益信託法第12条第１項に規定する第７条第２項各号の変更として認可の対象となるとも考えられる。しかし、公益信託における委託者の権限等は限定されており、公益信託の信託契約書等の内容に照らして、委託者の地位の移転や委託者の組織変更等が、公益信託における内閣府令により定められる予定の「軽微な変更」として届出で足りるとされることが否定されるものではないと解される。
17 【委託者が死亡した公益信託】
　　公益信託の委託者が死亡した場合に委託者の地位は相続人に承継されないことから、その後は、委託者の存しない信託として継続することとなる。
18 【委託者・贈与者・寄附者等の用語】
　　公益信託を設定した後に、信託行為の定めに応じて、委託者が追加で財産を拠出する場合、第三者が財産を拠出する場合、新たな委託者が追加される場合等が考えられるが、信託財産を拠出したものを委託者・贈与者・寄附者のいずれと整理するかは、民法、信託法、関連税法において異なっていることから、それぞれの場面において、適用される法律を踏まえて整理していく必要がある。新公益信託法では、税法等に倣って、当初の公益信託を設定する行為も含めて、寄附であるとして、法律上規定されている。追加信託と寄附との関係や用語法の例について脚注15も参照。

32　第１章　公益信託制度の概要

☛ 公益信託の名称については、第 3 章の第 4 条等の解説参照
☛ 委託者に適用される信託法及び新公益信託法の規定内容は、第 5 章参考資料 2 参照

(イ) 委託者の権限等

新公益信託法においては、公益性を確保する観点や税制優遇を受ける観点から、受益者の定めのない信託を監督するために認められた信託法第11章の受益者の定めのない信託（以下公益信託以外の受益者の定めのない信託を「目的信託」という。）に係る委託者の権限（同法第260条）を公益信託の委託者に付与するものとはせず、信託管理人や行政庁による監督を前提として、受益者の定めのある信託の委託者が有する権限と同様とした上で、委託者の権限は信託行為により制限できるものとすることを基本としている。

新しい公益信託において、信託行為の定めに従い、委託者が公益信託事務に関与することや、例えば信託財産である株式の議決権に関する指図権等を留保することが否定されるものでもなく、個別の事案において、特別の利益を与えるおそれがないか、公益性が担保されるかといった観点から審査されるものと考えられる。

☛ 委託者の権限については、図表 1 − 4 − 3 参照
☛ 委託者の権限等の読替方針等は、第 2 章第 2 節参照
☛ 委託者の意向の観点から見た公益信託制度については、第 1 章第 1 節(2)ア参照

イ 受託者の地位・権限等

(ア) 受託者の地位等

受託者は、信託行為の定めに従い、信託財産に属する財産の管理又は処分及びその他の信託の目的の達成のために必要な行為をすべき義務を負う者であり、公益信託における受託者は、公益信託事務を行って公益活動を行うこととなる（信託法第 2 条第 5 項、新公益信託法第 2 条第 2 項）。公益信託の受託者については、「公益信託事務を適正に処理するのに必要な経理的基礎及び技術的能力を有するものであること」（新公益信託法第 8 条第 2 号）、欠格事由（信託法第 7 条、新公益信託法第 9 条第 1 号・第 2 号）が存在しないこと[19]が公益

---

19 【信託法上の受託者の欠格事由】
　信託は、未成年を受託者としてすることができない（信託法第 7 条）。その違反の効果は無効であると解されている。

第 4 節　新しい公益信託制度の概要　33

信託認可の中で審査され、公益信託事務を継続している間もその基準を満たしていること[20]が求められる。公益信託において、個人や法人という属性にかかわらず、上記の適格性を有する者は公益信託の受託者になり得る。

受託者の変更は、公益信託の変更に当たり（新公益信託法第12条第1項）、新受託者の選任は認可によって効力を生ずることとなる。受託者が1年間不在であることは公益信託の終了事由となっている（同法第33条第3項により読み替えて適用する信託法第163条第3号）。

(イ)　受託者の権限等

新公益信託法の受託者の権限、義務及び責任は、信託法上の受託者の権限（信託法第26条から第28条まで）、義務及び責任（同法第29条から第46条まで）に係る規定が適用される。

信託法上の受託者についての規定を適用することにした場合、公益信託の受託者も信託法第29条第2項の善管注意義務を負い、同項ただし書では信託行為による受託者の善管注意義務の軽減が可能とされているが、公益目的のために拠出された公益信託の信託財産の管理処分を行い、公益目的の達成のために公益信託事務を処理する受託者については、一定の資格が要求された上でより公益信託事務の処理に重きが置かれるべきであることから、公益信託の受託者の善管注意義務を軽減することはできないとしている（新公益信託法第33条第1項で信託法第29条第2項ただし書を適用除外としている。）。

受託者は、公益信託事務の処理に当たって善管注意義務や忠実義務等を負い、財産目録等の備置き及び閲覧等の対応が求められ、また、受託者の任務懈怠により信託財産が毀損した場合には塡補賠償等の責任を負うこととなる。

☞ 受託者の権限については、図表1－4－3参照
☞ 受託者に関する税制については、第4章第3節参照
☞ 受託者に適用される信託法及び新公益信託法の規定内容は、第5章参考資料2参照

---

20 【受託者の事後的な欠格事由の発生】
　　公益信託の受託者が公益信託の認可後に適正に公益信託事務を行う能力を喪失したり、欠格事由に該当したときには、受託者の任務終了事由に該当し（新公益信託法第33条第3項による信託法第56条第1項の読替え）、新受託者を選任する必要がある。この場合、行政庁が公益信託の認可を取り消すまでの必要はなく、当該受託者を変更することで公益信託を継続させることも可能とすべきであると考えられる。そのため、受託者の欠格事由については任意的取消事由として整理されている（新公益信託法第30条第2項）。

34　第1章　公益信託制度の概要

ウ 信託管理人の地位・権限等

(ア) 信託管理人の地位等

公益信託における信託管理人は、信託の目的の達成のために、自己の名をもって、受益者の権利に関する一切の裁判上又は裁判外の行為をする権限を有する者である（信託法第123条、第125条）。受益者が存在する信託においては、受益者が受託者による信託事務の処理を監督し、その行為を統制するとともに、信託行為の変更その他信託の重要な意思決定に関与するが、受益者の存在しない公益信託においては、信託管理人が受益者に代わってこれらの権限を行使する。これまで、旧公益信託法及び信託法上は、受益者の定めのない信託について遺言による信託を除き、信託管理人は必置とされていなかったが、許可審査基準や税法の要件としては、必置とされていた。

新公益信託法では、信託内部のガバナンスの確保のため信託管理人を必置とした（新公益信託法第4条第2項第2号）うえで、「受託者による公益信託事務の適正な処理のため必要な監督をするのに必要な能力を有するものであること」（新公益信託法第8条第3号）[21]及び欠格事由（信託法第124条、新公益信託法第9条第3号・第4号）が存在しないこと[22]が認可手続の中で審査され、公益信託事務を継続している間もその基準を満たしていることが求められる。許可審査基準では「信託管理人は、原則として、個人であること。」とされていたが、今回の改正では、自然人に限定することとせず、当該公益信託の受託者を監督できる能力を有するものであれば、法人等でも信託管理人になることができ、また、複数の者が信託管理人となることも可能である[23]。

信託管理人の変更は、公益信託の変更に当たり（新公益信託法第12条第1項）、新信託管理人の選任は認可によって効力を生ずることとなる。信託管理

---

21 【信託管理人の監督能力】
　信託管理人に求められる監督能力は、受託者の属性や公益信託事務の内容等を考慮して、公益信託全体の公益性を確保できるかという観点から総合的に審査されるものと考えられる。

22 【信託法上の信託管理人の欠格事由】
　未成年者、当該信託の受託者である者は、信託管理人となることができない（信託法第124条）。

23 【信託管理人の報酬】
　これまで信託管理人は無報酬とされることが一般的であったといわれているが、今般の改正では、受託者と同様に、不当に高額でない限り報酬が支払われることが認められている。

人が１年間不在であることは公益信託の終了事由となっている（同法第33条第
３項により読み替えて適用する信託法第163条第３号）。

(イ) 信託管理人の権限等

信託管理人の権限等について、公益信託は受益者の定めのない信託ではある
ものの、信託法第11章の目的信託とは性質上大きく異なり、行政庁による監督
も実施される。そのため、公益信託の信託管理人の権限、義務及び責任につい
ては、受益者の定めのある信託の信託管理人の権限（信託法第125条）、義務及
び責任（同法第126条から第130条まで）と同様のものとすることを基本としてい
る。

新しい公益信託のガバナンスにおける信託管理人の役割の重要性からすれ
ば、信託管理人の権限、義務及び責任は、信託行為の定めによって制限するこ
とはできないものとしている（新公益信託法第33条第１項で信託法第125条第
１項ただし書を適用除外としている。）。

- ☞ 公益信託と目的信託の異同については、**第２章第２節(3)イ参照**
- ☞ 信託管理人の権限については、**図表１－４－３参照**
- ☞ 信託管理人に適用される信託法及び新公益信託法の規定内容は、**第５章参考資料２参照**

エ　受給者の地位等

信託法における受益者[24]は、受益権（信託行為に基づいて受託者が受益者に
対し負う債務であって信託財産に属する財産の引渡しその他の信託財産に係る
給付をすべきものに係る債権及びこれを確保するためにこの法律の規定に基づ

---

24 **【税法上の受益者等】**
　　税法上は信託法上の受益者に加えて、みなし受益者というカテゴリーが存在する。税法
上の受益者等とは、受益者（受益者としての権利を現に有するものに限る。）及び信託の
変更をする権限を有し、かつ、その信託の信託財産の給付を受けることとされている者
（受益者を除く。）（みなし受益者）をいう（法法第12条第２項、法令第15条第１項～第３
項）。信託法においては、委託者は信託行為に別段の定めがない限り信託の変更をする権
限を有することとされ（信託法第145条）、残余財産受益者又は帰属権利者の定めがなけれ
ば委託者を帰属権利者として指定する旨の定めがあったものとみなすこととされており
（信託法第182条第２項）、このような場合には委託者がみなし受益者に該当することとな
る。仮に、信託行為において受益者の定めをしていない場合であっても、上記のみなし受
益者に該当する場合は、税法上は受益者の存しない信託とはいえないこととなる。そのた
め、今般の改正では委託者がみなし受益者にも該当しないことを確保するための手当てが
されている（公益信託法第４条第２項第３号等）。

いて受託者その他の者に対し一定の行為を求めることができる権利）を有する者（信託法第2条第6項・第7項）であり、公益信託は、そのような受益者の定めのない信託とされている（新公益信託法第2条第1項第1号）[25]。そのため、奨学金等の給付を受ける者（受給者）は、受託者に対して給付債権等を有するものではなく、信託法第92条各号に定める権利のような受託者等に対し一定の行為を求めることができる権利を有しないとされている。

☞ 受給者に関する税制については、第4章第3節(3)参照

オ　行政庁の地位等

旧公益信託法第3条は、公益信託は、主務官庁の監督に属するとし、同法第4条は、主務官庁は、公益信託事務の処理について検査する権限を有するほか、財産供託命令等の権限を有するものとしているほか、同法第5条では、予見し難い特別の事情があったときには信託の変更等を命じる等の権限を有するものとされていた。

新公益信託法では、自らのガバナンスの下、自律的に活動することを前提に、旧公益信託法第3条及び第4条も廃止しており、その上で、新たな公益信託の監督を行う行政庁について、新公益信託法第3条において、公益法人認定法と整合する形で定めている。行政庁の監督権限については、旧公益信託法第4条第1項の規律を改め、受託者が公益信託認可の基準に違反する行為や、法令又は法令に基づく行政機関の処分に違反する行為を行っていることを把握した場合において、その是正を求め、その勧告・命令等に従わない場合には最終的に当該公益信託の認可を取り消す等の権限とすることとしている。また、公益法人と同様に、公益信託の受託者が行政庁に対し毎信託事務年度の財産目録等を提出することとしている。

カ　裁判所の地位等

旧公益信託法第8条は、公益信託について、信託法第258条第1項に規定する受益者の定めのない信託に関する裁判所の権限は、同法第150条第1項の信託の変更命令などの裁判を除き、同法第46条の検査役の選任権も含めて原則として主務官庁に属するとし、裁判所の権限を主務官庁に移行させた上で、同法第58条第4項の受託者の解任権等は主務官庁が職権で行使できると規定してい

25　【公益信託における受益者】
　　公益信託の意義における受益者概念の取扱いについては、脚注28も参照。

た。

　新しい公益信託において、公益信託の認可・監督を行う行政庁の権限は公益信託認可の基準を満たしていることを確保するために必要な範囲で行使することが相当であり、職権による権限行使は否定する方向性であること、信託法上、信託の当事者及び利害関係人の保護や利害調整を通じて信託目的の達成を図るための権限は裁判所が有するものとされており、公益信託においても、認可基準の充足性の判断とは異なる上記の権限を裁判所が行使することは可能であること等から、新公益信託法では、裁判所は、信託法が裁判所の権限としている権限（検査役の選任権限を含む。）と同様の権限を原則として有するものとするとされている。

図表1－4－3　公益信託における委託者・受託者・信託管理人の権限

No	種別	権利の内容	信託法上の根拠規定	委託者	受託者	信託管理人
1	信託に関する意思決定に係る権利	信託財産と固有財産等との属する共有物の分割に係る協議	第19条第1項第2号及び第3項第2号		◎	◎
2		受託者の利益相反行為又は競合行為についての事前の承認権	第31条第2項第2号及び第32条第2項第2号			◎
3		受託者の利益相反行為に対する追認権	第31条第5項			◎
4		受託者の競合行為について信託財産のためにされたものとみなす権利の行使	第32条第4項			◎
5		受託者の損失填補責任等を免除する権利	第42条			◎
6		受託者の辞任に対する同意権	第57条第1項	◎		◎
7		受託者の解任の合意権	第58条第1項	◎		
8		新受託者の選任の合意権	第62条第1項	◎		
9		信託管理人の辞任に対する同意権	第128条第2項（第57条第1項準用）	◎		
10		信託管理人の解任に対する合意権	第128条第2項（第58条第1項準用）	◎		
11		新信託管理人の選任の合意権	第129条第1項（第62条第1項準用）	◎		
12		信託の変更の合意権	第149条第1項	◎	◎	◎
13		信託の併合の合意権	第151条第1項	◎	◎	◎
14		吸収信託分割の合意権	第155条第1項	◎	◎	◎
15		新規信託分割の合意権	第159条第1項	◎	◎	◎
16		信託の終了の合意権	第164条第1項	◎		◎
17		前受託者、前受託者の相	第77条			◎

		続人等又は破産管財人が新受託者への信託事務の引継ぎの際に行う信託事務に関する計算に対する承認				
18	裁判所に対する申立権等	遺言信託における受託者の選任申立権	第6条第1項	○		○
19		信託財産と固有財産等とに属する共有物の分割の請求権	第19条第2項・第4項		◎ （第2項）	○
20		検査役の選任申立権	第46条第1項			◎
21		受託者の解任申立権	第58条第4項	◎		◎
22		信託財産管理者の解任申立権	第70条（第58条第4項準用）	◎		◎
23		信託財産法人管理人の解任申立権	第74条第6項（第70条準用）	◎		◎
24		信託管理人の解任申立権	第128条第2項（第58条第4項準用）	◎	◎	
25		特別の事情による信託の変更を命ずる裁判の申立権	第150条第1項	◎	◎	◎
26		特別の事情による信託の終了を命ずる裁判の申立権	第165条第1項	◎	◎	◎
27		公益の確保のための信託の終了を命ずる裁判の申立権等	第166条第1項、第169条第1項、第173条第1項	◎		◎
28		新受託者の選任請求権	第62条第4項	○	○	○
29		信託財産管理者の選任請求権	第63条第1項	○	○	○
30		信託財産法人管理命令の申立権	第74条第2項	○	○	○
31		新信託管理人の選任申立権	第123条第4項	○	○	○

32		遺言信託における受託者の引受けの催告権	第5条第1項（第92条第2号）	○		○
33		信託財産への強制執行等に対する異議申立権等	第23条第5項・第6項、第24条第1項（第92条第3号・第4号）		◎	◎
34		受託者の権限違反行為の取消権	第27条第1項・第2項（第92条第5号）			◎
35		受託者の利益相反行為に関する取消権	第31条第6項・第7項（第92条第6号）			◎
36		信託事務の処理の状況についての報告請求権	第36条（第92条第7号）	◎		◎
37	信託の監督に係る権限	帳簿、信託事務の処理に関する書類又は信託財産の状況に関する書類の閲覧・謄写請求権	第38条第1項・第6項（第92条第8号）	○（第6項）		◎
38		受託者の任務違反行為等に対する損失塡補等請求権	第40条、第41条（第92条第9号・第10号）			◎
39		受託者の任務違反行為の差止請求権	第44条（第92条第11号）			◎
40		任務違反行為等に対する訴えに関する費用の支払請求権	第45条第1項、第61条第1項（第92条第12号・第15号）			◎
41		前受託者等の任務違反行為の差止請求権	第59条第5項、第60条第3項・第5項（第92条第13号・第14号）			◎
42		新受託者への就任の承諾の催告権	第62条第2項（第92条第16号）	○	○	○
43		限定責任信託における給付制限違反等に係る金銭の塡補等請求権	第226条第1項、第228条第1項（第92条第24号・第25号）			◎
44		利益相反行為又は競合行為についての重要な事実の通知受領権	第31条第3項、第32条第3項			◎

45	信託事務の処理の委託における不適切事案等の通知受領権等	第35条第3項			◎
46	信託財産の状況に関する書類の内容についての報告受領権	第37条第3項			◎
47	検査役による受託者の信託事務の処理に関する調査結果の通知受領権	第47条第4項・第5項			◎
48	受託者が信託財産から費用の前払いを受ける場合の通知受領権	第48条第3項			◎
49	受託者の任務終了の事実の通知受領権	第59条第1項、第60条第1項			◎
50	信託の変更・併合・分割による一定の事項の通知受領権	第149条第2項・第3項、第151条第2項、第155条第2項、第159条第2項	◎（一部）		◎
51	限定責任信託における財務諸表等の報告受領権	第222条第5項			◎
52	信託管理人に対する就任の承諾の催告権	第123条第2項	○	○	○
53	新信託管理人に対する就任の承諾の催告権	第129条第1項（第62条第2項準用）	○	○	○
54	信託財産の保全処分に関する資料の閲覧等請求権	第172条第1項～第3項	○	○	○

(注) ◎：委託者・受託者・信託管理人の権限として規定されているもの、○：利害関係人として有する権限として規定されているもの
(出典) 筆者作成

第 **2** 章

新公益信託制度と
関係法令

第1節 新公益信託法と他法令の関係

新公益信託法と関係の深い法令としては、信託に関する基本的なルールを規定する「信託法」、公益信託と社会的に同様の機能を有し、認可・監督において整合的な制度設計とするための「公益法人認定法」、公益信託認可と連動した税制優遇措置等を規定する「公益信託関連税法」、都道府県知事による業務運営の基礎となる「地方自治法」、信託業に関する免許・監督等について規定する「信託業法」等が挙げられ、一部の法令については、今般の公益信託法の改正に合わせた改正等が行われている。

図表2－1－1　新公益信託法と他法令の関係図

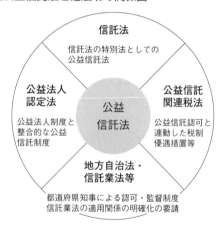

（出典）　筆者作成

第2節 新公益信託法と信託法の関係

(1) 信託法の特別法としての新公益信託法

☛ 公益信託法において適用される信託法の読替内容については、**第5章参考資料2参照**

新公益信託法は、信託法の特別法として、信託法第1条（信託の要件、効力等については、他の法令に定めるもののほか、この法律の定めるところによる。）に規定している「他の法令」に当たる。この点は、旧公益信託法と同様であり、新公益信託法上に規定する特則、読替え、適用除外を行う事項を除いて、信託法の規定が適用されることとなる。

新公益信託法上の用語については、特別の定めがない限り信託法第2条に掲げられた定義と同一であることを明確化するため、新公益信託法第2条第2項において、用語の定義の関係性を示す規定が置かれている。また、同条第3項において、新公益信託法において、信託法の規定を引用する場合における当該規定については、第33条第3項の規定により読み替えて適用するものとされたものにあっては、当該読み替えて適用するものとされた規定をいうものとして法律の適用ルールを明らかにしている。

(2) 新公益信託法における信託法の特則等

新公益信託法に規定する信託法の特則については、㋐受益者の定めのない信託であることから特則を置くもの、㋑公益信託の性質に照らして特則を置くもの、㋒認可制度を採用することから特則を置くものの三つに分けられる。

ア 受益者の定めのない信託であることから特則を置くもの

① 信託の方法について、自己信託による方法（信託法第3条第3号、第4条第3項）を除外する（第4条第1項）。
② 受益者の定めを設けることができない旨規定している（第4条第3項）。

イ　公益信託の性質に照らして特則を置くもの

① 信託行為に公益信託の名称や信託管理人、帰属権利者について定めなければならない旨規定している（第4条第2項）。

② 信託法第182条第1項第2号を適用の上、帰属権利者について規定している（第8条第13号）。

③ 公益信託の変更、併合、分割について、信託法第6章を適用のうえ、類似する目的であるものに限りすることができる旨規定している（第12条第2項、第22条第2項及び第3項）。

④ 信託法第163条を適用の上、公益信託独自の終了事由について規定している（第23条第1項）。

⑤ 帰属権利者が定まらないときは、信託法第182条第2項及び第3項の規定にかかわらず、残余財産が国庫（行政庁が都道府県知事の場合は、当該都道府県）に帰属する旨規定している（第27条）。

⑥ 信託法第147条の規定にかかわらず、委託者の相続人は、委託者の地位を相続により承継しない旨規定している（第33条第1項及び第2項）。

ウ　認可制度を採用することから特則を置くもの

① 行政庁の認可を受けなければ、効力が発生しないものとして、ⅰ公益信託の信託行為（第6条）、ⅱ信託の変更、新受託者・新信託管理人の選任（第12条第3項）、ⅲ信託の併合及び分割（第22条第4項）、ⅳ信託の目的達成等による終了の場合における信託の継続のための信託の変更（第24条第2項。ただし、裁判所の命令によるものを除く。）について規定している。

② 信託法第173条を準用し、公益信託の認可が取り消された場合の裁判所による新受託者の選任について規定している（第31条）。

(3) 目的信託と公益信託の関係

ア　目的信託の制定経過

受益者の定めのない信託は、受益者が存在しないことから信託が無期限に存続するおそれがあり、また、受託者を監督する者がおらず制度が潜脱されるお

それがあるとして、旧信託法の下では、公益信託を除いて無効とされていたところ、平成18年信託法改正により、公益信託以外の受益者の定めのない信託も有効とされ、信託法第11章に受益者の定めのない信託についての規定が設けられるに至ったものである。その際、どのような者でも目的信託の受託者となり得ることについて、制度が濫用されるおそれが払拭できないとの懸念が示されたことにより、信託法附則第3項において目的信託の受託者を一定の法人に制限する経過措置規定が設けられたものである。

イ　公益信託と目的信託の異同

公益信託と目的信託は、いずれも受益者の定めのない信託であり、同一の目的である信託が設定可能である。目的信託においては、①ガバナンス確保の観点から委託者の権限が強化されていること（信託法第260条）、②20年の存続期間の制限があること（同法第259条）など、目的信託と公益信託は重要な部分で相違点があり、性質上大きく異なっていることから、両者は異なる信託として整理する必要がある。

図表2-2-1　公益信託と目的信託の対比

		公益信託		目的信託	
		内容	条項	内容	条項
類似点	受益者の定め	受益者の定めはなし。信託の変更によって、受益者の定めを設けることはできない。	第2条第1項第1号、第4条第3項	同左	第258条第1項・第2項
	信託の方法	信託契約又は遺言	第4条第1項	同左	第258条第1項
相違点	効力の発生	行政庁の認可を受けなければ、公益信託としての効力を生じない。受託者・信託管理人の変更、信託の変更、信託の分割・併合においても認可を受けなければ効力が生じない。	第6条、第12条第3項、第22条第4項	信託契約の締結や遺言の効力発生によって、効力を生じる。	第4条第1項・第2項
	名称	公益信託という文字を用いたものを定める。	第4条第2項第1号	規定なし。	―

第2節　新公益信託法と信託法の関係　47

信託目的	公益事務(学術の振興、福祉の向上その他の不特定かつ多数の者の利益の増進を目的とする事務として別表に掲げるもの)のみを目的とする。	第2条第1項第1号・第2号別表	私益、公益、共益と目的に制限はなし。	―
受託者の資格	公益信託事務の適正な処理をするのに必要な経理的基礎及び技術的能力を有するものという認可基準あり(<u>法人個人問わない。</u>)。信託法第7条(未成年者)のほか、特定の法令違反等の欠格事由が定められている。	第8条第2号、第9条第1号・第2号	政令で定める法人<u>以外のものを受託者とすることができない。</u>	附則第3項
信託管理人	<u>必置</u>(自律的な監督・ガバナンスによって運営の適正性を確保するため)受託者による公益信託事務の適正な処理のため、必要な監督をするのに、必要な能力を有するものという認可基準あり(法人・個人問わない。)。信託法第124条(未成年者又は当該信託の受託者)のほか、特定の法令違反等又は、委託者、受託者の親族等特別な関係を有する者等の欠格事由が定められている。	第4条第2項第2号、第8条第3号、第9条第3号・第4号	<u>遺言により信託する場合には、必置</u>(委託者が不在かつ委託者の地位は相続されないため)	第258条第4項
信託期間	制限なし。	―	20年を超えることができない。	第259条

48　第2章　新公益信託制度と関係法令

	帰属権利者	類似目的の公益信託、公益法人、学校法人等、国又は地方公共団体を信託行為に定める必要あり（<u>委託者は帰属権利者にはならない。</u>）。 信託行為の定めにより残余財産の帰属が定まらないときは、<u>国庫（行政庁が都道府県知事の場合は当該都道府県）に帰属。</u>	第4条第2項第3号、第8条第13号、第27条	① 信託行為に残余財産受益者若しくは帰属権利者として指定された者 ② 指定がない若しくは指定された者が権利を放棄した場合には、<u>委託者又はその相続人その他の一般承継人</u> ③ ①及び②でも帰属が定まらない場合は<u>清算受託者</u>	第182条
	委託者の権限	受益者の定めのある信託の委託者が有する権限と同様とした上で、信託行為により制限できる（信託法第145条第2項に規定している受託者を監督し、信託の運営を円滑にするための権利は<u>信託行為に定めることで付与することができる</u>。）。	―	受益者の定めのある信託の委託者が有する権限よりも強い権限を有する（信託法第145条第2項及び第4項に規定している権利は、<u>信託行為に定めがなくても権利を有するとみなされ、信託の変更によってこれを変更することはできない。</u>）。	第260条第1項
	信託管理人の権限	信託管理人の権限は、受益者の定めのある信託の信託管理人の権限と同様。 信託管理人の権限は、<u>信託法第125条第1項の規定にかかわらず、信託行為の定めによって制限することはできない。</u>	第33条第1項（信託法第125条第1項ただし書を適用除外）	（遺言によって設定された場合）信託管理人の権限のうち、<u>第145条第2項各号に掲げる権限については、信託行為の定めによって制限することはできない。</u>	第125条第1項第258条第4項

	受託者の義務	信託法第29条第2項ただし書の規定にかかわらず、信託行為の定めにより受託者の義務を軽減することはできない。（公益目的の達成に向け高度な適格性が求められるため）	第33条第1項（信託法第29条第2項ただし書を適用除外）	受益者の定めのある信託の受託者と同様の義務を負う。	第29条 第30条
	信託の終了	信託法第163条の規定のほか、①信託管理人が欠けた場合であって、新信託管理人が就任しない状態が1年間継続したとき及び②公益信託認可が取り消されたときに終了する。	第23条第1項	信託法第163条の規定のほか、信託管理人が欠けた場合であって、新信託管理人が就任しない状態が1年間継続したとき（遺言による信託に限る。）に終了する。	第258条第8項

（出典）　筆者作成

ウ　公益信託と目的信託の関係

図表2−2−2　公益信託と目的信託の関係

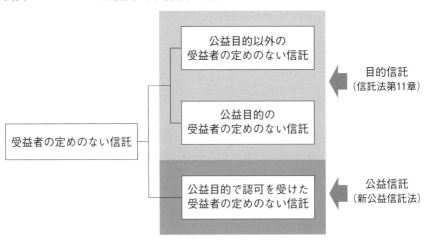

（出典）　筆者作成

一般法人が公益「認定」を受けてなることができる公益法人制度と同様に、公益目的の目的信託を前提に「認定」を受けたものが公益信託であるという制度とすることの当否についても検討されたが、公益信託と目的信託で当事者（委託者）の役割が大きく異なることを踏まえると、①当事者において異なる契約を別個に締結することを強いるものとなること、②公益信託の設定を希望している者は、認可が下りなかった場合に、目的信託として存続したいと考えることはあまり想定がされず、かつ認可が受けられるかどうか不確定な状況で、先に目的信託を設定することは、委託者・受託者双方望まず、活用が進まない制度となるおそれがあること、③両者を連続的なものとして捉えることは税制優遇との関係でも複雑な規律を要するものとなること等に照らし相当ではないと考えられることから、新公益信託法・信託法それぞれにおいて、公益信託と目的信託を異なるものとして整理して（図表 2 − 2 − 2 参照）[26]、信託法においては、第258条第 1 項及び附則第 3 項の改正が行われている。

26　【「受益者の定めのない信託」と「目的信託」の関係】
　「受益者の定めのない信託」は法令上の用語であるが、法令上の用語ではない「目的信託」と表現されることもある。両者の関係については複数の理解が存するところ、法制審議会信託法部会での議論の整理に従い「受益者の定めのない信託」のうち旧公益信託法と新公益信託法によるものを除いたものを「目的信託」と整理されている（公益信託法の見直しに関する中間試案補足説明 6 頁参照（https://www.moj.go.jp/content/001244616. pdf））。

第3節　新公益信託法と公益信託税制との関係

図表2−3−1　公益信託に関する税制

（旧公益信託）　　　　　　　（新しい公益信託）　　　　　（公益法人）

共通の行政庁・第三者委員会

主務官庁の許可により成立
（※裁量による判断）

公益信託認可・監督　⬌　公益認定・監督

共通の枠組み（※認可基準等を法律で明記）

公益信託

主務大臣の証明
・受託者は信託会社に限る
・信託財産は金銭に限る
・主に助成事務に限る　等

新公益信託は、公益法人と共有の枠組みで認可・監督され、税制優遇を受けるにふさわしいものとして制度設計される。
・受託者の拡大
・信託財産の金銭以外への拡大
・助成事務以外への拡大
・公益法人認定法別表と同じ公益事務の列挙
・認可の期間制限なし　等

特定公益信託

主務大臣の認定
・税法で列挙された公益目的
・認定期間は5年間

認定特定公益信託　　　　　　新しい公益信託　⬌　公益社団・財団法人

残余財産の相互移転

（課税関係）
拠出段階　寄附金控除（所得税）
　　　　　寄附金別枠損金算入（法人税）
　　　　　相続税の課税価格不算入（相続税）
（委託者死亡時）信託の権利価額零の取扱い（相続税）
運用段階　信託財産から生じる所得は非課税

（課税関係）
拠出段階　寄附金控除（所得税）
　　　　　寄附金別枠損金算入（法人税）
　　　　　相続税の課税価格不算入（相続税）
　　　　　譲渡所得等課税の非課税（所得税）
　　　　　＊国税庁長官の承認を受けたものに限る
（拠出者死亡時）課税関係は生じない（相続税）
運用段階　信託財産から生じる所得は非課税
その他、公益法人の優遇税制に合わせた措置

（課税関係）
拠出段階　寄附金控除（所得税）
　　　　　寄附金別枠損金算入（法人税）
　　　　　相続税の課税価格不算入（相続税）
　　　　　譲渡所得等課税の非課税（所得税）
　　　　　＊国税庁長官の承認を受けたものに限る
（拠出者死亡時）課税関係は生じない（相続税）
運用段階　公益目的事業は非課税

（出典）　筆者作成

　公益信託税制については、昭和62年・昭和63年の税制改正において、主務官庁の許可を得て成立した公益信託のうち、法人税法等に規定された要件を充足した「特定公益信託」及び「認定特定公益信託」に対して、寄附金控除等の税制措置を講ずる制度が創設された。その後、平成18年の新信託法制定に伴い、多様な類型の信託を設定することが可能になったことから、平成19年の税制改正において信託税制は整備されたが、公益信託税制については、法人税法の附則において、当面の間の措置として、従前と同様の取扱いとなるよう規定が設けられ、実質的な見直しは行われなかった。

☞ 公益信託税制改正の経過については、第1章第2節(2)参照

52　第2章　新公益信託制度と関係法令

認定特定公益信託については公益法人並みの税制優遇が認められていたが、主務官庁による公益信託の許可とは別に主務大臣の証明・認定を受ける必要があり、手続上の煩雑さや認定までに時間を要すること等から活用が低調であった。

今般の公益信託法の改正において、許可審査基準だけでなく、関連税法令上に規定されていた要件も、新公益信託法の公益信託認可の要件として法律に明記されたことに合わせて、新公益信託法に基づく公益信託認可に連動して、基本的に、公益法人並みの税制優遇を受けられるものとする税制改正が行われた。

☞ 令和6年度公益信託税制については、第4章参照

図表2-3-2　新公益信託法と許可審査基準・旧税法の対比

	新公益信託法	許可審査基準	旧税法 （認定特定公益信託）
公益信託の名称	公益信託という文字を用いるものに限る［第4条第2項第1号］名称使用制限等あり［第5条］	目的及び実態を適切に表現した社会通念上妥当なものでなければならない	規定なし
信託財産	事業計画及び収支予算書の内容に照らし、その存続期間を通じて公益信託事務が処理される見込みがあること（信託財産は限定されない）［第8条第4号］	引受当初の信託財産の運用によって生ずる収入により、授益行為が遂行できる見込みであること	金銭に限られる
信託財産の運用	運用方法に関する特段の規定はなし（信託財産が限定されないことにより、運用方法の限定もなし。ただし、投機的運用等の禁止の規律はあり）［第8条第7号］	価値の不安定な財産、客観的な評価が困難な財産又は過大な負担付財産が信託財産の中の相当部分を占めていないこと	預貯金、国債、地方債、特別法により法人の発行する債券等に限定
信託管理人	必置［第4条第2項第2号］	必置	必置

第3節　新公益信託法と公益信託税制との関係　53

運営委員会	規定なし（任意で設置）	必置	必置
受託者の資格	公益信託事務を適正に処理するのに必要な経理的基礎及び技術的能力を有するものであること（信託会社に限定されず、認可を受ければ個人でも受託者になり得る）[第8条第2号]	適切な管理運営をなし得る能力を有するもので、社会的な信用を有し、かつ、知識及び経験が豊富であること	信託会社に限定
信託管理人の資格	公益信託事務の適正な処理のため必要な監督をするのに必要な能力を有するものであること[第8条第3号]（法人でも可能）	当該公益信託の目的に照らして、これにふさわしい学識、経験及び信用を有するもの（原則として、個人であること）	規定なし
信託報酬の水準	当該公益信託の経理の状況その他の事情を考慮して、不当に高額なものとならないような支払基準を定めているもの[第8条第11号]	信託行為に明確に定めるものとし、その額は信託事務の処理に要する人件費その他必要な費用を超えないものであること	信託事務の処理に通常必要な額を超えないこと
残余財産の帰属	信託行為に別段の定めがあるときを除き、合意による終了はできず、残余財産は類似目的の公益信託、公益法人等又は国若しくは地方公共団体に帰属する旨を信託行為に定めなければならない[第4条第2項第3号、第8条第13号] 残余財産の帰属が定まらないときは、国庫（行政庁が都道府県知事の場合、当該都道府県）に帰属[第27条]	規定なし	合意による終了ができず、終了時の財産は国若しくは地方公共団体に帰属し、又は類似目的の公益信託として継続するもの

（出典）　筆者作成

第4節 新公益信託法と公益法人認定法との関係

(1) 公益法人認定法と整合的な新公益信託法の制定

　公益信託制度は、公益法人制度と社会的に同様の機能を有しており、「信託」と「法人」という違いを有しつつも整合的な仕組みとすることで、企業や国民など利用者にとっての利便性が高まり、民間による公益的活動の活性化に資すると考えられた。このため、「公益法人制度と整合性のとれた制度とする観点から」（信託法の附帯決議）見直しを行っており、公益法人制度と共通の行政庁による認可・監督を行う仕組みとするものである。新公益信託法は、可能な限り、公益法人認定法に整合させた形で、おおむね手続の流れに沿った条文構成としつつ、公益「認定」ではなく公益信託「認可」とする点や本則となる信託法の規律を踏まえて、規定を置くものとしている。

　☛ 新公益信託法と公益法人認定法の条文の対比については、第5章参考資料3参照

(2) 新公益信託法と公益法人認定法の主な異同等

　法人（理事、監事、評議員等）か信託（委託者、信託管理人等）かによるガバナンスの違いがあるほか、新公益信託法については信託法の特則であり、公益信託認可によって信託の効力が生じるのに対し、公益法人認定法は一般法人法の特則であり、一般法人に対する公益認定が認められるというそれぞれの特徴を踏まえて、規律に差異が生じている。

図表2－4－1　新公益信託法と公益法人認定法の対比

	新公益信託法		公益法人認定法	
	内容	条項	内容	条項
定義	**公益信託** この法律の定めるところによりする受益者の定め（受益者を定める方法の定めを含む。）のない信託であって、公益事務を	第2条第1項第1号	**公益社団法人** 第4条の認定を受けた一般社団法人をいう。 **公益財団法人** 第4条の認定を受けた一般財団法人をいう。	第2条第1号、第2号、第3号

第4節　新公益信託法と公益法人認定法との関係　55

	行うことのみを目的と するものをいう。		**公益法人** 公益社団法 人又は公益財団法人を いう。	
公益事務 公益目的 事業	**公益事務** 学術の振 興、福祉の向上その他 の不特定かつ多数の者 の利益の増進を目的と する事務として別表に 掲げるものをいう。	第2条第 1項第2 号	**公益目的事業** 学術、 技芸、慈善その他の公 益に関する別表各号に 掲げる種類の事業で あって、不特定かつ多 数の者の利益の増進に 寄与するものをいう。	第2条第4 号
行政庁	内閣総理大臣、都道府 県知事	第3条	同左	第3条
設定 設立	信託法による信託行為 （信託契約又は遺言）	第4条第 1項	一般社団法人又は一般 財団法人の設立（定 款）	一般法人法 第10条、第 152条
認可 認定	公益信託の受託者とな ろうとする者は、**公益 信託認可**を申請しなけ ればならない。 公益信託は、行政庁の 認可を受けなければ、 その効力を生じない。	第6条、 第7条第 1項	公益目的事業を行う一 般社団法人又は一般財 団法人は、**行政庁の認 定**を受けることができ る。 ＊公益認定は私法上の 効力には影響を与えな い。	第4条
受託者法 人の資格	その受託者が公益信託 事務を適正に処理する のに必要な経理的基礎 及び技術的能力を有す るものであること（個 人も含む。）。	第8条第 2号	公益目的事業を行うの に必要な経理的基礎及 び技術的能力を有する ものであること。	第5条第2 号
ガバナン ス	信託管理人による監 督、委託者による監 督、裁判所による監督	―	社員・評議員による監 督、監事による監督、 会計監査人による監 督、裁判所による監督	―
終了時の 規律	公益認可の取消しを含 め、公益信託が終了し た場合は清算すること となる。当事者の合意	第23条	公益認定の取消しの場 合には一般法人として 存続。解散の場合は清 算することとなる。	―

56 第2章 新公益信託制度と関係法令

	により信託の目的を類似の目的に変更し、認可を受けることで、継続も可能。			
行政庁の権限等	報告徴収及び立入検査、勧告、命令等、公益信託認可・公益信託認可の取消し、行政庁への意見照会、委員会への諮問	第 8 条、第28条～第 30 条、第 32 条、第 34 条	報告徴収及び立入検査、勧告、命令等、公益認定・公益認定の取消し、行政庁への意見照会、委員会への諮問	第 5 条、第27条～第29条、第31条、第43条
委員会の権限等	答申の公表等、内閣総理大臣による送付等、委員会による勧告等	第35条～第39条	同左	第44条～第48条
合議制の機関	設置及び権限、合議制の機関への諮問、答申の公表等、都道府県知事による通知等、合議制の機関による勧告等	第 40 条、第41条	同左	第50条～第55条

（出典）　筆者作成

(3)　旧公益信託法の改正に伴う公益法人認定法等の一部改正（附則第27条及び第28条関係）

ア　公益認定等委員会及び合議制の機関についての規律

　公益法人認定法と共通の枠組みで公益信託の認可・監督を行う仕組みを構築することが民間による公益的活動の活性化のために適切であると判断されたことから、公益信託についても第三者委員会である公益認定等委員会及び都道府県に設置された合議制の機関が公益性の判断等を行うため、附則第27条において公益認定等委員会の権限（公益法人認定法第32条第2項）に公益信託法による権限を、公益認定等委員会の委員の資格（同法第35条）に公益信託の有識者であることを、都道府県に合議制の機関の権限（同法第50条）に公益信託法による権限を追加している。

イ　公益法人等の残余財産等の移転先についての規律

　新しい公益信託制度が公益法人制度と共通の枠組みの制度となることから、

公益法人が公益認定の取消しの処分を受けた場合等において、公益目的取得財産残額がある場合や公益法人が清算をする場合における残余財産等の移転先に類似の公益事務をその目的とする公益信託の受託者が追加された（公益法人認定法第5条第20号・第21号、第30条）。なお、公益法人認定法整備法においても、同様の趣旨で、旧民法に基づく特例民法法人であって一般社団法人又は一般財団法人に移行した法人（以下「移行法人」という。）が作成している「公益目的支出計画[27]」における公益目的のための支出先及び移行法人が清算をする場合における残余財産等の帰属先として公益信託の信託財産が附則第28条において追加された（公益法人認定法整備法第119条第2項第1号ロ、第130条）。

---

27 【公益目的支出計画】
　　特例民法法人を、その法人格を継続させたまま通常の一般社団法人又は一般財団法人に移行させるとともに、移行の時点での純資産を基礎として算定した額（公益目的財産額）に相当する額を移行後計画的に公益の目的に支出させるための制度である。

第5節　他の関係法令

(1)　新公益信託法と地方自治法との関係

　公益事務を一つの都道府県の区域内で行う場合には、行政庁は都道府県知事となり、都道府県知事が認可・監督を行う。旧制度においては、事務処理政令において、受益の範囲が一の都道府県の区域内に限られる公益信託の主務官庁の権限に属する事務は当該都道府県知事が行うとされていたところ、事業の内容に応じて、主務官庁が全ての事務を行う場合や、受益の地域が限られる場合に事務処理政令に基づき地方支分部局の長に委任し、又は都道府県の機関が行うこととされるなどの仕組みであった。新公益信託法においては、行政庁の区分については、公益法人制度と基本的に整合させる形で規定している。例えば、代表的な公益信託として奨学金支給が挙げられるが、旧制度においては、受益の範囲が一の都道府県の区域内に限られるものは当該都道府県の教育委員会が行うこととされていたが、新制度においては都道府県知事が行政庁となる。

　都道府県知事による認可・監督は、地方自治法（昭和22年法律第67号）上の自治事務（同法第2条第8号）であり、内閣総理大臣から都道府県知事への指示に関する公益法人認定法第60条の規定を参考にした上で、公益信託としての特殊性を考慮して、地域間の均衡を図るために必要があるときに、地方自治法第245条の5第1項の規定による是正の要求の方式についての規定を新公益信託法第43条に設けている。

　☛ 是正の要求については、第3章の第43条の解説参照

(2)　新公益信託法と信託業法との関係

　信託業法3条は、「信託業は、内閣総理大臣の免許を受けた者でなければ、営むことができない。」と規定し、公益信託も信託業法の対象となる信託と解されている。そのため、公益信託を引き受ける者が、これを「営業」として行う場合には、信託業法の免許が必要になる。

　今般、経理的基礎及び技術的能力といった受託者要件を満たし認可が下りれば信託会社以外であっても新公益信託法上は、受託者となることが可能となる

第5節　他の関係法令　59

が、信託業法の適用があるかという問題が明確にされない場合には、受託者となろうとする者に萎縮的効果をもたらす可能性がある。

　新しい資本主義のグランドデザイン及び実行計画2024改訂版においては、「新たな公益法人制度・公益信託制度による公益活動の活性化のため、公益認定等総合情報システムの改修等の体制整備を段階的に実施する。公益信託制度に関しては、信託業法との整理を進める。」とされている。

第 **3** 章

公益信託に関する法律
逐条解説

公益信託に関する法律

目次

第1章　総則（第1条～第5条）

第2章　公益信託の認可等

　　第1節　公益信託の効力（第6条）

　　第2節　公益信託の認可（第7条～第15条）

　　第3節　公益信託事務の処理等（第16条～第21条）

　　第4節　公益信託の併合等（第22条～第27条）

　　第5節　公益信託の監督（第28条～第32条）

　　第6節　信託法の適用関係（第33条）

第3章　公益認定等委員会等への諮問等

　　第1節　公益認定等委員会への諮問等（第34条～第37条）

　　第2節　都道府県に置かれる合議制の機関への諮問等（第38条・第39条）

第4章　雑則（第40条～第44条）

第5章　罰則（第45条～第49条）

附則

第1節 公益信託に関する法律（本則）

新公益信託法は、旧公益信託法を現代語化するとともに、制度の基本は維持した上で、具体的な規定を全面的に改めるものとして、旧公益信託法の全部改正がされている[28]。

第1章 総　則

（目的）

第1条 この法律は、内外の社会経済情勢の変化に伴い、公益を目的とする信託による事務の実施が公益の増進のために重要となっていることに鑑み、当該事務が適正に行われるよう公益信託を認可する制度を設けるとともに、当該公益信託の受託者による信託事務の適正な処理を確保するため必要な措置等を定め、もって公益の増進及び活力ある社会の実現に資することを目的とする。

新公益信託法は、公益法人認定法第1条に規定されている法律の目的と同じく「公益の増進及び活力ある社会の実現に資すること」を目的に制定されたものであり、本条は、その趣旨を明らかにしている。

新公益信託法は、信託法第1条に規定している「他の法令」に該当するものであり、信託法の特別法として、別段の定めがない限りは、信託法の規定が適用されるものである。

---

28 【公益信託の意義】

　旧信託法第66条で「**祭祀、宗教、慈善、学術、技芸其ノ他公益ヲ目的トスル信託ハ之ヲ公益信託トシ其ノ監督ニ付テハ後6条ノ規定ヲ適用ス**」とされていたものが、平成18年の信託法改正において受益者の定めのない信託が許容されたことから、旧公益信託法第1条において「**信託法（平成18年法律第108号）第258条第1項ニ規定スル受益者ノ定ナキ信託ノ内学術、技芸、慈善、祭祀、宗教其ノ他公益ヲ目的トスルモノニシテ次条ノ許可ヲ受ケタルモノ（以下公益信託ト謂フ）ニ付テハ本法ノ定ムル所ニ依ル**」とされた。新公益信託法では、公益信託を公益信託法に基づく信託であることを明らかにするため、第2条第1項第1号において「**この法律の定めるところによりする受益者の定め（受益者を定める方法の定めを含む。第4条第3項において同じ。）のない信託であって、公益事務を行うことのみを目的とするものをいう。**」とされている。いずれも公益信託の本質的な部分には変更がなく連続性は維持されているものと考えられることから、今般の改正は、新法ではなく全部改正の方式が採られている。

☞ 新公益信託法と信託法の関係については、第2章第2節参照

> **（定義）**
> **第2条** この法律において、次の各号に掲げる用語の意義は、当該各号に定めるところによる。
> 　一　公益信託　この法律の定めるところによりする受益者の定め（受益者を定める方法の定めを含む。第4条第3項において同じ。）のない信託であって、公益事務を行うことのみを目的とするものをいう。
> 　二　公益事務　学術の振興、福祉の向上その他の不特定かつ多数の者の利益の増進を目的とする事務として別表各号に掲げる事務をいう。
> 2　この法律において、「信託」、「信託行為」、「信託財産」、「委託者」、「受託者」、「受益者」、「信託財産責任負担債務」、「信託の併合」、「吸収信託分割」、「新規信託分割」又は「信託の分割」とは、それぞれ信託法（平成18年法律第108号）第2条に規定している「信託」、「信託行為」、「信託財産」、「委託者」、「受託者」、「受益者」、「信託財産責任負担債務」、「信託の併合」、「吸収信託分割」、「新規信託分割」又は「信託の分割」をいう。
> 3　この法律において、信託法の規定を引用する場合における当該規定については、第33条第3項の規定により読み替えて適用するものとされたものにあっては、当該読み替えて適用するものとされた規定をいうものとする。

1　第1項について

(1)　「公益信託」の定義（第1号）

　旧公益信託法第1条は、公益信託の定義について「信託法（平成18年法律第108号）第258条第1項ニ規定スル受益者ノ定ナキ信託ノ内学術、技芸、慈善、祭祀、宗教其ノ他ノ公益ヲ目的トスルモノニシテ次条ノ許可ヲ受ケタルモノ（以下公益信託ト謂フ）ニ付テハ本法ノ定ムル所ニ依ル」と規定していた。

　新公益信託法は、公益信託について、受益者の定めのない信託であることを維持しつつ、信託法第11章の適用がある目的信託と区別して新公益信託法によ

64　第3章　公益信託に関する法律　逐条解説

るものに限られることを明らかにしている[29]。

その上で、新公益信託法における公益に関する事務の内容については、公益法人による公益目的事業と同一のものとし、公益法人と異なり、収益事業を行わないことを明らかにするため、新しい公益信託の目的が、公益法人認定法と同一の別表記載の内容の公益事務のみとすることを規定している。

(2) 「公益事務」の定義（第2号）

本号は、新公益信託法における公益信託の目的となる公益事務を定義している。

新公益信託法における「公益事務」は、同法別表に記載する公益目的の活動を行うことを指している。公益の増進に寄与する事務又は事業の種類は、その活動を営む形式が信託であるか法人であるかにより異なるものではないから、公益事務として想定される具体的な種類の事務としては、公益法人が公益の増進に寄与するものとして行う公益目的事業と同様のものとしていることが相当と考えるものである。

この点、公益信託における具体的な活動（公益信託事務）は、委託者（当該活動を企図した者）ではなく、信託行為に基づき、受託者において実施される点において、公益法人が直接実施する公益目的事業と性格が異なるものであり、その点を明らかにする観点から、「公益信託事務」とは別に「公益事務」の概念について、公益信託認可の前に存在するものとして、具体的な定めが置かれている[30]。

他方で、第7条第3項に規定する「公益信託事務」とは、受託者が信託の本旨に従って処理する事務を含む信託関係の事務全般を指すものとして整理されている（信託法第29条第1項：「受託者は、信託の本旨に従って信託事務を処理しなければならない。」）。公益信託事務は、公益信託の効力が発生した後に受託者がなすべき事務の総称として理解される。

旧公益信託法では、主務官庁が検査をする対象として「公益信託事務」との

---

29 【信託法第11章の適用がある受益者の定めのない信託】
　改正後の信託法第258条第1項において、「受益者の定め（受益者を定める方法の定めを含む。）のない信託（公益信託に関する法律第2条第1項第1号に規定する公益信託を除く。）」とし、信託法第11章の規定の適用は公益信託には及ばないことを明確にしている。

第1節　公益信託に関する法律（本則）　65

用語を用いている（同法第4条第1項）ところ、信託法の特則として「信託事務」の定義が妥当するものであるとともに、旧公益信託法も受託者が行う信託事務全般として整理されていることは、新公益信託法とも変わりがないものと考えられる。

なお、旧公益信託法は「公益事務」との用語を用いておらず、公益信託の目的の例示として、旧民法第34条と同様に、学術、技芸、慈善、祭祀、宗教を列挙していたものであるが、新公益信託法においては、公益法人認定法に定める別表に整合させる形で列挙した公益「事務」を目的の対象と明記したことから、別表に沿った例示の内容としている。

（参考）　別表（第2条関係）

一　学術及び科学技術の振興を目的とする事務

二　文化及び芸術の振興を目的とする事務

三　障害者若しくは生活困窮者又は事故、災害若しくは犯罪による被害者の支援を目的とする事務

四　高齢者の福祉の増進を目的とする事務

五　勤労意欲のある者に対する就労の支援を目的とする事務

六　公衆衛生の向上を目的とする事務

七　児童又は青少年の健全な育成を目的とする事務

八　勤労者の福祉の向上を目的とする事務

九　教育、スポーツ等を通じて国民の心身の健全な発達に寄与し、又は豊かな人間性を涵養することを目的とする事務

十　犯罪の防止又は治安の維持を目的とする事務

30【公益性の判断枠組みについて】

　公益法人が自らの経営判断に基づき実施する公益目的「事業」に比べて、公益信託においては、契約によるもので、より小規模な公益活動が想定されることや、信託法の用例から「事務」という用語が用いられている。公益法人認定法と新公益信託法の規定ぶりは異なるものの、この点は、「事務」と「事業」の用語の違いを踏まえ、法制的な観点から、公益性を二つの要素に分けることなく一体的に判断するよう規定されたものであり、基本的に、公益性の判断に違いが生じることを意図するものではないと考えられる。

　新公益信託法においても、不特定かつ多数の者の利益の増進に寄与するか否かは、別表各号への該当性の中で判断され、「不特定かつ多数の者の利益の増進」に寄与しないと判断される事務は、「不特定かつ多数の者の利益の増進を目的として別表各号に定める事務」に該当するとはいえないものと解される。

66　第3章　公益信託に関する法律　逐条解説

十一　事故又は災害の防止を目的とする事務

十二　人種、性別その他の事由による不当な差別又は偏見の防止及び根絶を目的とする事務

十三　思想及び良心の自由、信教の自由又は表現の自由の尊重又は擁護を目的とする事務

十四　男女共同参画社会の形成その他のより良い社会の形成の推進を目的とする事務

十五　国際相互理解の促進及び開発途上にある海外の地域に対する経済協力を目的とする事務

十六　地球環境の保全又は自然環境の保護及び整備を目的とする事務

十七　国土の利用、整備又は保全を目的とする事務

十八　国政の健全な運営の確保に資することを目的とする事務

十九　地域社会の健全な発展を目的とする事務

二十　公正かつ自由な経済活動の機会の確保及び促進並びにその活性化による国民生活の安定向上を目的とする事務

二十一　国民生活に不可欠な物資、エネルギー等の安定供給の確保を目的とする事務

二十二　一般消費者の利益の擁護又は増進を目的とする事務

二十三　前各号に掲げるもののほか、公益に関する事務として政令で定めるもの

2　第2項及び第3項について

　第2項は、信託法第2条において定義された用語のうち、新公益信託法において用いられている用語について、信託法の定義が用いられることを規定するものである。新公益信託法は、信託法の特別法であり、特段の定めがない限り規定が当然に適用されるものであるが、定義された用語について、確認的に意義を明確化するために定めている。なお、信託法第2条に規定している定義語以外のものについては、必要に応じて、初出において定義規定が置かれている。

　第3項は、信託法の規定を引用する場合について、第33条第3項の規定により読み替えて適用するものとされたものは、読替後の規定をいうものとすると

第1節　公益信託に関する法律（本則）　67

定めている。

> **（行政庁）**
> **第3条**　この法律における行政庁は、次の各号に掲げる公益信託の区分に
> 　　応じ、当該各号に定める内閣総理大臣又は都道府県知事とする。
> 　一　次に掲げる公益信託　内閣総理大臣
> 　　イ　公益事務を二以上の都道府県の区域内において行う旨を信託行為
> 　　　で定めるもの
> 　　ロ　国の事務又は事業と密接な関連を有する公益事務であって政令で
> 　　　定めるものを行うもの
> 　二　前号に掲げる公益信託以外の公益信託　その公益事務を行う区域を
> 　　管轄する都道府県知事

　旧公益信託法の下では、公益信託の受益の範囲が二以上の都道府県の区域に
及ぶ場合については国の主務官庁が公益信託の許可及び監督を行い、また、公
益信託の受益の範囲が一の都道府県の区域内に限られる公益信託については、
主務官庁の権限に属する事務を都道府県知事又は都道府県の教育委員会が行う
もの（旧公益信託法第11条、事務処理政令第1条）[31]とされ、事務内容等に応
じて所管官庁が定められていた。

　新しい公益信託制度においては、公益法人制度と共通の行政庁が担当するこ
ととし、行政庁の区分について公益法人認定法と整合的な形で規律している[32]。

　そこで、本条では、公益事務を二以上の都道府県の区域において実施する旨
を信託行為で定める公益信託及び国の事務又は事業と密接な関係を有する公益
事務であって政令で定めるものを実施する公益信託の認可・監督を行う行政庁
は国の行政庁とし、これら以外の公益信託の認可・監督を行う行政庁は都道府
県知事と規定している。なお、公益法人については複数の都道府県に事務所を
設置するものについても内閣総理大臣が行政庁となる（公益法人認定法第3条

31　【旧公益信託法における主務官庁】
　　令和6年3月末日時点で、信託協会加盟会社が受託する公益信託378件のうち、258件
　（約68%）は、都道府県又は都道府県の教育委員会が許可・監督を行っている（一般社団
　法人信託協会「公益信託の受託状況（令和6年3月末現在）」より）。例えば、松山市内の
　学生への奨学金の支給を行う公益信託については、愛媛県の教育委員会が、東京を主たる
　事務所の所在地とする受託者に対して、許可・監督を行っている。

第1号イ）ところ、公益信託においては、受託者が複数の都道府県に事務所を
有することも考えられるが、それら全ての事務所において公益信託事務を処理
するとは限らないことから、当該規定を置いていない。

（公益信託の要件）

第4条　公益信託は、信託法第3条第1号又は第2号に掲げる方法によっ
てしなければならない。

2　公益信託の信託行為においては、公益事務を行うことのみを目的とす
る旨のほか、次に掲げる事項を定めなければならない。

　一　公益信託の名称（公益信託という文字を用いるものに限る。第7条
　　第2項第1号において同じ。）

　二　信託管理人（信託法第4章第4節第1款の信託管理人をいう。以下
　　同じ。）となるべき者を指定する定め

　三　帰属権利者（信託法第182条第1項第2号に規定している帰属権利
　　者をいう。第8条第13号において同じ。）となるべき者（委託者を除
　　く。）を指定する定め

　四　その他内閣府令で定める事項

3　公益信託においては、受益者の定めを設けることはできない。

32　【公益法人認定法における「行政庁」の規律】
　公益法人制度においては、公益法人認定法第3条が、公益認定、監督処分等の権限を有
する行政庁を定めるとともに、公益法人の所管行政庁を明らかにしている。
　国においては、内閣府が「内閣総理大臣が政府全体の見地から管理することがふさわし
い行政事務の円滑な遂行を図ること」（内閣府設置法（平成11年法律第89号）第3条第1
項）をその任務としていることから、諸分野を横断して公正・中立に施行されなければな
らないこの認定制度は、内閣総理大臣（内閣府）の所掌とすることが最もふさわしいとさ
れ、また、都道府県においては、知事が都道府県全体を統轄する者であることから、知事
が一元的に担任することが最もふさわしいとされる。
　これらを踏まえて、国と都道府県との所管の分担については、できる限り裁量の余地の
少ない明確なものとしているため、①二以上の都道府県の区域内に事務所を設置するもの
（公益法人認定法第3条第1号イ）、②公益目的事業を二以上の都道府県の区域内において
行う旨を定款に定めているもの（同号ロ）、③国の事務又は事業と密接な関連を有する公
益目的事業であって政令で定めるもの（同号ハ）は内閣総理大臣が認定し、それら以外の
ものはその事務所が所在する都道府県の知事が認定することとされている（同条第2号）。

第1節　公益信託に関する法律（本則）　69

1 公益信託の方法に関する規律（第1項）

旧公益信託法による公益信託は、信託法第258条第1項に規定している受益者の定めのない信託として、信託契約又は遺言[33]の方法によりされ、委託者と受託者が同一人である信託法第3条第3号による方法（いわゆる自己信託）によってすることはできないものとされていた。これは、受益者の定めのない信託については、委託者と受託者が同一である自己信託を認めた場合、受託者に対する監督が適切に行われない危険があるとの懸念によるものであり、公益信託についても同様に当てはまることによる。

新公益信託法による公益信託も、受益者の定めのない信託であることから上記の懸念が当てはまると考えられ、本項は、信託法の特則として、公益信託における信託の方法を規定している。

2 公益信託の信託行為に定める事項（第2項）

旧公益信託法には、信託行為にあらかじめ定めるべき事項についての規定はなかったものであるが、許可審査基準等において、一定の事項が定められていた[34]。

新公益信託法においては、公益法人認定法と整合的に、認可基準を法律で明記する観点から、本項において、公益信託の信託行為において、あらかじめ定めておくべき事項として、公益事務を行うことのみを目的とする旨を定めるほか、公益信託の名称、信託管理人となるべきものを指定する定め、帰属権利者を指定する定め、その他内閣府令で定める事項を規定している。

---

33 【遺言により設定される公益信託】
　旧制度においては、受託者が、委託者の生前から主務官庁と協議を開始した上で、死後、正式に許可申請を行っていた。新制度においても、公益信託認可に当たっては、委託者の生前に申請が行われた場合、実際に公益信託が設定される時期が確定しないことにより、その時点での公益信託認可の基準の適合状況について判断ができないこと等を勘案すれば、委託者の死亡後に認可申請を受けることになることが想定される。

34 【許可審査基準における信託行為にあらかじめ定めるべき事項】
　許可審査基準においては、授益行為、公益信託の引受けに係る受託者への報酬及び公益信託の受託者、信託管理人及び運営委員会等の機関による事務の内容が信託行為において明確に定めることが求められていた。

70　第3章　公益信託に関する法律　逐条解説

(1) 公益信託の名称について（第1号）

　本号は、公益法人と同様に、公益信託の信託行為には、公益信託の名称を定めなければならないものと規定している。

　公益社団法人又は公益財団法人は、その種類に従い名称中に公益社団法人又は公益財団法人という文字を用いることが義務付けられている（公益法人認定法第9条第3項）。

　これらの規律の趣旨は、公益法人の高い社会的信用性を保つところにあるとされているが、新しい公益信託についても、同様に妥当すると考えられ、公益信託認可の申請書にも記載を要することとしている（第7条第2項第1号）。また、第5条においては、公益信託の名称保護について定めている。

(2) 信託管理人となるべきものを指定する定めについて（第2号）

　本号は、公益信託の信託行為には、信託管理人を指定する旨の定めを設けなければならないものと規定している。信託法上は、信託行為において、受益者が現に存しない場合に信託管理人となるべき者を指定する定めを設けることができるとされている（信託法第123条第1項）が、受益者が存することがない公益信託において、これを必置とするものである。そのため、新公益信託法における信託管理人は、信託の目的の達成のために、自己の名をもって、受益者の権利に関する一切の裁判上の又は裁判外の行為をする権限を有している。

　旧公益信託法には、公益信託を設定するときには信託管理人を指定する旨の定めを設けなければならないとする規律はなかったが、許可審査基準の「6．機関」の項では、公益信託は、その適正な運営を確保するため、信託管理人を置かなければならないとしていた。

　今般主務官庁による一般的な許可・監督制を廃止し、法律に定められた公益認可基準等への適合性等について認可・監督を行う新しい公益信託制度の下においては、委託者、受託者及び信託管理人による自律的な監督・ガバナンスによって公益信託の運営の適正性を確保することが必要とされる。一般的な信託においては、受益者がガバナンスにおいて重要な役割を果たすが、受益者が存しない公益信託においては、信託管理人を必置としてガバナンスを確保することとしている。新しい公益信託制度の下では、委託者の権限について、目的信

託の委託者の権限よりも狭め、受益者の定めのある信託の委託者の権限と同様のものとされており、受託者を監督する信託管理人の役割は重要であると考えられる。

なお、「信託管理人となるべき者を指定する定め」としては、特定の個人又は法人を信託管理人として指定する旨の定めが想定されるが、公益信託の存続期間が長期間にわたると想定されることも多いことを踏まえると、信託管理人の選任方法についての定めを併せて設けることが望ましいと考えられる。

- ☞ 信託管理人の地位及び権限等については、第1章第4節(2)ウ参照
- ☞ 委託者の権限等については、第1章第4節(2)ア参照

(3) 帰属権利者となるべき者を指定する定めについて（第3号）

本号は、公益信託の信託行為には、残余財産[35]の帰属権利者となるべき者[36]を指定する定め[37]を置かなければならないものと規定している。

信託法の原則は、残余財産の帰属について、①信託行為に定める残余財産受益者又は帰属権利者、②信託行為に定めがない場合等には委託者等、③①及び②で帰属が定まらない場合には、清算受託者に帰属することとなる（信託法第182条）。

公益目的のために拠出された財産が委託者や清算受託者に帰属することは適当ではないと考えられる上、その残余財産が誰に帰属するのかということは、信託財産を拠出する委託者や公益活動に使われることを期待して公益信託に財産を拠出する者にとって、その意思を担保するために重要な事項であると考えられる。このような財産拠出者の期待に鑑みると、公益信託が終了した後に残余財産がある場合には、残余財産の具体的な帰属先については、公益信託を設

---

35 【信託の清算手続】
　　信託が終了した時点で、信託の清算が開始し（信託法第175条）、残余財産の給付の手続は、特段の定めがない限り、同法第177条から第184条までの規定に従う。

36 【新公益信託法における帰属権利者の地位及び権限等】
　　新公益信託法における帰属権利者の地位や権限は信託法における残余財産の帰属権利者（信託法第182条第1項第2号に規定している帰属権利者）と同様である。

37 【帰属権利者となるべき者を指定する定め】
　　公益法人認定法のガイドラインでは、公益法人認定法第5条第17号（改正後は第20号）の定款の定めは、申請時には、第17号に掲げる者とのみ定めることで足るとされており、公益信託についても同様の整理がなされると考えられる。

72　第3章　公益信託に関する法律　逐条解説

定した委託者の意思に従うことが適切であると考えられることから、残余財産の帰属先について、信託行為への記載を必須としている。

　加えて、今般の改正では、公益信託認可を受けた全ての公益信託について一定の税制優遇が与えられることを前提としており、公益信託の信託財産が委託者の手から実質的に離れていることを確保する観点から、残余財産の帰属権利者として委託者を定めることはできないことを明記している[38]。

3　受益者の定めを設けることの制限（第3項）

　旧公益信託法においては、信託法第258条第2項の適用によって、信託の変更によって受益者の定めを設けることはできないこととされていた。同項は、受益者の定めのない信託と受益者の定めのある信託は、信託設定の方法や存続期間の限定の有無など、基本的な点において大きく異なっていることから、法律関係の錯綜を防止する観点から、信託の変更によって受益者の定めのない信託と受益者の定めのある信託の間をまたぐようにすることはできない旨を定めている。

　この趣旨は、受益者の定めのない信託である公益信託においても同様に当てはまる。特に、公益信託の効力発生後、事後的に信託の変更により受益者の定めを設けることを許容すると、寄附者等により拠出された財産が特定の受益者のために使われることになり、寄附者等の期待を害するおそれもあると考えられる。

　そこで、本項は、信託法の特則として信託法第258条第2項と同趣旨の規定を置いている[39]。

　（公益信託の名称等）

　第5条　何人も、公益信託でないものについて、その名称又は商号中に、公益信託であると誤認されるおそれのある文字を用いてはならない。

　2　何人も、不正の目的をもって、他の公益信託であると誤認されるおそ

---

[38]【特定公益信託における残余財産に関する委託者の規律】
　　改正前の税法においては、特定公益信託の要件として、「公益信託ニ関スル法律第1条（公益信託）に規定している公益信託で信託の終了の時における信託財産がその信託財産に係る信託の委託者に帰属しないこと」が政令で定めるところにより証明されたものであることが必要とされていた（旧所得税法第78条第3項等）。

第1節　公益信託に関する法律（本則）　73

れのある名称又は商号を使用してはならない。

3 前二項の規定に違反する名称又は商号の使用によって公益事務に係る
利益を侵害され、又は侵害されるおそれがある公益信託の受託者は、そ
の利益を侵害する者又は侵害するおそれがある者に対し、その侵害の停
止又は予防を請求することができる。

本条は、公益信託について、その社会的信用を保つことを目的として名称の
保護に関して規定している[40]。

旧公益信託法は、公益信託の名称の保護に関する規定を設けていないが、許
可審査基準の「3．名称」の項では、公益信託に名称が付されることを前提
に、その目的及び実態を適切に表現した社会通念上妥当なものでなければなら
ないとし、①国又は地方公共団体の機関等と誤認されるおそれのある名称、②
既存の法人又は公益信託と誤認させるおそれのある名称及び③当該公益信託の
授益行為の範囲とかけ離れた名称は適切ではないとしている。

新公益信託法では、第4条第2項第1号において、公益信託の信託行為に公
益信託の名称を定めなければならないこととされているところ、本規定は受託
者以外の第三者による名称の使用につき、何人も、公益信託でないものについ
て、その名称又は商号中に、公益信託であると誤認されるおそれのある文字を
用いてはならないことなどを規律して、その名称を保護し、公益信託への信頼

---

39 【公益先行信託と残余公益信託】

　公益先行信託（信託設定当初の一定期間は信託財産の一部を公益目的のために供するが、
一定期間経過後は、残りの信託財産を私益目的のために供する信託）及び残余公益信託
（信託設定当初の一定期間は信託財産の一部を私益目的のために供するが、一定期間経過
後は、残りの信託財産を公益目的のために供する信託）については、受益者の存在が予定
される以上、受益者の定めのない信託に該当することはなく、旧公益信託法においても、
これを公益信託とすることはできないとされていた（村松秀樹ほか『概説信託法』399頁
（金融財政事情研究会））。両者には民間による公益活動の増進の観点から一定のニーズが
あると考えられるものの、仮に公益先行信託や残余公益信託を認める場合、制度主旨の潜
脱を防ぐための行政庁による認可基準の規定ぶりや実際の監督が複雑あるいは困難なもの
になりかねないことを踏まえ、新公益信託法においても、公益信託と受益者の定めのある
信託をまたぐことを認めないことに合わせて、公益先行信託及び残余公益信託を認可する
制度とはしないこととされた。

40 【名称保護に関する諸規定】

　公益法人認定法第9条第4項及び第5項では、公益法人における名称保護の規定があり、
また、信託法第218条では、限定責任信託の名称保護の規定が設けられている。

74　第3章　公益信託に関する法律　逐条解説

性を確保することを規定しているものである。

本条第1項及び第2項の違反については、同条第3項の公益信託の受託者による侵害停止又は予防の請求のほか、第46条による罰則の制裁も定められている。

第2章　公益信託の認可等
第1節　公益信託の効力

> **（公益信託の効力）**
> **第6条**　公益信託は、行政庁の認可を受けなければ、その効力を生じない。

旧公益信託法では、「受託者ニ於テ主務官庁ノ許可ヲ受クルニ非ザレバ其ノ効力ヲ生ゼズ」（第2条第1項）と規定されている。

新公益信託法においては、従来の主務官庁による「許可」に代えて、行政庁が「認可」を行うこととしつつ、当該認可がない場合には公益信託の効力が生じないものとしている[41]。

本条は、信託法において信託の効力を定める同法第4条第1項及び第2項の特則である。

第2節　公益信託の認可

> **（公益信託認可の申請）**
> **第7条**　公益信託の受託者となろうとする者は、前条の認可（以下「公益
> 　　信託認可」という。）を申請しなければならない。

41　**【不認可処分となった場合】**
　　公益信託とするために公益信託認可の申請がされたものについて、認可前には信託としての効力が生じておらず、また不認可処分がされることで直ちに「公益信託認可を受けていない信託」として有効なものとはならない。
　　あらかじめ公益信託認可の申請が不認可となった場合には、委託者（となろうとする者）と受託者（となろうとする者）の間で目的信託として信託を設定させることは不可能ではないと考えられるが、委託者の権限の違い（公益信託は公益性の確保のため、委託者の関与を制限しているのに対し、目的信託は受益者による監督がないことを理由に委託者の権限を強化している。）や、期間制限（目的信託は20年の制限あり。）など当初予定した公益信託の信託行為の内容と差異が生じることから、同じ信託行為を用いることは現実的には困難であると考えられる。
　☞ **公益信託と目的信託の異同については、第2章第2節(3)イ参照**

第1節　公益信託に関する法律（本則）　75

> 2 公益信託認可の申請は、内閣府令で定めるところにより、次に掲げる
> 事項を記載した申請書を行政庁に提出してしなければならない。
> 一 公益信託の名称
> 二 受託者及び信託管理人の氏名及び住所（法人にあっては、その名
> 称、代表者の氏名及び主たる事務所の所在地）
> 三 公益事務を行う都道府県の区域
> 四 公益事務の種類及び内容
> 五 その他公益信託に係る信託行為の内容に関する事項

　旧公益信託法では、主務官庁による許可判断の具体的な要件及び手続の内容
は、法律に規定されておらず、主務官庁の裁量に委ねられており、運用上、許
可審査基準、及び公益信託の引受けの許可及び監督に関する府省令において規
定されていた。

　新公益信託法では、公益法人制度と共通の枠組みで認可・監督が行われるこ
ととされており、判断基準を法律に明記するとともに、手続についても、公益
信託の認可申請は、必要事項を記載した申請書等を行政庁に提出してしなけれ
ばならないものとして公益法人認定法に倣った法律上の規定を設けている。

1　公益信託認可の申請主体（第1項）

　本項は、公益信託の受託者となろうとする者は、当該公益信託について行政
庁による認可の申請をしなければならないと規定している。

2　公益信託認可の申請書の記載事項（第2項）

　本項は、申請書記載事項として、行政庁が申請に係る公益信託を特定し、公
益信託認可の対象を特定するための事項を列挙している。

(1)　名称（第1号）及び受託者の氏名等（第2号）

　公益信託認可の申請に係る公益信託の特定のために、当該公益信託の名称及
び受託者及び信託管理人[42]の氏名及び住所（法人にあっては、その名称、代表
者の氏名及び主たる事務所の所在地）の記載を求めることとしている。

(2)　公益事務を行う都道府県の区域（第3号）

　申請を受けた行政庁が、申請に係る公益信託が自己の管轄に属する公益信託であるか否かを判断するためには、少なくとも公益事務を行う都道府県の区域を把握する必要があるため記載を求めることとしている[43]。

(3)　公益事務の種類及び内容（第4号）

　申請に係る公益信託の公益性を判断するためには、その基本となる当該公益信託の公益事務の種類を特定し、その具体的な事実関係を把握するためには当該公益信託において具体的に行われる事務の内容を把握する必要がある。なお、公益法人認定法の実務運用に倣って、「種類」とは公益事務の定義に掲げられた別表に記載された事務の種類を、「内容」とは公益事務として実際に行う具体的な事業についての事実関係であり、活動や受益対象者等を申請書に記載することを求めることが見込まれる[44]。

(4)　その他公益信託に係る信託行為の内容に関する事項（第5号）

　公益信託認可に係る申請書の記載は、公益法人の認定申請に係る申請書が参考とされるものと見込まれるが、当事者の合意によって決められる公益信託事務の内容について信託期間の全体を通した計画を記載する必要があること等、公益法人と異なる特殊性を踏まえて、第1号から第4号までの事項に加え、信託行為の内容に関する事項も記載事項としている。

42　【信託管理人関係の書類】
　　旧公益信託法の下では、例えば、総務大臣の所管に属する公益信託に係る許可及び監督に関する省令（平成12年総理府・郵政省・自治省令第2号）第2条第5号では「信託管理人を指定する場合には、信託管理人となるべき者の履歴書（その者が法人である場合にあっては、法人概要書）及び就任承諾書」を申請書に添えて提出するものとされていた。
43　【公益信託の行政庁の管轄】
　　公益信託を二以上の都道府県の区域内において行う旨を信託行為で定めるものについては、内閣総理大臣が行政庁となる。公益事務を行う区域については、行政庁の明確化、管轄に関する解釈の齟齬の防止の観点から信託行為において定めることが求められる。
44　【公益法人認定法の実務】
　　公益法人認定法の実務運用においては、申請書に記載された「公益目的事業の種類及び内容」並びに定款、事業計画等添付資料により当該事業が公益目的事業に該当するか否かを判断するとともに、申請書の記載事項の変更を伴う事業内容の変更には変更認定申請が必要とされている。

第1節　公益信託に関する法律（本則）　77

3　公益信託認可の申請手続の添付書類（第3項）

> 3　前項の申請書には、次に掲げる書類を添付しなければならない。
> 一　公益信託に係る信託行為の内容を証する書面
> 二　事業計画書及び収支予算書
> 三　公益事務を行うに当たり法令上行政機関の許認可等（行政手続法（平成5年法律第88号）第2条第3号に規定している許認可等をいう。以下同じ。）を必要とする場合においては、当該許認可等があったこと又はこれを受けることができることを証する書類
> 四　当該公益信託に係る信託事務（以下「公益信託事務」という。）を処理するのに必要な経理的基礎を有することを明らかにする当該公益信託の信託財産に係る財産目録その他の内閣府令で定める書類
> 五　次条第11号に規定している支払基準を記載した書類
> 六　前各号に掲げるもののほか、内閣府令で定める書類

　本項は、公益信託認可の申請に当たり、当該申請に係る公益信託が公益信託認可の基準に適合するか否か、欠格事由に該当しないか否かの審査を行うため、これに欠かせない資料の提出を義務付けることを規定している。

　なお、公益信託に係る信託の内容を証する書面（第1号）、事業計画書及び収支予算書（第2号）並びに公益信託報酬の支払基準（第5号）については、備置き・閲覧（第20条）及び行政庁への提出・公表（第21条）の対象となる。詳細は内閣府令で定められることになるが、事業計画書及び収支予算書や、財産目録など、関連する書類の多くは同様となると見込まれる。

(1)　公益信託に係る信託行為の内容を証する書面（第1号）

　公益信託に係る信託行為の内容を証する書面は、申請に係る公益信託の基本的な事項を確認するための資料であり、当該公益信託の信託行為が公益信託認可の基準に適合するかを判断するために求められる。具体的には、信託契約書や遺言書など実質的に信託行為の内容を証することができる書面であると考えられる。

(2) 事業計画書及び収支予算書（第2号）

申請に係る公益信託が公益信託事務、その計画の観点から具体的な活動の内容、その実施方法、受益の対象範囲等のほか、収支の見込み等を確認するために公益信託認可以降の事業計画書及び収支予算書の提出が求められる。公益法人制度における公益認定手続とも整合的な形で書式の整理等が進められるものと考えられる[45]。

(3) 行政機関の許認可等を証する書類（第3号）

申請に係る公益信託の公益事務を行うに当たり法令上行政機関の許認可等を必要とされる場合においては、その許認可等があったこと又はこれを受けることができることを確認するために、それを証する書類の提出が求められる。

(4) 経理的基礎を有することを明らかにする書類（第4号）

公益信託は、「公益」の名称を名乗り、国民から寄附等の支援を受けつつ、信託財産を活用し、不特定かつ多数の者の利益の増進を目的とする事務を行うものであり、その存続期間を通じて信託財産を適切に管理するとともに、適正に情報開示を行い、公益信託事務を安定的かつ継続的に実施する必要がある。受託者がそのために必要な経理的基礎を有することを認可基準として設けているところであり（第8条第2号）、これを確認するための書類の提出が求められる。

(5) 受託者や信託管理人の報酬に関する書類（第5号）

受託者や信託管理人の報酬等は、公益信託事務の状況に照らし不当に高額になると、公益性を有する信託でありながら、不適切な利益配分となるおそれがあることから、これが不当に高額なものとならないような基準を定めること

---

[45] 【許可申請時の提出書類】
　旧公益信託法の下では、例えば、総務大臣の所管に属する公益信託に係る許可及び監督に関する省令第2条に許可申請時の提出書類についての規定があり、第7号において「信託の引受けが行われる日が属する信託事務年度及び翌信託事務年度（信託事務年度の定めがない信託にあっては、信託の引受け後二年間）の事業計画書及び収支予算書」が定められていた。

（第8条第11号）を認可基準としており、これを確認するための書類の提出が求められる。

(6) 内閣府令で定める書類（第6号）

　基本的な書類のほか、申請に係る公益信託が公益信託認可の基準に適合等するかを確認するために必要な書類を内閣府令で規定していることとしている[46]。

> **（公益信託認可の基準）**
> **第8条**　行政庁は、公益信託認可の申請に係る公益信託が次に掲げる基準（その信託行為において信託財産が寄附により受け入れた金銭又は預貯金、国債その他これらに準ずる資産（いずれも内閣府令で定める要件に該当するものに限る。）に限られる旨及び当該信託財産（その信託財産に帰せられる収益を含む。）について内閣府令で定める方法によってのみ支出する旨を定める公益信託（第16条第1項において「特定資産公益信託」という。）にあっては、第8号から第10号までに掲げる基準を除く。第30条第2項第1号において同じ。）に適合すると認めるときは、公益信託認可をするものとする。

　旧公益信託法は、主務官庁による許可判断の具体的な要件及び手続の内容は、法律に規定されておらず、運用上、許可審査基準及び公益信託の引受けの許可及び監督に関する府省令において規定されていた。また、特定公益信託として税制優遇を受けられる場合については、所得税法等の法令において要件が課されていた。

　本条は、公益法人認定法第5条の規定を参考として、裁量による行政を廃し、基準の明確化を図るため、行政庁による公益信託認可の基準について規定している。

　なお、信託財産が不適切な形で公益信託の内部に死蔵されることが想定されない、いわゆる取崩し型の公益信託（例：金銭である当初信託財産を主たる財産とする奨学金の給付事務を行うもの）については、①信託財産が寄附により

---

[46] 【受託者による複数の公益信託の引受け】
　受託者が複数の公益信託の引受けを行うことも想定されるところ、申請負担の軽減を図りつつ、公益法人制度における実務も踏まえて検討されることが見込まれる。

受け入れた金銭又は預貯金、国債その他これらに準ずる資産（いずれも内閣府令で定める要件に該当するものに限る。）に限られる旨、②当該信託財産（その信託財産に帰せられる収益を含む。）について内閣府令で定める方法によってのみ支出する旨を定める公益信託（「特定資産公益信託」という。）として整理した上で、本条第8号から第10号までに規定している収支均衡等の財務規律に関する認可基準の適用がない公益信託として取り扱うこととしている。

1 公益信託の目的（第1号）

> 一 公益事務を行うことのみを目的とするものであること。

　本号は、公益信託が公益事務を行うことのみを目的とするものであることとしていることを公益信託認可の基準として規定している。公益法人認定法第5条第1号は「公益目的事業を行うことを<u>主たる</u>目的とするものであること」（下線は筆者による）とするが、これは、公益法人については準則主義によって成立した一般法人について公益認定を行うものであり、公益法人は収益や共益を目的とした事業を行い得ることを前提に、公益法人が行う事業内容の相当の部分が公益目的事業であることをもって認定の基準とすることを意味している。しかし、新しい公益信託において、これを許容するとした場合には、受託者に対し公益法人と同様の非常に複雑な会計処理を義務付けなければならなくなり、公益法人を設立するよりも利用者（委託者）にとって負担の少ない方法で設定し運営することができるという公益信託のメリットが損なわれるおそれがある。

　そこで、本号では、公益信託について、公益事務を行うことのみを目的とするものであることを公益信託認可の基準とすることを規定している。

2 受託者の資格（第2号）

> 二 その受託者が公益信託事務を適正に処理するのに必要な経理的基礎及び技術的能力を有するものであること。

　本号は、安定的かつ継続的な公益信託事務の処理を確保するため、受託者が公益信託事務を適正に処理するのに必要な経理的基礎及び技術的能力を有する

ものであることを公益信託認可の基準として規定している。

　法人や個人などの受託者の属性にかかわらず、公益信託として認可を受ければ一定の税制優遇が認められることにも照らし、受託者の「経理的基礎及び技術的能力」について、信託財産及び公益信託事務の計画の内容等に応じて、信託財産を管理する能力、公益信託事務を処理する体制[47]があるなど、当該公益信託の公益性が確保されるかを判断することが想定される。受託者の経理的基礎や技術的能力の判断は、複数の受託者がいる場合はその全体で判断されるほか、信託行為において受託者が一定の意思決定を行うに当たり合議体等の意見を聴取等する仕組みが設けられている場合には当該仕組みも考慮するなど、公益信託の枠組み全体で判断されることになる。

　受託者における法人や個人などの属性ごとの「経理的基礎及び技術的能力」の具体的基準については、公益法人制度の運用も踏まえて具体的な類型に応じて整理し[48]、利用者にとっての法令適用の明確性や公益信託認可の安定的運用の観点から内閣府令及びガイドライン等で策定されることが見込まれる。

☛ 受託者の地位、権限については第1章第4節(2)イ参照

3　信託管理人の資格（第3号）

> 三　その信託管理人が受託者による公益信託事務の適正な処理のため必要な監督をするのに必要な能力を有するものであること。

　本号は、安定的かつ継続的な公益信託事務の処理についての監督を行うため、信託管理人が受託者による公益信託事務の処理を適正に監督するのに必要な能力を有するものであることを公益信託認可の基準として規定している。

　これまでの許可審査基準では原則として個人とされていたことと異なり、新

47　【公益信託事務を処理する体制】
　　当該受託者が公益信託事務を適切に処理することができるかの審査に当たっては、考慮する事情に特段の制限はなく、公益信託事務の内容、共同受託者の有無、運営委員会等の有無等を考慮して判断されるものと考えられる。
48　【公益法人における経理的基礎との比較】
　　公益法人においては、公益目的事業を実施するための財政基盤が「経理的基礎」の内容として重要な位置を占めるが、信託財産で公益事務を実施することが原則である公益信託においては、受託者固有の財政基盤の安定性について、いかなる目的で、どの程度求めるかを含め、公益法人とは異なる観点があることも踏まえる必要がある。

公益信託法では、信託管理人の個人か法人かの属性にかかわらず、「受託者による公益信託事務の適正な処理のため必要な監督をするのに必要な能力」があるかによって判断することとしている。

受益者が存在しない公益信託のガバナンスにおいて、信託管理人は重要な役割があり、信託管理人は受託者の公益信託事務の適正な運営を監督するとともに、公益信託に係る重要な意思決定に同意する権限を有する等の権限が包括的に与えられている。また、公益法人の役員や評議員と異なり、任期がないことから、相当の長期にわたり信託管理人を務めることも可能となる。

公益事務、信託財産の内容、受託者の能力にもよるが、信託管理人が、適切に権限を行使して監督を行うためには、相応の能力・体制が必要になると考えられる。信託管理人の能力の判断は、複数の信託管理人がいる場合はその全体で判断されるほか、信託管理人（法人）の体制なども踏まえて判断されることになる。

「監督をするのに必要な能力」の具体的基準については、利用者にとっての法令適用の明確性や公益信託認可の安定的運用の観点から内閣府令、ガイドライン等で策定されることが見込まれる。

☞ **信託管理人の地位、権限については、第1章第4節(2)ウ参照。**

4　公益信託事務の処理の内容（第4号）

> 四　公益信託に係る信託行為の内容を証する書面、事業計画書及び収支予算書の内容に照らし、その存続期間を通じて公益信託事務が処理されることが見込まれるものであること。

本号は、確固たる財産基盤を持たず、信託行為にて定めた公益信託事務を適切に処理できない公益信託を認可する必要性はないと考えられることから、公益信託事務をその存続期間を通じて遂行することができる見込みがあることを公益信託認可の基準として規定している。その存続期間は無期でも有期でもよく、目的達成や不達成の確定など、信託の終了原因を具体的に定めることも考えられる。

「その存続期間を通じて公益信託事務が処理されることが見込まれるもの」である否かは、公益信託事務の内容、信託設定後に委託者又は第三者から寄附

第1節　公益信託に関する法律（本則）　83

を受ける見込み等に照らして、総合的に判断されるものと考えられる。

5　関係者に対する特別の利益に関する規制（第5号）

> 五　受託者がその公益信託事務を処理するに当たり、委託者、受託者、
> 信託管理人その他の政令で定める公益信託の関係者に対し信託財産を
> 用いて特別の利益を与えるものでないこと。

　本号は、受託者が当該公益信託事務を処理するに当たり、公益信託の関係者に特別の利益を与えるものでないことを公益信託認可の基準として規定している。公益法人認定法第5条第3号において、公益法人が事業を行うのに当たり、法人の役員、社員、従業員その他の関係者に対し特別の利益を与えないことを基準として定めることと同様の趣旨から設けているものである。

　本来不特定多数の者の利益の増進のために使われるべき信託財産が一部の者の利益のために利用されることがあれば、公益信託制度に対する一般国民の信頼を失墜させ、他の適正な運営を行っている公益信託に対する信用全般を失墜させる可能性もあると考えられる。また、公益信託が、その公益信託の関係者に対し特別の利益を与えることは当該公益信託についての寄附の停滞等を招き公益信託事務の処理に支障を生じさせることも想定させる。

　本号でいう「特別の利益」は、利益を与える個人又は団体の選定や利益の規模が、公益信託事務の内容や処理方法等の具体的事情に即して、社会通念に照らして合理性を欠く不相当な利益の供与その他の優遇がこれに当たるものと解される。公益信託の関係者が、他の不特定かつ多数の受益の機会を得た者と同等の立場で利益を受けることまでも禁止しているものではない。

6　第三者に対する特別の利益に関する規制（第6号）

> 六　受託者がその公益信託事務を処理するに当たり、株式会社その他の
> 営利事業を営む者又は特定の個人若しくは団体の利益を図る活動を行
> うものとして政令で定める者に対し、信託財産を用いて寄附その他の
> 特別の利益を与える行為を行わないものであること。ただし、次のい
> ずれかに該当する場合は、この限りでない。

84　第3章　公益信託に関する法律　逐条解説

イ　公益法人（公益社団法人及び公益財団法人の認定等に関する法律
　　　（平成18年法律第49号）第2条第3号に規定している公益法人をい
　　　う。以下このイ及び第13号において同じ。）に対し、当該公益法人
　　　が行う公益目的事業（同条第4号に規定している公益目的事業をい
　　　う。第13号において同じ。）のために寄附その他の特別の利益を与
　　　える行為を行う場合
　ロ　他の公益信託の受託者に対し、当該受託者が行う公益事務のため
　　　に寄附その他の特別の利益を与える行為を行う場合

　本号は、受託者が当該公益信託事務を処理するに当たり、株式会社その他の
営利事業を営む者又は特定の個人若しくは団体に対し、寄附その他の特別の利
益を与える行為を行わないものであることを公益信託認可の基準として規定し
ている。

　公益法人認定法第5条第4号では、公益法人が事業を行うに当たり、株式会
社その他の営利事業を行う者その他の特定の個人又は団体に特別の利益を与え
ることを行わないことを基準として規定している。

　公益信託についても、株式会社等の営利事業を行う者に助成等を行う場合に
は、営利企業への助成等を通じてその企業の株主に分配され、実際には公益目
的に使用されず、公益信託制度そのものや他の適正な運営を行っている公益信
託に対する国民一般の信用の失墜がもたらされるおそれがあること、また、特
定の個人や特定の団体の利益を図ることは「不特定かつ多数の者の利益の増進
に寄与」ではない。

　また、公益法人認定法第5条第4号において、公益法人から他の公益法人へ
の寄附等は、事業譲渡等による組織再編等を可能にするという観点から例外的
に許容されており、今般の改正では、公益法人から公益信託の受託者への当該
受託者が行う公益事務のための寄附等について広げている（附則第27条）。

　この趣旨は、公益信託にも同様に当てはまることから、公益信託の受託者が
公益法人又は他の公益信託の受託者に対し、当該公益法人が行う公益目的事業
や他の公益信託の受託者が行う公益事務のために寄附その他の特別の利益を与
える行為を行う場合については、規制の対象から外すこととしている。

第1節　公益信託に関する法律（本則）　85

7 投機的な取引等の規制（第7号）

> 七 受託者がその公益信託事務を処理するに当たり、投機的な取引、高利の融資その他の事業であって、公益信託の社会的信用を維持する上でふさわしくないものとして政令で定めるもの又は公の秩序若しくは善良の風俗を害するおそれのある事業を行わないものであること。

　旧制度においては、税制優遇を受けるための要件として、預金等の安定資産による運用のみ認められて（旧所令第217条の2第1項第4号等）おり、また、許可審査基準「4．信託財産」のイにおいては、価値の不安定な財産、客観的な評価が困難な財産又は過大な負担付財産が、引受当初の信託財産の中の相当部分を占めていないことが公益信託の許可基準とされていた。新しい公益信託では、公益事務を行うことのみを目的とする制度の趣旨に反しない限りにおいて、信託財産の「運用」が可能となった上で、公益法人と同様の規制が及ぶこととされる。そのため、本号は、公益法人認定法第5条第5号[49]の規定を参考として、受託者がその公益信託事務を処理するに当たり、投機的な取引等を行わないよう公益信託認可の基準として規定している。

　「投機的な取引」に該当するかについては、個別の取引自体の客観的なリスクのほか、信託行為の内容（どのような資産をもって信託財産の運用を行うか）、受託者の能力（専門的知見を有する受託者か否かなど）などの具体的事情によっても異なってくるものであると考えられるところ、投機的な取引の該当性を含めた本号の該当性については、今後、ガイドライン等で明確化されることが見込まれる。

　信託財産の運用方法については、①受託者は善管注意義務という高度な義務の下で信託財産を運用し、義務違反があれば財産の補填責任等も負うこと、②信託管理人が受託者を監督し、いつでも信託事務の内容の報告を要求し、法令や信託行為に違反する行為の差止め等を行うことにより適正な運営が確保され

---

[49] 【公益法人における投機的な取引を行う事業の該当性（公益認定等ガイドライン）】
　公益社団法人及び公益財団法人の認定等に関する法律施行令（平成19年政令第276号）第3条（公益法人認定法第5条第5号の「公益法人の社会的信用を維持する上でふさわしくない」事業について定めるもの）第1号の「投機的な取引を行う事業」に該当するかどうかは、取引の規模、内容等具体的事情によるが、例えばポートフォリオ運用の一環として行う公開市場等を通じる証券投資等はこれに該当しない。

ることとなる。また、行政庁において、投機的な取引の疑いがある場合には監督措置が実施される。

8 収支の均衡（第8号）

> 八 その処理する公益信託事務について、第16条第1項の規定による収支の均衡が図られるものであると見込まれるものであること。

本号は、信託財産や、公益信託に対する寄附や公益事務の対価など公益目的に処分されるべき財産が、死蔵されることなく、公益目的に活用されることを担保する観点から、資産のフローに着目して公益法人認定法第5条第6号と同様の規律を置くこととするものである。公益法人認定法第5条第6号では、公益法人が自らの経営判断で財源の配分を柔軟に行い、公益目的事業へ効果的に資金活用することを促進する観点から、一定の期間における収支の均衡を判定すること（例えば、収支の均衡を判定する際に、当該事業年度より前の事業年度に発生した欠損金（費用の額が収入の額を上回る場合、その上回る部分）がある場合には、当該欠損金を当該事業年度の収支に通算した上で判定を行うこと）、いわゆる収支均衡が求められている[50]ことに鑑み、公益信託においても同様に、公益信託における公益信託事務の一定期間における収支の均衡を判定することを求めるものである。

具体的な収支の算定方法（収入・費用の範囲、中期的収支均衡を図ることが求められる期間等）については、公益法人の制度内容を参考に、内閣府令で定めることが予定されている。

なお、取崩し型の公益信託に代表される特定資産公益信託では、収支の均衡

---

[50] 【公益法人における収支均衡】
　　従前は、公益法人に対して、その公益目的事業を行うに当たり、当該公益目的事業の実施に要する適正な費用を償う額を超える収入を得てはならないこと（収支相償）を義務付けていた。収支差額が生ずる事業年度が存在すること自体は問題としないものの、それが恒常化しない収支構造であることを制度的に確保し、公益目的事業に充てられるべき財源の最大限の活用を促す規律であったが、単年度の収支赤字を強いるものであるという誤解が根強く残っていることに加え、収支均衡の判定において過去の赤字が考慮されない等の理由により、公益法人の中期的な経営戦略に基づく資金活用を阻害することが課題となっている等の指摘がされ、今般の公益法人認定法の改正により、公益法人が自らの経営判断で財源の配分を柔軟に行い、公益目的事業へ効果的に資金活用することを促進する観点から見直しがされた。

第1節 公益信託に関する法律（本則） 87

を検討する実質的な意味がないため当該規律の適用がないものとしている。

9 公益事務割合の規制（第9号）

> 九 その公益信託事務の処理に係る費用に対する公益事務の実施に係る
> 費用の割合として内閣府令で定めるところにより算定される割合（第
> 16条第2項において「公益事務割合」という。）が公益事務の実施の
> 状況その他の事情を勘案して内閣府令で定める割合（同項において
> 「基準割合」という。）以上となると見込まれるものであること。

　新しい公益信託は公益事務を行うことのみを目的とすることから、公益信託の受託者が公益信託事務以外の信託事務を行うことはなく、公益法人が公益目的事業に加えて収益事業等も行うことを前提として定められている公益目的事業比率（公益法人認定法第5条第8号）の趣旨は、公益信託には直接的には妥当しないものと考えられる。

　しかし、公益信託事務を処理するためには公益法人と同様に、一定の管理費用が発生するところ、公益信託の信託財産は、可能な限り公益事務を実施するための費用として用いられるべきであり、公益信託の維持・管理に行政や公益信託の関係者のコストも生じることを踏まえると、信託財産（公益信託に寄附された財産を含む。）の多くが管理費として支出されるような公益信託を許容することは望ましくないといえる。そのため、本号は、「公益信託事務の処理に係る費用に対する公益事務の実施に係る費用の割合として内閣府令で定めるところにより算定される割合」が公益事務の実施の状況その他の事情を勘案して内閣府令で定める割合（以下「基準割合」という。）以上となることを基準とすることで、信託財産が適切に公益事務に用いられることを確保することとしている。具体的な基準割合や公益信託における費用の考え方等については、今後内閣府令やガイドライン等で定められることが予定されている。

　取崩し型の公益信託に代表される特定資産公益信託では、運用も定型化され、管理費が過大になることが類型的に想定されないことから、収支均衡や使途不特定資産額の保有制限の規律と同様に当該規律の適用がないものとしている。

10 使途不特定財産の規制（第10号）

> 十 その公益信託事務を処理するに当たり、第17条第2項に規定している使途不特定財産額が同条第1項の制限を超えないと見込まれるものであること。

　本号は、信託財産や、公益信託に対する寄附や公益事務の対価など公益目的に処分されるべき財産が、死蔵されることなく、公益目的に活用されることを担保する観点から、資産のストックに着目して公益法人認定法第5条第9号と同様の規律を置くこととするものである。公益信託事務を処理するに当たり、使途不特定財産額（公益信託の受託者による信託財産の管理の状況又は当該信託財産の性質に鑑み、公益信託事務のために現に使用されておらず、かつ、引き続き公益信託事務のために使用されることが見込まれない信託財産（災害その他の予見し難い事由が発生した場合においても公益信託事務を継続的に行うため必要な限度において保有する必要があるものとして内閣府令で定める要件に該当するものとして内閣府令で定めるものを除く。）の価額の合計額）が内閣府令で定めるところにより算定した額を超えないと見込まれるものであることを求めることとしている。

　公益法人認定法第5条第9号では、公益目的事業が実施されることを期待した国民からの寄附等により取得、形成された公益法人の保有する財産が、公益目的事業とは関係なく法人内部に過大に蓄積された場合、本来公益目的事業に使用されるべき財産の死蔵につながり、寄附者等の資金拠出者の意思に反することから、資産の保有（ストック）の面からの規制として遊休財産規制が設けられている。この点について、今般の改正では、「遊休財産」という名称を使途が具体的に決まっていない財産との性格をより端的に表す「使途不特定財産」に変更し、保有制限の上限となる1年相当分の公益目的事業費の算定ベースを変更するとともに、不測の事態に対応できる安定した法人運営を可能にするため、公益目的事業財産のうち、公益目的事業継続予備財産とされた額については、使途不特定財産額の算定対象から除外する等の見直しが行われている（公益法人認定法第5条第9号、第16条）。

　一方で、公益信託においては、受託者が一定の目的に従い、財産の管理又は処分及びその他の当該目的の達成のために必要な行為をすべきものをすること

第1節　公益信託に関する法律（本則）　89

とされており、いかなる財産が信託財産に属するかは、信託法第16条等によって規律される。公益信託の信託財産については、全て信託行為の定めに従い使用することが求められているところ、公益信託認可時において、「公益信託事務のために現に使用されておらず、かつ、引き続きこれらのために使用されることが見込まれない財産」が存在することはあまり想定されないが、信託財産の運用で発生する収益や事業性の公益信託事務の対価として発生する収益等について、「公益信託事務のために現に使用されておらず、かつ、引き続きこれらのために使用されることが見込まれない財産」となることも否定されず、本来公益信託事務に使用されるべき財産の死蔵を防ぐためには、公益法人における使途不特定財産の保有制限と同様の規制を及ぼすことが相当である。なお、公益信託は、公益法人と異なり、公益目的事業財産（公益法人認定法第18条）に当たる概念が存在しないことから、その点を踏まえた規定としている。

なお、取崩し型の公益信託に代表される特定資産公益信託では、信託財産が不適切な形で死蔵されることが想定されないものとして、当該規律の適用がないこととしている。

　☛ 使途不特定財産の規制については、第17条の解説も参照

11　報酬規制（第11号）

> 十一　公益信託報酬（公益信託に係る信託報酬（信託法第54条第1項に規定している信託報酬をいう。）及び信託管理人の報酬（同法第127条第3項に規定している報酬をいう。）をいう。第19条において同じ。）について、内閣府令で定めるところにより、当該公益信託の経理の状況その他の事情を考慮して、不当に高額なものとならないような支払基準を定めているものであること。

旧公益信託法には、受託者の信託報酬についての定めはなく、許可審査基準「5．信託報酬」は、公益信託の引受けに係る受託者への報酬について、信託行為に明確に定めるものとし、その額は信託事務の処理に要する人件費その他必要な費用を超えないものであることを公益信託の許可基準としていた。

このような許可審査基準「5．信託報酬」に対しては、①主務官庁及びその担当者によって適用の基準が異なる、②人件費その他必要な費用を超えないと

90　第3章　公益信託に関する法律　逐条解説

され、適正な報酬を得ることができない等の問題が指摘されている。また、公益信託の受託者及び信託管理人に対して、不当に高額にならない範囲で正当な報酬額を支給することは、公益信託の担い手となる受託者及び信託管理人にインセンティブを与えることとなり、担い手の確保、ひいては民間による公益活動の促進につながるものと考えられる。

そこで、本号では、公益法人認定法第5条第14号の規定[51]を参考として、受託者の信託報酬及び信託管理人の報酬（公益信託報酬）について、内閣府令で定めるところにより、当該公益信託の経理の状況その他の事情を考慮して、不当に高額なものとならないような支払基準を定めていることを求めることとしている。

報酬が不当に高額なものか否かは、公益法人の報酬規制を参考にしつつ、個人の勤務等に対する報酬（給与所得）である役員報酬と契約の対価として受託者に支払われる報酬の違いを踏まえ、①公益信託事務の種類、内容、②受託者の職務の内容、③当該公益信託の規模などの事情を考慮されることが見込まれる。

12　他の団体の意思決定への関与の規制（第12号）

> 十二　その信託財産に他の団体の意思決定に関与することができる株式その他の内閣府令で定める財産が属しないものであること。ただし、当該信託財産に当該財産が属することによって他の団体の事業活動を実質的に支配するおそれがない場合として政令で定める場合は、この限りでない。

旧公益信託法には、公益信託の信託財産に株式等の財産が含まれることを制限する規定は存在しなかったが、税制優遇を受けるには、信託財産とできる財

51　【公益法人認定法における報酬規制】
　　公益法人認定法第5条第14号は、公益法人の理事、監事及び評議員に対する報酬等について、民間事業者の役員の報酬等及び従業員の給与、当該法人の経理の状況その他の事情を考慮して、不当に高額なものとならないような支給の基準を定めることを認定基準とする。同号の趣旨は、公益事業に本来使用されるべき財産が、理事等に支払われる報酬等として費消されるという、本来の目的や寄附者等の意思に反する使用がされることを防止し、理事等に対する報酬等の適正な水準を確保することにあるとされている。

第1節　公益信託に関する法律（本則）　91

産が金銭等に限られていた。公益法人については、公益法人が株式等の保有を通じて他の営利法人等の事業を実質的に支配することを認めると、本来は非営利を前提とした不特定かつ多数の者の利益の増進を目的として使用されるべき資金を用いて、営利法人の経営に影響力を実質的に行使することを通じ、実態は営利法人としての活動を行うといった事態が生じかねないことから、公益法人認定法第5条第18号に認定基準を設けている。

　この点について、公益信託も、信託財産に含まれる株式等の財産の保有を通じて営利法人等の事業を実質的に支配することを認めれば、公益信託の受託者が信託財産を用いて実質的に営利事業を行うことにつながりかねないため、公益法人と同様に、そのような事態を防止する必要があると考えられる。

　そこで、本号では、公益信託の信託財産に他の団体の意思決定に関与することができる株式その他の内閣府令で定める財産が含まれないものであることを原則としつつ、当該財産が信託財産に含まれることによって他の団体の事業活動を実質的に支配するおそれがない場合として政令で定める場合は、この限りでないものとすることを規定している。

13　残余財産の帰属権利者についての規制（第13号）

> 　十三　当該公益信託の目的とする公益事務（以下この号において「対象公益事務」という。）と類似の公益事務をその目的とする他の公益信託の受託者若しくは対象公益事務と類似の公益目的事業をその目的とする公益法人若しくは次に掲げる法人又は国若しくは地方公共団体を帰属権利者とする旨を信託行為に定めているものであること。
> 　イ　私立学校法（昭和24年法律第270号）第3条に規定している学校法人
> 　ロ　社会福祉法（昭和26年法律第45号）第22条に規定している社会福祉法人
> 　ハ　更生保護事業法（平成7年法律第86号）第2条第6項に規定している更生保護法人
> 　ニ　独立行政法人通則法（平成11年法律第103号）第2条第1項に規定している独立行政法人

ホ　国立大学法人法（平成15年法律第112号）第2条第1項に規定している国立大学法人又は同条第3項に規定している大学共同利用機関法人

ヘ　地方独立行政法人法（平成15年法律第118号）第2条第1項に規定している地方独立行政法人

ト　その他イからヘまでに掲げる法人に準ずるものとして政令で定める法人

公益信託が終了した場合にその残余財産の帰属先について、委託者や寄附者の意思を担保するために、公益信託の残余財産は引き続き公益のために用いられるものとする必要がある。

旧公益信託法第9条は、公益信託が終了した場合における「帰属権利者ノ指定ニ関スル定」を信託行為に置くことができることを前提とするが、帰属権利者の範囲を限定する規定を置いていなかった。また、信託法第182条第2項により、委託者に帰属させることも可能であったが、税法では、信託財産として拠出された財産が、委託者の手を離れていることが税制優遇の要件とされており（旧所令第217条の2第1項第1号、旧法令第77条の4第1項第1号）、残余財産の帰属先は、類似目的の公益信託等とされていた。

本号は、公益法人認定法第5条第20号の規定を参考として、公益信託の帰属権利者は、当該公益信託と類似の公益目的を有する他の公益信託の受託者、当該公益信託と類似の事業を目的とする公益法人等又は国若しくは地方公共団体でなければならないことを規定している。

（欠格事由）

第9条　前条の規定にかかわらず、次の各号のいずれかに該当する公益信託は、公益信託認可を受けることができない。

一　その受託者のうちに、次のいずれかに該当する者があるもの

イ　その公益事務を行うに当たり法令上必要となる行政機関の許認可等を受けることができないもの

ロ　国税若しくは地方税の滞納処分の執行がされているもの又は当該滞納処分の終了の日から3年を経過しないもの

第1節　公益信託に関する法律（本則）　93

二　その受託者（法人である場合にあっては、その業務を行う理事等
　（理事、取締役、執行役、業務を執行する社員、監事若しくは監査役
　又はこれらに準ずる者をいう。以下この号及び第4号において同じ。））
　のうちに、次のいずれかに該当する者があるもの

　イ　公益信託認可を取り消された場合において、その取消しの原因と
　　なった事実について責任を有する受託者又は信託管理人であった者
　　（法人である場合にあっては、取消しの処分を受ける原因となった
　　事項が発生した当時現にその業務を行う理事等であった者）でその
　　取消しの日から5年を経過しないもの

　ロ　この法律、信託法、担保付社債信託法（明治38年法律第53号）若
　　しくは金融機関の信託業務の兼営等に関する法律（昭和18年法律第
　　43号）の規定、投資信託及び投資法人に関する法律（昭和26年法律
　　第198号）の規定（同法第3編に規定している投資法人制度に係る
　　ものを除く。）、暴力団員による不当な行為の防止等に関する法律
　　（平成3年法律第77号）の規定（同法第32条の3第7項及び第32条
　　の11第1項の規定を除く。）、資産の流動化に関する法律（平成10年
　　法律第105号）の規定（同法第2編に規定している特定目的会社制
　　度に係るものを除く。）、著作権等管理事業法（平成12年法律第131
　　号）の規定（同法第2条第1項第2号に規定している委任契約に係
　　るものを除く。）若しくは信託業法（平成16年法律第154号）の規定
　　に違反したことにより、若しくは刑法（明治40年法律第45号）第
　　204条、第206条、第208条、第208条の2第1項、第222条若しくは
　　第247条の罪若しくは暴力行為等処罰に関する法律（大正15年法律
　　第60号）第1条、第2条若しくは第3条の罪を犯したことにより、
　　又は国税若しくは地方税に関する法律中偽りその他不正の行為によ
　　り国税若しくは地方税を免れ、納付せず、若しくはこれらの税の還
　　付を受け、若しくはこれらの違反行為をしようとすることに関する
　　罪を定めた規定（第4号において「国税等関係規定」という。）に
　　違反したことにより、罰金の刑に処せられ、その執行を終わり、又
　　は執行を受けることがなくなった日から5年を経過しない者

　ハ　拘禁刑以上の刑に処せられ、その刑の執行を終わり、又は刑の執

行を受けることがなくなった日から5年を経過しない者

二　暴力団員による不当な行為の防止等に関する法律第2条第6号に規定している暴力団員（以下このニにおいて「暴力団員」という。）又は暴力団員でなくなった日から5年を経過しない者（第6号において「暴力団員等」という。）

三　その信託管理人のうちに、当該公益信託の受託者の親族、使用人その他受託者と特別の関係がある者又は当該公益信託の委託者若しくは委託者の親族、使用人その他委託者と特別の関係がある者があるもの

四　その信託管理人（法人である場合にあっては、その業務を行う理事等）のうちに、第2号イからニまで（ロにあっては、国税等関係規定に係る部分を除く。）のいずれかに該当する者があるもの

五　その信託行為又は事業計画書の内容が法令又は法令に基づく行政機関の処分に違反しているもの

六　暴力団員等がその公益信託事務を支配するもの

本条は、公益信託認可に際し、公益信託認可の基準のほかに一定の事由を欠格事由として設けるものであり、これに該当する場合には、公益信託認可の基準を満たしていても、公益信託認可を受けることはできない。

これは、公益法人認定法の公益認定に際しての欠格事由が定められていることと同様に、公益信託という文字を用いた名称の使用や税制上の措置の適用という公益信託認可に伴う法律上の効果を付与するにふさわしくないものとして、個別の事情を斟酌する必要がない事由及び当該公益信託の属性やその受託者や信託管理人の人的属性に係る事由を欠格事由として掲げ、これに該当するものを排除することを意図するものである。本条に掲げる欠格事由については、行政庁において、公益認定等委員会等の意見を聴取するまでもなく、一義的に判断することができるものとしている（第34条第1項第1号）。

欠格事由としては、①受託者や信託管理人が刑罰を受けた者である場合、②信託行為等が法令や行政処分に違反している場合、③暴力団員等に公益信託事務が支配されている場合、④信託法施行令（平成19年政令第199号）第3条第2号に掲げる法令（信託法、担保付社債信託法ほか）の違反も欠格事由として規定している。

第1節　公益信託に関する法律（本則）　95

第3号では、信託管理人について、監督者としての職務の独立性を確保するため、委託者及び受託者と特別の関係があることを欠格事由としている[52]。

なお、第2号及び第4号は受託者又は信託管理人が法人である場合の欠格事由とすべき対象者について、近時の株式会社の機関設計を踏まえた規定ぶりとして会社法（平成17年法律第86号）第943条第3項を参考として具体的な対象者を列挙し、また、法人における対象者を列挙する場合には、様々な役職が想定されることから、「これらに準ずる者」と規定している。また、第4号においては、信託管理人の欠格事由について、受託者とは異なり国税等関係規定に係る部分を除外している。これは、受託者については、信託財産を管理し、その管理又は処分の一環として信託財産の運用を行うことが予定されるとともに、公益信託の信託財産の運用益には課税がされない等、税制上の利益を受けるのに対し、信託管理人について、受託者による公益信託事務が適正に処理されているか監督をすることが役割で、信託財産の管理又は処分に直接的に関与することはないことによるものである。

（公益信託認可に関する意見聴取）

第10条　行政庁は、公益信託認可をしようとするときは、次の各号に掲げる事由の区分に応じ、当該事由の有無について、当該各号に定める者の意見を聴くものとする。

　一　第8条第1号、第2号及び第7号並びに前条第1号イ及び第5号に規定している事由（公益事務を行うに当たり法令上行政機関の許認可等を必要とする場合に限る。）　当該許認可等を行う行政機関（以下「許認可等行政機関」という。）

　二　前条第1号ロに規定している事由　国税庁長官、関係都道府県知事又は関係市町村長（第29条第5項第2号及び第32条第2号において「国税庁長官等」という。）

52　【委託者と受託者の特別の関係】
　　委託者と受託者との間に特別の関係があることは欠格事由とはされていない。これは信託行為における両者の関係に鑑みて類型的に特別の関係であることを除外する必要がないと判断されたことによるものであり、委託者との関係における受託者の職務の適正は、受託者の資格要件（第8条第2号）、公益信託事務の処理により委託者に特別の利益を与えないこと（第8条第5号）、信託管理人を含めたガバナンスの体制等によって確保されることが予定されているものと考えられる。

96　第3章　公益信託に関する法律　逐条解説

三　前条第２号ニ、第４号（同条第２号ニに係る部分に限る。第29条第
　５項第３号及び第32条第３号において同じ。）及び第６号に規定して
　いる事由　行政庁が内閣総理大臣である場合にあっては警察庁長官、
　都道府県知事である場合にあっては警視総監又は道府県警察本部長
　（同項第３号及び第32条第３号において「警察庁長官等」という。）

　本条は、行政庁が公益信託認可をしようとする場合に欠格事由への該当の有
無などについて関係機関の長に対して意見聴取をすることを規定している。

　意見聴取事項は、公益法人認定法第８条に倣い、行政庁が意見聴取して知
識・情報を得ることでより的確な判断が期待できるものに限ることとし、専ら
行政庁の知見で判断できるもの等は除くこととしている。なお、本条は、意見
聴取を行う必要がある場合に限定されており、個別の事案に即して必要があれ
ば、第40条に基づく協力依頼として、官庁、地方公共団体その他の者に照会す
ることとなる。

　具体的には、公益事務を行うに当たり行政機関の許認可等を必要とする場合
には、許認可等を行う行政機関に対し、①公益事務を行うことのみを目的とす
るものであること、②受託者となろうとする者が公益信託事務を行うのに必要
な経理的基礎及び技術的能力を有するものであること、③受託者が公益信託事
務を処理するに当たり、投機的な取引、高利の融資その他の事業であって、公
益信託の社会的信用を維持する上でふさわしくないもの又は公の秩序若しくは
善良の風俗を害するおそれのある事業を行わないものであること、④受託者の
中にその公益事務を行うに当たり法令上必要となる行政機関の許認可等を受け
ることができない者があるもの、⑤その信託行為又は事業計画書の内容が法令
又は法令に基づく行政処分に違反しているものについて意見照会を行う。ま
た、国税庁長官に対して、⑥国税又は地方税の滞納処分を受け、その滞納処分
の日から３年を経過しない者があるものについて、警察庁長官に対して、⑦受
託者・信託管理人のうち暴力団員等であるもの、⑧暴力団員等がその公益信託
事務を支配するものについて意見を聴くこととしている。

（公益信託認可の公示）
第11条　行政庁は、公益信託認可をしたときは、内閣府令で定めるところ

により、その旨を公示しなければならない。

　本条は、公益法人認定法第10条に倣い、公益信託認可について行政庁による公示の対象とすることを規定している。

（公益信託の変更等の認可）

第12条　公益信託に係る信託の変更（信託法第6章第1節の信託の変更をいう。以下同じ。）又は同法第62条第1項（同法第129条第1項において準用する場合を含む。）の規定による新受託者（同法第62条第1項に規定している新受託者をいう。以下この条及び第31条において同じ。）若しくは新信託管理人（同法第129条第1項に規定している新信託管理人をいう。以下この項及び第3項において同じ。）の選任その他の第7条第2項各号に掲げる事項の変更をするときは、当該公益信託の受託者（当該新受託者を含む。）は、あらかじめ、行政庁の認可を申請しなければならない。ただし、同法第150条第1項の規定による信託の変更、第31条第1項若しくは同法第173条第1項の規定による新受託者の選任、同法第62条第4項（同法第129条第1項において準用する場合を含む。）の規定による新受託者若しくは新信託管理人の選任又は内閣府令で定める軽微な信託の変更については、この限りでない。

2　公益信託の目的の変更は、その変更後の目的が当該公益信託の目的に類似するものである場合に限り、することができる。

3　公益信託に係る信託の変更並びに新受託者及び新信託管理人の選任その他の第7条第2項各号に掲げる事項の変更は、第1項ただし書の規定の適用がある場合を除き、同項の認可を受けなければ、その効力を生じない。

4　第1項の認可の申請は、内閣府令で定めるところにより、当該変更に係る事項を記載した申請書を行政庁に提出してしなければならない。

5　前項の申請書には、内閣府令で定める書類を添付しなければならない。

6　第8条から前条までの規定は、第1項の認可について準用する。

1 第1項について

　本項は、公益信託に係る信託の変更において変更後の公益信託が、公益信託認可の基準を充足しなくなる事態を防止するため、公益信託に係る信託の変更及び新受託者若しくは新信託管理人の選任には行政庁による変更の認可を受けることを要する旨を規定している。

　ここでいう変更の認可は、信託法における信託の変更、新受託者及び新信託管理人の選任を含めて、第7条第2項各号に掲げた認可事項の変更と整理しており、原則として、第7条第2項各号に掲げる認可事項の変更については、あらかじめ、認可を要するものとしている[53]。

　ただし、同項ただし書において、裁判所の命令による信託の変更、新受託者等の選任及び公益信託の信託行為の定めや公益事務の内容等の軽微な変更をするときについては、行政庁の関与を求めることは過剰であるから、行政庁による認可を受けるまでもなく信託の変更が有効となるものとしている。具体的にいかなる事由が軽微に当たるかについては、裁判所による信託の変更命令、新受託者等の選任のほか、内閣府令で定められることとなる。

　なお、公益信託の変更は、信託法第149条に規定されており、次の場合にできる旨が規定されている（信託行為において別の定めがあるときは、その定めによる。）。

　委託者が現に存する場合において、

① 　委託者、受託者及び信託管理人の合意

② 　信託の目的に反しないことが明らかであるときは、受託者及び信託管理人の合意

---

[53] 【法人である受託者の合併又は分割】
　　法人である受託者において、合併又は分割が生じた場合、信託法では、合併後存続する法人若しくは合併により設立する法人又は分割により受託者としての権利義務を承継する法人が受託者の任務を引き継ぐものとされている（信託法第56条第2項）。一方、新公益信託法の公益信託においては、受託者としての権利義務を承継する法人が、認可基準等を満たすか改めて審査する必要があることから、受託者の名称、代表者の氏名及び主たる事務所の所在地（第7条第2項第2号）並びに信託行為の内容（同項第5号）の変更として、同法第12条第1項の認可を受ける必要がある。これは、第33条第3項で読替後の信託法第56条第1項において、受託者の任務終了事由を「……第7条第2項第2号及び第5号に掲げる事項の変更（次項又は第3項の規定による受託者の任務の引継ぎに係るものに限る。）に係る同法第12条第1項の認可を拒否する処分がされたこと」と規定していることからも明らかである。

第1節　公益信託に関する法律（本則）　99

③ 信託の目的の達成のために必要であることが明らかであるときは、受託者の書面等による意思表示（第33条による読替え）

④ 受託者の利益を害しないことが明らかであるときは、委託者及び信託管理人の合意

⑤ 信託の目的に反しないこと及び受託者の利益を害しないことが明らかであるときは、信託管理人の受託者に対する意思表示

委託者が存しない場合においては（信託法第149条第5項）、

① 信託の目的に反しないことが明らかであるときは、受託者及び信託管理人の合意

② 信託の目的の達成のために必要であることが明らかであるときは、受託者の意思表示（第33条による読替え）

③ 信託の目的に反しないこと及び受託者の利益を害しないことが明らかであるときは、信託管理人の受託者に対する意思表示

また、上記による変更ができない場合に備え、特別の事情による信託の変更を命ずる裁判の仕組み（信託法第150条）が設けられている。

2 第2項について

本項は、公益信託の目的は、信託を設定した委託者の意思の表れであり、尊重されるべきであると考えられることに加え、無限定にその変更を認めると、特定の公益目的のために設定された信託であることを前提として当該信託に寄附をした者の期待が害されるおそれもあることから、類似の公益目的に限り変更することができることとしている。

3 第3項から第6項までについて

第3項は、公益信託の軽微な信託の変更等、第1項のただし書の適用がある場合を除いて、認可を受けなければ効力が生じない旨の規定を置いている。

第4項は、第1項の変更の認可を受けようとする公益信託の受託者は、当該変更に係る事項を記載した申請書を行政庁に提出しなければならない旨について、第5項ではその添付書類について規定している。第6項では、公益信託認可の基準や欠格事由等について、公益信託に係る信託の変更等の認可を行うために必要な準用規定を置いている。

100　第3章　公益信託に関する法律　逐条解説

（申請書の経由）

第13条　行政庁の変更を伴う前条第1項の認可に係る同条第4項の申請書
　　は、変更前の行政庁を経由して変更後の行政庁に提出しなければならな
　　い。

　2　前項の場合において、同項の認可をしたときは、変更後の行政庁は、
　　内閣府令で定めるところにより、遅滞なく、変更前の行政庁から事務の
　　引継ぎを受けなければならない。

　本条は、公益事務の内容又は区域の変更により行政庁の変更が生じる場合の
手続を定めるものである。

1　第1項について

　本項では、行政庁の変更を伴う変更の認可に関して、変更前、変更後両方の
行政庁が把握する必要があることから、申請書について、変更前の行政庁を経
由して変更後の行政庁に提出しなければならない旨規定している。

2　第2項について

　本項では、双方の行政庁が必要な事務処理及び引継ぎが的確に行われるよう
措置している。

　（公益信託の変更の届出等）

第14条　公益信託の受託者は、第12条第1項ただし書に規定している信託
　　の変更又は選任がされた場合には、内閣府令で定めるところにより、遅
　　滞なく、その旨を行政庁に届け出なければならない。

　2　行政庁は、前項の規定による届出があったときは、内閣府令で定める
　　ところにより、その旨を公示しなければならない。

1　第1項について

　本項は、第12条第1項ただし書で変更の認可が不要とされた、裁判所による
信託の変更命令、新受託者等の選任又は内閣府令で定める軽微な信託の変更に
ついて、その効力について認可に係らしめないとしても行政庁が適切に監督を

第1節　公益信託に関する法律（本則）　101

行う上で、その旨を把握することが必要であることから、そのような場合には、受託者は、遅滞なくその旨を行政庁に届け出なければならないことを規定している。

2　第2項について

本項は、第1項の事象が発生した事実を広く国民に周知し、公衆がこれを知ることができる状態とする必要があると考えられることから、行政庁は、同項に係る届出があった場合には、その旨を公示しなければならないことを規定している。

（受託者の辞任の届出等）

第15条　公益信託の受託者は、次に掲げる場合には、内閣府令で定めるところにより、遅滞なく、その旨を行政庁に届け出なければならない。

一　受託者が辞任し、又は解任された場合

二　信託管理人が辞任し、又は解任された場合

2　行政庁は、前項の規定による届出があったときは、内閣府令で定めるところにより、その旨を公示しなければならない。

1　第1項について

本項は、公益信託の受託者や信託管理人が辞任した又は解任された場合に、行政庁が適時に情報を把握するため、受託者は、遅滞なくその旨を行政庁に届け出なければならないことを規定している。

受託者又は信託管理人が欠けた場合であって、新受託者又は新信託管理人が就任しない状態が1年間継続したときには、当該公益信託は終了するものとしている（第33条第3項において読み替えて適用する信託法第163条第3号）ことから、受託者又は信託管理人が辞任した又は解任された場合には、当該公益信託が1年後に終了してしまう可能性があるため、行政庁はその旨を把握する必要がある[54]。

本項における届出の主体について、信託法第58条第1項により受託者が解任された場合であっても、受託者であった者は、受益者に対し、その旨の通知義務を負っている（同法第59条第1項）ことからすれば、公益信託の受託者が解

任された場合にも、受託者であった者が行政庁に対して届出をすることが適当
であると考えられる。そのため、本項は、受託者であった者が、遅滞なく、行
政庁に解任された旨を届け出なければならないものとしている。

2　第2項について

　本項は、第1項に掲げる事象が発生した事実を広く国民に周知し、公衆がこ
れを知ることができる状態とする必要があると考えられることから、行政庁
は、第1項に係る届出があった場合には、その旨を公示しなければならないこ
とを規定している。

第3節　公益信託事務の処理等

> **（公益信託事務の収入及び費用等）**
> 第16条　公益信託（特定資産公益信託を除く。次項及び次条において同
> 　じ。）の受託者は、その公益信託事務を処理するに当たっては、内閣府
> 　令で定めるところにより、当該公益信託事務に係る収入をその実施に要
> 　する適正な費用（当該公益信託事務を充実させるため将来において必要
> 　となる資金として内閣府令で定める方法により積み立てる資金を含む。）
> 　に充てることにより、内閣府令で定める期間において、その収支の均衡
> 　が図られるようにしなければならない。
> 2　公益信託の受託者は、公益事務割合が基準割合以上となるように公益
> 　信託事務を処理しなければならない。

54　【受託者の辞任・解任に届出が必要な理由】
　　信託法において、受託者の任務の終了は、信託の終了とは別のものとされており、新公
　益信託法における受託者の変更については、受託者の任務終了時点ではなく、新受託者の
　選任に当たり、行政庁が認可をすることによって効力が発生する。これは、受託者の任務
　終了事由が生じた場合、信託法第59条第3項及び第60条第2項・第4項によって、前受託
　者等が、新受託者等が信託事務の処理をすることができるに至るまで、引き続き信託財産
　に属する財産の保管をし、かつ、信託事務の引継ぎに必要な行為をしなければならないと
　されており、新受託者の選任が見込まれることによる。
　　受託者の任務終了事由のうち、受託者である個人の死亡等、辞任・解任以外の事由につ
　いては、その事実が客観的であり、行政庁への届出が不要であると考えられる一方、辞
　任・解任については、委託者及び信託管理人の同意又は合意等によってできるとされてお
　り（第33条第3項で読替後の信託法第57条第1項、第58条第1項）、行政庁によって、そ
　の同意・合意の事実を確認する必要があることから届出が義務付けられている。

第1節　公益信託に関する法律（本則）　103

1　第1項について

　本項は、第8条第8号に規定する公益信託認可の基準である収支の均衡についての具体的な内容及び認可後も公益信託の受託者が遵守しなければならないことを規定している。

　☛　収支の均衡の詳細については、第8条第8号の解説参照

2　第2項について

　本項は、第8条第9号に規定する公益信託認可の基準である公益事務割合の規律について認可後も公益信託の受託者が遵守しなければならないことを規定している。

　☛　公益事務割合の詳細については、第8条第9号の解説参照

（使途不特定財産額の保有の制限）

第17条　公益信託の毎信託事務年度の末日における使途不特定財産額は、当該公益信託の受託者が公益信託事務を翌信託事務年度においても処理するために必要な額として、当該信託事務年度前の信託事務年度において行った公益信託事務の処理に要した費用の額（その保有する信託財産の状況及び公益信託事務の態様に応じ当該費用の額に準ずるものとして内閣府令で定めるものの額を含む。）を基礎として内閣府令で定めるところにより算定した額を超えてはならない。

2　前項に規定している「使途不特定財産額」とは、公益信託の受託者による信託財産の管理の状況又は当該信託財産の性質に鑑み、公益信託事務のために現に使用されておらず、かつ、引き続き公益信託事務のために使用されることが見込まれない信託財産（災害その他の予見し難い事由が発生した場合においても公益信託事務を継続的に行うため必要な限度において保有する必要があるものとして内閣府令で定める要件に該当するもの（次項において「公益信託事務継続予備財産」という。）を除く。）として内閣府令で定めるものの価額の合計額をいう。

3　公益信託の受託者は、毎信託事務年度の末日において公益信託事務継続予備財産を保有している場合には、翌信託事務年度開始後速やかに、内閣府令で定めるところにより、当該公益信託事務継続予備財産を保有

する理由及びその額その他内閣府令で定める事項を公表しなければならない。

1　第1項及び第2項について

　第1項は、公益信託に係る信託財産について、安定的に公益信託事務を処理するため、一定程度自由に使用・処分できる財産を確保しつつ、一般国民から受けた寄附等の財産は速やかに公益信託事務のために使用すべきものとして、公益法人と同様に、使途不特定財産額の規制を設けることを規定している。

　第2項は、公益信託における使途不特定財産額について、公益信託の受託者による信託財産の管理の状況又は当該信託財産の性質に鑑み、公益信託事務のために現に使用されておらず、かつ、引き続き公益信託事務のために使用されることが見込まれない信託財産（災害その他の予見し難い事由が発生した場合においても公益信託事務を継続的に行うため必要な限度において保有する必要があるものとして内閣府令で定める要件に該当するものとして内閣府令で定めるものを除く。）と規定している。公益法人では、公益法人が保有する財産のうち、現に使用され又は具体的に使途が定められている財産を控除対象財産とし、当該財産の額を除いた額を使途不特定財産額としているところ、公益信託においても、同様の整理がされるものと考えられる。

2　第3項について

　使途の特定されていない財産が過大に蓄積されることは避ける観点から、一定以上の使途不特定財産を保有することの説明責任を受託者に果たさせ、その説明内容の妥当性について外部からの監視を可能とすることで抑制機能を働かせることが必要である。そのため、本項では、毎信託事務年度の末日において公益信託事務継続予備財産（災害その他の予見し難い事由が発生した場合においても公益信託事務を継続的に行うため必要な限度において保有する必要があるものとして内閣府令で定める要件に該当するものとして内閣府令で定めるもの）を保有している場合、当該財産を保有する理由等について、翌信託事務年度開始後速やかに受託者は公表しなければならないことを規定している。

第1節　公益信託に関する法律（本則）　105

（寄附の募集に関する禁止行為）

第18条 公益信託の受託者又は信託管理人は、寄附の募集に関して、次に掲げる行為をしてはならない。

　一　寄附の勧誘又は要求を受け、寄附をしない旨の意思を表示した者に対し、寄附の勧誘又は要求を継続すること。

　二　粗野若しくは乱暴な言動を交えて、又は迷惑を覚えさせるような方法で、寄附の勧誘又は要求をすること。

　三　寄附をする財産の使途について誤認させるおそれのある行為をすること。

　四　前三号に掲げるもののほか、寄附の勧誘若しくは要求を受けた者又は寄附者の利益を不当に害するおそれのあるものとして内閣府令で定める行為をすること。

　公益信託の受託者等が寄附の募集を行うに当たり不適切な行為を行った場合には、公益信託制度に対する社会的信用が失われ、寄附などを通じた社会貢献活動に対する国民の意欲、ひいては公益信託を用いた公益的な事業活動が阻害されるおそれがある。このような行為は公益信託の目的に著しく反する行為といえることから、公益信託の受託者等による執拗な寄附の勧誘又は要求等寄附金の募集に係る不適切な行為を禁止している。公益信託は、多様な者が受託者や信託管理人となり得るものであり、機動的な対応を確保する観点から、内閣府令で必要な禁止行為を追加できることとしている。

　本条の違反については、公益信託認可や公益信託認可の取消し等において考慮されることとなる（第30条第2項第1号・第3号等）。

（公益信託報酬）

第19条 公益信託報酬は、第8条第11号に規定している支払基準に従って支払われなければならない。

　公益信託報酬（公益信託に係る信託報酬及び信託管理人の報酬）については、当該公益信託の経理の状況その他の事情を考慮して、不当に高額なものとならないような支払基準を定めることが公益信託認可の基準とされているところ、当該支払基準に従って支払わなければならない旨の遵守事項を定めてい

106　第3章　公益信託に関する法律　逐条解説

る。

　本規定は、公益信託報酬の不適切な支払は制度に対する信頼を損ないかねないことを踏まえ、公益法人認定法第20条を参考に、確認的に記載するものである。報酬とは別の名目で実質的な報酬を支払うことが許されない。なお、受託者が公益信託事務を処理するために必要な費用に相当する額を信託財産から支払うことは可能であると解されるところ、費用の内容について透明性の確保が求められるとともに、信託報酬や信託管理人の報酬や範囲については、信託行為等において明確にされていることが望ましいと考えられる。公益信託も、公益法人と同様に、報酬の支払基準については、事務所に備え置く（第20条第2項）とともに、請求があった場合には、拒むことに正当な理由がない限り閲覧に供することが義務付けられる（同条第4項）。

　また、受託者から提出された、財産目録等は、透明性を確保する観点から、行政庁において一元的に公表されるものとしている（第21条第2項）。

（財産目録の備置き及び閲覧等）

第20条　公益信託の受託者は、毎信託事務年度開始の日の前日までに（公益信託認可を受けた日の属する信託事務年度にあっては、当該公益信託認可を受けた後遅滞なく）、内閣府令で定めるところにより、当該信託事務年度の事業計画書、収支予算書その他の内閣府令で定める書類を作成し、当該信託事務年度の末日までの間、当該書類をその住所（当該受託者が法人である場合にあっては、その主たる事務所）に備え置かなければならない。

2　公益信託の受託者は、毎信託事務年度経過後3月以内に（公益信託認可を受けた日の属する信託事務年度にあっては、当該公益信託認可を受けた後遅滞なく）、内閣府令で定めるところにより、次に掲げる書類を作成し、5年間、当該書類を前項に規定する住所に備え置かなければならない。

一　信託財産に係る財産目録

二　受託者等名簿（受託者及び信託管理人の氏名又は名称及び住所を記載した名簿をいう。第5項及び次条第2項において同じ。）

三　第8条第11号に規定する支払基準を記載した書類

四　前三号に掲げるもののほか、内閣府令で定める書類

3　第1項に規定する書類及び前項各号に掲げる書類は、電磁的記録（電子的方式、磁気的方式その他人の知覚によっては認識することができない方式で作られる記録であって、電子計算機による情報処理の用に供されるものとして内閣府令で定めるものをいう。次項第2号及び第47条第2号において同じ。）をもって作成することができる。

4　何人も、公益信託の受託者の業務時間内は、いつでも、第1項に規定する書類、第2項各号に掲げる書類、信託行為の内容を証する書面並びに信託法第37条第1項及び第2項に規定する書類（以下「財産目録等」という。）について、次に掲げる請求をすることができる。この場合においては、当該公益信託の受託者は、正当な理由がないのにこれを拒んではならない。

一　財産目録等が書面をもって作成されているときは、当該書面又は当該書面の写しの閲覧の請求

二　財産目録等が電磁的記録をもって作成されているときは、当該電磁的記録に記録された事項を内閣府令で定める方法により表示したものの閲覧の請求

5　前項の規定にかかわらず、公益信託の受託者は、受託者等名簿について当該公益信託の信託管理人以外の者から同項の請求があった場合には、これに記載され、又は記録された事項中、個人（受託者であるものを除く。次条第2項において同じ。）の住所に係る記載又は記録の部分を除外して、前項各号の閲覧をさせることができる。

公益信託は、税制優遇等の社会的支援を受けつつ、不特定かつ多数の者の利益のために公益事務を行うものであり、委託者、信託管理人等の公益信託関係者、公益信託に対する寄附者やサービス受給者等のステークホルダーをはじめ広く国民に対して情報開示を行い、透明性の高い事業運営を行う必要がある。情報開示は、ステークホルダーや国民によるチェックの前提であり、受託者が説明責任を十分に果たすことで、公益信託のガバナンスを通じて公益信託の適切な運営が確保されることが期待される。本条は、公益法人認定法第21条の規定を参考として、公益信託の財産目録等の備置き及び閲覧等を規定してい

る[55]、[56]。

　公益法人認定法第21条は、①事業計画書、収支予算書その他内閣府令で定める書類、②財産目録、役員等名簿、同法第5条第14号に規定している報酬等の支給の基準を記載した名簿、その他内閣府令で定める書類等を作成して、一定期間（①は事業年度末まで、②は5年間）事務所に備え置き、定款、計算書類等とともに閲覧に供すること（同法第21条第1項及び第2項）、公益法人が認定要件として一般法人法より追加的に備置きを求められる書類についても、同法第123条第3項と同様に電磁的記録により作成することができるとする（公益法人認定法第20条第3項）ほか、何人も公益法人に対し情報開示事項に係る書類を閲覧請求することができることとし（同条第5項）、名簿における「住所」の開示について法人の判断に委ねる旨（同条第6項）等を規定している。

　本条では、公益信託の情報公開の対象、方法については、公益法人と同等の仕組みとするものとしている。①事業計画書、収支予算書その他内閣府令で定める書類については、毎信託事務年度開始までに、②財産目録、受託者及び信託管理人の名簿、公益信託報酬の支払基準その他内閣府令で定める書類については毎信託事務年度終了後3か月以内に、書類を作成して一定期間（①は信託事務年度末まで、②は5年間）事務所に備え置くとともに、信託行為の内容を証する書面、信託法第37条第1項及び第2項に規定する貸借対照表等の法務省令・内閣府令で定める書類等と併せて閲覧に供することとし、何人も、受託者に対して閲覧請求できることとしている。個人である信託管理人の名簿については、受託者の判断で「住所」は開示しないことができる（受託者の住所については、財産目録等を備え付け、請求を受けて閲覧させる住所であるから、開

55　【信託法に基づく情報開示】
　　信託法第37条は、受託者は、信託事務に関する計算並びに信託財産に属する財産及び信託財産責任負担債務の状況を明らかにするため、信託財産に係る帳簿その他の書類又は電磁的記録を作成し（同条第1項）、毎年1回、一定の時期に貸借対照表、損益計算書その他の法務省令で定める書類又は電磁的記録を作成しなければならない（同条第2項）としている。また、同法第38条は、受託者は、受託者が保存義務を負う全ての書類等のいずれをも閲覧請求することができるとし、受益者以外の利害関係人は、貸借対照表及び損益計算書等のみを閲覧請求することができるとする。
56　【旧公益信託制度における情報開示】
　　旧公益信託制度においては、信託法に基づく利害関係者等への情報開示のほか、旧公益信託法第4条第2項は、公益信託の受託者は、毎年1回一定の時期に信託事務及び信託財産の状況を公告しなければならない旨を規定していた。

示しなければならないこととしている。）。

> **（財産目録等の提出等）**
>
> **第21条**　公益信託の受託者は、財産目録等（信託行為の内容を証する書面を除く。）について、前条第1項に規定している書類にあっては毎信託事務年度開始の日の前日までに（公益信託認可を受けた日の属する信託事務年度にあっては、当該公益信託認可を受けた後遅滞なく）、その他の書類にあっては毎信託事務年度の経過後3月以内に（公益信託認可を受けた日の属する信託事務年度にあっては、同条第2項各号に掲げる書類を当該公益信託認可を受けた後遅滞なく）、内閣府令で定めるところにより、行政庁に提出しなければならない。
>
> 2　行政庁は、内閣府令で定めるところにより、この法律又はこの法律に基づく命令の規定により公益信託の受託者から提出を受けた財産目録等（受託者等名簿にあっては、当該受託者等名簿に記載された事項中、個人の住所に係る記載の部分を除く。）を公表するものとする。

　公益信託は、税制優遇等の社会的支援を受けつつ、不特定かつ多数の者の利益のために公益事務を行うものであり、公益認可基準の適合性等について、継続的に行政庁の監督を受けることとなる。また、公益信託の運営の透明性を確保し、説明責任を果たす一義的な責任は受託者にあるが（第20条）、行政庁が公益信託の運営状況等について、一元的に公表することで、公益信託の関係者をはじめとする国民が、公益信託の運営状況や公益事務の実施状況等を容易に把握できるようになり、ステークホルダーや国民による公益信託のチェック機能が高まるとともに、質の高い公益事務を行う公益信託に寄附等の支援が集まることを通じて、民間公益の活性化が期待される。

　本条は、公益法人認定法第22条の規定を参考として、公益信託に関する財産目録等の提出及び公表を規定している。

　公益法人認定法第22条第1項は、公益法人が毎事業年度、財産目録等を行政庁に提出することを義務付けるとともに、同条第2項は、行政庁において公益法人から提出を受けた財産目録等を公表することを規定している。公益信託においても、その趣旨は、同様に妥当すると考えられる。

　そこで、本条では、公益信託に関する財産目録等の提出及び公表について

は、公益法人と同等の仕組みとするものとしている。第1項は、公益信託の受託者が、毎信託事務年度、財産目録等を行政庁に提出することを義務付ける（信託行為の内容を証する書面については、頻繁に変更されるものではなく、また、変更に当たっては、原則認可が必要であり、行政庁は最新の情報を把握しているため除外している。）とともに、第2項は、行政庁における情報開示について、第1項に規定している信託事務年度ごとの定期書類として提出される財産目録等を公表することとしている。

　公益信託の財産目録等に関する情報については、公益法人と一元的なプラットフォームでの実務運用[57]を想定している。

第4節　公益信託の併合等

> **（公益信託の併合等の認可）**
>
> **第22条**　公益信託に係る信託の併合又は信託の分割（第4項及び第5項において「公益信託の併合等」という。）をするときは、当該公益信託の受託者は、あらかじめ、行政庁の認可を申請しなければならない。
>
> 2　公益信託においては、信託の併合は、従前の各公益信託の目的が類似する場合に限り、することができる。
>
> 3　公益信託においては、吸収信託分割にあっては分割信託（信託法第155条第1項第6号に規定している分割信託をいう。）及び承継信託（同号に規定している承継信託をいう。）の目的が類似する場合に限り、新規信託分割にあっては新たな公益信託及び当該新たな公益信託に信託財産の一部を移転する公益信託の目的が類似する場合に限り、することができる。
>
> 4　公益信託の併合等は、第1項の認可を受けなければ、その効力を生じ

---

[57] 【公益法人と一元的なプラットフォーム】
　公益法人においては、公益法人informationというサイトにおいて、公益認定の申請書類、公益法人への寄附に関する案内、認定等の公示、公益認定等委員会の活動内容等の公表等が行われており、行政庁に提出された財務書類等の公表も予定されている。また、公益認定申請や定期書類の提出を行うための電子申請窓口も設けられている。旧制度における公益信託は、主務官庁と主に紙ベースで書類のやり取りをしていたが、新制度においては、公益法人と同様の電子申請等が可能となり、受託者から提出された財務書類等の公表もホームページ上で行われる予定である。国・都道府県公式公益法人行政総合情報サイト公益法人information（https://www.koeki-info.go.jp）。

第1節　公益信託に関する法律（本則）　111

ない。

5　第1項の認可の申請は、内閣府令で定めるところにより、公益信託の
　併合等に係る事項を記載した申請書を行政庁に提出してしなければなら
　ない。

6　前項の申請書には、内閣府令で定める書類を添付しなければならな
　い。

7　第8条から第11条までの規定は、第1項の認可について準用する。

1　第1項について

　本項は、公益信託に係る信託の併合又は分割がされる場合に、公益信託の併
合後又は分割後の内容等が、公益信託認可の基準を充足しなくなる事態を防止
するため、公益信託の併合又は分割には行政庁による変更、併合又は分割の認
可を受けることを要することを規定している[58]。

　信託法において、「信託の併合」とは、受託者を同一とする二以上の信託の
信託財産の全部を一の新たな信託の信託財産とすること（同法第2条第10項）
という。

　また、「吸収信託分割」とは、ある信託の信託財産の一部を受託者を同一と
する他の信託の信託財産として移転すること、「新規信託分割」とは、ある信
託の信託財産の一部について受託者を同一とする新たな信託の信託財産として
移転すること（同条第11項）とされている。

2　第2項及び第3項について

　第2項及び第3項は、当該公益信託を設定した委託者の意思等を尊重する観
点から公益信託の併合や分割は当初の公益信託と類似の目的である場合に限り

58　【信託の変更と信託の併合・分割】
　　信託法において、信託の併合・分割は信託の変更の一類型であるとされる一方、信託の
　変更とは別に規定が設けられている。新公益信託法においては、信託法の規定を参考にし
　つつ、信託の変更と新受託者及び新信託管理人の選任を含めた第7条第2項各号に掲げた
　認可事項に係る信託行為の変更（第12条）と信託の併合・分割を別に規定している。その
　ため、併合・分割の結果として第7条第2項各号に掲げる事項が変更されることがあった
　としても、第12条第1項及び第14条第1項の信託の変更には当たらないものと考えられる。

112　第3章　公益信託に関する法律　逐条解説

認められることを規定している。

3 第4項から第7項までについて

第4項では、公益信託の併合又は分割について認可を受けなければ効力が生じない旨の規定を置いている。

第5項では、第1項の公益信託の併合又は分割の認可を受けようとする公益信託の受託者は、当該併合又は分割に係る事項を記載した申請書を行政庁に提出しなければならない旨について、第6項ではその添付書類について規定している。

第7項では、公益信託認可の基準や欠格事由等について、公益信託の併合又は分割の認可を行うために必要な準用規定を置いている。

（公益信託の終了事由等）

第23条 公益信託は、信託法第163条の規定によるほか、第30条第1項又は第2項の規定により公益信託認可が取り消された場合に終了する。

2 公益信託においては、信託法第164条の規定にかかわらず、信託行為に別段の定めがあるときを除き、委託者及び信託管理人の合意により、公益信託を終了することはできない。

---

1 第1項について

旧公益信託法には、公益信託の終了事由について明示的に定めた規定はないところ、本項は、公益信託の終了事由として、信託の終了事由を掲げる第33条第3項の規定により読み替えて適用する信託法第163条の規定[59]のほか、信託法の特則として、公益信託認可が取り消された場合を付加して規定している。

公益信託認可が取り消された場合は、受託者に行政庁による勧告や命令に従う意思や能力がなく、内部ガバナンスに相当な問題があるものと考えられる。そのため、公益信託認可が取り消された公益信託は、終了するものとすること

---

59 【受託者と信託管理人の不在】
　　第33条第3項の規定により読み替えて適用する信託法第163条第3号により、受託者又は信託管理人が1年間不在の場合において、公益信託は終了する旨を規定している。
　☛ その趣旨等は第33条第3項の解説（10）信託法第163条第3号関係参照

第1節　公益信託に関する法律（本則）　113

が適当であると考えられる。

　公益信託認可の取消事由がある場合は、公益法人の制度を参考に、国又は都道府県の合議制の機関による勧告、又はこれらの機関の諮問・答申を経て（第34条第1項第2号）、行政庁により公益信託認可が取り消されるものとしている（第30条）。

2　第2項について

　本項は、公益信託について、委託者及び信託管理人の合意によって終了することはできないものとしつつ、信託行為に別段の定めがある場合には、その定めるところによるものとして規定している。

　信託法においては、第164条第1項の規定により、委託者及び受益者は、いつでも、その合意により、信託を終了することができるとされている。

　しかし、公益信託においては、信託行為に定められた存続期間を通じて公益事務を実施することが期待されていることから、委託者、受託者及び信託管理人の合意による終了を原則として許容しないことが適当であると考えられる。

　もっとも、公益信託に係る信託財産の効率的な利用という観点から関係者による合意によって公益信託を終了することを一切認めないことは不合理な場合もあることから、信託行為に別段の定めがある場合には関係者の合意により公益信託を終了することも認めることとしている。

（公益信託の継続）

第24条　信託法第163条（第1号に係る部分に限る。）の規定により公益信託が終了した場合には、委託者、受託者及び信託管理人は、その合意により、公益信託の目的を変更することによって、公益信託を継続することができる。

2　前項の規定により公益信託の目的を変更する場合には、受託者は、次条第1項の規定による届出の日から3月以内に、当該変更について第12条第1項の認可を受けなければならない。

3　委託者が現に存しない場合における第1項の規定の適用については、同項中「委託者、受託者」とあるのは、「受託者」とする。

114　第3章　公益信託に関する法律　逐条解説

1 第1項について

　本項は、「信託の目的を達成したとき、又は信託の目的を達成することができなくなった」（信託法第163条第1号）ことを事由に、公益信託が終了した場合において、本来清算手続が開始され、公益信託の残余財産の帰属すべき者として定められた国、地方公共団体等が残余財産の帰属権利者となるところ、これらの者がその権利を放棄していないときであっても、清算結了までの間、委託者、受託者及び信託管理人の合意によりその目的を変更して、公益信託を継続することができることを規定している。

　この規定の趣旨は、①主務官庁による許可・監督制は廃止されることから、公益信託の終了の場合において帰属権利者の指定に関する定めがないとき又は帰属権利者がその権利を放棄したときに、主務官庁が信託の本旨に従って類似の目的のために信託を継続させることができるとする旧公益信託法第9条[60]をそのまま維持することはできないこと、②全ての公益信託の信託行為に残余財産の帰属すべき者に関する定めが置かれることを前提とすると、新しい公益信託において、残余財産の帰属すべき者が定まらないという事態は想定し難いこと、そして、③できる限り委託者等の意思を尊重しつつ民間による公益活動のために信託財産を活用しようという観点によるものである。

　なお、公益信託の目的の変更は行政庁の認可が必要となり、第12条が適用されることとなることから、目的の変更は類似の目的への変更に限りすることができる。

2 第2項及び第3項について

　第2項は、第1項の規律について、公益信託が終了した後は清算手続が開始している（信託法第175条）ところ、権利関係が不確定な状態を継続することは相当ではないことから、第25条第1項に規定している公益信託の終了の届出の日から3か月以内に、当該公益信託の受託者は行政庁による変更の認可を受

---

[60] 【英米法におけるCy Pres原則】
　　旧公益信託法第9条は、公益信託が終了した場合にこれを清算せずに類似の目的の公益信託として継続させる方が、公益目的のために信託を設定した委託者の意思にも社会の要求にも合致するという、英米法におけるCy Pres原則を参照したものであると解されている。新公益信託法では、関係者による公益信託の継続という形で、その趣旨を踏襲している。

第1節　公益信託に関する法律（本則）　115

けなければならないものと規定している。

第3項は、委託者が現に存しない場合おける公益信託の継続の合意について、受託者及び信託管理人の合意により継続することができることを規定している。

（信託の終了の届出等）

第25条　公益信託が終了した場合（信託法第163条第5号に掲げる事由によって終了した場合及び第31条第1項又は第2項の規定による公益信託認可の取消しによって終了した場合を除く。）には、その受託者（同法第163条第7号に掲げる事由によって公益信託が終了した場合にあっては、破産管財人）は、遅滞なく、その旨を行政庁に届け出なければならない。

2　行政庁は、前項の規定による届出があったときは、内閣府令で定めるところにより、その旨を公示しなければならない。

1　第1項について

本項は、公益信託の終了について、受託者は、その旨を遅滞なく行政庁に届け出なければならないことを規定している。公益法人が解散した場合や理事等が清算人となった場合には、2週間以内に登記することが求められ（一般法人法第308条第1項、第310条第1項）、公益法人認定法第26条第1項においては、清算人が解散の日から1か月以内に、解散した旨を行政庁に届け出なければならないものとしている。公益信託においては登記は要しないことを考慮し、第1項では、行政庁に対して「遅滞なく」届出することとしている。

なお、信託の併合がされたとき及び公益信託認可が取り消されたときについては、行政庁が当該公益信託の終了を当然把握しているため、届出は不要なものとしている。

2　第2項について

本項は、第1項に規定する公益信託の終了という事象が発生した事実を広く国民に周知し、公衆がこれを知ることができる状態とする必要があることから、行政庁は、同項に係る届出があった場合には、その旨を公示しなければな

らないことを規定している。

> **（清算の届出等）**
> **第26条** 公益信託の清算受託者（信託法第177条に規定している清算受託者をいう。次項及び第49条において同じ。）は、当該公益信託の終了の日から３月を経過したときは、遅滞なく、残余財産の給付の見込みを行政庁に届け出なければならない。当該見込みに変更があったときも、同様とする。
> 2　清算受託者は、清算が結了したときは、遅滞なく、その旨を行政庁に届け出なければならない。
> 3　行政庁は、前項の規定による届出があったときは、内閣府令で定めるところにより、その旨を公示しなければならない。

1　第１項及び第２項について

第１項及び第２項は、公益信託が終了した場合の原則的な手続として、清算受託者は、公益信託の残余財産の引渡しの見込み及び清算の結了について、行政庁に届け出なければならないことを規定している。また、第21条において、公益信託の受託者は、毎信託事務年度の経過後３か月以内に計算書類を含む財産目録等を作成し、行政庁に提出しなければならないとされていることを参考として、清算受託者は、当該信託の終了の日から３か月が経過したときは、遅滞なく、残余財産の引渡しの見込みについての届出を行うものとしている。

2　第３項について

本項は、第２項に規定する清算の結了という事実を広く国民に周知し、公衆がこれを知ることができる状態とする必要があることから、行政庁は、同項に係る届出があった場合には、その旨を公示しなければならないことを規定している。

> **（残余財産の帰属）**
> **第27条** 公益信託の信託行為における第４条第２項第３号の定めにより残余財産の帰属が定まらないときは、信託法第182条第２項及び第３項の

規定にかかわらず、残余財産は、国庫（都道府県知事が行政庁である場合にあっては、当該都道府県）に帰属する。

　信託法第182条第2項は、信託行為に帰属権利者等の指定に関する定めがない場合又は帰属権利者等の全てがその権利を放棄した場合には、委託者又はその相続人等が帰属権利者となることを規定しており、また同条第3項は、同条第1項及び第2項の規定によっても残余財産の帰属が定まらないときは、残余財産は清算受託者に帰属すると規定している。旧公益信託法には、同条第2項及び第3項の適用を除外する規定はなかった。

　新しい公益信託に信託法第182条第2項及び第3項を適用するとした場合には、信託行為の定められた残余財産の帰属権利者等の全てがその権利を放棄したときに、残余財産が委託者等又は清算受託者に帰属することとなり、委託者を帰属権利者とすることができないとし（新公益信託法第4条第2項第3号）、委託者や受託者に特別の利益を与えてはならない（第8条第5号）等とする新公益信託法の趣旨が没却されるおそれがある。

　そこで、本条では、公益信託には信託法第182条第2項及び第3項を適用せず、残余財産の帰属が定まらない場合に、残余財産は、行政庁が、内閣総理大臣である場合は国庫に、行政庁が都道府県知事である場合は、当該都道府県に帰属することを規定している。これらの趣旨としては、当該都道府県に残余財産を帰属させることが、継続的に同一都道府県内で公益目的の財産が使われるという点で、当該都道府県で公益事務を行うこととした委託者の意思にもかなうものであり、公益法人における公益目的取得財産残額の贈与先の規律（公益法人認定法第30条第1項）とも整合的であると考えられるためである。

第5節　公益信託の監督

　新しい公益信託制度では、主務官庁による包括的な監督権限について定めた旧公益信託法第3条を廃止している。

　新しい公益信託制度では、新しい公益信託法に定める認可基準等の適合状況について、公益法人制度と共通の行政庁が、監督権限を行使することとなる。

（報告徴収及び立入検査）

第28条 行政庁は、公益信託事務の適正な処理を確保するために必要な限度において、内閣府令で定めるところにより、受託者に対し、その公益信託事務の処理の状況並びに信託財産に属する財産及び信託財産責任負担債務の状況に関し必要な報告を求め、又はその職員に、当該受託者の住所若しくは事務所に立ち入り、その公益信託事務及び信託財産に属する財産の状況若しくは帳簿、書類その他の物件を検査させ、若しくは関係者に質問させることができる。

2 前項の規定により立入検査をする職員は、その身分を示す証明書を携帯し、関係者の請求があったときは、これを提示しなければならない。

3 第1項の規定による立入検査の権限は、犯罪捜査のために認められたものと解してはならない。

1 第1項について

　行政庁は、原則として、提出を受けた財産目録等により、公益信託認可の基準に引き続き適合しているかどうかの審査を行うこととなるが、書面確認のみでは公益信託事務の実態を踏まえた審査ができない場合が想定される。そのため、必要に応じて受託者から報告を求め、又は受託者の事務所に立入検査を行うことにより、公益信託事務の適正な処理について確認できる仕組みとする必要がある。また、公益信託事務の適正な処理を確保するためには、個別の不祥事や問題事案に対処することが必要となる事態も想定される。そのため、本項は、行政庁が、公益信託事務の適正な処理を確保するために必要な限度において、受託者に対し、報告徴収及び立入検査をすることができることを規定している。

2 第2項及び第3項について

　第2項は、立入検査をする職員は、関係者の請求があったときは、身分証明書を提示しなければならないことを規定している。また、第3項は、立入検査の権限は、飽くまでも、監督の実効性を確保するための手段であり、犯罪捜査のために認められたものと解してはならないと規定している。

第1節　公益信託に関する法律（本則）　119

（勧告、命令等）

第29条　行政庁は、公益信託について、次条第2項各号のいずれかに該当すると疑うに足りる相当な理由がある場合には、当該公益信託の受託者に対し、期限を定めて、必要な措置をとるべき旨の勧告をすることができる。

2　行政庁は、前項の勧告をしたときは、内閣府令で定めるところにより、その勧告の内容を公表しなければならない。

3　行政庁は、第1項の勧告を受けた受託者が、正当な理由がなく、その勧告に係る措置をとらなかったときは、当該受託者に対し、その勧告に係る措置をとるべきことを命ずることができる。

4　行政庁は、前項の規定による命令をしたときは、内閣府令で定めるところにより、その旨を公示しなければならない。

5　行政庁は、第1項の勧告及び第3項の規定による命令をしようとするときは、次の各号に掲げる事由の区分に応じ、当該事由の有無について、当該各号に定める者の意見を聴くことができる。

一　第8条第1号、第2号若しくは第7号、第9条第1号イ若しくは第5号又は次条第2項第4号に規定している事由（公益事務を行うに当たり法令上許認可等行政機関の許認可等を必要とする場合に限る。）
　許認可等行政機関

二　第9条第1号ロに規定している事由　国税庁長官等

三　第9条第2号ニ、第4号又は第6号に規定している事由　警察庁長官等

1　第1項について

公益信託については、一定の場合に税制優遇等の社会的恩恵を受けつつ、不特定多数の者の利益の増進を目的として公益事務を行うことを目的とするものであることから、継続的に公益性の要件に合致することが要請される。そのため、毎信託事務年度ごとに提出される財産目録等の確認等により当該要件に合致しない状況が発覚した場合、改善命令を行う等行政庁による適切な監督が必要である。

本項においては、公益法人と同様に、第一次的に公益信託の受託者に対する措置勧告を行い、第3項において、第二次的に措置命令を発することを規定している。

なお、公益信託の受託者に対して勧告を行う場合、行政庁は、事前に公益認定等委員会等に諮問しなければならない（第34条第1項第2号）。

2 第2項について

本項は、行政庁が公益信託の受託者に対し勧告を行った場合、事象が発生した事実を広く国民に周知し、公衆がこれを知ることができる状態とする必要があることから、行政庁はその旨を公表することを規定している。

3 第3項について

本項は、公益信託の受託者が第1項の措置勧告に正当な理由がなく従わない場合に、行政庁は、当該受託者に対し、勧告に係る措置を取るべきことを命ずることができることを規定している。当該受託者がこの命令に従わないことは、公益信託認可の必要的取消事由となる（第30条第1項第3号）。

なお、公益信託の受託者に対して命令を行う場合、行政庁は、事前に公益認定等委員会等に諮問しなければならない（第34条第1項第2号）。

4 第4項について

本項は、行政庁が公益信託の受託者に対し、命令を行った場合、事象が発生した事実を広く国民に周知し、公衆がこれを知ることができる状態とする必要があることから、行政庁はその旨を公示することを規定している。

5 第5項について

本項は、第1項による勧告及び第3項による命令をするに当たって、行政庁が、任意で意見聴取できることを規定している。これは、公益信託認可の基準及び欠格事由に含まれる事項のいずれについても判断が必要となる公益信託認可の場合と異なり、監督処分等の場合においては、公益信託認可の基準及び欠格事由に含まれる事項のうちいずれかについての判断がなされれば監督処分等が可能であるため、必ずしも全ての意見聴取先に意見を聴かなければならない

第1節 公益信託に関する法律（本則） 121

ものではないことによる。

　意見聴取事項とする事項については、第10条の解説のとおりである。なお、本条に基づく勧告・命令は欠格事由に該当することを理由として行われるものではないが、仮に勧告・命令を受けるべき状態に至っている公益信託の受託者が同時に欠格事由にも該当するに至っていれば、勧告・命令に係る意見聴取に併せて欠格事由に係る意見聴取も行うことにより、処分等の重複を避けることとしている。

　（公益信託認可の取消し）

第30条　行政庁は、公益信託が次の各号のいずれかに該当するときは、その公益信託認可を取り消さなければならない。

　一　偽りその他不正の手段により公益信託認可又は第12条第１項若しくは第22条第１項の認可を受けた場合

　二　第９条第６号に該当するに至った場合

　三　受託者が、正当な理由がなく、前条第３項の規定による命令に従わない場合

２　行政庁は、公益信託が次の各号のいずれかに該当するときは、その公益信託認可を取り消すことができる。

　一　第８条各号に掲げる基準のいずれかに適合しなくなった場合

　二　第９条第１号から第５号までのいずれかに該当するに至った場合

　三　第14条第１項、第15条第１項又は第３節の規定に違反した場合

　四　前三号に掲げるもののほか、法令又は法令に基づく行政機関の処分に違反した場合

３　前条第５項の規定は、前二項の規定による公益信託認可の取消しをしようとする場合について準用する。

４　行政庁は、第１項又は第２項の規定により公益信託認可を取り消したときは、内閣府令で定めるところにより、その旨を公示しなければならない。

　旧公益信託法や許可審査基準には、公益信託の引受けの許可の取消しに関する規律は存在しなかったが、新しい公益信託制度が、公益法人制度と共通の枠組みとなることに伴い、公益信託認可の取消事由を規定している。

1　第1項について

　本項は、必要的取消事由について規定している。偽りその他不正な手段によって公益信託認可を受けた場合には、行政庁は、公益信託認可を取り消さなければならない。また、勧告に係る措置を取るべき旨の命令に従わない場合には、公益信託事務の適正な処理を期待することができない状態に至っていると考えられることから、公益信託認可を取り消さなければならない。

2　第2項について

　第2項は、任意的取消事由について規定している。公益信託が第8条各号の公益信託認可の基準のいずれかに適合しなくなった場合等については、状況に応じ是正措置によって解消できることも考えられることから、任意的な取消事由としている。公益法人認定法においては、公益法人は法人自体が事業を営み、認定取消後も一般法人として事業を継続することが想定されることを踏まえて、役員等が欠格事由に該当すると法人自体の必要的取消事由としているが、公益信託においては、受託者等が欠格事由に該当した場合であっても直ちに必要的取消事由として公益信託を終了させるまでのことはなく、受託者等を交代させて継続させる可能性を残すことが望ましいという考え等に基づき、任意的取消事由としている。また、公益法人認定法第29条第1項第4号は、公益法人から公益認定の取消しの申請があったときには、公益認定を取り消さなければならないものとしているが、公益信託においては、信託行為に定めがある場合に合意による終了を許容する（第23条第2項）ことにより、これに代替することから、当該取消事由については規定していない。

　なお、第2項第3号は、第14条第1項（公益信託の変更の届出等）及び第15条第1項（受託者の辞任の届出等）又は第3節（公益信託事務の処理等）の規定に違反した場合を対象としており、第25条（信託の終了の届出等）及び第26条（清算の届出等）については、仮に届出義務の違反があったとしても、既に公益信託は終了しており認可取消しの対象とはならないので、本規定の対象とはしないこととしている。

3　第3項について

　本項は、行政庁が第1項及び第2項の規定に基づき公益信託認可を取り消す

第1節　公益信託に関する法律（本則）　123

場合には、第29条第5項の規定を準用し、行政庁が、任意で意見聴取できることを規定している。

4　第4項について

本項は、行政庁が公益信託認可の取消しを行った場合、事象が発生した事実を広く国民に周知し、公衆がこれを知ることができる状態とする必要があることから、行政庁はその旨を公表することを規定している。

（公益信託認可が取り消された場合における新受託者の選任）

第31条　裁判所は、前条第1項又は第2項の規定により公益信託認可が取り消されたことにより公益信託が終了した場合には、行政庁又は委託者、信託管理人、信託債権者（信託法第21条第2項第4号に規定している信託債権者をいう。）その他の利害関係人の申立てにより、当該公益信託の清算のために新受託者を選任しなければならない。

2　信託法第173条第2項から第6項までの規定は、前項の規定による新受託者の選任について準用する。

本条は、信託法第173条の規律を参考として、裁判所は、公益信託認可の取消しにより公益信託が終了した場合には、行政庁又は委託者、信託管理人、信託債権者その他の利害関係人の申立てにより、信託の清算のために新受託者を選任しなければならないことを規定している。

ここでは、公益信託認可の取消しを実際に行った行政庁がその取消しの事情について最も把握しているものと考えられることを踏まえ、委託者、信託管理人、信託債権者等の利害関係人のほか、行政庁にも当該公益信託の清算のための新受託者選任申立権を付与することとしている。

（行政庁への意見）

第32条　次の各号に掲げる者は、公益信託について当該各号に定める事由があると疑うに足りる相当な理由があるため、行政庁が公益信託の受託者に対して適当な措置をとることが必要であると認める場合には、行政庁に対し、その旨の意見を述べることができる。

一　許認可等行政機関　第8条第1号、第2号若しくは第7号に掲げる

124　第3章　公益信託に関する法律　逐条解説

基準に適合しない事由又は第9条第1号イ若しくは第5号若しくは第
　　30条第2項第4号に規定している事由（公益事務を行うに当たり法令
　　上許認可等行政機関の許認可等を必要とする場合に限る。）
　二　国税庁長官等　第9条第1号ロに規定している事由
　三　警察庁長官等　第9条第2号ニ、第4号又は第6号に規定している
　　事由

　本条は、公益法人認定法第31条の規定を参考として、関係機関が公益信託の
受託者に対して適当な措置を執ることが必要であると認める場合には、行政庁
に意見を述べることができることを規定している。
　具体的には、①公益事務のみを行うことのみを目的とするものであること、
②受託者となろうとする者が公益信託事務を処理するのに必要な経理的基礎及
び技術的能力を有するものであること、③受託者が公益信託事務を処理するに
当たり、投機的な取引、高利の融資その他の事業であって、公益信託の社会的
信用を維持する上でふさわしくないもの又は公の秩序若しくは善良の風俗を害
するおそれのある事業を行わないものであることに適合しないこと、又は、④
受託者のうちに、その公益事務を行うに当たり法令上必要となる行政機関の許
認可等を受けることができない者があるもの、⑤その信託行為又は事業計画書
の内容が法令又は法令に基づく行政処分に違反しているもの、⑥公益信託が法
令等に違反した場合[61]として規定している事由（公益事務を行うに当たり法令
上許認可等行政機関の許認可等を必要とする場合に限る。）については、当該
許認可等を行う行政機関、⑦国税又は地方税の滞納処分を受け、その滞納処分
の日から3年を経過しない者があるものとして規定している事由については、
国税庁長官等、⑧受託者・信託管理人のうち暴力団員等があるもの及び⑨暴力
団員等がその公益信託事務を支配するものとして規定している事由について
は、警察庁長官等が、行政庁に対して、公益信託の受託者に対して適切な措置

61　【行政庁が把握している事由】
　　①公益信託認可の基準のいずれかに適合しなくなった場合、②暴力団員等がその公益信
　託事務を支配するものとなった場合を除く欠格事由のいずれかに該当するものとなった場
　合、③公益信託の変更の届出等、受託者の辞任の届出等、公益信託事務の処理等の規定に
　違反した場合は、行政庁が把握している事由であるため、関係機関からの意見の対象事由
　から除かれている。

を執ることが必要である旨の意見を述べることができるとされている。

第6節　信託法の適用関係

（信託法の適用関係）

第33条　信託法第29条第2項ただし書、第31条第2項（第3号に係る部分に限る。）及び第3項ただし書、第32条第3項ただし書、第35条第4項、第37条第3項ただし書、第47条第5項ただし書、第48条第3項ただし書、第58条第2項、第59条第1項ただし書、第60条第1項ただし書、第125条第1項ただし書、第147条、第183条第6項並びに第222条第5項ただし書の規定は、公益信託については、適用しない。

2　公益信託においては、委託者の相続人は、委託者の地位を相続により承継しない。

3　前章及びこの章に定めるもののほか、公益信託に関する信託法の規定の適用については、次の表の上欄に掲げる同法の規定中同表の中欄に掲げる字句は、それぞれ同表の下欄に掲げる字句とする。

付表（注：原文は縦書き。便宜上、〈上欄〉〈中欄〉〈下欄〉を付した。）

〈上欄〉	〈中欄〉	〈下欄〉
第19条第1項第3号及び第3項第3号並びに第31条第2項第4号	受益者の利益を害しない	信託の目的の達成に支障とならない
	の受益者との	が信託の目的に関して有する
第19条第3項第2号	各信託の受益者（信託管理人が現に存する場合にあっては、信託管理人）の	公益信託（公益信託に関する法律（令和6年法律第30号）第2条第1項第1号に規定する公益信託をいう。以下この号において同じ。）の信託管理人と他の信託の受益者（信託管理人が現に存する場合にあっては、信託管理人）又は他の公益信託若しくは第258条第1項の受益者の定めのない

		信託の信託管理人との
第30条及び第126条第2項	受益者	信託の目的の達成
第31条第1項第4号	と受益者との利益が相反する	の利益となり、かつ、信託の目的の達成に支障となる
第32条第1項	受益者の利益に反する	信託の目的の達成に支障となる
第34条第1項第3号、第37条（第3項を除く。）、第38条第1項第2号及び第6項第2号、第47条第2項、第4項及び第5項、第59条第2項、第151条第1項第5号、第152条第2項第3号、第155条第1項第7号、第156条第2項第3号、第159条第1項第7号、第160条第2項第3号、第216条第2項第6号、第222条第2項から第4項まで及び第6項から第8項まで並びに第270条第1項第3号	法務省令	内閣府令・法務省令
第38条第2項第3号	受益者の共同の利益を害する	信託の目的の達成を妨げる
第56条第1項	事由によって	事由によって、又は受託者が公益信託に関する法律第9条第1号若しくは第2号のいずれかに該当するに至ったこと若しくは同法第7条第2項第2号及び第5号に掲げる事項の変更（次項又は第3項の規定による受託者の任務の引継ぎに係るもの

第1節　公益信託に関する法律（本則）　127

		に限る。）に係る同法第12条第1項の認可を拒否する処分がされたこと（以下「特定終了事由」という。）により
第58条第1項	いつでも	正当な理由があるときは
第59条第1項及び第3項、第62条第1項及び第2項、第63条第1項、第75条第1項並びに第86条第4項	事由	事由又は特定終了事由
第87条第1項	受託者が二人	受託者又は信託管理人が二人
	「受託者	「受託者又は信託管理人
	すべての受託者	全ての受託者又は全ての信託管理人
第125条第1項	受益者のために	信託の目的の達成のために
第128条第1項	同条第1項第5号	同条第1項中「第9条第1号若しくは第2号のいずれかに該当するに至ったこと若しくは同法第7条第2項第2号及び第5号に掲げる事項の変更（次項又は第3項の規定による受託者の任務の引継ぎに係るものに限る。）に係る同法第12条第1項の認可を拒否する処分がされたこと（以下「特定終了事由」という。)」とあるのは「第9条第3号若しくは第4号のいずれかに該当するに至ったこと」と、同項第5号
第129条第1項	第56条第1項各号	第56条第1項

第130条第2項	受益者に	委託者（他の信託管理人が現に存する場合にあっては、当該他の信託管理人）に
第145条第1項、第262条第1項、第263条、第264条及び第270条第1項第1号	この法律	この法律及び公益信託に関する法律
第149条第2項第2号、第151条第2項第2号、第155条第2項第2号及び第159条第2項第2号	信託の目的に反しないこと及び受益者の利益に適合すること	信託の目的の達成のために必要であること
第150条第1項	受益者の利益に適合しなくなる	信託の目的の達成に支障となる
第163条第3号	受託者	受託者又は信託管理人
	新受託者	新受託者又は新信託管理人
	とき	とき（当該期間が経過する日において新受託者又は新信託管理人の選任に係る公益信託に関する法律第12条第1項の認可の申請に対する処分がされていない場合にあっては、当該認可を拒否する処分があったとき）
第165条第1項	受益者の利益に適合するに至った	適当である
第235条	第164条第1項若しくは第3項	公益信託に関する法律第23条第1項

1　信託法の読替えの考え方

　信託法の読替えについては、受益者の定めがないという点で共通する目的信託に関して必要な信託法の適用関係を定めた信託法第261条を参考にしつつ、

第1節　公益信託に関する法律（本則）　129

整理している。以下①・②については目的信託と共通の読替え、③については、公益信託と目的信託の違いを踏まえて異なる読替えとした上で、公益信託独自の読替規定や適用除外規定と合わせて本条でまとめて規定している。

☛ **公益信託に適用される信託法の規定内容については第5章参考資料2参照**

① 受益者の定めがないという点で公益信託と目的信託は共通していることから、一定の要件中に受益者の概念（例えば、「受益者のために」等）が登場するものについては、信託法第261条に倣い「受益者」を「信託の目的の達成」と読み替える等必要な読替規定を置く。

☛ **具体的な規定箇所は、4(1)参照**

② 信託の利益の帰属主体としての「受益者」「受益権」又は「受益債権」に関する章・条・規定については、目的信託と同様に当然に空振りとなる[62,63]。

③ 公益信託においては、目的信託とは異なり、信託管理人を必置としていることから、何らかの行為を他の者と共同して行うことができるものとして、受益者が規定されているものは当然に「信託管理人」と読み替える。

④ その他、公益信託独自の読替えや適用除外について規定している。

2 第33条第1項の規定（適用除外規定）内容について

(1) 信託法第29条第2項ただし書、第35条第4項、第125条第1項ただし書関係

ア 信託法第29条第2項ただし書は、信託行為の別段の定めによって受託者の善管注意義務を軽減することができるものとしているが、公益信託の受託者

---

62 【空振りとなる規定】
　例えば、信託法第27条第3項は、空振りとしている。同項は、受託者の権限違反行為に対する取消権の行使について、受益者が二人以上存在する場合には、一人の受益者による取消権の効果は他の受益者にもその効力が生じると規定している。しかし、信託法第125条第2項において「複数の信託管理人が存在する場合においては、共同してその権限に属する行為をしなければならない。」と規定されており、この場合受益者を信託管理人と読み替えることは相当ではなく、空振りになると考えられる。

63 【目的信託と公益信託の委託者の権限】
　公益信託は、委託者の権限を強化する必要がないことから、目的信託における委託者の権限の強化について定めた信託法第260条第1項に倣う必要はなく、委託者の権限は受益者の定めのある信託と同様とすることで特別な規定は置かない（信託法第145条が適用される。）。

130　第3章　公益信託に関する法律　逐条解説

については、公益目的のため信託財産の管理処分等の公益信託事務を担う者としての高度な適格性が求められるものであり、善管注意義務を軽減することが適切ではないため、同法第29条第2項ただし書について、適用除外規定を置くものである。

☞ **公益信託における受託者の権限等については第1章第4節⑵イ参照**

イ　受託者が第三者等に対して信託事務の処理を委託した場合においても、同様に義務を軽減することが適切ではないものとして、信託法第35条第4項について、適用除外規定を置くものである。

ウ　信託管理人の権限について、信託行為の定めにより制限することはできないものとして、信託法第125条第1項ただし書について、適用除外規定を置くものである。

☞ **公益信託における信託管理人の権限等については第1章第4節⑵ウ参照**

⑵　信託法第31条第2項第3号関係

信託法第31条第2項は、受託者の利益相反の行為の例外について規定しており、第3号は、相続その他の包括承継により信託財産に属する財産を固有財産に帰属させることができると規定されている。

しかし、例えば子を受託者として公益信託の信託財産について、親との売買契約を締結していたところ、親が死亡して子が相続した場合に、子の固有財産に公益信託に係る信託財産が帰属することになることは、一見すると租税回避とも捉えられかねず、禁止とすべく適用除外規定を置くものである。

⑶　信託法の各項（第31条第3項、第32条第3項、第37条第3項、第47条第5項、第48条第3項、第59条第1項、第60条第1項及び第222条第5項）のただし書関係

公益信託においては、信託管理人の権限については、信託行為の定めにより制限できないものであり（⑴ウによる信託法第125条第1項ただし書の適用除外）、同条第3項において、「この法律の規定により受益者に対してすべき通知は、信託管理人があるときは、信託管理人に対してしなければならない」とされ、この規定に別段の定めが許容されていない。このため、信託法において、受託者による受益者に対する通知義務を定める規定において、信託行為におい

て別段の定めを置くことを許容している場合につき、当該規定について適用除外規定を置くものである。

例えば、信託法第31条第3項においては、(「受益者」を「信託管理人」と当然読替えすることにより、)受託者による利益相反行為について、受託者の信託管理人への通知義務を定めるものであるが、同項ただし書の規定により、信託行為において別段の定めを置くことを許容することは適当ではないため、同項ただし書については適用除外することとしている。

(4)　信託法第58条第2項関係

信託法第58条第1項においては、委託者及び受益者はいつでも受託者を解任できると規定されていることから、民法第651条第2項本文の規定を参考に、信託法第58条第2項の規定は設けられているが、公益信託においては、後記「3　第33条第3項の規定（読替規定）内容について」に記載のとおり、正当な理由があるときのみにしか解任できないため、信託法第58条第2項について適用除外規定を置くものである。

(5)　信託法第147条関係

信託法第147条においては、遺言による信託について、委託者の地位が相続されない旨を規定しつつ、同条ただし書において、信託行為に別段の定めがあるときは、その定めるところによるとしている。新公益信託法第33条第2項に特則（遺言に加え、契約による公益信託についても委託者の地位が相続されない旨を規定）が設けられているところ、信託法第147条ただし書（信託行為における別段の定めがある場合）を含めた特則とする必要があり、その適用関係を明確にする観点から、適用除外規定を置くものである。

(6)　信託法第183条第6項関係

公益信託については、残余財産の帰属権利者は、第8条第13号に規定している類似目的の公益信託、公益法人、国又は地方公共団体等とされ、残余財産の帰属が定まらないときは、第27条のとおり国庫又は都道府県に帰属する。

この点、帰属権利者は信託の清算中は受益者とみなす信託法第183条第6項の規定を適用することは適切ではないため、適用除外規定を置くものである。

132　第3章　公益信託に関する法律　逐条解説

3　第33条第2項の規定内容について

　本項は、公益信託の委託者の相続人は、委託者の地位を相続により承継しないものと規定している。一方で、旧公益信託法においては、委託者の地位は、遺言により設定する信託の相続に係る取扱いを定める信託法第147条の反対解釈として、相続により承継されるものと解釈されている。

　しかし、信託の設定者である委託者の相続人が当初委託者の意思を継いでその権限を行使する蓋然性が高いとまでは言い難いこと、共同相続の場合には、被相続人である当初委託者の意図に反し、公益信託が相続をめぐる紛争に巻き込まれたり、法律関係が複雑なものとなったりし、その結果、公益信託の適正かつ円滑な運営を阻害する状況が生ずるおそれもあること等に鑑みて、公益信託においては、その設定の方法を問わず、委託者の地位は相続しないこととする。

☛ 公益信託における委託者の地位等については、第1章第4節(2)ア参照

4　第33条第3項の規定（読替規定）内容について

(1)　①「信託法第19条第1項第3号及び第3項第3号並びに第31条第2項第4号」、②「第30条及び第126条第2項」、③「第31条第1項第4号」、④「第32条第1項」、⑤「第38条第2項第3号」、⑥「第125条第1項」、⑦「第149条第2項第2号、第151条第2項第2号、第155条第2項第2号及び第159条第2項第2号」、⑧「第150条第1項」、⑨「第165条第1項」関係

☛ 読替えの考え方については、1①参照

(2)　信託法第19条第3項第2号関係

　信託法第19条第3項第2号においては、受託者に属する特定の財産について、共有持分が信託財産と他の信託財産とに属する場合の、財産の分割に関する協議の方法を定めるものである。

　公益信託の場合については、①公益信託同士での分割、②公益信託と受益者の定めのある信託の分割、③公益信託と目的信託の分割が考えられるため、信託法第261条第1項の規定を参考にし、読替規定を置くものとしている。

第1節　公益信託に関する法律（本則）　133

(3) 信託法第34条第1項第3号、第37条（第3項を除く。）、第38条第1
項第2号及び第6項第2号、第47条第2項、第4項及び第5項、第
59条第2項、第151条第1項第5号、第152条第2項第3号、第155条
第1項第7号、第156条第2項第3号、第159条第1項第7号、第160
条第2項第3号、第216条第2項第6号、第222条第2項から第4項
まで及び第6項から第8項まで並びに第270条第1項第3号関係

　公益信託について適用のある条項で信託法上「法務省令」と規定されている
ものについては内閣府及び法務省の共管省令とするため、「内閣府令・法務省
令」と読み替えるものとしている。

(4) ①「信託法第56条第1項」、②「第59条第1項及び第3項、第62条
第1項及び第2項、第63条第1項、第75条第1項並びに第86条第4
項」関係、③第128条第1項

　公益信託においては、信託法第56条第1項に規定している任務終了事由のほ
か、受託者又は信託管理人が欠格事由に該当するに至った場合や受託者である
法人が合併等行う場合における任務の引継ぎに関する認可（☞ **詳細については、**
脚注49参照）について拒否する処分がされた場合にも、受託者及び信託管理人
の任務が終了する（受託者の任務終了事由においては、「特定終了事由」と定
義する。）ため、独自の読替規定を置くものとしている。

(5) 信託法第58条第1項関係

　信託法第58条第1項においては、「委託者及び受益者は、いつでも、その合
意により、受託者を解任できる」としているが、公益信託事務を適正に処理す
るのに必要な経理的基礎及び技術的能力があること等について行政庁の公益信
託認可を受けている公益信託において、委託者及び信託管理人の都合のみで受
託者を解任できるとすることは適切ではなく、また、安定的な公益信託事務の
処理にも支障が生じることから、受託者の解任事由について、「正当な理由が
あるときは」と読替規定を置くものとしている。

(6) 信託法第87条第１項関係

　新公益信託法においては、信託管理人について、内部ガバナンスの中核を担う役割を果たすものとしているところ、受託者だけでなく、信託管理人についても１年間不在となることは、公益信託の適正な運営に支障が生じるため、当該事由を公益信託独自の終了事由とするため、後述⑽のとおり、信託法第163条第３号（信託の終了事由）の読替規定を置くものとしている。この点、信託法第87条においては、受託者が二人以上ある信託における信託法第163条第３号について、「すべての受託者が欠けた場合」に公益信託が終了する旨規定しており、信託管理人が二人以上ある信託についても同様の規定を置く必要があることから、受託者・信託管理人がそれぞれ全て欠けた場合に公益信託が終了する旨、必要な読替規定を置くものとしている。

(7) 信託法第129条第１項関係

　信託法第62条の規定は、新信託管理人の選任について準用しているが、第56条の読替え（⑷参照）により、同条第１項本文において公益信託独自の終了事由が規定されていることを踏まえて、信託管理人の任務終了に関する規定に関して、必要な読替規定を置くものとしている。

(8) 信託法第130条第２項関係

　信託法第130条第２項は、受益者の定めのある信託について、受益者が存するに至った場合等において、信託管理人による事務の処理が終了することとなるため、その通知相手について定めるものである。公益信託については信託管理人が必置となるため、信託管理人による事務の処理が終了することはないが、公益信託の変更等により、その一部の事務の処理が終了することは考えられるため、その通知相手について「委託者（他の信託管理人が現に存する場合にあっては、当該他の信託管理人）に」と読み替えるものとしている。

(9) 信託法第145条第１項、第262条第１項、第263条、第264条及び第270条第１項第１号関係

ア　信託法第145条第１項に規定している委託者の権利については、新公益信

第１節　公益信託に関する法律（本則）　135

託法においても独自の権利（第24条第1項の同意権、第33条第3項において読み替えて適用する信託法第130条第2項の報告受領権等）が存在するため、「この法律」を「この法律及び公益信託に関する法律」に読み替えるものとしている。

イ　信託法第262条から第264条は、信託法の規定による非訟事件について規定しており、新公益信託法の定めによる非訟事件（新受託者の選任等）も想定されることから、上記アと同様の読替規定を置くものとしている。

ウ　信託法第270第1項第1号は、通知規定等に違反した場合の過料について規定しており、公益信託独自の通知規定等に違反した場合の規定を置くため、上記アと同様の読替規定を置くものとしている。

⑽　信託法第163条第3号関係

公益信託の受託者又は信託管理人が不在の状態が1年間継続したときは、公益信託は終了することとなる。新受託者・新信託管理人の選任には、あらかじめ行政庁による認可が必要となるが、認可の手続には、相応の時間を要し、その結果、手続の途上で1年が経過してしまうことも想定されるが、そのような場合にまで公益信託が終了してしまうことは、公益信託の継続性の観点から、適当でないと考えられる。

そこで、受託者等が欠けた場合において、これらの者が就任しない状態が1年継続したときであっても、その間に、新受託者等の選任の認可の申請がされ、その申請に対する処分がされるまでの間は、その公益信託は、終了しないこととするため、読替規定を置くものとしている。

⑾　信託法第235条関係

限定責任信託の登記に関し、公益信託独自の終了事由（第23条第1項）を追加するため、読替規定を置くものとしている。

第3章　公益認定等委員会等への諮問等

第1節　公益認定等委員会への諮問等

（委員会への諮問）

第34条　内閣総理大臣は、次に掲げる場合には、第10条（第12条第6項及び第22条第7項において準用する場合を含む。）又は第29条第5項（第30条第3項において準用する場合を含む。）の規定による許認可等行政機関の意見（第9条第1号イ及び第5号に規定している事由の有無に係るものを除く。）を付して、公益認定等委員会（以下「委員会」という。）に諮問しなければならない。ただし、委員会が諮問を要しないものと認めたものについては、この限りでない。

一　公益信託認可の申請又は第12条第1項若しくは第22条第1項の認可の申請に対する処分をしようとする場合（公益信託が第9条各号のいずれかに該当するものである場合及び行政手続法第7条の規定に基づきこれらの認可を拒否する場合を除く。）

二　第29条第1項の勧告、同条第3項の規定による命令又は第30条第1項若しくは第2項の規定による公益信託認可の取消し（以下この節において「監督処分等」という。）をしようとする場合（次に掲げる場合を除く。）

イ　公益信託が第30条第1項第2号又は第2項第2号に該当するものである場合

ロ　第14条第1項若しくは第15条第1項の規定による届出又は第21条第1項の規定による財産目録等の提出をしなかったことを理由として監督処分等をしようとする場合

ハ　第37条第1項の勧告に基づいて監督処分等をしようとする場合

2　内閣総理大臣は、次に掲げる場合には、委員会に諮問しなければならない。ただし、委員会が諮問を要しないものと認めたものについては、この限りでない。

一　第8条第5号から第7号まで、第12号ただし書及び第13号ト、第38条において読み替えて準用する前項ただし書及び次項ただし書並びに別表第23号の政令の制定又は改廃の立案をしようとする場合並びに第

第1節　公益信託に関する法律（本則）　137

4条第2項第4号、第7条第2項並びに第3項第4号及び第6号、第8条(第12条第6項及び第22条第7項において準用する場合を含む。)、第12条第4項及び第5項、第14条第1項、第15条第1項、第16条から第18条まで、第20条第1項及び第2項、第22条第5項及び第6項、第28条第1項並びに次条第1項及び第37条第2項（これらの規定を第38条において準用する場合を含む。）の内閣府令の制定又は改廃をしようとする場合

二　第43条の規定による要求を行おうとする場合

3　内閣総理大臣は、第1項第1号に規定している処分、第29条第3項の規定による命令又は第30条第1項（第2号を除く。）若しくは第2項（第2号を除く。）の規定による公益信託認可の取消しについての審査請求に対する裁決をしようとする場合には、次に掲げる場合を除き、委員会に諮問しなければならない。ただし、委員会が諮問を要しないものと認めたものについては、この限りでない。

一　審査請求が不適法であるとして却下する場合

二　公益信託が第9条各号のいずれかに該当するものである場合

三　第1項第2号イ又はロに規定している理由による監督処分等についての審査請求である場合

　新しい公益信託制度では、主務官庁制を廃止し、民間の有識者から構成される公益認定等委員会等の意見に基づいて、特定の行政庁が一元的に公益信託の認可・監督を行うこととしている。

　本条は、民間の有識者から構成される委員会として、公益法人認定法第32条によって設置される公益認定等委員会（以下「委員会」という。）が公益信託に関する事項を担うこととなることを踏まえ、内閣総理大臣が公益信託認可等を行うに当たり委員会を関与させるため、一定の事項について委員会への諮問を義務付けること等を規定している。

　公益信託認可・監督は、公益法人の公益認定及び監督と同様、専門的知見を有し、中立・公正な合議制機関が、個別の事情を斟酌しつつ判断することが適当である。一方、欠格事由や申請書の形式のように基準が客観的に明確である事項については、合議制機関の審議にかけるまでもなく、行政庁のみの判断で

行うことが適切である[64]。その際、公益法人制度と同一の合議制機関が公益信託認可・監督の判断を行うことで、知見の蓄積が図られ、効率的で整合性のある制度運用がなされると期待できる。

このような観点から、公益認定等委員会への諮問について規定するのが本条である（本条第1項及び第3項については、都道府県の合議制機関について準用されている。）。なお、監督上の権限については、公益法人制度を参考に、定期提出書類については行政庁から合議制機関に送付することとされ（第36条及び第38条）、立入検査及び報告徴収に係る権限は合議制機関に委任等され（第42条）、勧告・命令・認可取消しの処分については合議制機関が行政庁に勧告する仕組み（第37条及び第38条）が設けられている。

1　第1項について

本項は、内閣総理大臣と委員会の役割分担を踏まえ、欠格事由に該当する場合又は形式不備による場合を除く公益信託認可等の申請に対する処分（第1号）について、委員会への諮問事項としている。また、欠格事由への該当や財産目録等の提出の懈怠[65]等を除く公益信託の受託者に対する監督処分等（第2号）についても、委員会への諮問事項とすることを規定している。ただし、監督処分等については、合議制機関のイニシアティブで勧告等を行うことが想定されており（第2号ハ）、第2号による諮問は、あまり想定されていない。

64　【行政庁と委員会の役割分担】
　　公益法人認定法においては、欠格事由について判断を行う際には内閣総理大臣が第一義的な判断を行い、認可基準・遵守事項について判断を行う際には委員会が第一義的な判断を行うこととされているところ、新公益信託法についても、それと整合的な形で、以下のとおり規定している。
①　公益信託認可における欠格事由に係る判断→内閣総理大臣
②　公益信託認可における認可基準に係る判断→委員会
③　毎信託事務年度の財産目録等の提出、定期的な立入検査等→欠格事由に係るものは内閣総理大臣、認可基準・遵守事項に係るものは委員会
④　監督における欠格事由に係る判断→内閣総理大臣
⑤　監督における認可基準・遵守事項に係る判断→委員会
65　【公益信託認可後の遵守事項のうち、委員会の諮問を要しないもの】
　　公益信託認可後の遵守事項のうち、公益信託の変更の届出等（第14条第1項）、受託者の辞任の届出等（第15条第1項）、財産目録等の提出をしなかったことを理由として監督処分等をしようとする場合（第34条第1項第2号ロ）は、委員会への諮問事項としていない。これは、遵守事項に違反していることが客観的に明白であり、個別の事情を斟酌する必要がないため、内閣総理大臣が判断することで足りるためである。

第1節　公益信託に関する法律（本則）　139

2 第2項について

本項は、公益信託認可の基準・遵守事項に係る政令・内閣府令の制定・改廃について、委員会への諮問・答申事項（第1号）とするとともに、都道府県知事に対する是正の要求（第2号）について、判断の専門性・客観性を担保する観点から、委員会の判断を得ることを規定している。

3 第3項について

本項は、行政不服審査法による審査請求に対する裁決等についても、改めて委員会の判断を得ることを規定している。このうち、①審査請求が行政不服審査法に規定している経過期間後にされたものである等不適法であることから却下する場合には認可基準等に係る判断はないこと、②審査請求の原処分が欠格事由に該当することによるものである場合は、欠格事由は内閣総理大臣が自ら判断すること、③財産目録等の提出又は届出の懈怠によるものである場合は、遵守事項に違反していることが客観的に明白であり、委員会の判断を得る必要がないことから、委員会への諮問事項とはしていない。

> **（答申の公表等）**
> 第35条　委員会は、諮問に対する答申をしたときは、内閣府令で定めるところにより、その内容を公表しなければならない。
> 2　委員会は、前項の答申をしたときは、内閣総理大臣に対し、当該答申に基づいてとった措置について報告を求めることができる。

1 第1項について

本項は、制度運営の透明性を確保する必要性が高いことを踏まえ、公益法人認定法第44条第1項の規定を参考として、委員会による答申の内容の公表及び当該答申に基づく措置についての報告の要求を規定している。公表するのは、答申書そのものではなく、答申の内容である。これは、答申書には、個人の氏名、住所等一般に公表することが適当ではない部分が含まれ得るので、当該部分を除いた答申の内容を公表することで足りることによる。

2 第2項について

本項は、公益法人認定法第44条第2項を参考に、答申に基づく措置について内閣総理大臣に報告を要求できることとし、いわばフォローアップを行うことを規定している。いわゆる八条委員会の答申を諮問者が尊重すべき義務は特に法定されないが、当然尊重されるべきものであり、答申に従った処分等がなされることが期待されている。答申に基づく処分等について内閣総理大臣に委員会に対する説明責任を全うさせることで、監督処分等の客観性・透明性を担保して制度に対する信頼性を確保しようとするものである。

（内閣総理大臣による送付等）

第36条　内閣総理大臣は、第14条第1項、第15条第1項、第25条第1項若しくは第26条第1項若しくは第2項の規定による届出に係る書類の写し又は第21条第1項の規定により提出を受けた財産目録等の写しを委員会に送付しなければならない。

2　内閣総理大臣は、第32条の規定により許認可等行政機関が述べた意見（公益信託が第9条第1号イ又は第5号に該当するものである旨の意見を除く。）を委員会に通知しなければならない。

3　内閣総理大臣は、次の各号に掲げる場合において、委員会に諮問しないで当該各号に定める措置を講じたときは、その旨を委員会に通知しなければならない。

　一　第34条各項の規定のただし書の規定により次に掲げる措置について委員会が諮問を要しないものと認めた場合　当該措置

　　イ　公益信託認可の申請又は第12条第1項若しくは第22条第1項の認可の申請に対する処分

　　ロ　監督処分等

　　ハ　第34条第2項第1号の政令の制定又は改廃の立案及び同号の内閣府令の制定又は改廃

　　ニ　第34条第3項に規定している審査請求に対する裁決

　　ホ　第43条の規定による要求

　二　公益信託が第9条各号のいずれかに該当するものである場合　前号イに規定している処分

> 三　第34条第1項第2号イ又はロに掲げる場合　監督処分等
> 四　第34条第3項第2号又は第3号に掲げる場合　第1号ニに規定して
> 　いる裁決

1　第1項及び第2項について

　第1項及び第2項は、公益法人認定法第45条の規定を参考として、委員会が
公益信託の状況を適時に把握し、公益信託の監督を全うすることができるよ
う、公益信託に対する監督に係る書類等の内閣総理大臣から委員会への送付等
について規定している。内閣総理大臣に提出された書類及び許認可等執行機関
等より通知された意見を基に、必要に応じて報告徴収や立入検査を行った上
で、委員会が公益信託認可について取消事由のいずれかに該当するかどうかを
審査し、勧告、命令、認可の取消し等の監督措置の必要性を判断することとな
るため、当該送付及び通知は確実に行われる必要がある。

2　第3項について

　本項は、内閣総理大臣が委員会に諮問しないで以下①～④に規定している措
置を講じた場合に、これらについて通知させることを規定している。これは、
内閣総理大臣が公益信託に関して講じた措置について適切に情報共有を図り、
委員会が不要な立入検査、措置勧告等を行うことを防止するための規定であ
る。

①　欠格事由のいずれかに該当することにより、公益信託認可の申請等を拒否
　する場合（第34条第1項第1号の括弧書きに規定している場合）

②　審査請求が不適法であることにより却下する場合や、欠格事由のいずれか
　に該当することにより棄却する場合（第34条第3項各号に掲げる場合）

③　公益信託の変更の届出等がなされなかったことや財産目録等の提出がなさ
　れなかったことにより勧告、命令又は認定の取消しを行う場合（第34条第1
　項第2号イ・ロ）

④　委員会が軽微な事項と認めたことにより諮問を要しないこととした場合
　（第34条各項のただし書）

　なお、次の①～ⅲの場合については、同項各号に定められておらず、委員会

への通知についても不要とされている。

① 申請の形式要件に適合しないことを理由とする公益信託認可等の拒否（行政手続法第7条）。これは、実質審査を開始するに至っていないため、委員会が把握する必要に乏しいことによる（第34条第1項第1号括弧書き）。

② 委員会による措置勧告（第37条第1項）に基づく監督処分等。これは、委員会による答申のフォローアップが別途定められている（第37条第3項）ためである（第34条第1項第2号ハ）。

③ 審査請求が不適法であることによる却下の決定。これは、実質審査を開始するに至っていないため、委員会が把握する必要に乏しいことによる（第34条第3項第1号）。

また、委員会に「諮問しない」場合が不明確であると考えられることから、本項において諮問を要しない場合を具体的に列挙する形としている。

〔通知を要しない措置〕

○ 第34条第1項第1号の処分のうち行政手続法第7条の規定に基づく拒否

○ 第34条第2項第2号の監督処分のうち委員会による措置勧告に基づくもの（第37条第1項）

○ 第34条第3項に規定している審査請求に対する裁決のうち、審査請求が不適法であることによる却下の裁決

（委員会による勧告等）

第37条　委員会は、内閣総理大臣が第29条第1項の勧告若しくは同条第3項の規定による命令又は第30条第1項若しくは第2項の規定による公益信託認可の取消しその他の措置をとる必要があると認めるときは、その旨を内閣総理大臣に勧告をすることができる。

2　委員会は、前項の勧告をしたときは、内閣府令で定めるところにより、当該勧告の内容を公表しなければならない。

3　委員会は、第1項の勧告をしたときは、内閣総理大臣に対し、当該勧告に基づいてとった措置について報告を求めることができる。

1　第1項について

本項は、公益法人認定法第46条の規定を参考として、委員会による内閣総理

大臣に対する、いわゆる措置勧告等について規定している。委員会には公益信託認可の基準・遵守事項に係る第一義的な判断を行うという役割があり、送付を受けた定期提出書類（第36条）を確認し、必要に応じて立入検査や報告要求等の権限を行使する（第42条）こととされている。しかしながら、委員会はいわゆる八条委員会に類する機関であり、その判断に基づいて自ら監督処分等を行うこととはせず、委員会に、内閣総理大臣が公益信託の受託者に勧告、命令、認可の取消し等の監督措置を取ることについて、内閣総理大臣に対して勧告することとしている。

　なお、公益信託の受託者等が欠格事由に該当する場合は、本条による措置勧告の対象とはしていない。これは、前述（☞ **詳細については、第34条の解説参照**）の内閣総理大臣と委員会の役割分担の考え方を踏まえて、欠格事由の該当については内閣総理大臣が自ら判断すれば足りることによる。

　なお、「その他の措置」の「その他」としては、公益信託の受託者に対する行政指導のように処分性のない措置が想定される。

2　第2項について

　本項は、諮問に対する答申と同じく、制度運営の透明性を確保するため、措置勧告についても公表が行われることを規定している。公表するのは、措置勧告そのものではなく、措置勧告の内容である。これは、措置勧告には、個人の氏名、住所等一般に公表することが適当ではない部分が含まれ得るので、当該部分を除いた措置勧告の内容を公表することで足りることによる。

3　第3項について

　本項は、委員会による措置勧告に基づく措置について内閣総理大臣に報告を要求できることとし、いわばフォローアップを行うことを規定している。これは、勧告に基づく処分等について内閣総理大臣に委員会に対する説明責任を全うさせることで、監督処分等の客観性・透明性を確保して制度に対する信頼性を確保しようとするものである。

第2節　都道府県に置かれる合議制の機関への諮問等

> **（行政庁が都道府県知事である場合についての準用）**
> **第38条**　第34条第1項及び第3項、第35条、第36条第1項、第2項及び第3項（第1号（ハ及びホに係る部分に限る。）を除く。）並びに前条の規定は、行政庁が都道府県知事である場合について準用する。この場合において、これらの規定（第34条第1項本文を除く。）中「委員会」とあるのは「合議制の機関」と、第34条第1項中「公益認定等委員会（以下「委員会」という。）」とあるのは「公益社団法人及び公益財団法人の認定等に関する法律第50条第1項に規定している合議制の機関（以下「合議制の機関」という。）」と、同項ただし書及び同条第3項ただし書中「諮問」とあるのは「政令で定める基準に従い諮問」と読み替えるものとする。

　本条は、公益法人認定法第51条から第54条までの規定を参考として、行政庁が都道府県知事である場合について、必要な読替えをし、準用することを規定している。

　都道府県知事が公益信託認可等を行うに当たり合議制の機関を関与させるため、一定の事項について合議制の機関への諮問を義務付けること、合議制の機関による勧告等を規定している。

> **（都道府県知事による通知等）**
> **第39条**　都道府県知事は、第43条の規定による要求が当該都道府県知事に対して行われた場合には、その旨を前条において読み替えて準用する第34条第1項に規定している合議制の機関に通知しなければならない。

　本条は、内閣総理大臣による都道府県知事に対する是正の要求が行われた場合には、合議制の機関も当該要求を把握できるよう、都道府県知事から合議制の機関へ通知することを規定している。

第4章　雑　　則

　公益法人認定法第56条から第61条までの規定を参考として雑則を規定している。

（協力依頼）

第40条　行政庁は、この法律の施行のため必要があると認めるときは、官庁、公共団体その他の者に照会し、又は協力を求めることができる。

　本条は、公益法人認定法第56条の規定を参考として、行政庁の官庁等に対する照会及び協力依頼について規定している。なお、公益認定等委員会・都道府県に置かれる合議制の機関には、資料提出の要求等に係る規定が別途置かれている。

　照会事項・協力依頼事項は、この法律の施行のため必要があると認められるものに限られるほかは、特段の制限はない。また、その相手先についても、特に限定はない。本条に基づく照会・協力依頼の例としては、公益信託認可の申請がされた公益信託事務の詳細を理解するため、当該公益信託事務を所管する主務大臣又は都道府県知事や当該事務による役務の提供を受けている者に対して情報提供等を求める、といったことが考えられる。これらの照会・協力依頼を受けた者は、これに応ずる一般的義務を負うものと解される。

（情報の提供）

第41条　内閣総理大臣及び都道府県知事は、公益事務の実施の状況、公益信託に対して行政庁がとった措置その他の事項についての調査及び分析を行い、必要な統計その他の資料の作成を行うとともに、公益信託に関するデータベースの整備を図り、国民にインターネットその他の高度情報通信ネットワークの利用を通じて迅速に情報を提供できるよう必要な措置を講ずるものとする。

　本条は、公益法人認定法第57条の規定を参考として、国民に対して公益信託に係る情報を提供するため、行政庁が、調査及び分析、資料の作成並びにデータベースの整備及びインターネット等による利用を通じて迅速に情報を提供することを規定している。

　制度の透明性を確保するだけでなく、公益信託全体の実態を総合的・多面的に明らかにし、寄附やボランティアを行うにふさわしい公益信託の情報を比較可能な形で提供することで、公益信託に対する幅広い国民の理解と支援が高まり、民間公益の増進及び活力ある社会の実現につながるものと考えられる。

146　第3章　公益信託に関する法律　逐条解説

（権限の委任等）

第42条　内閣総理大臣は、第28条第１項の規定による権限（第35条第１項の答申又は第37条第１項の勧告のため必要なものに限り、第9条各号に掲げる公益信託に該当するか否かの調査に関するものを除く。）を委員会に委任する。

2　行政庁が都道府県知事である場合における第28条第１項の規定による権限（第38条において準用する第35条第１項の答申又は第38条において準用する第37条第１項の勧告のため必要なものに限り、第9条各号に掲げる公益信託に該当するか否かの調査に関するものを除く。）の行使については、第28条第１項中「行政庁」とあるのは「公益社団法人及び公益財団法人の認定等に関する法律第50条第１項に規定している合議制の機関」と、「職員」とあるのは「庶務をつかさどる職員」とする。

　本条は、権限の委任等に関する公益法人認定法第59条の規定を参考として、行政庁から委員会等への委任等の内容を明確にすることを規定している。

1　第１項について

　本項は、受託者に対する報告徴収及び立入検査の権限の委任について規定している。公益信託について、いわゆる八条委員会（☞ **八条委員会については脚注14参照**）である委員会が強制的な立入検査等の権限を無限定に委任することは相当ではなく、行政庁からの委任の範囲を法制的に明確化することが法制上望ましいことから、その具体的な内容を「第35条第１項の答申又は第37条第１項の勧告のため必要なものに限り」と明記する形としている。

2　第２項について

　公益法人認定法と同様に、合議制機関の権限の範囲について、欠格事由の有無の調査に関するものは除く形で、国における委員会と同様のものとしつつも、当該権限を法律上委任するという構成を取らず、同合議制機関の本来の権限として構成するものとして規定を設けている。これは、報告徴収や立入検査に関して、行政庁として国及び都道府県知事の有する権限の範囲は同じであることを前提として、第三者機関の設置根拠が国と都道府県とは異なることや、

第１節　公益信託に関する法律（本則）　147

都道府県内において都道府県知事から改めて合議制の機関に委任を行う手続面
での重複等を勘案したものである。

> **（是正の要求の方式）**
>
> **第43条** 　内閣総理大臣は、都道府県知事のこの法律及びこれに基づく命令
> 　の規定による事務の管理及び執行に関して法令の規定に違反しているも
> 　のがある場合又は当該事務の管理及び執行を怠るものがある場合におい
> 　て、公益信託認可の審査その他の当該事務の管理及び執行に関し地域間
> 　に著しい不均衡があることにより公益事務の適正な実施に支障が生じて
> 　いることが明らかであるとして地方自治法（昭和22年法律第67号）第
> 　245条の５第１項の規定による求めを行うときは、当該都道府県知事が
> 　講ずべき措置の内容を示して行うものとする。

　本条は、都道府県知事への指示に関する公益法人認定法第60条の規定を参考
に、是正の要求の方式について規定している。

　都道府県知事が行う事務は自治事務であり、地方公共団体の自主性及び自立
性の尊重が求められるところ、公益信託について、所得税や法人税等の国税に
おいて公益法人と同等の税制優遇が認められており、全国で整合性のある運用
が求められる。このため、公益信託に係る事務に関し地域間に著しい不均衡が
あることにより公益事務の適正な実施に支障が生じていることが明らかである
として地方自治法第245条の５第１項の規定による是正の要求をする場合には、
都道府県知事が講ずべき措置の内容を示すこととしている。公益法人制度のよ
うに、都道府県知事に対する「指示」ではないものの、都道府県知事の一義的
な判断権を制限する強力な権限である。公益法人認定法の「指示」権限ではな
いのは、①旧民法時代から国による指示が認められていた公益法人制度と異な
り、公益信託制度においては指示規定がなく、主務官庁制の下での両方の担保
措置について差異が存在していたこと、②新しい公益信託制度においては、新
公益信託法における公益信託認可を受けたもののみが公益信託となり、公益信
託の変更や併合等についても全て認可に係らしめられており、また、認可基準
の内容は法定されていることから、一般法人に対して、公益認定を行う公益法
人制度に比べて、地域間の不均衡が生じるおそれが小さいと考えられること、
③公益法人と異なり公益信託では収益事業や共益事業が行われないことから、

148　第3章　公益信託に関する法律　逐条解説

公益信託事務の内容について公益法人ほどの幅があることが見込まれず、公益
信託認可についての地方間の均衡が確保されない事態は想定し難いこと、④こ
れまでの公益信託と異なり、認可基準等が全て法定されることで、認可基準の
違反は法令の違反に当たり、地方自治法第245条の5の是正の要求を行うこ
と[66]が可能であること等の事情を考慮して、公益法人認定法と同じ規定を置か
ずとも、制度の信頼性を失わせるような地域間の不均衡は生じないと考えられ
たことによる。

> **（命令への委任）**
> **第44条** この法律に定めるもののほか、この法律の実施のための手続その
> 他必要な事項は、命令で定める。

本条は、新公益信託法に係る実施命令の委任に関し確認的に規定している。
政令及び内閣府令への両方を包含するものとして命令への委任として規定し
ている。

第5章 罰 則

公益法人認定法第62条第1号、第63条から第66条までの規定を参考として、
罰則を規定している。

> **第45条** 偽りその他不正の手段により公益信託認可又は第12条第1項若し
> くは第22条第1項の認可を受けたときは、その違反行為をした者は、6
> 月以下の拘禁刑又は50万円以下の罰金に処する。

公益信託認可の基準に適合せず、又は、欠格事由に該当する受託者等が、偽
りその他不正な手段によって行政庁の公益信託認可又は変更認可を得た場合に

---

66 地方自治法第245条の5第1項にいう「法令の規定に違反していると認めるとき」とは、
違法な場合である。「著しく適正を欠き」とは、個々具体の法令の規定に明らかに抵触す
るとはいえないまでも、事務処理の適正に著しく反することである。ただし、この場合は
「明らかに公益を害していると認めるとき」という要件を満たしていることが必要である。
その趣旨は、地方公共団体の事務処理が著しく適正を欠いている場合であって、しかも、
当該地方公共団体内部の問題として放置することが公益上認められないような事態に陥る
ということであり、真にやむを得ないものと客観的に認定されるものでない限り、軽々に
「是正の要求」が行われるべきではないことを意味しているとされる（松本英昭『新版逐
条地方自治法〔第9次改訂版〕』1158頁以下（学陽書房）参照）。

第1節 公益信託に関する法律（本則） 149

は、公益信託の名を借りた寄附の募集等が可能となるとともに、税制上の優遇を利用した財産の蓄積が行われる可能性がある。こうした行為を放置する結果、公益信託の社会的信頼が著しく損なわれるおそれがあるため、このような不適正な手段によって行政庁の認可を受けた者には罰則を科すこととしている。

このような行為は、公益信託の社会的信頼を損ねる行為のうち特に悪質性が高いことに鑑み、行為者に対して、可能な限り重い罰則を科す必要がある。具体的な量刑については、他の類似の法人制度において設けられている罰則のうち重い部類に属する量刑である6か月以下の拘禁刑又は50万円以下の罰金を科すこととしている。

第46条　次の各号のいずれかに該当する場合には、当該違反行為をした者は、50万円以下の罰金に処する。

一　第5条第1項の規定に違反して、公益信託であると誤認されるおそれのある文字をその名称又は商号中に用いたとき。

二　第5条第2項の規定に違反して、他の公益信託であると誤認されるおそれのある名称又は商号を使用したとき。

公益信託の名を借りた不適正な事務を野放しにすると公益信託に対する社会的信頼が著しく損なわれるおそれがあるため、公益信託でないにもかかわらず公益信託であると誤認されるおそれのある文字を名称等に用いる行為については、罰則を科すとともに、不正の目的をもって、他の公益信託であると誤認されるおそれのある名称等を使用する行為についても、当該他の公益信託の利益を害するとともに、結果的には公益信託の社会的信頼を損ねることから、罰則を科すこととしている。

いずれの行為についても、公益信託の社会的信頼を損ねる悪質な行為であることから、その行為者には、第45条で科される量刑に次いで重い罪である50万円以下の罰金を科すこととしている。

第47条　次の各号のいずれかに該当する場合には、当該違反行為をした者は、30万円以下の罰金に処する。

一　第7条第2項、第12条第4項若しくは第22条第5項の申請書又は第

150　第3章　公益信託に関する法律　逐条解説

7条第3項、第12条第5項若しくは第22条第6項の書類に虚偽の記載
　　　をして提出したとき。
　二　第20条第1項又は第2項の規定に違反して、書類又は電磁的記録を
　　　備え置かず、又はこれらに記載し、若しくは記録すべき事項を記載せ
　　　ず、若しくは記録せず、若しくは虚偽の記載若しくは記録をしたと
　　　き。

1　第1号について

　本号について、公益信託認可（公益信託の変更及び併合等の認可も含む。以
下本号において同じ。）の申請書又はその添付書類に虚偽の記載をして提出す
る行為は、第45条で罰則の対象としている不正な手段による公益信託認可の取
得行為の未遂類型ともいうべき行為であり、行為者には罰則を科すこととして
いる。

2　第2号について

　本号について、仮に、公益信託の受託者が第20条第1項又は第2項の規定に
違反して、書類や電磁的記録を備え置かず、又はこれらに記載等すべき事項を
記載等せず、若しくは虚偽の記載等をすると、行政庁は当該公益信託の受託者
に対して的確な監督措置を講じることが困難となる。また、当該公益信託が既
に公益信託認可の基準等を満たさなくなっており、公益信託の名称を使用する
にふさわしくないにもかかわらず、公益信託の名の下、引き続き公益信託事務
を行うことが可能となってしまう。このような行為は、公益信託一般に対する
社会的信頼を損ねることにつながることから、行為者には罰則を科す必要があ
る。

　上記いずれの行為も、公益信託一般に対する社会的信頼を害することにつな
がるものであるが、第1号の行為は、第45条で罰せられる不正な手段による公
益信託認可等の取得行為の未遂類型にとどまるものであり、また第2号の行為
は、第45条又は第46条で罰せられる行為ほどには悪質性が高いとはいえないこ
とから、その行為者には、新公益信託法に規定する罰金刑としては最も軽い30
万円以下の罰金を科すこととしている。

第1節　公益信託に関する法律（本則）　151

第48条 法人（法人でない団体で代表者又は管理人の定めのあるものを含む。以下この項において同じ。）の代表者若しくは管理人又は法人若しくは人の代理人、使用人その他の従業者が、その法人又は人の業務に関し、前三条の違反行為をしたときは、行為者を罰するほか、その法人又は人に対しても、各本条の罰金刑を科する。

2 法人でない団体について前項の規定の適用がある場合には、その代表者又は管理人が、その訴訟行為につき法人でない団体を代表するほか、法人を被告人又は被疑者とする場合の刑事訴訟に関する法律の規定を準用する。

　第45条から第47条までに掲げる行為が法人によって行われた場合に、対外的な事業活動はその他の法人又は当該行為者を使用する個人の名において行われるものであることから、その行為者を処罰するだけでは、十分に目的を達成することができない。このため、両罰規定を設け、公益信託の受託者であった法人その他の法人の代表者又は法人の若しくは人の代理人、使用人その他の従業者が、その法人又は人の業務に関し、これらの違反行為をしたときは、行為者を罰するほか、その法人又は人に対しても、それぞれの罰金刑を科することとしている。なお、第48条各号に掲げる行為については法人でない団体が行うことも想定されることから、第2項は、法人でない団体についての両罰規定の適用について規定している。

第49条 次の各号のいずれかに該当する場合には、当該違反行為をした受託者（受託者であった者を含む。）、信託財産管理者（信託法第3章第5節第4款の信託財産管理者をいう。）、民事保全法（平成元年法律第91号）第56条に規定している仮処分命令により選任された受託者の職務を代行する者、信託財産法人管理人（信託法第74条第2項に規定している信託財産法人管理人をいう。）、清算受託者又は破産管財人は、50万円以下の過料に処する。ただし、その行為について刑を科すべきときは、この限りでない。

一 第14条第1項、第15条第1項、第25条第1項又は第26条第1項若しくは第2項の規定による届出をせず、又は虚偽の届出をしたとき。

152　第3章　公益信託に関する法律　逐条解説

二　第21条第１項の規定に違反して、財産目録等を提出せず、又はこれに虚偽の記載をして提出したとき。

　三　第28条第１項（第42条第２項の規定により読み替えて適用する場合を含む。以下この号において同じ。）の規定による報告をせず、若しくは虚偽の報告をし、又は第28条第１項の規定による検査を拒み、妨げ、若しくは忌避し、若しくは同項の規定による質問に対して答弁をせず、若しくは虚偽の答弁をしたとき。

1　第１号について

　本号については、①公益信託の変更の届出等（第14条第１項）、②受託者の辞任の届出等（第15条第１項）、③信託の終了の届出（第25条第１項）又は④清算の届出等（第26条第１項又は第２項）がなされず、又は前記①ないし④について虚偽の届出がなされると、行政庁が必要に応じて勧告・命令等の監督措置を講じることが困難となることから、これらの違反行為には罰則を科すこととしている。

2　第２号及び第３号について

　第２号については第21条第１項の規定に違反して、行政庁に対して財産目録等を提出せず、又はこれに虚偽の記載をして提出した場合も、行政庁が必要な監督措置を講じる上で障害となることから、これらの違反行為には罰則を科すこととしているとともに、第３号については、第28条第１項の規定に基づき行政庁が公益信託の受託者に対して行う報告徴収、立入検査、質問に対して、公益信託の受託者が①報告をせず、若しくは虚偽の報告をし、又は②検査を拒み、妨げ、若しくは忌避し、若しくは③質問に対して答弁をせず、若しくは虚偽の答弁をした場合、これらの行為は行政庁が行う監督措置を直接に阻害することから、これらの違反行為には過料を科すこととしている。

　上記の違反行為については、公益法人の理事等に対して科される罰則を踏まえ、50万円以下の過料とし、公益信託の受託者、信託財産管理者、民事保全法上の受託者の職務代行者、信託財産法人管理人、清算受託者又は破産管財人に対して処することとする。

第１節　公益信託に関する法律（本則）　153

第 **2** 節　公益信託に関する法律　附則
（他法の整備に関する規定を除く。）

既存の公益信託の経過措置の方針について

(1)　経過措置の全体的な枠組み

　新公益信託法の施行日までに効力が生じた公益信託は、その効力が生じた時期等に応じて、適用法律が①旧公益信託法又は②信託法整備法第2条の規定による「なお従前の例による」ものとしての旧信託法の2種類に分かれている。①の適用を受ける公益信託（以下「旧法公益信託」という。）については、適用法律（旧公益信託法）が施行日に全部改正され、なくなることを受け、附則の中で、施行日から起算して2年を経過するまでの間（以下「移行期間」という。）に限り、「なお従前の例による」ことを規定（附則第2条第2項）している。一方で、②の適用を受ける公益信託（以下「旧信託法公益信託」という。）については、信託法整備法第2条の規定による「なお従前の例による」状態が継続しているものであるとし、両者の法律関係を分けて整理がされている。

(2)　移行認可を受けた旧公益信託の取扱いについて

　旧法公益信託及び旧信託法公益信託（以下「旧公益信託」という。）は、移行期間内に行政庁の認可（以下「移行認可」という。）を受けた場合に、新公益信託法の適用を受ける公益信託となることができる（すなわち、移行認可を受けない限り新公益信託となることはできない（☛ **図表3－2－1適用法律の関係参照**））。

　移行認可については、附則第12条により、新公益信託法第7条第1項に規定している公益信託認可とみなされるとともに、公益信託認可に準じた基準が適用され、行政庁による審査がされる。移行認可を受けて新公益信託法による公益信託となったものについては、全て新公益信託法が適用される（附則第4条、第12条）。

154　第3章　公益信託に関する法律　逐条解説

(3) 移行期間満了日までに移行認可を受けていない旧公益信託の取扱いについて

附則第4条第1項の規定により、移行期間満了日までに移行認可を受けていない旧公益信託は、移行期間が満了する日に終了する。清算手続については、①旧法公益信託は、附則第5条第1項の規定により、旧公益信託法の下で清算し、②旧信託法公益信託は、信託法整備法第2条の規定による「なお従前の例による」に基づき、旧信託法の下で清算することとなる。

以上のことから、条文の規定順は、新公益信託法の適用等に関する経過措置（附則第2条）、旧公益信託の許可に係る経過措置（附則第3条）、旧公益信託の新公益信託法の規定による公益信託への移行（附則第4条）の後に、旧公益信託の清算に関する経過措置（附則第5条）を規定していることで、移行認可から清算までの一連の流れと法律の適用関係を規定し、附則第6条以降は、移行認可の具体的な手続等を新公益信託法の条文順に合わせて規定している。

図表3－2－1　適用法律の関係

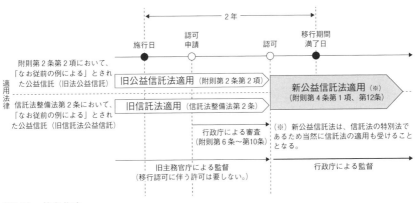

（出典）　筆者作成

(4) 経過措置におけるパターン分け

ア　移行認可を受けて新公益信託法適用の公益信託となる場合

移行認可を受けて新公益信託法適用の公益信託となる場合においては、大きく三つのパターンに分かれる。具体的には①移行期間満了日までに移行認可を

受けて、新公益信託法の適用を受ける公益信託となる場合、②移行期間満了日までに移行認可・不認可の処分がされず、満了日以後に認可を受ける場合、③一度不認可の処分がされたが、再度移行認可の申請を行い、移行認可を受ける場合（移行期間中は何度でも認可申請が可能。）が考えられる。

図表３−２−２　移行認可を受ける場合のパターン分け

① 移行期間満了日までに認可を受ける場合

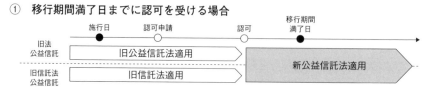

② 移行期間満了日後に認可を受ける場合

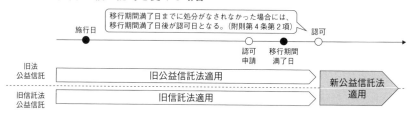

③ 移行期間内に不認可処分を受けたが、再度の認可申請で認可を受ける場合

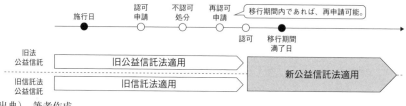

（出典）筆者作成

イ　新公益信託法適用の公益信託とならず、清算する場合

　２年間の移行期間満了日までに移行認可を受けなかった旧公益信託は、主務官庁の下で、清算することとなり、大きく三つのパターンに分かれる。具体的には①新公益信託法の適用を受ける公益信託となることを希望しない（移行認可の申請をしない）場合、②移行期間満了日時点で、不認可の処分がなされ、再度移行認可の申請を行っていない場合、③移行期間満了日までに認可・不認可の処分がされず、満了日以後に不認可処分となる場合が考えられる。

図表3-2-3　清算する場合のパターン分け

① 移行認可の申請をしない場合

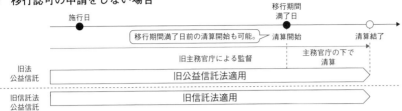

② 移行期間満了日時点で不認可となった場合

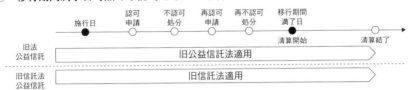

③ 移行期間満了日時点で認可申請に対する処分がされず、その後不認可となった場合

(出典)　筆者作成

附　則

> （施行期日）
> 第1条　この法律は、公布の日から起算して2年を超えない範囲内において政令で定める日から施行する。ただし、附則第22条及び第23条の規定は、公布の日から施行する。

　本条は、施行期日について規定している。施行期日は、公布の日から2年を超えない範囲とし、令和8年4月1日を予定している。なお、公益認定等委員会の権限規定に関する事項（政令・内閣府令）及び準備行為（委員会への諮問及び諮問に対する答申）については、公布日（令和6年5月22日）施行としている。

（公益信託に関する法律の適用等に関する経過措置）
第2条 この法律による改正後の公益信託に関する法律（以下「新法」という。）の規定は、附則第4条に定める場合を除き、この法律の施行の日（以下「施行日」という。）以後にする公益信託について適用する。

2 この法律による改正前の公益信託ニ関スル法律（以下この項並びに附則第4条第3項及び第8条第2項において「旧公益信託法」という。）第1条に規定している公益信託で施行日前に旧公益信託法第2条第1項の許可（次条において「旧公益信託許可」という。）を受けてその効力が生じたもの（附則第4条第1項、第5条第1項及び第21条において「旧法公益信託」という。）については、施行日から起算して2年を経過する日までの間（附則第4条第1項及び第2項並びに第17条第1項において「移行期間」という。）は、なお従前の例による。

本条は、公益信託に関する法律の適用等に関する経過措置について規定している。

1　第1項について

本項は、新公益信託法の適用関係の明確化のため、附則第4条に規定している移行認可を受けて新公益信託法の適用を受ける公益信託となる場合を除いて、施行日以後にする公益信託について適用することを規定している。

2　第2項について

本項は、旧公益信託法の適用を受ける公益信託（旧法公益信託）は、施行日から2年を経過する日まで「なお従前の例による」ものとし、関係当事者の権利義務のほか、旧主務官庁の当該旧法公益信託への監督権限等の効力について、その限りで継続させるものとしている。

（旧公益信託許可の申請に係る経過措置）
第3条 施行日前に旧公益信託許可の申請があった場合において、施行日の前日までに当該申請に対する処分がされないときは、当該申請は、施行日に、却下されたものとみなす。

158　第3章　公益信託に関する法律　逐条解説

本条は、施行日前に旧公益信託法第2条第1項の許可の申請があった場合において、施行日の前日までに申請に対する処分がされないときは、施行日に却下されたものとみなすことを規定している。この場合、公益信託の設定を希望する者は、行政庁に対して新公益信託法の基準にのっとった公益信託認可の申請を改めて行う必要がある。

（旧公益信託の新法の規定による公益信託への移行）

第4条　旧法公益信託及び信託法の施行に伴う関係法律の整備等に関する法律（平成18年法律第109号。以下「信託法整備法」という。）第2条の規定によりなお従前の例によることとされた信託法整備法第1条の規定による改正前の信託法（大正11年法律第62号。第3項及び附則第8条第2項において「旧信託法」という。）第66条に規定している公益信託（以下この項において「旧信託法公益信託」という。）は、移行期間内において、新法第3条に規定している行政庁（以下「行政庁」という。）の認可（以下「移行認可」という。）を受けた場合には、新法第7条第1項に規定している公益信託認可（附則第12条において「公益信託認可」という。）を受けたものとして新法の規定による公益信託となることができる。この場合において、移行期間内に当該移行認可を受けていない旧法公益信託及び旧信託法公益信託（以下「旧公益信託」という。）は、移行期間が満了する日に終了するものとする。

2　旧公益信託が移行期間内に移行認可の申請をした場合で移行期間内に当該申請に対する処分がされていないときにおける当該旧公益信託の附則第2条第2項及び前項の移行期間は、施行日からその処分がされる日までの間とする。

3　第1項の規定により新法の規定による公益信託となった旧公益信託については、新法の規定（罰則を除く。）は、施行日前に生じた事項にも適用する。ただし、旧公益信託法及び信託法整備法第2条の規定によりなお従前の例によることとされた旧信託法の規定によって生じた効力を妨げない。

　本条は、旧公益信託の移行認可について規定している。

第2節　公益信託に関する法律　附則（他法の整備に関する規定を除く。）　159

1 第1項について

　本項は、旧公益信託が行政庁の移行認可を受けた場合には、新公益信託法第7条第1項に規定する公益信託認可とみなして、新公益信託法の規定による公益信託となることができ、移行期間内に当該移行認可を受けていない場合には、移行期間が満了する日に終了することを規定している。

　旧制度においては、主務官庁の「許可」が必要とされており、許可を受けた公益信託の移行と捉え、「移行許可」とすることも検討されたが、平成18年信託法改正時では、当事者の合意によって旧法信託から新法信託への移行を認めることとして（信託法整備法第3条第1項）、信託の同一性が維持されるという意味では信託の変更の一種と整理されており[67]、旧公益信託が新公益信託法の規定による公益信託に移行することについても、信託という性質上、同様に信託の変更の一種と整理をすることが相当である。その上で、新公益信託法の規定による公益信託への移行のために信託の変更の内容を証する書類の提出を求めることとしているため、信託の変更において、効力を充足させるための行政行為であることを踏まえると、新公益信託法の移行のための行政行為も「認可」として扱うのが相当であるとの考え方に基づき、「移行認可」としている。

　なお、移行期間内であれば、不認可の処分がされた場合においても、再度、移行認可の申請をすることができる。

2 第2項について

　本項は、第1項の例外措置として、移行期間内に移行認可の申請をした場合で、移行期間内に当該申請に対する処分がされていないときにおける移行期間は、施行日から処分がされる日までの間となることを規定している。

3 第3項について

　本項は、経過措置の原則として、移行認可を受けた公益信託については、新公益信託法の施行日前に生じた事項にも、新法が適用されることを規定している。例えば、施行日前に遺言が作成されていたが、効力が生じていない場合には、新公益信託法の規定が適用される。ただし、改正前の法律の規定によって

---

[67] 【新法信託への移行の位置付け】
　　村松秀樹ほか『概説信託法』427頁（金融財政事情研究会）。

生じた効力には影響を及ぼさないものとしている。そのため、改正前の法律の下で有効に行われた事項であれば、今般の改正によってその効力が覆されることはないものとしている。

（旧公益信託の清算に関する経過措置）

第5条 旧法公益信託が前条第1項後段の規定により終了した場合における清算については、なお従前の例による。

2　前項及び信託法整備法第2条の規定にかかわらず、前条第1項後段の規定により終了した旧公益信託については、その信託行為の定めるところにより残余財産の帰属が定まらないときは、新法第27条の規定を適用する。

　本条は、旧公益信託が終了した場合における清算に関する経過措置について定めるものである。

1　第1項について

　第1項は、旧法公益信託が終了した場合における清算については、なお従前の例によると定めるものである。なお、旧信託法公益信託については、信託法整備法第2条の規定により「なお従前の例による」こととされており、公益信託の終了後も、「なお従前の例による」との規定に基づき旧信託法の下で清算がされると整理しており、附則において改めて規定する必要はないものと整理している。

2　第2項について

　本項は、旧公益信託が信託行為の定めるところにより残余財産の帰属が定まらないときは、新公益信託法第27条の規定を適用し、国庫（行政庁が都道府県知事の場合においては、当該都道府県）に帰属することを規定している。旧公益信託法第9条及び旧信託法第73条は、「公益信託ノ終了ノ場合ニ於テ帰属権利者ノ指定ニ関スル定ナキトキ又ハ帰属権利者ガ其ノ権利ヲ放棄シタルトキハ主務官庁ハ其ノ信託ノ本旨ニ従ヒ類似ノ目的ノ為ニ信託ヲ継続セシムルコトヲ得」と規定しているが、主務官庁制が廃止されることに鑑みてこの規定は適用しないことを明らかにしている。

（移行認可の申請）

第6条 移行認可の申請は、内閣府令で定めるところにより、旧公益信託の受託者が新法第7条第2項各号に掲げる事項を記載した申請書を行政庁に提出してしなければならない。

2　前項の申請書には、次に掲げる書類を添付しなければならない。

一　新法第7条第3項第2号から第6号までに掲げる書類

二　附則第9条第2項の規定による信託の変更の内容を証する書類

三　その他移行認可に関し必要なものとして内閣府令で定める書類

　本条は、移行認可の申請手続について規定している。移行認可の申請は、新公益信託法の第7条に準じた形で行うこととし、公益信託認可との違いとしては、公益信託認可においては、「公益信託に係る信託の内容を証する書面」を添付するが、移行認可の場合既に信託行為等が存在するため、「信託の変更の内容を証する書類」を添付するところにある。信託の変更における関係当事者の合意等については、附則第9条第2項に規定している。

（移行認可の基準）

第7条 行政庁は、移行認可の申請に係る旧公益信託が新法第8条の基準に適合すると認めるときは、移行認可をするものとする。

　本条は、移行認可の基準について定めるものである。移行認可の基準は、新公益信託法第8条と同様とし、特例等は設けないものとしている。

（移行認可の欠格事由）

第8条 新法第9条（第2号イ及び第4号（同条第2号イに係る部分に限る。）を除く。）の規定は、移行認可について準用する。

2　附則第2条第2項の規定によりなお従前の例によることとされた旧公益信託法第3条に規定している主務官庁又は信託法整備法第2条の規定によりなお従前の例によることとされた旧信託法第67条に規定している主務官庁（次条第5項並びに附則第10条第2項及び第11条において「旧主務官庁」という。）の監督上の命令に違反している旧公益信託は、移行認可を受けることができない。

162　第3章　公益信託に関する法律　逐条解説

本条は、移行認可における欠格事由について規定している。

1 第1項について

本項は、新公益信託法第9条の欠格事由のうち、過去に新公益信託法による公益信託認可を取り消された場合の欠格事由を除くものを準用することを規定している。

2 第2項について

本項は、旧公益信託については、移行認可を受けるまで引き続き旧主務官庁の監督を受けているところ、旧主務官庁の監督上の命令に違反しているものについては、新公益信託法の規定による公益信託となることがふさわしくないと考えられることから、移行認可を受けることができないことを規定している。

（移行認可の申請のためにする信託の変更等）

第9条 移行認可の申請に係る旧公益信託の信託行為においては、当該旧公益信託に係る信託の変更により、公益事務を行うことのみを目的とする旨及び新法第4条第2項各号に掲げる事項を定めなければならない。

2 前項の信託の変更その他移行認可の申請に関し必要な旧公益信託に係る信託の変更は、信託行為の定めにより、又は委託者、受託者及び信託管理人の合意によってしなければならない。

3 委託者が現に存しない場合における前項の規定の適用については、同項中「委託者、受託者及び信託管理人」とあるのは、「受託者及び信託管理人」とする。

4 第2項の信託の変更は、移行認可を受けなければ、その効力を生じない。

5 旧公益信託を附則第7条の基準に適合するものとするために必要な信託の変更その他移行認可の申請のため必要な信託の変更は、旧主務官庁の許可を要しない。

本条は、移行認可の申請のためにする信託の変更等における、信託法の特則等を規定している。

1 第1項について

　本項は、移行認可の申請に係る旧公益信託の信託行為においては、公益事務を行うことのみを目的とする旨のほか、公益信託認可の場合と同様の事項を定めなければならないことを規定している。

2 第2項について

　本項は、移行認可における信託の変更について、信託法整備法第3条を参考とし、信託行為の定めにより、又は委託者、受託者及び信託管理人の合意によってしなければならないことを規定している。

3 第3項について

　本項は、委託者が現に存しない場合については、信託行為の定めにより又は、受託者及び信託管理人の合意により信託の変更をしなければならないことを規定している。

4 第4項について

　本項は、新公益信託法第12条第3項と同様に、信託の変更は認可を受けなければその効力を生じないことを規定している。

5 第5項について

　本項は、移行認可申請のために必要な信託の変更については、旧主務官庁の許可を要しないことを規定している。旧公益信託法第6条は、「公益信託ニ付信託ノ変更（前条ノ規定ニ依ルモノヲ除ク）又ハ信託ノ併合若ハ信託ノ分割ヲ為スニハ主務官庁ノ許可ヲ受クルコトヲ要ス。」と規定しているが、移行認可の基準に適合するための信託の変更とは別に、新公益信託法の規定に整合させるための変更その他移行認可に伴う信託の変更があり得るところ、そのような変更についても旧主務官庁の許可を得ることは迂遠であるから、行政庁の認可によって行うことができるものとしている。なお、公益法人の移行時においても、移行認定基準に適合させるために必要な定款の変更については、旧主務官庁の許可を要しないこととしていた。

164　第3章　公益信託に関する法律　逐条解説

（移行認可に関する意見聴取）

第10条 新法第10条の規定は、移行認可について準用する。

2 行政庁は、移行認可をしようとするときは、附則第8条第1項におい
て準用する新法第9条第5号及び附則第8条第2項に規定している事由
の有無について、旧主務官庁の意見を聴くものとする。

本条は、移行認可に関する意見聴取について規定している。

1 第1項について

本項は、行政庁が移行認可をしようとする場合には、公益信託認可と同様
に、欠格事由の該当有無などについて関係機関の長に対して意見聴取すること
を規定している。

2 第2項について

本項は、附則第8条第2項の規定によって旧主務官庁の監督上の命令に違反
している場合は欠格事由に該当するため、当該事由の該当有無について、行政
庁は旧主務官庁に対して意見聴取することを規定している。

（旧主務官庁への通知）

第11条 行政庁は、附則第6条第1項の申請書の提出を受け、又は移行認
可をし、若しくはしない処分をしたときは、直ちに、その旨を旧主務官
庁に通知しなければならない。

本条は、行政庁が移行認可の申請の提出を受けたとき又は移行認可若しくは
不認可の処分がされたときは、直ちにその旨を旧主務官庁へ通知しなければな
らないことを規定している。旧主務官庁は、移行認可を受けるまでは引き続き
旧公益信託の監督を行っているが、附則第9条第5項の規定により移行認可に
関して旧主務官庁の許可を要しないとしているため、旧主務官庁が移行認可に
関する事項を把握するために、通知を行うものである。

（旧公益信託の公益信託への移行）

第12条 移行認可を受けた旧公益信託については、移行認可を公益信託認

可とみなして、移行認可があった日以後、新法の規定を適用する。

　本条は、旧公益信託の移行について、附則第4条第1項において新公益信託法の公益信託認可を受けたものとして新公益信託法の規定による公益信託となることができる旨の原則的内容を規定し、同条第3項において、新公益信託法の規定が施行日前に生じた事項にも適用される旨の基本的な法律の適用関係を明らかにしていることを踏まえて、移行認可に係る一連の手続が終結した場合について、公益信託に対する新公益信託法の適用関係（移行認可を公益信託認可とみなす旨、新公益信託法の規定の適用時期）を明らかにするために定めるものである。

　これにより、公益信託の受託者は、移行認可を受けた日以降、新公益信託法第2章第3節に規定している公益信託事務の処理等の規定等同法の規律を例外なく遵守する必要があり、行政庁は受託者が公益信託認可の基準に違反する行為や、法令又は法令に基づく行政機関の処分に違反する行為を行っていることを把握した場合において、その是正のために報告徴収、立入検査を行い、更にその勧告・命令等に従わない場合には最終的に当該公益信託認可を取り消すこととしている。

（委員会への諮問）

第13条　内閣総理大臣は、移行認可の申請に対する処分をしようとする場合（旧公益信託が附則第8条第1項において準用する新法第9条各号（第2号イ及び第4号（同条第2号イに係る部分に限る。）を除く。）のいずれかに該当するものである場合及び附則第8条第2項に規定しているものである場合並びに行政手続法第7条の規定に基づき当該移行認可を拒否する場合を除く。）には、附則第10条第1項において準用する新法第10条の規定による同条第1号に規定している許認可等行政機関の意見（附則第8条第1項において準用する新法第9条第1号イ及び第5号に規定している事由の有無に係るものを除く。）を付して、新法第34条第1項に規定している委員会（以下「委員会」という。）に諮問しなければならない。ただし、委員会が諮問を要しないものと認めたものについては、この限りでない。

166　第3章　公益信託に関する法律　逐条解説

2 　内閣総理大臣は、附則第16条において読み替えて準用する前項ただし書及び次項ただし書の政令の制定又は改廃の立案をしようとする場合並びに附則第6条第1項及び第2項第3号並びに次条（附則第16条において準用する場合を含む。）において準用する新法第35条第1項の内閣府令の制定又は改廃をしようとする場合には、委員会に諮問しなければならない。ただし、委員会が諮問を要しないものと認めたものについては、この限りでない。

3 　内閣総理大臣は、第1項に規定している処分についての審査請求に対する裁決をしようとする場合には、次に掲げる場合を除き、委員会に諮問しなければならない。ただし、委員会が諮問を要しないものと認めたものについては、この限りでない。

一 　審査請求が不適法であるとして却下する場合

二 　審査請求をした旧公益信託が附則第8条第1項において準用する新法第9条各号のいずれかに該当するものである場合又は附則第8条第2項に規定しているものである場合

　本条は、新公益信託法の規定による公益信託認可の場合と同様に、移行認可においても、内閣総理大臣が移行認可を行うに当たり委員会を関与させるため、一定の事項について委員会への諮問を義務付けること等、新公益信託法第34条に準じた規定を置くものである。

（答申の公表等）

第14条　新法第35条の規定は、前条の規定による諮問に対する答申について準用する。

　本条は、新公益信託法第35条の規定を準用し、委員会による答申の内容の公表及び当該答申に基づく措置についての報告の要求を規定している。公表するのは、答申書そのものではなく、答申の内容となる。

（内閣総理大臣による通知）

第15条　内閣総理大臣は、次の各号に掲げる場合において、委員会に諮問しないで当該各号に定める措置を講じたときは、その旨を委員会に通知

しなければならない。

一　附則第13条各項の規定のただし書の規定により次に掲げる措置について委員会が諮問を要しないものと認めた場合　当該措置

イ　移行認可の申請に対する処分

ロ　附則第13条第2項の政令の制定又は改廃の立案及び同項の内閣府令の制定又は改廃

ハ　附則第13条第3項に規定している審査請求に対する裁決

二　旧公益信託が附則第8条第1項において準用する新法第9条各号（第2号イ及び第4号（同条第2号イに係る部分に限る。）を除く。）のいずれかに該当するものである場合又は附則第8条第2項に規定しているものである場合　前号イに規定している処分

三　附則第13条第3項第2号に掲げる場合　第1号ハに規定している裁決

　本条は、内閣総理大臣が委員会に諮問しないで措置を講じた場合における委員会への通知義務について規定している。新公益信託法第36条第3項に準じた規定を置いているが、本条は、移行認可における委員会への諮問に関する通知であるので、新公益信託法第36条第3項第1号ロ及び第3号に規定している監督処分等は除かれることとなる。

（行政庁が都道府県知事である場合についての準用）

第16条　附則第13条第1項及び第3項並びに第14条並びに前条（第1号（ロに係る部分に限る。）を除く。以下この条において同じ。）の規定は、行政庁が都道府県知事である場合について準用する。この場合において、附則第13条第1項中「新法第34条第1項に規定している委員会（以下「委員会」という。）」とあるのは「公益社団法人及び公益財団法人の認定等に関する法律第50条第1項に規定している合議制の機関（以下「合議制の機関」という。）」と、同項ただし書、同条第3項及び前条中「委員会」とあるのは「合議制の機関」と、附則第13条第1項ただし書及び第3項ただし書中「諮問」とあるのは「政令で定める基準に従い諮問」と読み替えるものとする。

168　第3章　公益信託に関する法律　逐条解説

本条は、行政庁が都道府県知事である場合において、都道府県知事が移行認可を行うに当たり合議制の機関を関与させるため、一定の事項について合議制の機関への諮問を義務付けること、合議制の機関による勧告等、新公益信託法第38条に準じた規定を置くものである。

（名称又は商号の使用制限に関する経過措置）

第17条 旧公益信託については、新法第5条第1項及び第2項の規定は、その移行期間（附則第4条第2項に規定している旧公益信託にあっては、同項に規定している期間）においては、適用しない。

2 　前項に定めるもののほか、この法律の施行の際現にその名称又は商号中に公益信託という文字を用いている者については、新法第5条第1項の規定は、施行日から起算して6月間は、適用しない。

本条は、新公益信託法第5条に規定している名称使用制限についての経過措置を規定している。

1　第1項について

本項は、新公益信託法第5条第1項及び第2項に規定している受託者以外の第三者による名称の使用につき、何人も、公益信託でないものについて、その名称又は商号中に、公益信託であると誤認されるおそれのある文字を用いてはならないことなどの規律について、旧公益信託は、移行期間中は適用しないことを規定している。

2　第2項について

本項は、新公益信託法第5条において名称使用制限が新たに規定されることに伴い、新公益信託法の施行の際に公益信託という文字を用いている者を一定期間保護するために、施行日から起算して6か月間は、同法第5条第1項の規定を適用しないことを規定している。

（罰則）

第18条 偽りその他不正の手段により移行認可を受けたときは、その違反行為をした者は、6月以下の拘禁刑又は50万円以下の罰金に処する。

第2節　公益信託に関する法律　附則（他法の整備に関する規定を除く。）　169

本条は、偽りその他不正の手段を用いて移行認可を受けた場合を処罰するもので、新公益信託法第45条と同様の罰則を規定している。

> **第19条** 附則第6条第1項の申請書又は同条第2項各号に掲げる書類に虚偽の記載をして提出したときは、その違反行為をした者は、30万円以下の罰金に処する。

本条は、移行認可の申請手続の際に提出が義務付けられている書類に虚偽の記載をした場合を処罰するもので、新公益信託法第47条と同様の罰則を規定している。

> **第20条** 法人（法人でない団体で代表者又は管理人の定めのあるものを含む。以下この項において同じ。）の代表者若しくは管理人又は法人若しくは人の代理人、使用人その他の従業者が、その法人又は人の業務に関し、前二条の違反行為をしたときは、行為者を罰するほか、その法人又は人に対しても、各本条の罰金刑を科する。
> 2　法人でない団体について前項の規定の適用がある場合には、その代表者又は管理人が、その訴訟行為につき法人でない団体を代表するほか、法人を被告人又は被疑者とする場合の刑事訴訟に関する法律の規定を準用する。

本条は、新公益信託法第48条と同様に法人の両罰規定について規定している。

> **（過料に関する経過措置）**
> **第21条** 施行日前にした行為及び附則第2条第2項の規定によりなお従前の例によることとされる場合における旧法公益信託に関し施行日以後にした行為に対する過料については、なお従前の例による。

本条は、過料に関する経過措置を規定している。なお、旧公益信託法には刑罰規定はなく、また、旧信託法には刑罰規定・過料ともに規定がないため、本条は旧法公益信託における過料のみの経過措置となっている。

> **（準備行為）**
>
> **第22条**　内閣総理大臣は、施行日前においても、新法第34条第2項（第1号に係る部分に限る。）又は附則第13条第2項の規定の例により、これらの規定に規定している政令又は内閣府令の制定の立案又は制定に関し、委員会に諮問をすることができる。
>
> 2　委員会は、施行日前においても、前項の諮問に対する答申をし、新法第35条第1項（附則第14条において準用する場合を含む。以下この項において同じ。）の規定の例により、その内容を公表することができる。この場合において、当該答申の内容の公表は、施行日以後は、新法第35条第1項の規定による答申の内容の公表とみなす。

本条は、施行日前の準備行為として、委員会に対する諮問及び諮問に対する答申について規定している。

1　第1項について

本項は、新公益信託法の施行日前においても、準備行為として、同法第34条第2項及び附則第13条に規定している内閣府令の制定又は改廃に関して、委員会への諮問ができることを規定している。

2　第2項について

本項は、委員会が、施行日前に第1項の諮問に対する答申ができることを規定するとともに、当該諮問に対する答申内容の公表についての準備行為を規定している。これは、新公益信託法第35条第1項に、委員会が諮問に対する答申をした場合の公表規定があるところ、準備行為による諮問に基づき内閣府令等を施行日前に公布する場合について、委員会の答申内容についても公表されるべきものであると考えられることによる。

> **（政令への委任）**
>
> **第23条**　この附則に定めるもののほか、この法律の施行に関し必要な経過措置（過料に関する経過措置を含む。）は、政令で定める。

本条は、経過措置についての政令委任について規定している。

第2節　公益信託に関する法律　附則（他法の整備に関する規定を除く。）　171

第 **4** 章

公益信託税制改正の概要

第 1 節　旧公益信託税制の概要

☛ 公益信託税制改正の経過については、第 1 章第 2 節(2)参照
☛ 新公益信託法と公益信託税制の関係については、第 2 章第 3 節参照

(1)　税制上の区分

　旧公益信託税制においては、一般の公益信託、特定公益信託、認定特定公益
信託の三つの類型に分類されていた。旧公益信託法に基づいて主務官庁の許可
を受けて設定された一般の公益信託のうち、信託終了時に信託財産が委託者に
帰属せず、国又は地方公共団体に帰属すること、受託者が信託会社であるこ
と、受託者が受け入れる信託財産が金銭に限られることなどが信託行為におい
て定められていることといった税制上の要件を満たすことについて、主務大臣
の証明を受けたものが特定公益信託とされた（旧所令第217条の 2 第 1 項、旧
法令第77条の 4 第 1 項）。さらに、特定公益信託のうち、科学技術に関する試
験研究を行う者に対する助成金の支給等一定のものをその目的とする特定公益
信託で、その目的に関し相当と認められる業績が持続できることにつきその特
定公益信託に係る主務大臣の認定を受けたものが認定特定公益信託とされ（旧
所令第217条の 2 第 3 項、旧法令第77条の 4 第 3 項）、寄附金控除等の税制優遇
を受けることができた。ただし、 5 年ごとに主務大臣の認定を受け直す必要が
あり、手続が煩雑であることや、税法等の要件により、信託財産が金銭に、受
託者が信託会社に事実上限定されていたこと等から活用が低調の要因となって
いたと考えられる。

(2)　信託税制上の公益信託の位置付け

ア　信託税制の全体像と（認定）特定公益信託

　信託は、一般的に受託者が受益者のために信託財産の管理又は処分を行う制
度であり、信託税制においては、課税の公平・中立性の確保、多様な信託の類
型への課税上の対応、租税回避の防止等の観点から、課税方法が、原則とし
て、①信託収益の発生時に受益者等[68]に課税する方法（法法第12条第 1 項）、

68　【税法上の受益者等の定義】
　☛ 税法上の受益者等については、第 1 章第 4 節(2)エ脚注24参照。

174　第 4 章　公益信託税制改正の概要

②信託収益を現実に受領した時に受益者又は受給者に課税する方法、③信託段階において受託者を納税義務者として課税する方法（この類型の信託を法人課税信託という。同法第２条第29の２号）に区分されており、改正前の（認定）特定公益信託は、旧法法第12条第１項ただし書により、①の方法から除外され、また、法法第12条第３項により、③の方法からも除外されていた。つまり、（認定）特定公益信託は、受託者に対しては課税せず、信託財産の給付時に受給者に対し課税する②の方法が採られていた。なお、公益信託は、外形上、③の法人課税信託のうち、受益者等が存しない信託に該当するが、法人課税信託の範囲からは除くこととされている（同法第２条第29の２号本文括弧書き）。

イ　一般の公益信託

　一般の公益信託については、平成19年の信託税制改正前の考え方である「受益者が存在しない以上、信託財産やそれに伴う収益費用はなお委託者に帰属する」という考え方を前提に課税関係が組み立てられており、平成18年の信託法の附帯決議（☛ 内容の詳細については、第１章第２節(1)参照）に鑑み、法人税法の附則において、当面の間の措置として、平成19年度税制改正前の公益信託と同様の取扱いとなるよう規定が設けられた（旧法法附則第19条の３第１項）。つまり、公益信託の設定により、私法上は委託者から受託者への財産の移転がなされているが、税法上では委託者に信託財産がとどまっているという擬制の下、信託の収益の発生時には委託者に課税するといった委託者課税の取扱いが維持されていた。

図表４−１−１　信託税制の全体像

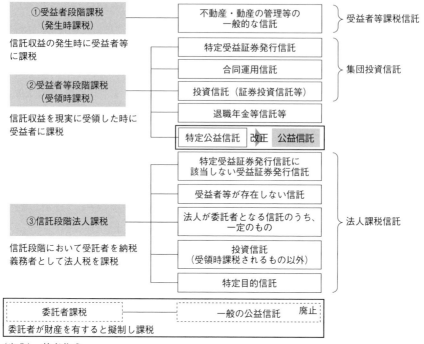

（出典）筆者作成

第2節　新しい公益信託税制の概要

　新しい公益信託制度では、公益事務を行うことのみを目的とするものとされ、公益法人制度と整合的な形で公益信託認可の基準等が新公益信託法において定められた。さらに、新たな公益信託の税制においては、旧制度の（認定）特定公益信託と同様に、信託の終了時に委託者には信託財産が帰属せず、その残余財産は公益のために用いられることが制度上担保されていることから、公益法人や旧制度における（認定）特定公益信託と同様に、その公益性が確保されているとして、全ての公益信託について、公益法人や旧制度の認定特定公益信託並みの寄附金控除等の税制優遇が措置され、原則、公益信託認可と税制上の優遇措置が連動する形となった[69]。また、改正前の一般の公益信託における委託者課税の考え方は廃止され、改正前の（認定）特定公益信託と同様に、信託収益を現実に受領した時に受給者に課税する方法となる。これにより、全ての公益信託について、委託者・寄附者（以下「委託者等」という。）から財産を拠出した段階で受託者への財産の移転があったことを前提とした課税関係となり、私法上の信託財産に係る権利関係と税法上の権利関係が一致することとなった。

　このほか、新しい公益信託制度においては、信託会社等以外の法人や自然人も受託者となり得ることや不動産等の現物財産も信託財産となることを踏まえ、税制においても所要の措置が整備された。

69　【公益信託認可と税制上の優遇措置の連動】
　　譲渡所得等課税の非課税措置（措法第40条）等、別途国税庁長官の承認が必要な税制優遇もある（公益法人も同様。）。

図表 4 − 2 − 1　公益信託税制の改正前後比較

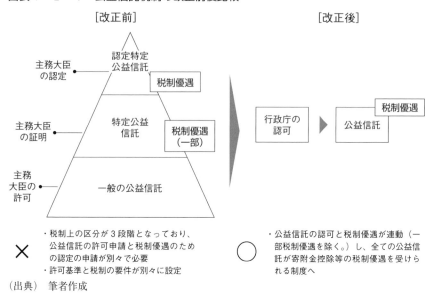

(出典)　筆者作成

178　第 4 章　公益信託税制改正の概要

第3節 新しい公益信託税制の詳細

公益信託税制においては、委託者・寄附者、受託者、受給者がそれぞれ個人か法人かによって適用される税制が異なり、図表4－3－1は、それらの関係性について、図示したものである。

以下では、各場面に沿った形で新しい公益信託税制を解説する。

図表4－3－1　新しい公益信託税制の全体像

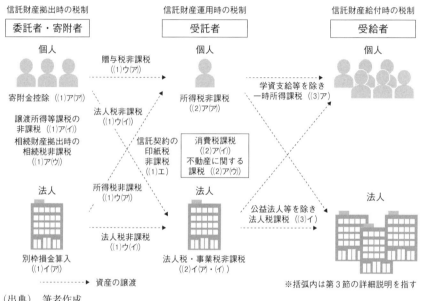

(出典)　筆者作成

(1) 公益信託に財産を拠出した場合の課税関係

ア 拠出者（委託者等）が個人である場合

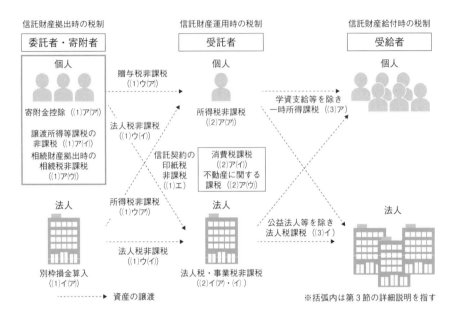

(ア) 寄附金控除

a 所 得 税

　公益信託に対して財産を拠出した個人は、寄附金控除を受けることができる。寄附金控除とは、「特定寄附金」を支出した場合に、所得控除を受けることができる制度を指し、旧制度においては、認定特定公益信託についてのみ認められていたものである。具体的には、①その年に支出した特定寄附金の額の合計額、又は②その年の総所得金額等の40％相当額のいずれか低い金額から2,000円を引いた額が寄附金控除額となり、総所得金額、退職所得金額又は山林所得金額から控除されることとなる（所法第78条第1項）。

　今般、全ての公益信託の信託財産とするために支出したその公益信託に係る信託事務に関連する寄附金[70]は、原則全て「特定寄附金」の対象[71]となることとなる（所法第78条第2項第4号）。

　なお、寄附金控除の適用を受けるためには、確定申告書に寄附金控除に関す

る事項の記載をし、寄附金控除を受ける金額の計算の基礎となる特定寄附金の明細書及び特定寄附金の金額等を証する書類等をその申告書に添付又はその申告書の提出の際に提示しなければならないこととされている（所法第120条第3項第1号、所令第262条第1項第6号、所規第47条の2第3項）。

b　個人住民税

　都道府県又は市区町村が条例により指定した寄附金[72]（以下「条例指定寄附金」という。）は、（寄附金−2,000円）×10％で算出される額[73]が個人住民税の額から税額控除される。条例指定寄附金については、所得税法上の特定寄附金と同様に、改正前は認定特定公益信託においてのみ認められていたものが、所得税法の改正に合わせて全ての公益信託が対象となった（地法第37条の2第1項第3号、第314条の7第1項第3号）。

(イ)　譲渡所得等課税の非課税制度

a　譲渡所得等課税の概要

　個人が株式、不動産等の現物資産（事業所得の基因となる財産を除く。）を法人に対して譲渡（寄附）した場合には、原則譲渡時の時価により、これらの資産の譲渡があったものとみなすこととされている（所法第59条第1項）。つまり、これらの資産の所有期間中における値上がり益（キャピタル・ゲイン）について、その所有者であった個人、贈与者又は被相続人等に対し所得税が課

70　【公益信託に係る信託事務に関連する寄附金】
　　公益信託の受託者が処理する公益信託に係る信託事務全般に関連する寄附金が対象となり、美術館の運営や学資の給付などの公益事務に充てられる寄附金だけではなく、受託者の信託報酬や信託管理人の報酬など管理費に充てられる寄附金もこの措置の対象となる寄附金に該当すると考えられる。

71　【特定寄附金の対象外となるもの】
　　出資に関する信託事務に充てられることが明らかなものは除外されている。公益法人に対する寄附金についても、出資に関する業務に充てられることが明らかなものは除外されており、これに倣ったものである。考え方については、今後国税庁の通達等で示されると考えられる。

72　【条例指定寄附金】
　　都道府県・市町村が条例において指定する寄付金である「条例指定寄附金一覧」は各都道府県・市町村のホームページにて公表されている（例えば、東京都においては、東京都主税局のホームページにて公表されている。）。

73　【寄附金税額控除額の算出】
　　寄附金（総所得金額の30％が限度）から2,000円を減じた金額に対して、都道府県が指定した寄附金は4％、市区町村が指定した寄附金は6％（都道府県と市区町村のどちらからも指定された寄附金の場合は10％）を乗じて算出する。

税される。

　今般の改正により、株式、不動産等の現物資産も信託財産の対象となることや、受託者について、自然人も認可基準等に適合する限り認められることに鑑み、譲渡所得等課税の対象に「公益信託の受託者である個人に対する贈与又は遺贈（その信託財産とするためのものに限る。）」が追加[74]され（所法第59条第1項第1号）、公益信託の受託者に対して株式、不動産等の現物資産の贈与又は遺贈（以下この(イ)において「寄附」という。）があった場合には、受託者が個人か法人かにかかわらず、非課税のための措置（b）が執られない限り、その寄附による譲渡所得等の課税を行うこととされた。

　また、公益信託の委託者（居住者に限る。）がその有する株式や不動産等の現物資産を信託した場合には、その資産を信託した時において、寄附により資産の移転が行われたものとして、譲渡所得等の課税が行われることが明確化された（所法第67条の3第8項）。

b　譲渡所得等課税の非課税制度の概要

　公益法人等に対する株式、不動産等現物資産の寄附が一定の要件を満たすものとして国税庁長官の承認を受けた場合には、譲渡所得等課税を行わない特例措置が講じられており（措法第40条第1項後段。以下「譲渡所得等課税の非課税制度」という。）、今般の改正により、対象となる公益法人等に公益信託の受託者（個人・法人）への寄附（その信託財産とするものに限る。）が追加された（措法第40条第1項第2号）[75]。なお、国税庁長官の承認には、一般特例・承認特例の2種類が存在するが、公益信託における特例措置は、令和6年度税制改正においては、一般特例のみである[76]（c(b)）。

74　【公益信託の受託者である法人の取扱い】
　　受託者が法人である公益信託に財産を拠出する場合には、従前から譲渡所得等課税の対象となる事由とされている「法人に対する贈与又は遺贈」に該当する。
75　【措法第40条における公益信託】
　　今般措法第40条第1項第2号に公益信託の受託者が追加されているが、同法上においては、従前より非課税制度の対象とされた公益法人等（同項第1号）と合わせて「公益法人等」と定義されている。
76　【承認特例】
　　令和7年度税制改正大綱において公益信託制度について、譲渡所得等課税の非課税の「承認特例」の対象として追加すること等の所用の措置を講ずることが採択されている。
　☞ 脚注79も参照。

図表4-3-2　譲渡所得等課税の非課税制度の概要

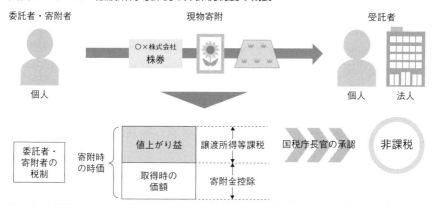

（出典）　国税庁ホームページ「公益法人等に財産を寄附した場合における譲渡所得等の非課税の特例のあらまし」を基に筆者作成

c　譲渡所得等課税の非課税制度の詳細

　譲渡所得等課税の非課税制度について、非課税制度の適用を受けるための要件、非課税承認の取消しの場合の取扱い、代替資産の取得や買換資産の特例、受託者の変更や信託の終了、他の公益法人等からの財産の贈与に伴う非課税制度の継続等、以下詳細を解説する。

図表4-3-3　譲渡所得等課税の非課税制度に関する内容と該当条文

内容	該当条文	参照
非課税制度の対象となる財産・寄附の範囲	所法第33条、第59条第1項、所令第81条、措法第40条第1項後段、措令第25条の17第2項	(a)
承認要件（一般特例）	措法第40条第1項後段、措令第25条の17第5項・第6項第2号、措規第18条の19第5項	(b)
非課税制度の適用を受けるための手続	措法第40条第1項後段、措令第25条の17第1項、措規第18条の19第1項	(c)
非課税承認取消時の取扱い	措法第40条第2項～第4項、措令第25条の17第10項～第13項、第15項～第18項	(d)
代替資産の取得、買換特例	措法第40条第1項後段・第5項第1号、措令第25条の17第3項、措規第18条の19第2項・第3項・第12項	(e)

第3節　新しい公益信託税制の詳細　183

非課税制度の継続（公益信託の受託者の任務終了に伴い信託財産を他の受託者に移転する場合）	措法第40条第11項・第14項・第15項、措令第25条の17第33項、措規第18条の19第28項・第34項	(f)
非課税制度の継続（公益信託の終了があった場合）	措法第40条第12項	
非課税制度の継続（公益法人の残余財産等を公益信託の信託財産とする場合）	措法第40条第7項・第8項・第14項、措令第25条の17第22項・第23項、措規第18条の19第16項・第17項・第31項	

（出典）　筆者作成

(a)　非課税制度の対象となる財産・寄附の範囲

　譲渡所得等課税の非課税制度の対象となる財産は、個人（居住者に限る。）の有する資産のうち、①山林（事業所得の基因となるものを除く。）、②譲渡所得の基因となる財産となる（所法第59条第1項）。ここでいう、「譲渡所得の基因となる資産」とは、棚卸資産その他営利を目的として継続的に行われる資産、山林、金銭債権以外の一切の資産を指す（所法第33条、所令第81条、所基通33－1）。なお、国外にある不動産等や公益目的事業の用に直接供せない資産（賃貸用不動産、配当が出ていない株式等）は、非課税制度の対象外の資産となる（措令第25条の17第2項、措関通40－13）。

　寄附の範囲については、公益信託の受託者に対する公益信託の信託財産とするための寄附に限定され、この中には、公益信託の委託者が受託者に対して信託した財産も含むものとされている（☞ **詳細については、aも参照**）。

(b)　承認要件（一般特例）

　非課税制度（一般特例）適用を受けるための「一定の要件」とは、次に掲げる要件をいい、公益法人との整合性も意識しつつ、公益信託の特徴も踏まえた独自の要件が設けられている（措法第40条第1項後段、措令第25条の17第5項・第6項第2号、措規第18条の19第5項）。

（一般特例の承認要件：措令第25条の17第5項）
① 寄附が、教育又は科学の振興、文化の向上、社会福祉への貢献その他公益の増進に著しく寄与すること。

② 寄附に係る財産又は代替資産が、原則として、その寄附があった日から2年を経過する日までの期間内に、その公益信託の受託者により公益信託事務用に直接供され、又は供される見込みであること。

③ 公益信託の受託者に対して財産の寄附をすることにより、その寄附をした者の**所得税の負担を不当に減少させ**、又はその者の親族その他これらの者と特別の関係がある者の**相続税若しくは贈与税の負担を不当に減少させる結果**とならないと認められること。

↓

（③の不当減少要件の具体的要件：措令第25条の17第6項第2号）

❶ その公益信託が、その信託行為の定めるところにより適正に運営されるものであること。

❷ その公益信託の信託行為において、運営委員会その他これに準ずるもの（**公益信託の適正な運営に資する一定の要件を満たすもの**に限る。）を置く旨の定めがあること[77]。

❸ その公益信託の信託財産とするために財産の寄附をする者、その公益信託の受託者若しくは信託管理人又はこれらの者（個人に限る。）の親族等に対し、施設の利用、金銭の貸付け、資産の譲渡、報酬の支払その他信託財産の運用及び公益信託の運営に関して特別の利益を与えないこと。

❹ その公益信託の信託行為において、公益信託が終了した場合にその残余財産が国若しくは地方公共団体又は公益法人等に帰属する旨の定めがあること。

---

[77] 【運営委員会を置く旨の定めがあることの背景】
　　新公益信託法上、運営委員会は必置とはされていないが、公益信託では公益法人のように機関が設けられず、また、個人や営利企業等様々な主体が受託者となり得ることから、公益法人における組織の適正性（措令第25条の17第6項第1号イ。その運営組織が適正であるとともに、定款等において、役員のうち親族等の数が3分の1以下とする旨の定めがあること）に代わる条件として、原則として一定の要件を満たす運営委員会等の関与を求めることとされている。この点を踏まえ、その公益信託の受託者が、従前より本非課税制度の対象である公益法人等であり、その法人が上記の組織の適正性に関する条件（措令第25条の17第6項第1号イ）を満たしている場合には、❷の条件を除くこととされている（措令第25条の17第6項第2号、措規第18条の19第4項）。

第3節　新しい公益信託税制の詳細　185

❺　その公益信託につき公益に反する事実がないこと。

❻　その贈与等により株式がその公益信託の信託財産とされた場合には、その株式を信託財産として受け入れたことによりその公益信託の受託者の有することとなるその株式の発行法人の株式がその発行済株式の総数の2分の1を超えることとならないこと[78]。

（❷の適正な運営に資する具体的要件：措規第18条の19第5項）

㋐　その公益信託の信託行為において、運営委員会その他これに準ずるもの（以下「運営委員会等」という。）は、その公益信託の目的に関し学識経験を有する者、その公益信託の適正な運営に必要な実務経験を有する者その他の者（以下「運営委員等」という。）から構成される旨の定めがあること。

㋑　その信託行為において、運営委員等のうち親族等の数がその運営委員等の数のうちに占める割合は、3分の1以下とする旨の定めがあること。

㋒　その信託行為において、その公益信託の受託者は、信託財産の処分その他の公益信託に係る信託事務の処理に関する重要な事項について、運営委員会等の同意を得なければならない旨の定めがあること。

㋓　運営委員等に対してその公益信託の信託財産から支払われる報酬の額は、その任務の遂行のために通常必要な費用の額を超えないものであることが信託行為において明らかであること。

(c)　非課税制度の適用を受けるための手続

　譲渡所得等課税の非課税制度の適用を受けようとする委託者等は、必要事項を記載した承認申請書に、寄附を受ける公益信託の受託者がその記載された事項を確認したことを証する書類を添付して、寄附のあった日から4か月以内に、納税地の所轄税務署長を経由して、国税庁長官に提出しなければならない

78　【株式保有要件】
　　「その公益信託の受託者の有することとなる株式」は、その公益信託の信託財産だけでなく、その受託者の固有財産等も含めて判定することとなる。

186　第4章　公益信託税制改正の概要

（措令第25条の17第1項、措規第18条の19第1項）[79]。

(d) 非課税承認取消時の取扱い

寄附財産が寄附を受けた公益信託の受託者により公益信託事務の用に直接供されなくなったなど一定の事実が生じた場合には、非課税承認が取り消されることとなる。非課税承認が取り消された場合には、その取り消されることとなった事実の内容に応じ、委託者等又は寄附を受けた公益信託の受託者に対して、原則として、その取り消された日の属する年分の譲渡所得等として所得税が課される（措法第40条第2項〜第4項、措令第25条の17第10項〜第13項、第15項〜第18項）。

図表4−3−4　非課税承認取消しの場合と課税の対象者

No	取り消される場合	課税対象者
①	寄附財産が、寄附があった日から2年を経過する日までの期間内に寄附を受けた公益信託の受託者により公益信託事務の用に直接供されなかった場合	委託者等
②	寄附財産が、寄附を受けた公益信託の受託者により公益信託事務の用に直接供されなくなった場合（上記①に該当する場合を除く。）	寄附を受けた公益信託の受託者

(出典)　国税庁ホームページ「公益法人等に財産を寄附した場合における譲渡所得等の非課税の特例のあらまし」に基づいて筆者作成

(e) 代替資産の取得、買換特例

収用や災害など一定のやむを得ない理由により寄附された財産を譲渡した場合に、その譲渡による収入金額の全部に相当する金額をもって取得した減価償却資産、土地、土地の上に存する権利及び株式（株式にあっては、株式交換など一定のやむを得ない理由により寄附財産である株式を譲渡したことにより取得したものに限る。）等（以下「代替資産」という。）についても、非課税制度は適用される（措法第40条第1項後段、措令第25条の17第3項、措規第18条の

---

79 【承認特例との違い】
　一般特例と承認特例は要件に違いがあるほか、承認特例には承認申請書の提出があった日から原則1か月以内にその申請について非課税承認がなかったとき、又は非課税承認をしないことの決定がなかったときは、非課税承認があったものとみなされる自動承認の仕組みがある（措令第25条の17第7項・第8項第2号）。

第3節　新しい公益信託税制の詳細　187

19第2項・第3項）。

　また、非課税制度の適用を受けた後、公益信託事務の用に2年以上直接供した後に、その譲渡による収入金額の全部に相当する金額をもって取得した公益目的事業の用に直接供することができる同種の資産で、かつ、当該買換え後の資産を1年以内に公益信託事務の用に直接供する場合には、上記の代替資産に含まれるものとして（買換資産の特例）、引き続き非課税措置を受けることができる[80]（措法第40条第5項第1号、措規第18条の19第12項）。

（f）　非課税制度の継続

　公益法人等が合併や解散により財産を他の公益法人等に移転した場合に継続の特例措置（措法第40条第6項・第7項）が講じられていることを踏まえ、公益信託においても、①公益信託の受託者が一定の任務終了事由に伴う信託事務の引継ぎにより財産を他の受託者に移転する場合や、②公益信託の終了により財産を他の公益法人等に移転する場合、③公益法人の残余財産等を公益信託の受託者に帰属する場合についても、引き続き非課税制度を継続することができるよう、特例措置が設けられている。また、①及び③の場合において、贈与者が所定の日までに非課税制度の継続のための手続を行わなかった場合に、受贈者が所定の日までに行えば、引き続き非課税制度を継続することができる特例措置の創設が行われている。

80　【特定買換資産の特例】

　　公益法人においては、非課税承認に係る贈与等を受けた財産を特定管理方法（承認基金で管理する方法）により管理（措令第25条の17第3項第6号）しているものの譲渡をし、その譲渡による収入金額の全部に相当する金額をもって取得した資産に関する非課税制度の継続が認められている（措法第40条第5項第2号）。本措置は、買換資産の特例と異なり、贈与等から2年以内であっても要件を満たせば認められる制度である。令和7年度税制改正大綱において、公益信託についても本措置を講ずることとする旨が採択されている。

188　第4章　公益信託税制改正の概要

① 公益信託の受託者が一定の任務終了事由に伴う公益信託事務の引継ぎにより財産を他の受託者に移転した場合

図表4－3－5　非課税制度の継続（公益信託の受託者が一定の任務終了事由に伴う公益信託事務の引継ぎにより財産を他の受託者に移転する場合）

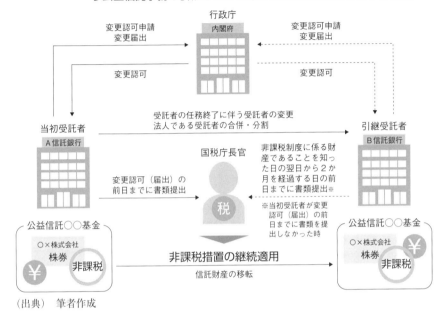

（出典）　筆者作成

　非課税承認を受けて行った寄附を受けた公益信託の受託者（以下「当初受託者」という。）が、任務終了事由[81]等により新受託者に信託財産を移転しようとする場合において、新受託者の選任等に係る認可又は届出[82]の前日ま

---

[81] 【公益信託における受託者の任務終了事由】
　公益信託においては、信託法第56条第1項に規定している任務終了事由のほか、公益信託認可の取消事由に該当するに至った場合や受託者である法人が合併等行う場合における任務の引継ぎに関する認可について拒否する処分がされた場合にも、受託者の任務が終了するため、第33条第3項において、独自の読替規定を置いている。
　☞　詳細については、第3章第33条4(4)の解説参照
[82] 【新受託者の選任に係る認可又は届出】
　新受託者の選任又は受託者の任務の引継ぎに関する信託の変更（第7条第2項第2号及び第5号に掲げる事項の変更）に関する公益信託認可及び新受託者の選任（裁判所の命令による選任等）に関する届出（第14条第1項）を指す。ただし、公益信託認可の日自体は受託者があらかじめ把握することは難しいため、別途通達等で解釈が示されると考えられる。
　☞　詳細については、第3章第12条、第33条4(4)の解説参照

第3節　新しい公益信託税制の詳細　　189

でに、その認可又は届出の日等の一定の事項を記載した書類等を、当初受託者の納税地の所轄税務署長を経由して国税庁長官に提出したときは、認可又は届出の日以後は、非課税制度を継続して適用することができる（措法第40条第11項、措規第18条の19第28項）。

また、当初受託者が引継受託者に対して任務終了事由等により資産の移転をした場合に、その当初受託者が上記の書類を新受託者の選任等の認可又は届出の日の前日までに提出しなかったときにおいて、新受託者が、その移転を受けた資産が非課税承認に係る寄附であることを知った日以後2か月以内に、その認可又は届出の日等の一定の事項を記載した書類等を、新受託者の納税地の所轄税務署長を経由して国税庁長官に提出したときは、その認可又は届出の日以後も、非課税制度を継続して適用することができる（措法第40条第14項、措令第25条の17第33項、措規第18条の19第34項）。

これらの場合において、新受託者は、原則として、移転を受けた資産をその認可又は届出の日の翌日から1年を経過する日までの期間内に公益信託事務の用に直接供しなければならない（措法第40条第15項）。

② 公益信託の終了により財産を他の公益法人等に移転する場合における非課税制度の継続の特例措置

図表 4 − 3 − 6 　非課税制度の継続（公益信託の終了により財産を他の公益法人等に移転する場合）

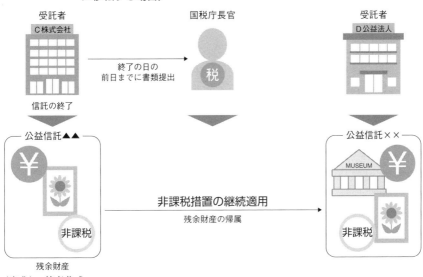

（出典）　筆者作成

　非課税承認を受けて行った寄附を受けた公益信託（以下「当初公益信託」という。）の受託者が、公益信託の終了により財産を他の公益法人等に移転し、又は類似の公益事務をその目的とする他の公益信託の信託財産としようとする場合において、公益信託の終了の日の前日までに、その公益信託の終了の日等の一定の事項を記載した書類等を、当初公益信託の受託者の納税地の所轄税務署長を経由して国税庁長官に提出したときは、公益信託の終了の日以後も、非課税制度を継続して適用することができる（措法第40条第12項）。

③ 公益法人の残余財産等を公益信託の受託者に帰属させる場合

図表4－3－7 非課税制度の継続（公益法人の残余財産等を公益信託の受託者に帰属させる場合）

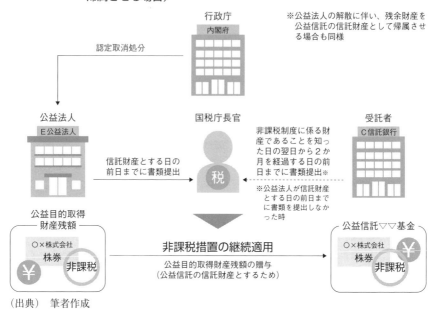

（出典） 筆者作成

　新公益信託法附則第27条における公益法人認定法の改正により、公益法人が公益認定の取消しの処分を受けた場合等において、公益目的取得財産残額があるときや公益法人が清算をする場合における残余財産等の移転先に類似の公益事務をその目的とする公益信託の受託者が追加された（☞ **詳細については、第2章第4節(3)イ参照**）。

　この改正により、非課税承認を受けて行った寄附を受けた公益法人等（以下「引継法人等」という。）が、認定取消し又は解散の日の前日までに、その認定取消し又は解散の日等の一定の事項を記載した書類等を、引継法人等の納税地の所轄税務署長を経由して国税庁長官に提出した場合には、認定取消し又は解散の日以後も、本非課税制度を継続して適用することができる（措法第40条第7項・第8項、措令第25条の17第22項・第23項、措規第18条の19第16項・第17項）。

　また、公益法人等が認定の取消しや解散に伴い、残余財産等を公益信託の

受託者に対して信託財産として帰属させる場合に、公益信託の受託者が、その受け入れた資産が非課税承認に係る寄附であることを知った日の翌日から2か月を経過した日の前日までに、その信託財産として受け入れた日等の一定の事項を記載した書類等を、公益信託の受託者の納税地の所轄税務署長を経由して国税庁長官に提出した場合には、その信託財産として受け入れた日以後も、本非課税制度を継続して適用することができる（措法第40条第14項、措令第25条の17第33項、措規第18条の19第31項）。

(ウ)　相続財産を拠出した場合における相続税の非課税制度

a　相続税の非課税制度の概要

　旧制度において、認定特定公益信託においてのみ認められていた相続財産を公益信託の受託者に対して寄附した場合等の相続税の非課税制度について、全ての新しい公益信託に対して認められることとなった。具体的には、相続又は遺贈により取得した財産を、相続税の申告書の提出期限までに公益信託の受託者に対して拠出した場合（信託財産とする場合に限る。）に、その寄附により贈与者又はその親族その他これらの者と特別の関係がある者の相続税又は贈与税の負担が不当に減少すると認められる場合を除き、相続税が課税されないというものである（措法第70条第3項）。なお、相続人が取得した財産が現金以外の財産でかつ当該財産に含み益がある場合には、相続人に譲渡所得等の課税が生じることから、譲渡所得等課税の非課税制度（(イ)）の申請も同時に行うことが想定される。

図表 4 − 3 − 8　相続税の非課税制度の概要

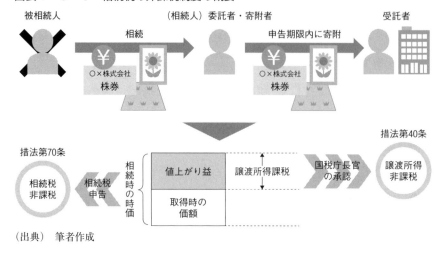

（出典）　筆者作成

b　租税特別措置法第70条第1項の適用要件

> ①　寄附した財産が、相続又は遺贈により財産を取得したものであること。
> ②　当該取得した財産を、その取得後当該相続又は遺贈に係る申告書の提出期限までに寄附していること。
> ③　寄附の相手方が、国、地方公共団体又は公益法人、認定特定非営利活動法人であること。
> ④　寄附により当該寄附をした者又はその親族その他これらの者と**特別の関係がある者の相続税又は贈与税の負担が不当に減少する結果となる**と認められる場合でないこと。

　租法第70条第3項に規定する公益信託の受託者に対する寄附についての相続税又は贈与税を不当に減少させない要件を具体化する政省令は定められていない。この点は、従前の取扱いを踏まえて、相法第66条第4項において、解釈に委ねられていると考えられる[83]。

83　【公益法人における不当減少要件】
　　公益法人においては、相令第33条第3項において、相続税又は贈与税の不当減少要件が規定されている。

194　第4章　公益信託税制改正の概要

なお、相続又は遺贈による財産の寄附を受け入れた公益信託が、その財産を受け入れた日から2年を経過するまでに終了（信託の併合による終了を除く。）した場合[84]又は公益信託事務の用に供しなかった場合[85]は、本制度は適用しないこととなり、寄附した者は、相続税の修正申告書等を提出する必要がある（措法第70条第4項・第7項）。

(エ) 拠出者（委託者等）である個人が死亡した場合

旧制度においては、一般の公益信託については委託者課税（☞ **詳細については、第4章第1節(2)イ参照**）であり、委託者が財産を引き続き有しているとみなされ、委託者の相続人に相続税課税（旧相法第9条の2第1項、旧相法附則第24条）がされるところ、旧所令第217条の2第1項各号に掲げる要件（特定公益信託の要件）を満たすものは零評価で実質非課税（相基通9の2−6）とされていた。

今般の税法改正では、上記の附則第24条は削除されており、委託者課税が廃止されることから、公益信託として拠出された財産については、委託者死亡時に相続税の課税が問題とならない。

---

84 【公益信託の継続】
　相続財産を公益信託に寄附した後2年以内に当該公益信託の目的の達成又は不達成により公益信託が終了し（信託法第163条第1号）、委託者、受託者及び信託管理人の合意により公益信託の目的を変更することによって、公益信託を継続した（新公益信託法第24条第1項）場合には、措法第70条第3項の非課税制度は適用されないこととなる。

85 【公益信託事務の用に供する】
　公益信託事務の用に供されているかどうかの判定は、贈与財産が、その贈与の目的に従って公益信託事務の用に供されているかどうかによるものとし、贈与財産が贈与時のままでその用に供されているかどうかは問わないものと考えられる（措関通70−1−13）。譲渡所得等課税の非課税制度においては、「直接」供することが要件とされており（措法第40条第1項後段）、その点において、違いがある。

イ 拠出者（委託者等）が法人である場合

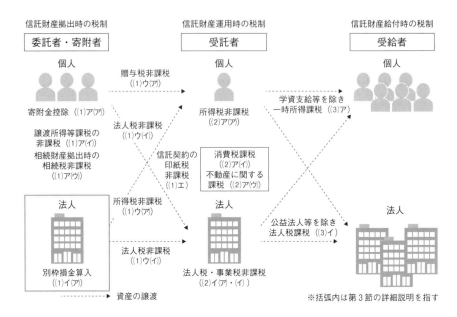

　法人による寄附については、金銭の贈与だけではなく、金銭以外の資産の贈与や経済的利益の供与も寄附金とみなされ、その贈与時又は経済的利益を供与した時の時価が寄附金となる。そのため、個人による寄附のように金銭の場合と含み益がある財産の拠出の場合での区別は問題とならない。

(ア) 法人税の別枠損金算入

　旧制度において、認定特定公益信託についてのみ認められていた別枠損金算入について、全ての公益信託の信託財産とするために支出したその公益信託に係る信託事務に関連する寄附金のうち、一定の要件のものを除いた寄附金[86]が、別枠損金算入の対象となった（法法第37条第5項、法令第77条の2、法規第23条の3）。

　この措置による特別損金算入限度額は、以下のとおりとなる。

① 普通法人、協同組合等及び人格のない社団等（②に掲げるものを除く。）

---

[86]【対象となる寄附金の考え方】
　対象となる寄附金の考え方は所得税における寄附金控除の対象となる寄附金（特定寄附金）と同様である。☛ 脚注70を参照。

$$\left\{期末資本金の額等 \times \frac{当期の月数}{12} \times \frac{3.75}{1,000} + 当期の所得金額 \times \frac{6.25}{100}\right\} \times \frac{1}{2}$$

② 普通法人、協同組合等及び人格のない社団等のうち資本又は出資を有しないもの、非営利型の一般社団法人及び一般財団法人並びにNPO法人（認定NPO法人を除く。）などのみなし公益法人等

$$当期の所得金額 \times \frac{6.25}{100}$$

上記の特別損金算入限度額は、以下の一般の寄附金に係る損金算入限度額とは別で損金の額に算入される（法法第37条第1項、法令第73条、法規第22条の4）。

① 普通法人、協同組合等及び人格のない社団等（②に掲げるものを除く。）

$$\left\{期末資本金の額等 \times \frac{当期の月数}{12} \times \frac{2.5}{1,000} + 当期の所得金額 \times \frac{2.5}{100}\right\} \times \frac{1}{4}$$

② 普通法人、協同組合等及び人格のない社団等のうち資本又は出資を有しないもの、非営利型の一般社団法人及び一般財団法人並びにNPO法人（認定NPO法人を除く。）などのみなし公益法人等

$$当期の所得金額 \times \frac{1.25}{100}$$

③ 公益法人等

$$当期の所得金額 \times \left\{\frac{50}{100} \ 又は \ \frac{20}{100}\right\}$$

この措置は、原則、確定申告書等に一般の寄附金の損金算入限度額と別に損金の額に算入する寄附金の額及びその寄附金の明細を記載した書類の添付があり、かつ、その書類に記載された寄附金がこの措置の対象となる寄附金に該当することを証する一定の書類を保存している場合に限り、適用することとされている（法法第37条第9項）。

(イ) 法人住民税（法人税割）・事業税（所得割）の課税関係

法人住民税（法人税割）は、課税標準が法人税額、事業税（所得割）は、課税標準が法人税の課税所得であるため、いずれも寄附金の別枠損金算入(ア)によりそれぞれ法人税額、課税所得が減少した場合、税額も減少する（地法第23条第1項第3号イ、第72条第3号、第72条の12第3号、第292条第1項第3号イ）。

ウ 財産拠出時の受贈者（受託者）に対する課税関係

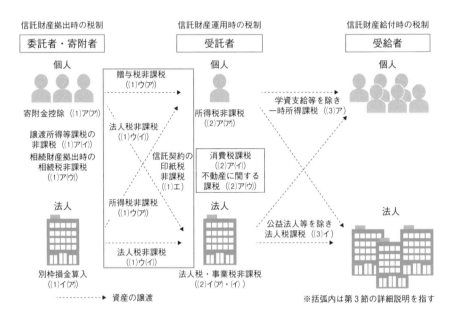

(ア) 受贈者（受託者）である個人に対する課税関係

委託者等が個人の場合、個人からの贈与により取得する財産については、贈与税を課されない（相法第21条の3第4号）。また、遺贈により取得する財産についても、同様に相続税は課されない（相法第12条第1項第4号）。

一方、委託者等が法人の場合、通常法人から個人への贈与については、受贈者側には所得税が課されることとなるが、所得税法上、公益信託に係る信託財産につき生ずる所得について非課税とされている（所法第11条第2項）。

(イ) 受贈者（受託者）である法人に対する課税関係

法人税法上、公益信託については信託収益を現実に受領した時に受給者に課

税する方法が採られていることから（第4章第1節(2)イ、第2節）、法人が受託者である場合には、委託者等が個人か法人かを問わず、受託者段階では課税がされない。

エ　信託契約締結時の印紙税非課税

　公益信託について、従前印紙税の非課税制度はなかったが、現状一般法人の定款は印紙税の課税対象外とされていることに鑑み、同等の機能を果たす公益信託に係る信託行為に関する契約書についても、印紙税を課さないことが措置された。ただし、公益信託は行政庁の認可を受けて初めて公益信託としての効力が生じることとされており（新公益信託法第6条）、認可前に作成した信託行為に関する契約書は公益信託に係るものではないことから非課税の範囲から除外されていることに留意する必要がある。

　新公益信託法における行政庁の認可は、①新公益信託法第6条（設定時の認可）、②新公益信託法第12条（公益信託の変更等の認可）及び③新公益信託法第22条（公益信託の併合等の認可）の3種類が存在するが、②の認可及び③のうち分割に係る認可については、①の認可を受けた当初の公益信託を維持したまま行われる。他方で、③のうち併合に係る認可については、当初の公益信託の終了後に行われることとされていることから（新公益信託法第23条第1項及び信託法第163条第5号）、当初の公益信託に代わり、新たに③の認可を受ける公益信託が組成されることとなる。これを踏まえ、①の認可及び③のうち併合に係る認可を受けた後に作成される公益信託の信託行為に関する契約書について、非課税文書とすることとされた（印法別表第1第12号）[87]。

87　【変更契約書の印紙税法上の取扱い】
　　②の信託の変更や③の分割時には変更契約書が締結されることが一般的であると考えられるが、①の設定時の認可の効力は維持したまま変更等に認可が行われるとの整理の下、変更契約書についても非課税文書の対象であると考えられる。また、旧公益信託の移行認可については、新公益信託法附則第12条において、移行認可を受けた旧公益信託については、移行認可を公益信託認可（新公益信託法第6条）とみなして、新法の規定を適用する旨が規定されていることから、当然に移行認可後に締結する信託契約の印紙税も非課税となる。

第3節　新しい公益信託税制の詳細　199

(2) 信託期間中の課税関係

ア　受託者が個人である場合

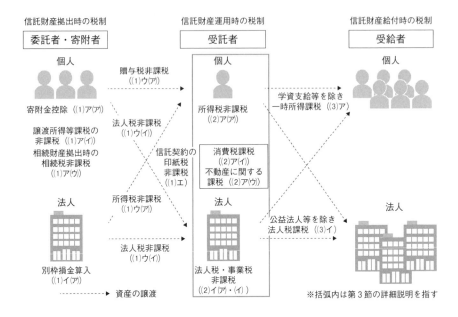

(ア)　所得税の課税関係（公益信託に係る信託財産につき生ずる所得）

所得税法上、公益信託については、その公益性から、公益信託に係る信託財産につき生ずる所得について非課税とされている。これは改正前と同様である（所法第11条第2項）。

(イ)　消費税の課税関係

従前の助成型の公益信託においては、課税売上げが生じることがなかったため、消費税の申告義務が生じていなかったが、新しい公益信託については、美術館や学生寮の運営等といった公益事務（事業）を行うことも想定されるため、課税資産の譲渡等が生じた場合、消費税の申告納付が必要となる。公益信託においては、その信託財産の実質的な帰属者である受益者等（受給者）ではなく、現実に信託財産を所有し、取引を行っている受託者が、当該信託財産に属する資産を有し、取引を行ったものとされるため、受託者が納税義務を負うこととなる（消法第14条第1項ただし書）[88]。受託者は、信託財産ごとに固有

財産と区別して消費税の申告納付が必要となる[89]（消法第15条第1項）。なお、基準期間における課税売上高が1,000万円以下である事業者は、その課税期間中に国内において行った課税資産の譲渡等及び特定課税仕入れについて、消費税を納める義務が免除される[90]（消法第9条第1項）。

　国や地方公共団体、公益法人等は、租税、補助金、会費、寄附金等の対価性のない収入（以下「特定収入」という。）を恒常的な財源としているが、このような対価性のない収入によって賄われる課税仕入れ等は、課税売上げのコストを構成しない、いわば最終消費的な性格を持つものと考えられ、仕入税額控除を行うことは、実質免税での仕入れを認めることとなるため、特定収入を原資とする仕入れについて、仕入税額控除の対象から除外する仕組みが存在する。公益信託においても同様に、寄附金等特定収入を原資とした課税仕入れが想定されるため、令和6年の税制改正において、同様の仕組みが措置された（消法第60条第4項）。

　なお、消費税が課税される場合、消費税額を課税標準として、78分の22を乗じて算出される額が、地方消費税として課税される（地法第72条の83）。

88　【受託者段階での課税】
　　消法第14条第1項ただし書に規定する信託のうち、集団投資信託、退職年金等信託、公益信託等については、所得税及び法人税においては信託収益を現実に受領した段階で受益者又は受給者）に課税する方法が採られているが（第4章第1節(2)ア、第2節）、消費税においては個々の取引等を課税対象とするものであり、このような課税の仕組みは採り得ないため、受託者における取引段階で課税することとしている。
89　【消費税法上の公益信託の定義】
　　公益信託については、法人課税信託とは異なるものと整理がされている（第4章第1節(2)ア）が、受託者の固有財産と区別して納税するという共通点があるため、消費税法上は、法人課税信託と公益信託をまとめて「法人課税信託等」と定義している（消法第15条第1項）。
90　【消費税の小規模事業者の特例】
　　法人課税信託においては、小規模事業者に係る納税義務の免除の規定の適用は、その課税期間の初日の属する固有事業者の課税期間の基準期間における課税売上高により判定することとされており、公益信託についても同様であると考えられる（消基通4-4-1）。

図表4－3－9　消費税の特例計算

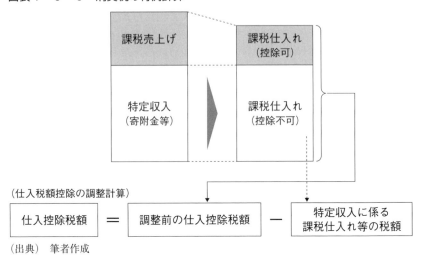

(出典)　筆者作成

(ウ) **不動産を信託財産とした場合における課税関係**

不動産を信託財産とした場合においては、登録免許税、不動産取得税、固定資産税の取扱いについても注意が必要である。

a　登録免許税

公益信託を含む信託全般について、委託者から受託者に信託財産を移す場合等、形式的な所有権の移転についての登録免許税は非課税とされているが（登法第7条第1項第1号等）、所有権の信託の登記は、不動産の価額に1,000分の4を乗じて算出された額が課税される（登法第9条、別表第1第1号(10)イ）。

また、限定責任信託は、登記が効力発生の要件とされており（信託法第216条第1項）、登録免許税の課税対象とされていることから、公益信託を限定責任信託とする場合においても、登録免許税が課税される（登法別表第1第28号の2）。

b　不動産取得税

公益信託を含む信託全般について、委託者から受託者に信託財産を移す場合等、形式的な所有権の移転についての不動産取得税は、非課税とされている（地法第73条の7第3号等）。

c 固定資産税

固定資産税は、登記上の所有者である受託者が納税義務者となる（地法第343条第1項・第2項）。例えば家屋であれば、原則、課税標準額（価格）に100分の1.4を乗じて算出された額が課税される（地法第350条第1項）。なお、公益信託の受託者及び用途が地法第348条に規定している固定資産税の非課税の範囲に該当する場合には、固定資産税は非課税となる[91]。

イ 受託者が法人である場合

(ア) 法人税の課税関係

法人税法上、公益信託については、信託収益を現実に受領した時に受給者に課税する方法が採られている（第4章第1節(2)ア、第2節）。信託の受益者等はその信託の信託財産に属する資産及び負債を有するものとみなし、かつ、その信託財産に帰せられる収益及び費用はその受益者等の収益及び費用とみなして、法人税法の規定を適用することとされているが、公益信託の信託財産に属する資産及び負債並びにその信託財産に帰せられる収益及び費用については、この限りでないこととされており（法法第12条第1項ただし書）、また、法人が受託者となる公益信託の信託財産に属する資産及び負債並びにその信託財産に帰せられる収益及び費用は、その法人の各事業年度の所得の金額の計算上、その法人の資産及び負債並びに収益及び費用でないものとみなして、法人税法の規定を適用する（同法第12条第3項）こととされていることから、委託者及び受託者の段階においては課税がされないとされている。

(イ) 事業税の課税関係

法人税(ア)と同様の整理がされており、受託者の段階において事業税は課税されない（地法第72条の3第1項・第3項）。

(ウ) 所得税の課税関係

公益信託の受託者である法人が受け取る利子及び配当等については所得税が課されないため、源泉徴収がされないこととなる（所法第11条第2項）。

---

91 【固定資産税が非課税となる例】
　公益法人が公益信託の受託者として、博物館法（昭和26年法律第285号）第2条第1項の博物館の運営を行う公益信託を設定した場合において、直接その用に供する固定資産は、固定資産税が非課税となる（地法第348条第2項第9号）。同様の公益信託を例えば株式会社が受託者となって設定した場合には、固定資産税は非課税とはならない。

(エ) 消費税の課税関係

消費税の課税については、受託者が個人の場合（ア(イ)）と同様である。

(オ) 不動産を信託財産とした場合における課税関係

不動産を信託財産とした場合における登録免許税、不動産取得税、固定資産税の取扱いについては、受託者が個人の場合（ア(ウ)）と同様である。

(3) 公益信託の信託財産から財産を受給した場合の課税関係

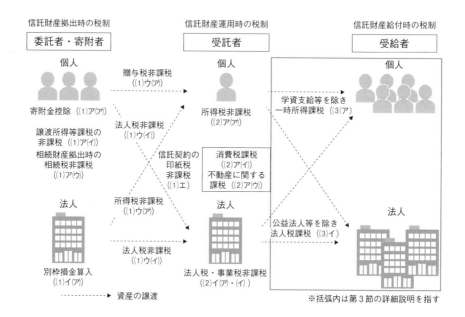

ア　受給者が個人の場合

公益信託の信託財産から財産を受給する場合には、受託者の主体の属性（個人・法人）にかかわらず、その受給する財産が非課税所得に該当するもの[92]を除き、個人である受給者に対し所得税が課税される（所法第34条等）。

所得税法上、原則、相続、遺贈又は個人からの贈与により取得する財産等については、所得税を課さないこととされている（所法第9条第17号）。この趣旨は、これらの財産等を取得した場合には、別途、その取得した者に対し相続

---

[92]【非課税所得に該当するもの】
　例えば、学資に充てるための所得が挙げられる（所法第9条第15号）。

204　第4章　公益信託税制改正の概要

税や贈与税が課されることを踏まえた二重課税排除の観点によるものと考えられる。

　他方、公益信託の信託財産から財産の給付を受ける場合には、私法上の権利関係としては、その受託者から受給者に財産が移転することとなる。よって、受託者が個人である場合には、「個人からの贈与により取得する財産」に該当し、所得税は課されず、贈与税の課税対象となり得るが、上記の趣旨や受託者の主体の属性（個人・法人）にかかわらず、受給者である個人が公益信託から給付を受ける財産の課税関係を一律にする観点も踏まえ、令和6年度の税制改正において所得税法・相続税法の整備がされた。具体的には、公益信託から給付を受けた財産が贈与税の非課税財産の対象となる（相法第21条の3第2項第1号）一方で、所得税が非課税となる「相続、遺贈又は個人からの贈与により取得するもの」の範囲から、「公益信託から給付を受けた財産に該当するもの」が除かれ、個人である公益信託の受給者については、受託者の属性にかかわらず所得税の課税対象であることが明確化された[93]。

イ　受給者が法人の場合

　受給者が法人の場合は、受託者が個人・法人にかかわらず、無償による資産の譲受けに該当し、原則法人税が課されることとなる（法法第22条第2項）。ただし、公益法人等が給付を受けた場合には非課税となる（同法第6条）。

(4) 改正前の公益信託における課税関係（経過措置）

　税法の施行日は、原則[94]、公益信託法の施行日と同じ日（令和8年4月予定）

---

[93] 【改正前の個人である受給者に関する課税】
　　改正前は、委託者課税（第4章第1節(2)イ）の考え方があったため、一般の公益信託は委託者から受給者に対して、（認定）特定公益信託は受託者から受給者に対して資産の移転があったものとみなされていた。さらに委託者又は受託者が個人・法人によって、相続税法、所得税法と異なる税法適用されることとなり、例えば学資の支給の場合、委託者又は受託者が個人の場合においては、相続税法により、非課税は（認定）特定公益信託にしか認められていなかった（旧相法第21条の3第4号）一方で、委託者又は受託者が法人の場合においては、所得税法により、一般の公益信託であっても非課税とされていた（所法第9条第1項第15号）。

[94] 【施行日の例外】
　　地方税法における条例指定寄附金に関する規定（地法第37条の2第1項第3号）等新公益信託法の施行の日の属する年の翌年の1月1日（令和9年1月1日予定）が施行日である規定も存在する。

であり、旧法において設定された公益信託については、原則、移行認可を受けるまでは税法においても、旧制度が適用され、移行認可を受けた場合に、改正後の税法が適用される（所法附則第1条9号イ、第2条、第3条、第7条、第8条、第12条第1項、第13条第5項、第54条第1項〜第3項、地法附則第1条第10号・第11号、第8条第4項、第10条）。

第5章

参考資料

1　公益信託ニ関スル法律

○　公益信託ニ関スル法律（大正11年法律第62号）

第1条　信託法（平成18年法律第108号）第258条第1項ニ規定スル受益者ノ定ナキ信託ノ内学術、技芸、慈善、祭祀、宗教其他公益ヲ目的トスルモノニシテ次条ノ許可ヲ受ケタルモノ（以下公益信託ト謂フ）ニ付テハ本法ノ定ムル所ニ依ル

第2条　信託法第258条第1項ニ規定スル受益者ノ定ナキ信託ノ内学術、技芸、慈善、祭祀、宗教其他公益ヲ目的トスルモノニ付テハ受益者ニ於テ主務官庁ノ許可ヲ受クルニ非ザレバ其ノ効力ヲ生ゼズ

②　公益信託ノ存続期間ニ付テハ信託法第259条ノ規定ハ之ヲ適用セズ

第3条　公益信託ハ主務官庁ノ監督ニ属ス

第4条　主務官庁ハ何時ニテモ公益信託事務ノ処理ニ付検査ヲ為シ且財産ノ供託其他必要ナル処分ヲ命スルコトヲ得

②　公益信託ノ受託者ハ毎年1回一定ノ時期ニ於テ信託事務及財産ノ状況ヲ公告スルコトヲ要ス

第5条　公益信託ニ付信託行為ノ当時予見スルコトヲ得サリシ特別ノ事情ノ生シタルトキハ主務官庁ハ信託ノ本旨ニ反セサル限リ信託ノ変更ヲ命ズルコトヲ得

②　公益信託ニ付テハ信託法第150条ノ規定ハ之ヲ適用セズ

第6条　公益信託ニ付信託ノ変更（前条ノ規定ニ依ルモノヲ除ク）又ハ信託ノ併合若ハ信託ノ分割ヲ為スニハ主務官庁ノ許可ヲ受クルコトヲ要ス

第7条　公益信託ノ受託者ハ已ムコトヲ得サル事由アル場合ニ限リ主務官庁ノ許可ヲ受ケ其ノ任務ヲ辞スルコトヲ得

第8条　公益信託ニ付テハ信託法第258条第1項ニ規定スル受益者ノ定ナキ信託ニ関スル同法ノ規定ニ規定スル裁判所ノ権限（次ニ掲グル裁判ニ関スルモノヲ除ク）ハ主務官庁ニ属ス但シ同法第58条第4項（同法第70条（同法第74条第6項ニ於テ準用スル場合ヲ含ム）及第128条第2項ニ於テ準用スル場合ヲ含ム）、第62条第4項（同法第129条第1項ニ於テ準用スル場合ヲ含ム）、第63条第1項、第74条第2項及第123条第4項ニ規定スル権限ニ付テハ職権ヲ以テ之ヲ行フコトヲ得

一　信託法第150条第1項ノ規定ニ依ル信託ノ変更ヲ命ズル裁判

二　信託法第166条第1項ノ規定ニ依ル信託ノ終了ヲ命ズル裁判、同法第169条第1項ノ規定ニ依ル保全処分ヲ命ズル裁判及同法第173条第1項ノ規定ニ依ル新受託者ノ選任ノ裁判

三　信託法第180条第1項ノ規定ニ依ル鑑定人ノ選任ノ裁判

四　信託法第223条ノ規定ニ依ル書類ノ提出ヲ命ズル裁判

五　信託法第230条第2項ノ規定ニ依ル弁済ノ許可ノ裁判

第9条　公益信託ノ終了ノ場合ニ於テ帰属権利者ノ指定ニ関スル定ナキトキ又ハ帰属権利者ガ其ノ権利ヲ放棄シタルトキハ主務官庁ハ其ノ信託ノ本旨ニ従ヒ類似ノ目的ノ為ニ信託ヲ継続セシムルコトヲ得

第10条　本法ニ規定スル主務官庁ノ権限ハ政令ノ定ムル所ニ依リ其ノ全部又ハ一部ヲ国ニ所属スル行政庁ニ委任スルコトヲ得

第11条　本法ニ規定スル主務官庁ノ権限ニ属スル事務ハ政令ノ定ムル所ニ依リ都道府県ノ知事其ノ他ノ執行機関ニ於テ其ノ全部又ハ一部ヲ処理スルコトトスルコトヲ得

②　前項ノ場合ニ於テハ主務官庁ハ都道府県ノ執行機関ガ其ノ事務ヲ処理スルニ当リテ依ルベキ基準ヲ定ムルコトヲ得

③　主務官庁ガ前項ノ基準ヲ定メタルトキハ之ヲ告示スルコトヲ要ス

第12条　公益信託ノ受託者、信託財産管理者、民事保全法（平成元年法律第91号）第56条ニ規定スル仮処分命令ニ依リ選任セラレタル受託者ノ職務ヲ代行スル者、信託財産法人管理人、信託管理人又ハ検査役ハ次ニ掲グル場合ニ於テハ100万円以下ノ過料ニ処ス

一　第4条第2項ノ規定ニ依ル公告ヲ為スコトヲ怠リ又ハ不正ノ公告ヲ為シタルトキ

二　第6条又ハ第7条ノ規定ニ違反シタルトキ

三　本法ノ規定ニ依ル主務官庁ノ命令又ハ処分ニ違反シタルトキ

附　則

本法施行ノ期日ハ勅令ヲ以テ之ヲ定ム

2 公益信託法の見直しに関する要綱

目 次

第1 新公益信託法の目的……………………210
第2 公益信託等の定義………………………210
  1 公益信託の定義…………………………210
  2 公益信託事務の定義……………………210
第3 公益信託の要件…………………………210
  1 公益信託の効力の発生…………………210
  2 公益信託の信託の方法…………………210
第4 公益信託の受託者………………………210
  1 公益信託の受託者の資格………………210
  2 公益信託の受託者の権限、義務及び責
    任……………………………………………211
  3 公益信託の受託者の任務終了事由……211
第5 公益信託の信託管理人…………………211
  1 公益信託における信託管理人の必置……211
  2 公益信託の信託管理人の資格…………211
  3 公益信託の信託管理人の権限、義務及
    び責任……………………………………212
  4 公益信託の信託管理人の任務終了事由
    ……………………………………………212
第6 公益信託の委託者………………………212
  1 公益信託の委託者の権限………………212
  2 公益信託の委託者の地位の移転………212
  3 公益信託の委託者の地位の相続………212
第7 行 政 庁…………………………………212
  1 公益信託認可及び公益信託の監督を行
    う行政庁…………………………………212
  2 行政庁の区分……………………………213
第8 公益信託認可の申請……………………213
  1 公益信託認可の申請主体………………213
  2 公益信託認可の申請手続………………213
第9 公益信託認可の基準……………………213
  1 公益信託の目的に関する基準…………213
  2 公益信託の受託者の処理する信託事務
    に関する基準……………………………213
  3 公益信託の信託財産に関する基準……213
  4 公益信託の信託行為の定めに関する基
    準……………………………………………213
第10 公益信託の名称…………………………214
第11 公益信託の情報公開……………………214
  1 公益信託の情報公開の対象及び方法……214
  2 公益信託の公示…………………………214
第12 公益信託の監督…………………………215
  1 報告及び検査……………………………215
  2 勧告、命令等……………………………215

  3 寄附の募集に関する禁止行為…………215
  4 公益信託認可の取消し…………………215
  5 裁判所の権限……………………………216
第13 公益信託の受託者の辞任・解任、新受
    託者の選任………………………………216
  1 公益信託の受託者の辞任………………216
  2 公益信託の受託者の解任………………216
  3 公益信託の新受託者の選任……………216
第14 公益信託の信託管理人の辞任・解任、
    新信託管理人の選任……………………217
  1 公益信託の信託管理人の辞任…………217
  2 公益信託の信託管理人の解任…………217
  3 公益信託の新信託管理人の選任………217
第15 公益信託の変更、併合及び分割………218
  1 公益信託の信託行為の定めの変更……218
  2 公益信託の目的の変更…………………219
  3 公益信託の併合・分割…………………219
第16 公益信託の終了…………………………220
  1 公益信託の終了事由……………………220
  2 公益信託の存続期間……………………220
  3 合意による終了…………………………220
  4 特別の事情による公益信託の終了を命
    ずる裁判…………………………………220
  5 公益信託の終了の届出…………………220
第17 公益信託の清算…………………………220
  1 残余財産の帰属…………………………220
  2 公益信託の清算等の届出………………221
  3 公益信託の清算のための新受託者の選
    任……………………………………………221
第18 公益信託と受益者の定めのある信託の
    相互の変更………………………………221
  1 公益信託から受益者の定めのある信託
    への変更…………………………………221
  2 受益者の定めのある信託から公益信託
    への変更…………………………………221
第19 その他…………………………………221
  1 新公益信託法施行時に存在する既存の
    公益信託の取扱い………………………221
  2 罰 則……………………………………221
  3 その他……………………………………221

第1　新公益信託法の目的

　新公益信託法は、公益信託をすることについての認可（以下「公益信託認可」という。）を行う制度を設けるとともに、受託者による公益信託事務の適正な処理を確保するための措置等を定めることにより、民間による公益活動の健全な発展を促進し、もって公益の増進及び活力ある社会の実現に資することを目的とするものとする。

第2　公益信託等の定義

1　公益信託の定義

　公益信託は、学術、技芸、慈善、祭祀、宗教その他の公益を目的とする受益者の定めのない信託であって、公益信託認可を受けたものをいうものとする。

2　公益信託事務の定義

　公益信託事務は、学術、技芸、慈善、祭祀、宗教その他の公益に関する別表各号（注）に掲げる種類の信託事務であって、不特定かつ多数の者の利益の増進に寄与するものをいうものとする。

（注）　別表各号に掲げる種類の信託事務とは、公益法人認定法の別表と同様に、次に掲げるものをいうものとする。

1　学術及び科学技術の振興を目的とする信託事務
2　文化及び芸術の振興を目的とする信託事務
3　障害者若しくは生活困窮者又は事故、災害若しくは犯罪による被害者の支援を目的とする信託事務
4　高齢者の福祉の増進を目的とする信託事務
5　勤労意欲のある者に対する就労の支援を目的とする信託事務
6　公衆衛生の向上を目的とする信託事務
7　児童又は青少年の健全な育成を目的とする信託事務
8　勤労者の福祉の向上を目的とする信託事務
9　教育、スポーツ等を通じて国民の心身の健全な発達に寄与し、又は豊かな人間性を涵養することを目的とする信託事務
10　犯罪の防止又は治安の維持を目的とする信託事務
11　事故又は災害の防止を目的とする信託事務
12　人種、性別その他の事由による不当な差別又は偏見の防止及び根絶を目的とする信

託事務
13　思想及び良心の自由、信教の自由又は表現の自由の尊重又は擁護を目的とする信託事務
14　男女共同参画社会の形成その他のより良い社会の形成の推進を目的とする信託事務
15　国際相互理解の促進及び開発途上にある海外の地域に対する経済協力を目的とする信託事務
16　地球環境の保全又は自然環境の保護及び整備を目的とする信託事務
17　国土の利用、整備又は保全を目的とする信託事務
18　国政の健全な運営の確保に資することを目的とする信託事務
19　地域社会の健全な発展を目的とする信託事務
20　公正かつ自由な経済活動の機会の確保及び促進並びにその活性化による国民生活の安定向上を目的とする信託事務
21　国民生活に不可欠な物資、エネルギー等の安定供給の確保を目的とする信託事務
22　一般消費者の利益の擁護又は増進を目的とする信託事務
23　前各号に掲げるもののほか、公益に関する信託事務として政令で定めるもの

第3　公益信託の要件

1　公益信託の効力の発生

　公益信託は、公益信託認可を受けなければ公益信託としての効力を生じないものとする（注）。ただし、信託法第258条第1項に規定する受益者の定めのない信託としての効力を妨げないものとする。

（注）　公益信託認可は、民間の有識者から構成される委員会の意見に基づいて、特定の行政庁が行うことを前提としている（本部会資料第7の1）。行政庁は、公益信託認可をしようとするときは、他の行政機関の長の意見を聴くものとするなど、公益法人認定法第8条と同様の規律を設けるものとする。

2　公益信託の信託の方法

　公益信託は、信託法第3条第1号又は第2号に掲げる方法によってすることができるものとする。

第4　公益信託の受託者

1　公益信託の受託者の資格

　(1)　公益信託の受託者は、公益信託事務の適

210　第5章　参考資料

正な処理をするのに必要な経理的基礎及び
技術的能力を有するものでなければならな
いものとする。
  (2) 公益信託の受託者の欠格事由
    公益信託の受託者になろうとする者が次
  のいずれかに該当する場合には、公益信託
  認可を受けることができないものとする。
  ア　受託者になろうとする者が自然人であ
    る場合
    (ア) 信託法第7条に掲げる者
    (イ) 禁錮以上の刑に処せられ、その刑の
      執行を終わり、又は刑の執行を受ける
      ことがなくなった日から5年を経過し
      ない者
    (ウ) 信託法その他の法律の一定の規定に
      違反したことにより、罰金の刑に処せ
      られ、その執行を終わり、又は執行を
      受けることがなくなった日から5年を
      経過しない者
    (エ) 暴力団員による不当な行為の防止等
      に関する法律第2条第6号に規定する
      暴力団員（以下この(エ)において「暴力
      団員」という。）又は暴力団員でなく
      なった日から5年を経過しない者（以
      下「暴力団員等」という。）
    (オ) 公益信託認可を取り消された場合に
      おいて、その取消しについて原因があ
      る公益信託の受託者又は信託管理人で
      その取消しの日から5年を経過しない
      もの
    (カ) 公益信託認可を取り消された場合に
      おいて、その当時その取消しについて
      原因がある公益信託の受託者又は信託
      管理人の業務を執行する社員、理事、
      取締役、執行役又はこれらに準ずる者
      であった者で、その取消しの日から5
      年を経過しないもの
  イ　受託者になろうとする者が法人である
    場合
    業務を執行する社員、理事若しくは取
    締役、執行役、会計参与若しくはその職
    務を行うべき社員又は監事若しくは監査
    役のうちに、上記ア(イ)から(カ)までのいず
    れかに該当する者があること。
  ウ　その信託事務を処理するに当たり法令
    上必要となる行政機関の許認可等を受け
    ることができないもの

エ　国税又は地方税の滞納処分の執行がさ
  れているもの又は当該滞納処分の終了の
  日から3年を経過しないもの
2　公益信託の受託者の権限、義務及び責任
  (1) 公益信託においては、信託法第29条第2
    項ただし書の規定にかかわらず、信託行為
    の定めにより同項本文の義務を軽減するこ
    とはできないものとする。
  (2) 公益信託においては、信託法第35条第4
    項の規律は適用しないものとする。
  (3) 公益信託の必要書類の備置き及び閲覧等
    については、公益法人と同等の仕組みとす
    るものとする。
3　公益信託の受託者の任務終了事由
  公益信託の受託者の任務は、信託の清算が結了
した場合のほか、次に掲げる事由によって終了す
る。ただし、下記(3)に掲げる事由による場合に
あっては、信託行為に別段の定めがあるときは、
その定めるところによるものとする。
  (1) 受託者である個人の死亡
  (2) 受託者である個人が後見開始又は保佐開
    始の審判を受けたこと。
  (3) 受託者（破産手続開始の決定により解散
    するものを除く。）が破産手続開始の決定
    を受けたこと。
  (4) 受託者である法人が合併以外の理由によ
    り解散したこと。
  (5) 第13の1の規律による受託者の辞任
  (6) 第13の2の規律による受託者の解任
  (7) 公益信託の受託者の欠格事由（第4の1
    (2)（ア(ア)を除く。））に該当するに至ったと
    き。
  (8) 信託行為において定めた事由
(注)　公益信託の受託者の任務終了事由には、信
    託法第56条第2項から第7項までと同様の規
    律を及ぼすものとする。
第5　公益信託の信託管理人
1　公益信託における信託管理人の必置
  公益信託の信託行為には、信託管理人を指定す
る旨の定めを設けなければならないものとする。
2　公益信託の信託管理人の資格
  (1) 公益信託の信託管理人は、公益信託事務
    の適正な処理の監督をするのに必要な能力
    を有するものでなければならないものとす
    る。
  (2) 公益信託の信託管理人の欠格事由
    公益信託の信託管理人になろうとする者

2　公益信託法の見直しに関する要綱　211

が、次のいずれかに該当する場合には、公益信託認可を受けることができないものとする。

- ア 当該公益信託の受託者
- イ 受託者の親族、使用人その他受託者と特別の関係を有する者
- ウ 当該公益信託の委託者
- エ 委託者の親族、使用人その他委託者と特別の関係を有する者
- オ 信託管理人になろうとする者が自然人である場合
  - (ア) 信託法第124条第1号に掲げる者
  - (イ) 禁錮以上の刑に処せられ、その刑の執行を終わり、又は刑の執行を受けることがなくなった日から5年を経過しない者
  - (ウ) 信託法その他の法律の一定の規定に違反したことにより、罰金の刑に処せられ、その執行を終わり、又は執行を受けることがなくなった日から5年を経過しない者
  - (エ) 暴力団員等
  - (オ) 公益信託認可を取り消された場合において、その取消しについて原因がある公益信託の受託者又は信託管理人でその取消しの日から5年を経過しないもの
  - (カ) 公益信託認可を取り消された場合において、その当時その取消しについて原因がある公益信託の受託者又は信託管理人の業務を執行する社員、理事、取締役、執行役又はこれらに準ずる者であった者で、その取消しの日から5年を経過しないもの
- カ 信託管理人になろうとする者が法人である場合
  業務を執行する社員、理事若しくは取締役、執行役、会計参与若しくはその職務を行うべき社員又は監事若しくは監査役のうちに、上記オ(イ)から(カ)までのいずれかに該当する者があること。

3 公益信託の信託管理人の権限、義務及び責任

- (1) 公益信託の信託管理人の権限、義務及び責任は、受益者の定めのある信託の信託管理人の権限、義務及び責任と同様であるものとする。

- (2) 信託管理人の権限、義務及び責任は、信託行為の定めによって制限することはできないものとする。

4 公益信託の信託管理人の任務終了事由

公益信託の信託管理人の任務は、信託の清算が結了した場合のほか、次に掲げる事由によって終了する。ただし、下記(3)に掲げる事由による場合にあっては、信託行為に別段の定めがあるときは、その定めるところによるものとする。

- (1) 信託管理人である個人の死亡
- (2) 信託管理人である個人が後見開始又は保佐開始の審判を受けたこと。
- (3) 信託管理人（破産手続開始の決定により解散するものを除く。）が破産手続開始の決定を受けたこと。
- (4) 信託管理人である法人が合併以外の理由により解散したこと。
- (5) 第14の1の規律による信託管理人の辞任
- (6) 第14の2の規律による信託管理人の解任
- (7) 公益信託の信託管理人の欠格事由（第5の2(2)（ア及びオ(ア)を除く。））に該当するに至ったとき。
- (8) 信託行為において定めた事由
- (注) 公益信託の信託管理人の任務終了事由には、信託法第128条第1項において準用する第56条第2項から第7項までと同様の規律を及ぼすものとする。

第6 公益信託の委託者

1 公益信託の委託者の権限

公益信託の委託者の権限は、受益者の定めのある信託の委託者が有する権限と同様とした上で、信託行為により制限できるものとする。

2 公益信託の委託者の地位の移転

- (1) 公益信託の委託者の地位は、受託者及び信託管理人の同意を得て、又は信託行為において定めた方法に従い、第三者に移転することができるものとする。
- (2) 委託者が2人以上ある信託における上記(1)の規律の適用については、上記(1)中「受託者及び信託管理人」とあるのは、「他の委託者、受託者及び信託管理人」とするものとする。

3 公益信託の委託者の地位の相続

公益信託の委託者の相続人は、委託者の地位を相続により承継しないものとする。

第7 行政庁

1 公益信託認可及び公益信託の監督を行う行

政庁

公益信託認可及び公益信託の監督は、民間の有識者から構成される委員会の意見に基づいて、特定の行政庁が行うものとする。

2　行政庁の区分

公益信託認可及び公益信託の監督を行う行政庁は、次に掲げる公益信託の区分に応じ、国の行政庁又は都道府県知事とする。

⑴　次に掲げる公益信託　国の行政庁

ア　公益信託事務を2以上の都道府県の区域内において処理する旨を信託行為で定めるもの

イ　国の事務又は事業と密接な関連を有する公益信託事務であって政令で定めるものを処理するもの

⑵　上記⑴以外の公益信託　当該公益信託事務が処理される都道府県の知事

第8　公益信託認可の申請

1　公益信託認可の申請主体

公益信託の受託者になろうとする者は、当該信託について行政庁による公益信託認可の申請をすることができるものとする。

2　公益信託認可の申請手続

公益信託認可の申請は、必要事項を記載した申請書等を行政庁に提出してしなければならないものとする。

第9　公益信託認可の基準

（前注）　本項1から4までの公益信託認可基準の他に、次に掲げるものを認可基準とするものとする。

・公益信託の受託者の資格（前記第4の1）

・公益信託の信託管理人の資格（前記第5の2）

・公益信託終了時の残余財産の帰属すべき者を信託行為で定めていること（後記第17の1⑴・⑵）

行政庁は、公益信託認可の申請がされた信託が次に掲げる基準に適合すると認めるときは、当該信託について公益信託認可をするものとする。

1　公益信託の目的に関する基準

公益信託事務を処理することのみを目的とするものであること。

2　公益信託の受託者の処理する信託事務に関する基準

⑴　公益信託の受託者が処理する信託事務が当該公益信託の目的の達成のために必要な信託事務であること。

なお、当該信託事務が収益を伴うことは許容されるものとする。

⑵　暴力団員等がその信託事務を支配しないものであること。

3　公益信託の信託財産に関する基準

⑴　公益信託の信託財産は、金銭に限定しないものとする。

⑵　公益信託認可の申請をした時の信託財産に加え、その後の信託財産の運用や、委託者又は第三者からの拠出による事後的な信託財産の増加等の計画の内容に照らし、当該公益信託の存続期間を通じて公益信託事務が遂行される見込みがあること。

⑶　信託財産に他の団体の意思決定に関与することができる株式等の財産が含まれないものであること。ただし、当該財産が信託財産に含まれることによって他の団体の事業活動を実質的に支配するおそれがない場合は当該株式等の財産が含まれることを許容するものとする。

4　公益信託の信託行為の定めに関する基準

⑴　信託行為の定めの内容が次に掲げる事項に適合するものであることとする。

ア　その公益信託事務を処理するに当たり、委託者、受託者若しくは信託管理人又はこれらの者の関係者に対して特別の利益を供与するものでないこと。

イ　その公益信託事務を処理するに当たり、株式会社その他の営利事業を営む者又は特定の個人若しくは団体に対して寄附その他の特別の利益を供与するものでないこと。

ただし、公益信託の受託者に対し、当該公益信託の受託者が処理する公益信託事務のために又は公益法人に対し、当該公益法人が行う公益目的事業のために寄附その他の特別の利益を与える行為を行う場合は、許容するものとする。

ウ　受託者の信託報酬及び信託管理人の報酬（以下「報酬」という。）（注）について、主務省令で定めるところにより、当該公益信託の経理の状況その他の事情を考慮して、不当に高額なものとならないような支払基準（額又は算定方法）が定められていること。

（注1）　公益信託においては、上記ウの

報酬の支払基準に従って、その受託者及び信託管理人に対する報酬が支給されなければならないものとする。

（注2）　公益信託の受託者は、上記ウの報酬の支払基準を公表しなければならないものとする。これを変更したときも、同様とするものとする。

エ　公益信託の会計について

　（ア）　その処理する公益信託事務に係る収入がその実施に要する適正な費用を償う額を超えないと見込まれるものであること（注）。

　（注）　公益信託の受託者は、その公益信託事務を処理するに当たり、当該公益信託事務の実施に要する適正な費用を償う額を超える収入を得てはならないものとする。

　（イ）　公益信託の毎信託事務年度の末日における遊休財産額（注）が、当該信託事務年度に処理された公益信託事務と同一の内容及び規模の公益信託事務が翌信託事務年度においても引き続き処理されるために必要な額として、当該信託事務年度における公益信託事務の遂行に要した費用の額を基礎として主務省令で定めるところにより算定した額を超えないものであること。

　（注）　遊休財産額とは、公益信託における財産の使用若しくは管理の状況又は当該財産の性質に鑑み、公益信託事務のために現に使用されておらず、かつ、引き続きこれらのために使用されることが見込まれない財産の価額の合計額をいうものとする。

　（ウ）　その公益信託事務を処理するに当たり、公益信託に係る費用のうち当該公益信託の運営に必要な経常的経費の額が適正な割合となると見込まれるものであること。

オ　信託行為又は事業計画書の内容が法令又は法令に基づく行政機関の処分に違反していないものであること。

（2）　公益信託事務に係る収入（寄附金及び預貯金の利子その他の主務省令で定めるものを除く。）があることが予定されていない公益信託について、上記(1)エの基準は適用

しないものとする。

第10　公益信託の名称

　公益信託の名称に関して、以下のような規律を設けるものとする。

　1　公益信託には、名称を付さなければならない。

　2　公益信託には、その名称中に公益信託という文字を用いなければならない。

　3　何人も、公益信託でないものについて、その名称又は商号中に、公益信託であると誤認されるおそれのある文字を用いてはならない。

　4　何人も、不正の目的をもって、他の公益信託であると誤認されるおそれのある名称又は商号を使用してはならない。

　5　4に違反する名称又は商号の使用によって公益信託事務に係る利益を侵害され、又は侵害されるおそれがある公益信託の受託者は、その利益を侵害する者又は侵害するおそれがある者に対し、その侵害の停止又は予防を請求することができる。

第11　公益信託の情報公開

1　公益信託の情報公開の対象及び方法

　新たな公益信託の情報公開の対象、方法については、公益法人と同等の仕組みとするものとする。

2　公益信託の公示

　行政庁は、次に掲げる場合には、その旨を公示しなければならないものとする。

　⑴　公益信託認可をしたとき。

　⑵　公益信託認可を取り消したとき。

　⑶　公益信託の受託者に対して勧告及び命令をしたとき。

　⑷　公益信託の新たな受託者（以下「新受託者」という。）又は新たな信託管理人（以下「新信託管理人」という。）の選任の認可をしたとき。

　⑸　公益信託の変更及び併合・分割の認可をしたとき。

　⑹　受託者の辞任及び解任の届出があったとき。

　⑺　裁判所が新受託者を選任した旨の届出があったとき。

　⑻　信託管理人の辞任及び解任の届出があったとき。

　⑼　裁判所が新信託管理人を選任した旨の届出があったとき。

(10) 裁判所が公益信託事務の処理の方法に係る信託行為の定めの変更を命じた旨の届出があったとき。

(11) 公益信託の信託行為の定めの軽微な変更の届出があったとき。

(12) 信託の終了の届出があったとき。

(13) 清算の結了の届出があったとき。

第12 公益信託の監督

1 報告及び検査

(1) 行政庁は、公益信託事務の適正な処理を確保するために必要な限度において、受託者に対し、その公益信託事務及び信託財産の状況について必要な報告を求め、又はその職員に、当該受託者の事務所に立ち入り、その公益信託事務及び信託財産の状況若しくは帳簿、書類その他の物件を検査させ、若しくは関係者に質問させることができるものとする。

(2) 上記(1)の立入検査をする職員は、その身分を示す証明書を携帯し、関係者の請求があったときは、これを提示しなければならないものとする。

(3) 上記(1)の立入検査の権限は、犯罪捜査のために認められたものと解してはならない。

2 勧告、命令等

(1) 行政庁は、公益信託認可基準のいずれかに適合しなくなったとき等に該当すると疑うに足りる相当な理由がある場合には、受託者に対し、期限を定めて、必要な措置をとるべき旨の勧告をすることができるものとする。

(2) 行政庁は、上記(1)の勧告をしたときは、主務省令で定めるところにより、その勧告の内容を公表しなければならないものとする。

(3) 行政庁は、上記(1)の勧告を受けた受託者が、正当な理由がなく、その勧告に係る措置をとらなかったときは、当該受託者に対し、その勧告に係る措置をとるべきことを命ずることができるものとする。

(注) 行政庁は、上記(1)の勧告及び(3)の規律による命令をしようとするときは、他の行政機関の長の意見を聴くことができるものとするなど、公益法人認定法第28条第5項と同様の規律を設けるものとする。

3 寄附の募集に関する禁止行為

公益信託の受託者及び信託管理人は、寄附の募集に関して、次に掲げる行為をしてはならないものとする。

(1) 寄附の勧誘又は要求を受け、寄附をしない旨の意思を表示した者に対し、寄附の勧誘又は要求を継続すること。

(2) 粗野若しくは乱暴な言動を交えて、又は迷惑を覚えさせるような方法で、寄附の勧誘又は要求をすること。

(3) 寄附をする財産の使途について誤認させるおそれのある行為をすること。

(4) 上記(1)から(3)までに掲げるもののほか、寄附の勧誘若しくは要求を受けた者又は寄附者の利益を不当に害するおそれのある行為をすること。

4 公益信託認可の取消し

(1) 行政庁は、公益信託が次のいずれかに該当するときは、その公益信託認可を取り消さなければならないものとする。

ア 公益信託の受託者の処理する信託事務に関する基準（注1）に適合しない状態に該当するに至ったとき。

イ 受託者が、偽りその他不正の手段により公益信託認可、新受託者又は新信託管理人の選任の認可、公益信託の変更及び併合・分割の認可を受けたとき。

ウ 受託者が、正当な理由がなく、上記2(3)の命令に従わないとき。

（注1） ・公益信託の受託者の処理する信託事務に関する基準第9の2(2)

(2) 行政庁は、公益信託が次のいずれかに該当するときは、その公益信託認可を取り消すことができるものとする。

ア 公益信託の受託者及び信託管理人に関する欠格事由に該当するに至ったとき。

イ 公益信託の目的に関する基準、公益信託の信託財産に関する基準、公益信託の信託行為の定めに関する基準のいずれか（注2）に適合しなくなったとき。

ウ 受託者が、公益信託の報酬・会計に関する基準（第9の4(1)ウ及びエ）、寄附の募集に関する禁止行為（第12の3）、公益信託の情報公開（第11の1）の規律を遵守していないとき。

エ 受託者が、上記アからウまでのほか、法令又は法令に基づく行政機関の処分に

違反したとき。
(注2)　・公益信託の目的に関する基準第9の1
　　　　・公益信託の受託者及び信託管理人の資格に関する基準第4の1(1)、第5の2(1)
　　　　・公益信託の信託財産に関する基準第9の3
　　　　・公益信託の信託行為の定めに関する基準第9の4(1)アからオまで
(注3)　行政庁は、上記(1)及び(2)の公益信託認可の取消しをしようとするときは、他の行政機関の長の意見を聴くことができるものとするなど、公益法人認定法第28条第5項と同様の規律を設けるものとする。
(注4)　他の行政機関の長は、公益信託について上記の各事由があると疑うに足りる相当な理由があるため、行政庁が公益信託の受託者に対して適当な措置をとることが必要であると認める場合には、行政庁に対し、その旨の意見を述べることができるものとするなど、公益法人認定法第31条と同様の規律を設けるものとする。

5　裁判所の権限

裁判所は、信託法が裁判所の権限としている権限を有するものとする。

第13　公益信託の受託者の辞任・解任、新受託者の選任

1　公益信託の受託者の辞任

(1)　受託者は、委託者及び信託管理人の同意を得て、辞任することができるものとする。ただし、信託行為に別段の定めがあるときは、その定めるところによるものとする。
(2)　受託者は、やむを得ない事由があるときは、裁判所の許可を得て、辞任することができるものとする。
(3)　受託者であった者は、遅滞なく、行政庁に辞任した旨を届け出なければならないものとする。
(4)　委託者が現に存しない場合には、上記(1)本文の規律は適用しないものとする。
(注)　公益信託の受託者の辞任には、信託法第57条第3項から第5項までの規律

と同様の規律を及ぼすものとする。

2　公益信託の受託者の解任

(1)　委託者及び信託管理人は、正当な理由があるときは、その合意により、受託者を解任することができるものとする。ただし、信託行為に別段の定めがあるときは、その定めるところによるものとする。
(2)　受託者がその任務に違反して信託財産に著しい損害を与えたことその他重要な事由があるときは、裁判所は、委託者又は信託管理人の申立てにより、受託者を解任することができるものとする。
　　委託者については信託行為において受託者の解任の申立権を有しない旨を定めることができるものとする。
(3)　受託者であった者は、遅滞なく、行政庁に解任された旨を届け出なければならないものとする。
(4)　委託者が現に存しない場合には、上記(1)本文の規律は適用しないものとする。
(注)　公益信託の受託者の解任には、信託法第58条第5項から第7項までの規律と同様の規律を及ぼすものとする。

3　公益信託の新受託者の選任

(1)　信託行為に新受託者となるべき者に関する定め（注1）がある場合は、当該定めに従い、新受託者となるべき者を選任することができるものとする。
(注1)　新受託者となるべき者の指定の仕方の定めを置くことも可能であるものとする。
(2)　第4の3に掲げる事由により公益信託の受託者の任務が終了した場合において、信託行為に新受託者となるべき者に関する定めがないとき、又は信託行為の定めにより新受託者となるべき者として指定された者が信託の引受けをせず、若しくはこれをすることができないときは、委託者及び信託管理人は、その合意により、新受託者となるべき者を選任することができるものとする。
(3)　上記(1)及び(2)の場合における新受託者の選任は、行政庁による選任の認可を受けなければ、その効力を生じないものとする。
(4)　上記(2)の場合において、委託者及び信託管理人の合意に係る協議の状況その他の事情に照らして必要があると認めるときは、

216　第5章　参考資料

裁判所は、利害関係人の申立てにより、新受託者を選任することができるものとする。

(5) 上記(4)の場合において、新受託者は、遅滞なく、行政庁に選任された旨を届け出なければならないものとする。（注２）

　　(注２)　受託者は、行政庁に上記(3)の選任の認可と同様の書類を提出するものとする。

(6) 委託者が現に存しない場合には、上記(2)の規律のうち「委託者及び信託管理人は、その合意により」とあるのは「信託管理人は」と、上記(4)の規律のうち「委託者及び信託管理人の合意に係る協議の状況」とあるのは「信託管理人の状況」とするものとする。（注３）

　　(注３)　公益信託の新受託者の選任には、信託法第62条第２項及び第３項、同条第５項から第７項までの規律と同様の規律を及ぼすものとする。

第14　公益信託の信託管理人の辞任・解任、新信託管理人の選任

1　公益信託の信託管理人の辞任

(1) 信託管理人は、委託者（他の信託管理人が現に存する場合にあっては、委託者及び当該他の信託管理人）の同意を得て、辞任することができるものとする。ただし、信託行為に別段の定めがあるときは、その定めるところによるものとする。

(2) 信託管理人は、やむを得ない事由があるときは、裁判所の許可を得て、辞任することができるものとする。

(3) 受託者は、遅滞なく、行政庁に信託管理人が辞任した旨を届け出なければならないものとする。

(4) 委託者が現に存しない場合には、上記(1)本文の規律は適用しないものとする（注）。

　　(注)　公益信託の信託管理人の辞任には、信託法第128条第２項において準用する同法第57条第３項から第５項までの規律と同様の規律を及ぼすものとする。

2　公益信託の信託管理人の解任

(1) 委託者は、正当な理由があるときは、（他の信託管理人が現に存する場合にあっては、委託者及び当該他の信託管理人は、正当な理由があるときは、その合意によ

り）、信託管理人を解任することができるものとする。ただし、信託行為に別段の定めがあるときは、その定めるところによるものとする。

(2) 信託管理人がその任務に違反して信託財産に著しい損害を与えたことその他重要な事由があるときは、裁判所は、委託者、受託者又は他の信託管理人の申立てにより、信託管理人を解任することができるものとする。

　　委託者については信託行為において信託管理人の解任の申立権を有しない旨を定めることができるものとする。

(3) 受託者は、遅滞なく、行政庁に信託管理人が解任された旨を届け出なければならないものとする。

(4) 委託者が現に存しない場合には、上記(1)本文の規律は適用しないものとする（注１）。

　　(注１)　公益信託の信託管理人の解任には、信託法第128条第２項において準用する同法第58条第５項及び第６項の規律と同様の規律を及ぼすものとする。

　　(注２)　上記(2)の信託管理人の解任の裁判に対しては、委託者、信託管理人又は他の信託管理人に限り、即時抗告をすることができるものとする。

3　公益信託の新信託管理人の選任

(1) 信託行為に新信託管理人となるべき者に関する定め（注１）がある場合は、当該定めに従い、新信託管理人となるべき者を選任することができるものとする。

　　(注１)　新信託管理人となるべき者の指定の仕方の定めを置くことも可能であるものとする。

(2) 第５の４に掲げる事由により信託管理人の任務が終了した場合において、信託行為に新信託管理人となるべき者に関する定めがないとき、又は信託行為の定めにより新信託管理人となるべき者として指定された者が就任を承諾せず、若しくはこれをすることができないときは、委託者は（他の信託管理人が現に存する場合にあっては、委託者及び当該他の信託管理人は、その合意により）、新信託管理人となるべき者を選任することができるものとする。

2　公益信託法の見直しに関する要綱　217

(3) 上記(1)及び(2)の場合における新信託管理
　人の選任は、行政庁による選任の認可を受
　けなければ、その効力を生じないものとす
　る。
(4) 上記(2)の場合において、委託者の状況そ
　の他の事情に照らして必要があると認める
　ときは、裁判所は、利害関係人の申立てに
　より、新信託管理人を選任することができ
　るものとする。
(5) 上記(4)の場合において、受託者は、遅滞
　なく、行政庁に新信託管理人が選任された
　旨を届け出なければならないものとする。
　（注2）
　　（注2）　受託者は、行政庁に上記(3)の選任
　　　の認可と同様の書類を提出するものと
　　　する。
(6) 委託者が現に存しない場合には、上記(2)
　の規律は適用しないものとする（注3）。
　　（注3）　公益信託の新信託管理人の選任に
　　　は、信託法第129条第1項において準
　　　用する同法第62条第2項、第3項、第
　　　5項及び第7項の規律と同様の規律を
　　　及ぼすものとする。
　　（注4）　上記(4)の新信託管理人の選任の裁
　　　判に対しては、委託者又は他の信託管
　　　理人に限り、即時抗告をすることがで
　　　きるものとする。

第15　公益信託の変更、併合及び分割

（前注）　行政庁に対する変更、併合及び分割の
　認可の申請は、いずれも受託者が行うこと
　を前提としている。

1　公益信託の信託行為の定めの変更

(1)ア　公益信託の信託行為の定めの変更（第
　　15の2の場合を除く。）は、委託者、受
　　託者及び信託管理人の合意（注1）があ
　　る場合には、行政庁による変更の認可を
　　受けることによってすることができるも
　　のとする。
　　（注1）　1　上記アにかかわらず、公益信
　　　　託の信託行為の定めの変更は、
　　　　次に掲げるものによりすること
　　　　ができるものとする。この場合
　　　　において、受託者は、次の(ア)に
　　　　掲げるときは委託者に対し、次
　　　　の(イ)に掲げるときは委託者及び
　　　　信託管理人に対し、遅滞なく、
　　　　変更後の信託行為の内容を通知

しなければならないものとす
る。
　(ア)　信託の目的に反しないこと
　　が明らかであるとき
　　　受託者及び信託管理人の合
　　意
　(イ)　信託の目的の達成のために
　　必要であることが明らかであ
　　るとき
　　　受託者の書面又は電磁的記
　　録によってする意思表示
2　上記ア及び（注1）1にかか
　わらず、公益信託の信託行為の
　定めの変更は、次に掲げる者に
　よる受託者に対する意思表示に
　よってすることができるものと
　する。この場合において、次の
　(イ)に掲げるときは、受託者は委
　託者に対し、遅滞なく、変更後
　の信託行為の内容を通知しなけ
　ればならないものとする。
　(ア)　受託者の利益を害しないこ
　　とが明らかであるとき
　　　委託者及び信託管理人
　(イ)　信託の目的に反しないこと
　　及び受託者の利益を害しない
　　ことが明らかであるとき
　　　信託管理人
3　委託者が現に存しない場合に
　おいては、上記（注1）2(ア)の
　規律は適用しないものとする。
　上記（注1）1のうち「次の(ア)
　に掲げるときは委託者に対し、
　次の(イ)に掲げるときは委託者及
　び信託管理人に対し」とあるの
　は、「次の(イ)に掲げるときは、
　信託管理人に対し」とするもの
　とする。
　イ　上記アにかかわらず、信託行為に別段
　　の定めがあるときは、その定めるところ
　　によるものとする。
(2)ア　信託行為の当時予見することのできな
　　かった特別の事情により、公益信託事務
　　の処理の方法に係る信託行為の定めが公
　　益信託の目的及び信託財産の状況その他
　　の事情に照らして公益信託の目的の達成
　　に支障になるに至ったときは、裁判所

は、委託者、受託者又は信託管理人の申立てにより、公益信託事務の処理の方法に係る信託行為の定めの変更を命ずることができるものとする。(注2)

イ　委託者については信託行為において公益信託事務の処理の方法に係る信託行為の定めの変更の申立権を有しない旨を定めることができるものとする。

ウ　上記(2)アの場合において、受託者は、遅滞なく、行政庁に変更後の信託行為の定めの内容を届け出なければならないものとする。(注3)

(注2)　公益信託事務の処理の方法に係る信託行為の定めの変更には、信託法第150条第2項から第6項までと同様の規律を及ぼすものとする。

(注3)　受託者は、行政庁に上記(1)アの変更の認可と同様の書類を提出するものとする。

(3)ア　上記(1)アの例外として、主務省令で定める公益信託の信託行為の定めの軽微な変更をするときは、受託者は、その旨を行政庁に届け出るとともに、当該変更について委託者又は信託管理人の同意を得ていない場合には、遅滞なく、委託者又は信託管理人に対し、変更後の信託行為の定めの内容を通知しなければならないものとする。

イ　上記アにかかわらず、信託行為に別段の定めがあるときは、その定めるところによるものとする。

(4)　委託者が現に存しない場合においては、上記(1)アの規律は適用しないものとする。

2　公益信託の目的の変更

(1)　公益信託の目的は、委託者、受託者及び信託管理人の合意がある場合には、行政庁による変更の認可を受けることによって、類似の公益目的に変更することができるものとする。

(2)　信託の目的を達成したとき又は信託の目的を達成することができなくなったときであっても、委託者、受託者及び信託管理人は、その合意により、公益信託の目的を類似の公益目的に変更して、公益信託を継続することができるものとする。

ただし、当該公益信託の受託者が、当該信託の目的を達成した日又は当該信託の目

的を達成することができなくなった日から3箇月以内に、行政庁による変更の認可の申請をした場合に限るものとする。

(3)　上記(1)及び(2)にかかわらず、信託行為に別段の定めがあるときは、その定めるところによるものとする。

(4)　委託者が現に存しない場合には、上記(1)の規律は適用しないものとする。また、上記(2)の規律のうち「委託者、受託者及び信託管理人」とあるのは、「受託者及び信託管理人」とするものとする。

3　公益信託の併合・分割

(1)　公益信託の併合・分割は、委託者、受託者及び信託管理人の合意（注1）がある場合には、行政庁による併合・分割の認可を受けることによってすることができるものとする。この場合においては、信託法第151条第1項各号、第155条第1項各号又は第159条第1項各号に掲げる事項（注2）を明らかにしてしなければならないものとする。

(注1)　1　上記(1)にかかわらず、公益信託の併合は、次に掲げるものによりすることができるものとする。この場合において、受託者は、次のアに掲げるときは委託者に対し、次のイに掲げるときは委託者及び信託管理人に対し、遅滞なく、上記(1)に掲げる事項を通知しなければならないものとする。

ア　信託の目的に反しないことが明らかであるとき
　　受託者及び信託管理人の合意

イ　信託の目的の達成のために必要であることが明らかであるとき
　　受託者の書面又は電磁的記録によってする意思表示

2　委託者が現に存しない場合においては、上記（注1）1のうち「次のアに掲げるときは委託者に対し、次のイに掲げるときは委託者及び信託管理人対し」とあるのは、「次のイに掲げるときは、信託管理人に対し」と

するものとする。

　(注2)　公益信託の併合後及び分割後の信託行為の内容は類似の公益目的を定めるものでなければならないものとする。

(2)　上記(1)にかかわらず、信託行為に別段の定めがあるときは、その定めるところによるものとする。

(3)　委託者が現に存しない場合においては、上記(1)の規律は適用しないものとする。

(4)　公益信託の併合・分割は、信託法第6章第2節及び第3節に規定する手続と同様の手続によるものとする。

第16　公益信託の終了

1　公益信託の終了事由

公益信託は、次に掲げる場合に終了するものとする。

(1)　信託の目的を達成したとき、又は信託の目的を達成することができなくなったとき。

(2)　受託者が欠けた場合であって、新受託者が就任しない状態が1年間継続したとき。

　　　ただし、新受託者の選任の認可の申請を行っている場合に、その申請に対する処分がされるまでの間は、この限りではないものとする。

(3)　信託管理人が欠けた場合であって、新信託管理人が就任しない状態が1年間継続したとき。

　　　ただし、新信託管理人の選任の認可の申請を行っている場合に、その申請に対する処分がされるまでの間は、この限りではないものとする。

(4)　受託者が信託法第52条（同法第53条第2項及び第54条第4項において準用する場合を含む。）の規定により信託を終了させたとき。

(5)　信託の併合がされたとき。

(6)　信託法第165条又は第166条の規定により信託の終了を命ずる裁判があったとき。

(7)　信託財産についての破産手続開始の決定があったとき。

(8)　委託者が破産手続開始の決定、再生手続開始の決定又は更生手続開始の決定を受けた場合において、破産法第53条第1項、民事再生法第49条第1項又は会社更生法第61条第1項（金融機関等の更生手続の特例

等に関する法律第41条第1項及び第206条第1項において準用する場合を含む。）の規定による信託契約の解除がされたとき。

(9)　公益信託認可が取り消されたとき。

(10)　信託行為において定めた事由が生じたとき。

2　公益信託の存続期間

公益信託の存続期間については、信託法第259条の規律は適用しないものとする。

3　合意による終了

公益信託は、合意によって終了することはできないものとする。ただし、信託行為に別段の定めがあるときは、その定めるところによるものとする。

4　特別の事情による公益信託の終了を命ずる裁判

(1)　信託行為の当時予見することのできなかった特別の事情により、公益信託を終了することが信託の目的及び信託財産の状況その他の事情に照らして相当になるに至ったことが明らかであるときは、裁判所は、委託者、受託者又は信託管理人の申立てにより、信託の終了を命ずることができるものとする（注）。

(2)　委託者については信託行為において公益信託の終了命令の申立権を有しない旨を定めることができるものとする。

　(注)　特別の事情による公益信託の終了を命ずる裁判には、信託法第165条第2項から第5項までと同様の規律を及ぼすものとする。

5　公益信託の終了の届出

公益信託が第16の1(5)又は(9)以外の事由により終了した場合には、受託者（信託の終了が信託財産についての破産手続開始の決定による場合あっては、破産管財人）は、遅滞なく、その旨を行政庁に届け出なければならない。

第17　公益信託の清算

1　残余財産の帰属

(1)　公益信託の信託行為には、残余財産の帰属すべき者（注1）の指定に関する定めを置かなければならないものとする。

　(注1)　公益信託の残余財産の帰属すべき者については、信託法第183条及び第184条の規律のうち、同法第183条第6項及び第184条の規律は及ぼさないものとする。

220　第5章　参考資料

(2) 上記(1)の定めの内容は、残余財産を当該公益信託と類似の公益目的を有する他の公益信託の受託者若しくは当該公益信託の公益信託事務と類似の事業を目的とする公益法人等（以下「他の公益信託の受託者等」という。）（注２）又は国若しくは地方公共団体に帰属させる旨を定めるものでなければならないものとする。

（注２） 公益法人認定法第５条第17号イからトまでに掲げる法人を含むものとする。

(3) 上記(1)の信託行為の定めにより残余財産の帰属が定まらないときは、残余財産は、国庫に帰属するものとする。

2 公益信託の清算等の届出

(1) 清算受託者（信託の終了が信託財産についての破産手続開始の決定による場合にあっては、破産管財人）は、当該信託の終了の日から３箇月が経過したときは、遅滞なく、残余財産の引渡しの見込みを行政庁に届け出なければならないものとする。当該見込みに変更があったときも、同様とするものとする。

(2) 清算受託者は、清算が結了したときは、遅滞なく、その旨を行政庁に届け出なければならないものとする。

3 公益信託の清算のための新受託者の選任

裁判所は、公益信託認可の取消しにより公益信託が終了した場合には、行政庁又は委託者、信託管理人、信託債権者その他の利害関係人の申立てにより、当該公益信託の清算のために新受託者を選任しなければならないものとする。

（注） 裁判所による清算のための新受託者の選任には、信託法第173条第２項から第６項までと同様の規律を及ぼすものとする。

第18 公益信託と受益者の定めのある信託の相互の変更

1 公益信託から受益者の定めのある信託への変更

公益信託においては、信託の変更によって受益者の定めを設けることはできないものとする。

2 受益者の定めのある信託から公益信託への変更

受益者の定めのある信託においては、信託の変更によって受益者の定めを廃止して公益信託とすることはできないものとする。

第19 その他

1 新公益信託法施行時に存在する既存の公益信託の取扱い

現行公益信託法に基づく公益信託が新公益信託法に基づく公益信託に移行するための所要の措置を講ずるものとする。

2 罰 則

罰則について所要の措置を講ずるものとする。

3 その他

その他所要の規定を整備するものとする。

以上

3 公益信託に関する法律における
信託法の読替表 抄

※1 目次、章・節名等は省略。

※2 傍線部分は当然読替え等、二重傍線部分は読替規定又は第33条第1項の規定による適用除外等による読替え等部分。

読　替　後	読　替　前
第1章 総　則 （趣旨） **第1条** 信託の要件、効力等については、他の法令に定めるもののほか、この法律の定めるところによる。	**第1章 総　則** （趣旨） **第1条** 同左
（定義） **第2条** この法律において「信託」とは、次条各号に掲げる方法のいずれかにより、特定の者が一定の目的（専らその者の利益を図る目的を除く。同条において同じ。）に従い財産の管理又は処分及びその他の当該目的の達成のために必要な行為をすべきものとすることをいう。	（定義） **第2条** 同左
2　この法律において「信託行為」とは、次の各号に掲げる信託の区分に応じ、当該各号に定めるものをいう。	2　同左
一　次条第1号に掲げる方法による信託 　　同号の信託契約	一　同左
二　次条第2号に掲げる方法による信託 　　同号の遺言	二　同左
三　（公益信託に関する法律第4条第1項が特則となり、適用除外）	三　次条第3号に掲げる方法による信託 　　同号の書面又は電磁的記録（同号に規定する電磁的記録をいう。）によってする意思表示
3　この法律において「信託財産」とは、受託者に属する財産であって、信託により管理又は処分をすべき一切の財産をいう。	3　同左
4　この法律において「委託者」とは、次条第1号又は第2号に掲げる方法により信託をする者をいう。	4　この法律において「委託者」とは、次条各号に掲げる方法により信託をする者をいう。
5　この法律において「受託者」とは、信託行為の定めに従い、信託財産に属する財産の管理又は処分及びその他の信託の目的の達成のために必要な行為をすべき義務を負う者をいう。	5　同左
6　この法律において「受益者」とは、受益権を有する者をいう。	6　同左
7　この法律において「受益権」とは、信託行為に基づいて受託者が受益者に対し負う	7　同左

222　第5章　参考資料

読　替　後	読　替　前
債務であって信託財産に属する財産の引渡しその他の信託財産に係る給付をすべきものに係る債権（以下「受益債権」という。）及びこれを確保するためにこの法律の規定に基づいて受託者その他の者に対し一定の行為を求めることができる権利をいう。	
8　この法律において「固有財産」とは、受託者に属する財産であって、信託財産に属する財産でない一切の財産をいう。	8　同左
9　この法律において「信託財産責任負担債務」とは、受託者が信託財産に属する財産をもって履行する責任を負う債務をいう。	9　同左
10　この法律において「信託の併合」とは、受託者を同一とする二以上の信託の信託財産の全部を一の新たな信託の信託財産とすることをいう。	10　同左
11　この法律において「吸収信託分割」とは、ある信託の信託財産の一部を受託者を同一とする他の信託の信託財産として移転することをいい、「新規信託分割」とは、ある信託の信託財産の一部を受託者を同一とする新たな信託の信託財産として移転することをいい、「信託の分割」とは、吸収信託分割又は新規信託分割をいう。	11　同左
12　この法律において「限定責任信託」とは、受託者が当該信託のすべての信託財産責任負担債務について信託財産に属する財産のみをもってその履行の責任を負う信託をいう。	12　同左
（信託の方法）	（信託の方法）
第3条　信託は、次に掲げる方法のいずれかによってする。	第3条　同左
一　特定の者との間で、当該特定の者に対し財産の譲渡、担保権の設定その他の財産の処分をする旨並びに当該特定の者が一定の目的に従い財産の管理又は処分及びその他の当該目的の達成のために必要な行為をすべき旨の契約（以下「信託契約」という。）を締結する方法	一　同左
二　特定の者に対し財産の譲渡、担保権の設定その他の財産の処分をする旨並びに当該特定の者が一定の目的に従い財産の管理又は処分及びその他の当該目的の達	二　同左

3　公益信託に関する法律における信託法の読替表　抄　223

読　替　後	読　替　前
成のために必要な行為をすべき旨の遺言をする方法 　三　（公益信託に関する法律第4条第1項が特則となり、適用除外）	三　特定の者が一定の目的に従い自己の有する一定の財産の管理又は処分及びその他の当該目的の達成のために必要な行為を自らすべき旨の意思表示を公正証書その他の書面又は電磁的記録（電子的方式、磁気的方式その他人の知覚によっては認識することができない方式で作られる記録であって、電子計算機による情報処理の用に供されるものとして法務省令で定めるものをいう。以下同じ。）で当該目的、当該財産の特定に必要な事項その他の法務省令で定める事項を記載し又は記録したものによってする方法
（信託の効力の発生） 第4条　前条第1号に掲げる方法によってされる信託は、委託者となるべき者と受託者となるべき者との間の信託契約の締結によってその効力を生ずる。	（信託の効力の発生） 第4条　同左
2　前条第2号に掲げる方法によってされる信託は、当該遺言の効力の発生によってその効力を生ずる。	2　同左
3　（公益信託に関する法律第4条第1項が特則となり、適用除外） 　一　（公益信託に関する法律第4条第1項が特則となり、適用除外） 　二　（公益信託に関する法律第4条第1項が特則となり、適用除外）	3　前条第3号に掲げる方法によってされる信託は、次の各号に掲げる場合の区分に応じ、当該各号に定めるものによってその効力を生ずる。 　一　公正証書又は公証人の認証を受けた書面若しくは電磁的記録（以下この号及び次号において「公正証書等」と総称する。）によってされる場合　当該公正証書等の作成 　二　公正証書等以外の書面又は電磁的記録によってされる場合　受益者となるべき者として指定された第三者（当該第三者が2人以上ある場合にあっては、その1人）に対する確定日付のある証書による当該信託がされた旨及びその内容の通知
4　第1項及び第2項の規定にかかわらず、信託は、信託行為に停止条件又は始期が付されているときは、当該停止条件の成就又は当該始期の到来によってその効力を生ずる。	4　前三項の規定にかかわらず、信託は、信託行為に停止条件又は始期が付されているときは、当該停止条件の成就又は当該始期の到来によってその効力を生ずる。

読　替　後	読　替　前
（遺言信託における信託の引受けの催告）	（遺言信託における信託の引受けの催告）
第5条　第3条第2号に掲げる方法によって信託がされた場合において、当該遺言に受託者となるべき者を指定する定めがあるときは、利害関係人は、受託者となるべき者として指定された者に対し、相当の期間を定めて、その期間内に信託の引受けをするかどうかを確答すべき旨を催告することができる。ただし、当該定めに停止条件又は始期が付されているときは、当該停止条件が成就し、又は当該始期が到来した後に限る。	第5条　同左
2　前項の規定による催告があった場合において、受託者となるべき者として指定された者は、同項の期間内に委託者の相続人に対し確答をしないときは、信託の引受けをしなかったものとみなす。	2　同左
3　委託者の相続人が現に存しない場合における前項の規定の適用については、同項中「委託者の相続人」とあるのは、「信託管理人」とする。	3　委託者の相続人が現に存しない場合における前項の規定の適用については、同項中「委託者の相続人」とあるのは、「受益者（2人以上の受益者が現に存する場合にあってはその1人、信託管理人が現に存する場合にあっては信託管理人）」とする。
（遺言信託における裁判所による受託者の選任）	（遺言信託における裁判所による受託者の選任）
第6条　第3条第2号に掲げる方法によって信託がされた場合において、当該遺言に受託者の指定に関する定めがないとき、又は受託者となるべき者として指定された者が信託の引受けをせず、若しくはこれをすることができないときは、裁判所は、利害関係人の申立てにより、受託者を選任することができる。	第6条　同左
2　前項の申立てについての裁判には、理由を付さなければならない。	2　同左
3　第1項の規定による受託者の選任の裁判に対しては、信託管理人又は既に存する受託者に限り、即時抗告をすることができる。	3　第1項の規定による受託者の選任の裁判に対しては、受益者又は既に存する受託者に限り、即時抗告をすることができる。
4　前項の即時抗告は、執行停止の効力を有する。	4　同左
（受託者の資格）	（受託者の資格）
第7条　信託は、未成年者を受託者としてす	第7条　同左

3　公益信託に関する法律における信託法の読替表　抄　225

読 替 後	読 替 前
ることができない。	
（受託者の利益享受の禁止）	（受託者の利益享受の禁止）
第8条　受託者は、何人の名義をもってするかを問わず、信託の利益を享受することができない。	第8条　受託者は、受益者として信託の利益を享受する場合を除き、何人の名義をもってするかを問わず、信託の利益を享受することができない。
	（脱法信託の禁止）
第9条　（空振り）	第9条　法令によりある財産権を享有することができない者は、その権利を有するのと同一の利益を受益者として享受することができない。
（訴訟信託の禁止）	（訴訟信託の禁止）
第10条　信託は、訴訟行為をさせることを主たる目的としてすることができない。	第10条　同左
（詐害信託の取消し等）	（詐害信託の取消し等）
第11条　委託者がその債権者を害することを知って信託をした場合には、受託者が債権者を害することを知っていたか否かにかかわらず、債権者は、受託者を被告として、民法（明治29年法律第89号）第424条第3項に規定する詐害行為取消請求をすることができる。（ただし書について空振り）	第11条　委託者がその債権者を害することを知って信託をした場合には、受託者が債権者を害することを知っていたか否かにかかわらず、債権者は、受託者を被告として、民法（明治29年法律第89号）第424条第3項に規定する詐害行為取消請求をすることができる。ただし、受益者が現に存する場合においては、当該受益者（当該受益者の中に受益権を譲り受けた者がある場合にあっては、当該受益者及びその前に受益権を譲り渡した全ての者）の全部が、受益者としての指定（信託行為の定めにより又は第89条第1項に規定する受益者指定権等の行使により受益者又は変更後の受益者として指定されることをいう。以下同じ。）を受けたことを知った時（受益権を譲り受けた者にあっては、受益権を譲り受けた時）において債権者を害することを知っていたときに限る。
2　前項の規定による詐害行為取消請求を認容する判決が確定した場合において、信託財産責任負担債務に係る債権を有する債権者（委託者であるものを除く。）が当該債権を取得した時において債権者を害することを知らなかったときは、委託者は、当該債権を有する債権者に対し、当該信託財産責任負担債務について弁済の責任を負う。ただし、同項の規定による詐害行為取消請	2　同左

226　第5章　参考資料

読 替 後	読 替 前
求により受託者から委託者に移転する財産の価額を限度とする。 3　前項の規定の適用については、第49条第1項（第53条第2項及び第54条第4項において準用する場合を含む。）の規定により受託者が有する権利は、金銭債権とみなす。	3　同左
4　（空振り）	4　委託者がその債権者を害することを知って信託をした場合において、受益者が受託者から信託財産に属する財産の給付を受けたときは、債権者は、受益者を被告として、民法第424条第3項に規定する詐害行為取消請求をすることができる。ただし、当該受益者（当該受益者が受益権を譲り受けた者である場合にあっては、当該受益者及びその前に受益権を譲り渡した全ての者）が、受益者としての指定を受けたことを知った時（受益権を譲り受けた者にあっては、受益権を譲り受けた時）において債権者を害することを知っていたときに限る。
5　（空振り）	5　委託者がその債権者を害することを知って信託をした場合には、債権者は、受益者を被告として、その受益権を委託者に譲り渡すことを訴えをもって請求することができる。この場合においては、前項ただし書の規定を準用する。
6　（空振り）	6　民法第426条の規定は、前項の規定による請求権について準用する。
7　（空振り）	7　受益者の指定又は受益権の譲渡に当たっては、第1項本文、第4項本文又は第5項前段の規定の適用を不当に免れる目的で、債権者を害することを知らない者（以下この項において「善意者」という。）を無償（無償と同視すべき有償を含む。以下この項において同じ。）で受益者として指定し、又は善意者に対し無償で受益権を譲り渡してはならない。
8　（空振り）	8　前項の規定に違反する受益者の指定又は受益権の譲渡により受益者となった者については、第1項ただし書及び第4項ただし書（第5項後段において準用する場合を含む。）の規定は、適用しない。

3　公益信託に関する法律における信託法の読替表　抄　227

読　替　後	読　替　前
	（詐害信託の否認等）
第12条　（空振り）	**第12条**　破産者が委託者としてした信託における破産法（平成16年法律第75号）第160条第１項の規定の適用については、同項各号中「これによって利益を受けた者が、その行為の当時」とあるのは「受益者が現に存する場合においては、当該受益者（当該受益者の中に受益権を譲り受けた者がある場合にあっては、当該受益者及びその前に受益権を譲り渡した全ての者）の全部が信託法第11条第１項に規定する受益者としての指定を受けたことを知った時（受益権を譲り受けた者にあっては、受益権を譲り受けた時）において」と、「知らなかったときは、この限りでない」とあるのは「知っていたときに限る」とする。
2　（空振り）	2　破産者が破産債権者を害することを知って委託者として信託をした場合には、破産管財人は、受益者を被告として、その受益権を破産財団に返還することを訴えをもって請求することができる。この場合においては、前条第４項ただし書の規定を準用する。
3　（空振り）	3　再生債務者が委託者としてした信託における民事再生法（平成11年法律第225号）第127条第１項の規定の適用については、同項各号中「これによって利益を受けた者が、その行為の当時」とあるのは「受益者が現に存する場合においては、当該受益者（当該受益者の中に受益権を譲り受けた者がある場合にあっては、当該受益者及びその前に受益権を譲り渡した全ての者）の全部が信託法（平成18年法律第108号）第11条第１項に規定する受益者としての指定を受けたことを知った時（受益権を譲り受けた者にあっては、受益権を譲り受けた時）において」と、「知らなかったときは、この限りでない」とあるのは「知っていたときに限る」とする。
4　（空振り）	4　再生債務者が再生債権者を害することを知って委託者として信託をした場合には、否認権限を有する監督委員又は管財人は、受益者を被告として、その受益権を再生債

228　第５章　参考資料

読　替　後	読　替　前
	務者財産（民事再生法第12条第1項第1号に規定する再生債務者財産をいう。第25条第4項において同じ。）に返還することを訴えをもって請求することができる。この場合においては、前条第4項ただし書の規定を準用する。
5　（空振り）	5　前二項の規定は、更生会社（会社更生法（平成14年法律第154号）第2条第7項に規定する更生会社又は金融機関等の更生手続の特例等に関する法律（平成8年法律第95号）第169条第7項に規定する更生会社をいう。）又は更生協同組織金融機関（同法第4条第7項に規定する更生協同組織金融機関をいう。）について準用する。この場合において、第3項中「民事再生法（平成11年法律第225号）第127条第1項」とあるのは「会社更生法（平成14年法律第154号）第86条第1項並びに金融機関等の更生手続の特例等に関する法律（平成8年法律第95号）第57条第1項及び第223条第1項」と、「同項各号」とあるのは「これらの規定」と、前項中「再生債権者」とあるのは「更生債権者又は更生担保権者」と、「否認権限を有する監督委員又は管財人」とあるのは「管財人」と、「再生債務者財産（民事再生法第12条第1項第1号に規定する再生債務者財産をいう。第25条第4項において同じ。）」とあるのは「更生会社財産（会社更生法第2条第14項に規定する更生会社財産又は金融機関等の更生手続の特例等に関する法律第169条第14項に規定する更生会社財産をいう。）又は更生協同組織金融機関財産（同法第4条第14項に規定する更生協同組織金融機関財産をいう。）」と読み替えるものとする。
（会計の原則） 第13条　信託の会計は、一般に公正妥当と認められる会計の慣行に従うものとする。	（会計の原則） 第13条　同左
第2章　信託財産等 　（信託財産に属する財産の対抗要件）	第2章　信託財産等 　（信託財産に属する財産の対抗要件）
第14条　登記又は登録をしなければ権利の得喪及び変更を第三者に対抗することができない財産については、信託の登記又は登録	第14条　同左

3　公益信託に関する法律における信託法の読替表　抄　229

読　替　後	読　替　前
をしなければ、当該財産が信託財産に属することを第三者に対抗することができない。	
（信託財産に属する財産の占有の瑕疵の承継）	（信託財産に属する財産の占有の瑕疵の承継）
第15条　受託者は、信託財産に属する財産の占有について、委託者の占有の瑕疵を承継する。	第15条　同左
（信託財産の範囲）	（信託財産の範囲）
第16条　信託行為において信託財産に属すべきものと定められた財産のほか、次に掲げる財産は、信託財産に属する。	第16条　同左
一　信託財産に属する財産の管理、処分、滅失、損傷その他の事由により受託者が得た財産	一　同左
二　次条、第18条及び第19条（第84条の規定により読み替えて適用する場合を含む。以下この号において同じ。）の規定により信託財産に属することとなった財産（第18条第1項（同条第3項において準用する場合を含む。）の規定により信託財産に属するものとみなされた共有持分及び第19条の規定による分割によって信託財産に属することとされた財産を含む。）	二　次条、第18条、第19条（第84条の規定により読み替えて適用する場合を含む。以下この号において同じ。）、第226条第3項、第228条第3項及び第254条第2項の規定により信託財産に属することとなった財産（第18条第1項（同条第3項において準用する場合を含む。）の規定により信託財産に属するものとみなされた共有持分及び第19条の規定による分割によって信託財産に属することとされた財産を含む。）
（信託財産に属する財産の付合等）	（信託財産に属する財産の付合等）
第17条　信託財産に属する財産と固有財産若しくは他の信託の信託財産に属する財産との付合若しくは混和又はこれらの財産を材料とする加工があった場合には、各信託の信託財産及び固有財産に属する財産は各別の所有者に属するものとみなして、民法第242条から第248条までの規定を適用する。	第17条　同左
第18条　信託財産に属する財産と固有財産に属する財産とを識別することができなくなった場合（前条に規定する場合を除く。）には、各財産の共有持分が信託財産と固有財産とに属するものとみなす。この場合において、その共有持分の割合は、その識別することができなくなった当時における各財産の価格の割合に応ずる。	第18条　同左
2　前項の共有持分は、相等しいものと推定	2　同左

230　第5章　参考資料

読　替　後	読　替　前
する。	
3　前二項の規定は、ある信託の受託者が他の信託の受託者を兼ねる場合において、各信託の信託財産に属する財産を識別することができなくなったとき（前条に規定する場合を除く。）について準用する。この場合において、第1項中「信託財産と固有財産と」とあるのは、「各信託の信託財産」と読み替えるものとする。	3　同左
（信託財産と固有財産等とに属する共有物の分割）	（信託財産と固有財産等とに属する共有物の分割）
第19条　受託者に属する特定の財産について、その共有持分が信託財産と固有財産とに属する場合には、次に掲げる方法により、当該財産の分割をすることができる。	第19条　同左
一　信託行為において定めた方法	一　同左
二　受託者と<u>信託管理人</u>との協議による方法	二　受託者と<u>受益者（信託管理人が現に存する場合にあっては、信託管理人）</u>との協議による方法
三　分割をすることが信託の目的の達成のために合理的に必要と認められる場合であって、<u>信託の目的の達成の支障とならない</u>ことが明らかであるとき、又は当該分割の信託財産に与える影響、当該分割の目的及び態様、<u>受託者が信託の目的に関して有する</u>実質的な利害関係の状況その他の事情に照らして正当な理由があるときは、受託者が決する方法	三　分割をすることが信託の目的の達成のために合理的に必要と認められる場合であって、<u>受益者の利益を害しない</u>ことが明らかであるとき、又は当該分割の信託財産に与える影響、当該分割の目的及び態様、<u>受託者の受益者との</u>実質的な利害関係の状況その他の事情に照らして正当な理由があるときは、受託者が決する方法
2　前項に規定する場合において、同項第2号の協議が調わないときその他同項各号に掲げる方法による分割をすることができないときは、受託者又は<u>信託管理人</u>は、裁判所に対し、同項の共有物の分割を請求することができる。	2　前項に規定する場合において、同項第2号の協議が調わないときその他同項各号に掲げる方法による分割をすることができないときは、受託者又は<u>受益者（信託管理人が現に存する場合にあっては、信託管理人）</u>は、裁判所に対し、同項の共有物の分割を請求することができる。
3　受託者に属する特定の財産について、その共有持分が信託財産と他の信託の信託財産とに属する場合には、次に掲げる方法により、当該財産の分割をすることができる。	3　同左
一　各信託の信託行為において定めた方法	一　同左
二　<u>公益信託（公益信託に関する法律（令和6年法律第30号）第2条第1項第1号</u>	二　<u>各信託の受益者（信託管理人が現に存する場合にあっては、信託管理人）の協</u>

読　替　後	読　替　前
に規定する公益信託をいう。以下この号において同じ。）の信託管理人と他の信託の受益者（信託管理人が現に存する場合にあっては、信託管理人）又は他の公益信託若しくは第258条第1項の受益者の定めのない信託の信託管理人との協議による方法	議による方法
三　各信託について、分割をすることが信託の目的の達成のために合理的に必要と認められる場合であって、<u>信託の目的の達成に支障とならないことが明らかであるとき</u>、又は当該分割の信託財産に与える影響、当該分割の目的及び態様、受託者<u>が信託の目的に関して有する実質的な利害関係</u>の状況その他の事情に照らして正当な理由があるときは、各信託の受託者が決する方法	三　各信託について、分割をすることが信託の目的の達成のために合理的に必要と認められる場合であって、<u>受益者の利益を害しないことが明らかであるとき</u>、又は当該分割の信託財産に与える影響、当該分割の目的及び態様、受託者の<u>受益者との実質的な利害関係</u>の状況その他の事情に照らして正当な理由があるときは、各信託の受益者が決する方法
4　前項に規定する場合において、同項第2号の協議が調わないときその他同項各号に掲げる方法による分割をすることができないときは、<u>信託管理人又は受益者は</u>、裁判所に対し、同項の共有物の分割を請求することができる。	4　前項に規定する場合において、同項第2号の協議が調わないときその他同項各号に掲げる方法による分割をすることができないときは、<u>各信託の受益者（信託管理人が現に存する場合にあっては、信託管理人）</u>は、裁判所に対し、同項の共有物の分割を請求することができる。
（信託財産に属する財産についての混同の特例）	**（信託財産に属する財産についての混同の特例）**
第20条　同一物について所有権及び他の物権が信託財産と固有財産又は他の信託の信託財産とにそれぞれ帰属した場合には、民法第179条第1項本文の規定にかかわらず、当該他の物権は、消滅しない。	**第20条**　同左
2　所有権以外の物権及びこれを目的とする他の権利が信託財産と固有財産又は他の信託の信託財産とにそれぞれ帰属した場合には、民法第179条第2項前段の規定にかかわらず、当該他の権利は、消滅しない。	2　同左
3　次に掲げる場合には、民法第520条本文の規定にかかわらず、当該債権は、消滅しない。	3　同左
一　信託財産に属する債権に係る債務が受託者に帰属した場合（信託財産責任負担債務となった場合を除く。）	一　同左
二　信託財産責任負担債務に係る債権が受	二　同左

読　替　後	読　替　前
託者に帰属した場合（当該債権が信託財産に属することとなった場合を除く。）	
三　固有財産又は他の信託の信託財産に属する債権に係る債務が受託者に帰属した場合（信託財産責任負担債務となった場合に限る。）	三　同左
四　受託者の債務（信託財産責任負担債務を除く。）に係る債権が受託者に帰属した場合（当該債権が信託財産に属することとなった場合に限る。）	四　同左
（信託財産責任負担債務の範囲）	（信託財産責任負担債務の範囲）
第21条　次に掲げる権利に係る債務は、信託財産責任負担債務となる。	第21条　同左
一　（空振り）	一　<u>受益債権</u>
二　信託財産に属する財産について信託前の原因によって生じた権利	二　同左
三　信託前に生じた委託者に対する債権であって、当該債権に係る債務を信託財産責任負担債務とする旨の信託行為の定めがあるもの	三　同左
四　（空振り）	四　<u>第103条第1項又は第2項の規定による受益権取得請求権</u>
五　信託財産のためにした行為であって受託者の権限に属するものによって生じた権利	五　同左
六　信託財産のためにした行為であって受託者の権限に属しないもののうち、次に掲げるものによって生じた権利	六　同左
イ　第27条第1項又は第2項（これらの規定を第75条第4項において準用する場合を含む。ロにおいて同じ。）の規定により取り消すことができない行為（当該行為の相手方が、当該行為の当時、当該行為が信託財産のためにされたものであることを知らなかったもの（信託財産に属する財産について権利を設定し又は移転する行為を除く。）を除く。）	イ　同左
ロ　第27条第1項又は第2項の規定により取り消すことができる行為であって取り消されていないもの	ロ　同左
七　第31条第6項に規定する処分その他の行為又は同条第7項に規定する行為のう	七　同左

3　公益信託に関する法律における信託法の読替表　抄　233

読　替　後	読　替　前
ち、これらの規定により取り消すことができない行為又はこれらの規定により取り消すことができる行為であって取り消されていないものによって生じた権利 　八　受託者が信託事務を処理するについてした不法行為によって生じた権利 　九　第5号から前号までに掲げるもののほか、信託事務の処理について生じた権利 2　信託財産責任負担債務のうち次に掲げる権利に係る債務について、受託者は、信託財産に属する財産のみをもってその履行の責任を負う。 　一　（空振り） 　二　信託行為に第216条第1項の定めがあり、かつ、第232条の定めるところにより登記がされた場合における信託債権（信託財産責任負担債務に係る債権であって、受益債権でないものをいう。以下同じ。） 　三　前号に掲げる場合のほか、この法律の規定により信託財産に属する財産のみをもってその履行の責任を負うものとされる場合における信託債権 　四　信託債権を有する者（以下「信託債権者」という。）との間で信託財産に属する財産のみをもってその履行の責任を負う旨の合意がある場合における信託債権 **（信託財産に属する債権等についての相殺の制限）** **第22条**　受託者が固有財産又は他の信託の信託財産（第1号において「固有財産等」という。）に属する財産のみをもって履行する責任を負う債務（第1号及び第2号において「固有財産等責任負担債務」という。）に係る債権を有する者は、当該債権をもって信託財産に属する債権に係る債務と相殺をすることができない。ただし、次に掲げる場合は、この限りでない。 　一　当該固有財産等責任負担債務に係る債権を有する者が、当該債権を取得した時又は当該信託財産に属する債権に係る債務を負担した時のいずれか遅い時において、当該信託財産に属する債権が固有財	八　同左 　九　同左 2　同左 　二　<u>受益債権</u> 　二　同左 　三　前二号に掲げる場合のほか、この法律の規定により信託財産に属する財産のみをもってその履行の責任を負うものとされる場合における信託債権 　四　同左 **（信託財産に属する債権等についての相殺の制限）** **第22条**　同左 　一　同左

234　第5章　参考資料

読　替　後	読　替　前
産等に属するものでないことを知らず、かつ、知らなかったことにつき過失がなかった場合 二　当該固有財産等責任負担債務に係る債権を有する者が、当該債権を取得した時又は当該信託財産に属する債権に係る債務を負担した時のいずれか遅い時において、当該固有財産等責任負担債務が信託財産責任負担債務でないことを知らず、かつ、知らなかったことにつき過失がなかった場合	二　同左
2　前項本文の規定は、第31条第2項各号に掲げる場合において、受託者が前項の相殺を承認したときは、適用しない。	2　同左
3　信託財産責任負担債務（信託財産に属する財産のみをもってその履行の責任を負うものに限る。）に係る債権を有する者は、当該債権をもって固有財産に属する債権に係る債務と相殺をすることができない。ただし、当該信託財産責任負担債務に係る債権を有する者が、当該債権を取得した時又は当該固有財産に属する債権に係る債務を負担した時のいずれか遅い時において、当該固有財産に属する債権が信託財産に属するものでないことを知らず、かつ、知らなかったことにつき過失がなかった場合は、この限りでない。	3　同左
4　前項本文の規定は、受託者が同項の相殺を承認したときは、適用しない。	4　同左
（信託財産に属する財産に対する強制執行等の制限等）	（信託財産に属する財産に対する強制執行等の制限等）
第23条　信託財産責任負担債務に係る債権（信託財産に属する財産について生じた権利を含む。）に基づく場合を除き、信託財産に属する財産に対しては、強制執行、仮差押え、仮処分若しくは担保権の実行若しくは競売（担保権の実行としてのものを除く。以下同じ。）又は国税滞納処分（その例による処分を含む。以下同じ。）をすることができない。	第23条　信託財産責任負担債務に係る債権（信託財産に属する財産について生じた権利を含む。<u>次項</u>において同じ。）に基づく場合を除き、信託財産に属する財産に対しては、強制執行、仮差押え、仮処分若しくは担保権の実行若しくは競売（担保権の実行としてのものを除く。以下同じ。）又は国税滞納処分（その例による処分を含む。以下同じ。）をすることができない。
2　（公益信託に関する法律第4条第1項が特則となり、適用除外）	<u>2</u>　<u>第3条第3号に掲げる方法によって信託がされた場合において、委託者がその債権者を害することを知って当該信託をしたと</u>

3　公益信託に関する法律における信託法の読替表　抄　235

読 替 後	読 替 前
	きは、前項の規定にかかわらず、信託財産責任負担債務に係る債権を有する債権者のほか、当該委託者（受託者であるものに限る。）に対する債権で信託前に生じたものを有する者は、信託財産に属する財産に対し、強制執行、仮差押え、仮処分若しくは担保権の実行若しくは競売又は国税滞納処分をすることができる。
3　（公益信託に関する法律第4条第1項が特則となり、適用除外）	3　第11条第1項ただし書、第7項及び第8項の規定は、前項の規定の適用について準用する。
4　（公益信託に関する法律第4条第1項が特則となり、適用除外）	4　前二項の規定は、第2項の信託がされた時から2年間を経過したときは、適用しない。
5　第1項の規定に違反してされた強制執行、仮差押え、仮処分又は担保権の実行若しくは競売に対しては、受託者又は<u>信託管理人</u>は、異議を主張することができる。この場合においては、民事執行法（昭和54年法律第4号）第38条及び民事保全法（平成元年法律第91号）第45条の規定を準用する。	5　第1項又は第2項の規定に違反してされた強制執行、仮差押え、仮処分又は担保権の実行若しくは競売に対しては、受託者又は<u>受益者</u>は、異議を主張することができる。この場合においては、民事執行法（昭和54年法律第4号）第38条及び民事保全法（平成元年法律第91号）第45条の規定を準用する。
6　第1項の規定に違反してされた国税滞納処分に対しては、受託者又は<u>信託管理人</u>は、異議を主張することができる。この場合においては、当該異議の主張は、当該国税滞納処分について不服の申立てをする方法である。	6　第1項又は第2項の規定に違反してされた国税滞納処分に対しては、受託者又は<u>受益者</u>は、異議を主張することができる。この場合においては、当該異議の主張は、当該国税滞納処分について不服の申立てをする方法である。
（費用又は報酬の支弁等）	（費用又は報酬の支弁等）
第24条　前条第5項又は第6項の規定による異議に係る訴えを提起した<u>信託管理人</u>が勝訴（一部勝訴を含む。）した場合において、当該訴えに係る訴訟に関し、必要な費用（訴訟費用を除く。）を支出したとき、又は弁護士、弁護士法人、弁護士・外国法事務弁護士共同法人、司法書士若しくは司法書士法人に報酬を支払うべきときは、その費用又は報酬は、その額の範囲内で相当と認められる額を限度として、信託財産から支弁する。	第24条　前条第5項又は第6項の規定による異議に係る訴えを提起した<u>受益者</u>が勝訴（一部勝訴を含む。）した場合において、当該訴えに係る訴訟に関し、必要な費用（訴訟費用を除く。）を支出したとき、又は弁護士、弁護士法人、弁護士・外国法事務弁護士共同法人、司法書士若しくは司法書士法人に報酬を支払うべきときは、その費用又は報酬は、その額の範囲内で相当と認められる額を限度として、信託財産から支弁する。
2　前項の訴えを提起した<u>信託管理人</u>が敗訴した場合であっても、悪意があったときを除き、当該<u>信託管理人</u>は、受託者に対し、	2　前項の訴えを提起した<u>受益者</u>が敗訴した場合であっても、悪意があったときを除き、当該<u>受益者</u>は、受託者に対し、これに

236　第5章　参考資料

読　替　後	読　替　前
これによって生じた損害を賠償する義務を負わない。 　（信託財産と受託者の破産手続等との関係等） **第25条**　受託者が破産手続開始の決定を受けた場合であっても、信託財産に属する財産は、破産財団に属しない。 2　前項の場合には、信託債権であって受託者が信託財産に属する財産のみをもってその履行の責任を負うものは、<u>破産債権とならない。</u>（前段空振り） 3　第1項の場合には、破産法第252条第1項の免責許可の決定による信託債権（前項に規定する信託債権を除く。）に係る債務の免責は、信託財産との関係においては、その効力を主張することができない。 4　受託者が再生手続開始の決定を受けた場合であっても、信託財産に属する財産は、再生債務者財産に属しない。 5　前項の場合には、信託債権であって受託者が信託財産に属する財産のみをもってその履行の責任を負うものは、<u>再生債権とならない。</u>（前段空振り） 6　第4項の場合には、再生計画、再生計画認可の決定又は民事再生法第235条第1項の免責の決定による信託債権（前項に規定する信託債権を除く。）に係る債務の免責又は変更は、信託財産との関係においては、その効力を主張することができない。 7　前三項の規定は、受託者が更生手続開始の決定を受けた場合について準用する。この場合において、第4項中「再生債務者財産」とあるのは「更生会社財産（会社更生法第2条第14項に規定する更生会社財産又は金融機関等の更生手続の特例等に関する法律第169条第14項に規定する更生会社財産をいう。）又は更生協同組織金融機関財産（同法第4条第14項に規定する更生協同組織金融機関財産をいう。）」と、第5項中「再生債権」とあるのは「更生債権又は更生担保権」と、前項中「再生計画、再生計画認可の決定又は民事再生法第235条第1項の免責の決定」とあるのは「更生計画又	よって生じた損害を賠償する義務を負わない。 　（信託財産と受託者の破産手続等との関係等） **第25条**　同左 2　前項の場合には、<u>受益債権は、破産債権とならない。</u>信託債権であって受託者が信託財産に属する財産のみをもってその履行の責任を負うもの<u>も、同様とする。</u> 3　同左 4　同左 5　前項の場合には、<u>受益債権は、再生債権とならない。</u>信託債権であって受託者が信託財産に属する財産のみをもってその履行の責任を負うもの<u>も、同様とする。</u> 6　同左 7　同左

3　公益信託に関する法律における信託法の読替表　抄　237

読　替　後	読　替　前
は更生計画認可の決定」と読み替えるものとする。	
第3章　受託者等 **第1節　受託者の権限** （受託者の権限の範囲）	**第3章　同左** **第1節　同左** （受託者の権限の範囲）
第26条　受託者は、信託財産に属する財産の管理又は処分及びその他の信託の目的の達成のために必要な行為をする権限を有する。ただし、信託行為によりその権限に制限を加えることを妨げない。	第26条　同左
（受託者の権限違反行為の取消し）	（受託者の権限違反行為の取消し）
第27条　受託者が信託財産のためにした行為がその権限に属しない場合において、次のいずれにも該当するときは、信託管理人は、当該行為を取り消すことができる。	第27条　受託者が信託財産のためにした行為がその権限に属しない場合において、次のいずれにも該当するときは、受益者は、当該行為を取り消すことができる。
一　当該行為の相手方が、当該行為の当時、当該行為が信託財産のためにされたものであることを知っていたこと。	一　同左
二　当該行為の相手方が、当該行為の当時、当該行為が受託者の権限に属しないことを知っていたこと又は知らなかったことにつき重大な過失があったこと。	二　同左
2　前項の規定にかかわらず、受託者が信託財産に属する財産（第14条の信託の登記又は登録をすることができるものに限る。）について権利を設定し又は移転した行為がその権限に属しない場合には、次のいずれにも該当するときに限り、信託管理人は、当該行為を取り消すことができる。	2　前項の規定にかかわらず、受託者が信託財産に属する財産（第14条の信託の登記又は登録をすることができるものに限る。）について権利を設定し又は移転した行為がその権限に属しない場合には、次のいずれにも該当するときに限り、受益者は、当該行為を取り消すことができる。
一　当該行為の当時、当該信託財産に属する財産について第14条の信託の登記又は登録がされていたこと。	一　同左
二　当該行為の相手方が、当該行為の当時、当該行為が受託者の権限に属しないことを知っていたこと又は知らなかったことにつき重大な過失があったこと。	二　同左
3　（空振り）	3　2人以上の受益者のうちの1人が前二項の規定による取消権を行使したときは、その取消しは、他の受益者のためにも、その効力を生ずる。
4　第1項又は第2項の規定による取消権は、信託管理人が取消しの原因があることを知った時から3箇月間行使しないとき	4　第1項又は第2項の規定による取消権は、受益者（信託管理人が現に存する場合にあっては、信託管理人）が取消しの原因

238　第5章　参考資料

読　替　後	読　替　前
は、時効によって消滅する。行為の時から１年を経過したときも、同様とする。	があることを知った時から３箇月間行使しないときは、時効によって消滅する。行為の時から１年を経過したときも、同様とする。
（信託事務の処理の第三者への委託）	（信託事務の処理の第三者への委託）
第28条　受託者は、次に掲げる場合には、信託事務の処理を第三者に委託することができる。	第28条　同左
一　信託行為に信託事務の処理を第三者に委託する旨又は委託することができる旨の定めがあるとき。	一　同左
二　信託行為に信託事務の処理の第三者への委託に関する定めがない場合において、信託事務の処理を第三者に委託することが信託の目的に照らして相当であると認められるとき。	二　同左
三　信託行為に信託事務の処理を第三者に委託してはならない旨の定めがある場合において、信託事務の処理を第三者に委託することにつき信託の目的に照らしてやむを得ない事由があると認められるとき。	三　同左
第２節　受託者の義務等	第２節　同左
（受託者の注意義務）	（受託者の注意義務）
第29条　受託者は、信託の本旨に従い、信託事務を処理しなければならない。	第29条　同左
２　受託者は、信託事務を処理するに当たっては、善良な管理者の注意をもって、これをしなければならない。（ただし書適用除外）	２　受託者は、信託事務を処理するに当たっては、善良な管理者の注意をもって、これをしなければならない。<u>ただし、信託行為に別段の定めがあるときは、その定めるところによる注意をもって、これをするものとする。</u>
（忠実義務）	（忠実義務）
第30条　受託者は、<u>信託の目的の達成のため</u>忠実に信託事務の処理その他の行為をしなければならない。	第30条　受託者は、<u>受益者のため</u>忠実に信託事務の処理その他の行為をしなければならない。
（利益相反行為の制限）	（利益相反行為の制限）
第31条　受託者は、次に掲げる行為をしてはならない。	第31条　同左
一　信託財産に属する財産（当該財産に係る権利を含む。）を固有財産に帰属させ、又は固有財産に属する財産（当該財産に係る権利を含む。）を信託財産に帰属さ	一　同左

3　公益信託に関する法律における信託法の読替表　抄　239

読　替　後	読　替　前
せること。	
二　信託財産に属する財産（当該財産に係る権利を含む。）を他の信託の信託財産に帰属させること。	二　同左
三　第三者との間において信託財産のためにする行為であって、自己が当該第三者の代理人となって行うもの	三　同左
四　信託財産に属する財産につき固有財産に属する財産のみをもって履行する責任を負う債務に係る債権を被担保債権とする担保権を設定することその他第三者との間において信託財産のためにする行為であって受託者又はその利害関係人の利益となり、かつ、信託の達成に支障となることとなるもの	四　信託財産に属する財産につき固有財産に属する財産のみをもって履行する責任を負う債務に係る債権を被担保債権とする担保権を設定することその他第三者との間において信託財産のためにする行為であって受託者又はその利害関係人と受益者との利益が相反することとなるもの
2　前項の規定にかかわらず、次のいずれかに該当するときは、同項各号に掲げる行為をすることができる。ただし、第2号に掲げる事由にあっては、同号に該当する場合でも当該行為をすることができない旨の信託行為の定めがあるときは、この限りでない。	2　同左
一　信託行為に当該行為をすることを許容する旨の定めがあるとき。	一　同左
二　受託者が当該行為について重要な事実を開示して信託管理人の承認を得たとき。	二　受託者が当該行為について重要な事実を開示して受益者の承認を得たとき。
三　（適用除外）	三　相続その他の包括承継により信託財産に属する財産に係る権利が固有財産に帰属したとき
四　受託者が当該行為をすることが信託の目的の達成のために合理的に必要と認められる場合であって、信託の目的の達成に支障とならないことが明らかであるとき、又は当該行為の信託財産に与える影響、当該行為の目的及び態様、受託者が信託の目的に関して有する実質的な利害関係の状況その他の事情に照らして正当な理由があるとき。	四　受託者が当該行為をすることが信託の目的の達成のために合理的に必要と認められる場合であって、受益者の利益を害しないことが明らかであるとき、又は当該行為の信託財産に与える影響、当該行為の目的及び態様、受託者の受益者との実質的な利害関係の状況その他の事情に照らして正当な理由があるとき。
3　受託者は、第1項各号に掲げる行為をしたときは、信託管理人に対し、当該行為についての重要な事実を通知しなければならない。（ただし書適用除外）	3　受託者は、第1項各号に掲げる行為をしたときは、受益者に対し、当該行為についての重要な事実を通知しなければならない。ただし、信託行為に別段の定めがある

240　第5章　参考資料

読 替 後	読 替 前
	ときは、その定めるところによる。
4　第1項及び第2項の規定に違反して第1項第1号又は第2号に掲げる行為がされた場合には、これらの行為は、無効とする。	4　同左
5　前項の行為は、信託管理人の追認により、当該行為の時にさかのぼってその効力を生ずる。	5　前項の行為は、受益者の追認により、当該行為の時にさかのぼってその効力を生ずる。
6　第4項に規定する場合において、受託者が第三者との間において第1項第1号又は第2号の財産について処分その他の行為をしたときは、当該第三者が同項及び第2項の規定に違反して第1項第1号又は第2号に掲げる行為がされたことを知っていたとき又は知らなかったことにつき重大な過失があったときに限り、信託管理人は、当該処分その他の行為を取り消すことができる。この場合においては、第27条第4項の規定を準用する。	6　第4項に規定する場合において、受託者が第三者との間において第1項第1号又は第2号の財産について処分その他の行為をしたときは、当該第三者が同項及び第2項の規定に違反して第1項第1号又は第2号に掲げる行為がされたことを知っていたとき又は知らなかったことにつき重大な過失があったときに限り、受益者は、当該処分その他の行為を取り消すことができる。この場合においては、第27条第3項及び第4項の規定を準用する。
7　第1項及び第2項の規定に違反して第1項第3号又は第4号に掲げる行為がされた場合には、当該第三者がこれを知っていたとき又は知らなかったことにつき重大な過失があったときに限り、信託管理人は、当該行為を取り消すことができる。この場合においては、第27条第4項の規定を準用する。	7　第1項及び第2項の規定に違反して第1項第3号又は第4号に掲げる行為がされた場合には、当該第三者がこれを知っていたとき又は知らなかったことにつき重大な過失があったときに限り、受益者は、当該行為を取り消すことができる。この場合においては、第27条第3項及び第4項の規定を準用する。
第32条　受託者は、受託者として有する権限に基づいて信託事務の処理としてすることができる行為であってこれをしないことが信託の目的の達成に支障となるものについては、これを固有財産又は受託者の利害関係人の計算でしてはならない。	第32条　受託者は、受託者として有する権限に基づいて信託事務の処理としてすることができる行為であってこれをしないことが受益者の利益に反するものについては、これを固有財産又は受託者の利害関係人の計算でしてはならない。
2　前項の規定にかかわらず、次のいずれかに該当するときは、同項に規定する行為を固有財産又は受託者の利害関係人の計算ですることができる。ただし、第2号に掲げる事由にあっては、同号に該当する場合でも当該行為を固有財産又は受託者の利害関係人の計算ですることができない旨の信託行為の定めがあるときは、この限りでない。	2　同左
一　信託行為に当該行為を固有財産又は受託者の利害関係人の計算ですることを許	一　同左

3　公益信託に関する法律における信託法の読替表　抄　241

読　替　後	読　替　前
容する旨の定めがあるとき。 　二　受託者が当該行為を固有財産又は受託者の利害関係人の計算ですることについて重要な事実を開示して信託管理人の承認を得たとき。 3　受託者は、第1項に規定する行為を固有財産又は受託者の利害関係人の計算でした場合には、信託管理人に対し、当該行為についての重要な事実を通知しなければならない。（ただし書適用除外） 4　第1項及び第2項の規定に違反して受託者が第1項に規定する行為をした場合には、信託管理人は、当該行為は信託財産のためにされたものとみなすことができる。ただし、第三者の権利を害することはできない。 5　前項の規定による権利は、当該行為の時から1年を経過したときは、消滅する。 第33条　（空振り） （分別管理義務） 第34条　受託者は、信託財産に属する財産と固有財産及び他の信託の信託財産に属する財産とを、次の各号に掲げる財産の区分に応じ、当該各号に定める方法により、分別して管理しなければならない。ただし、分別して管理する方法について、信託行為に別段の定めがあるときは、その定めるところによる。 　一　第14条の信託の登記又は登録をすることができる財産（第3号に掲げるものを除く。）　当該信託の登記又は登録 　二　第14条の信託の登記又は登録をすることができない財産（次号に掲げるものを除く。）　次のイ又はロに掲げる財産の区分に応じ、当該イ又はロに定める方法 　　イ　動産（金銭を除く。）　信託財産に属する財産と固有財産及び他の信託の信託財産に属する財産とを外形上区別することができる状態で保管する方法	二　受託者が当該行為を固有財産又は受託者の利害関係人の計算ですることについて重要な事実を開示して<u>受益者</u>の承認を得たとき。 3　受託者は、第1項に規定する行為を固有財産又は受託者の利害関係人の計算でした場合には、<u>受益者</u>に対し、当該行為についての重要な事実を通知しなければならない。<u>ただし、信託行為に別段の定めがあるときは、その定めるところによる。</u> 4　第1項及び第2項の規定に違反して受託者が第1項に規定する行為をした場合には、<u>受益者</u>は、当該行為は信託財産のためにされたものとみなすことができる。ただし、第三者の権利を害することはできない。 5　同左 （公平義務） <u>第33条　受益者が2人以上ある信託においては、受託者は、受益者のために公平にその職務を行わなければならない。</u> （分別管理義務） 第34条　同左 　一　同左 　二　同左 　　イ　同左

242　第5章　参考資料

読　替　後	読　替　前
ロ　金銭その他のイに掲げる財産以外の財産　その計算を明らかにする方法 　三　内閣府令・法務省令で定める財産　当該財産を適切に分別して管理する方法として内閣府令・法務省令で定めるもの 2　前項ただし書の規定にかかわらず、同項第1号に掲げる財産について第14条の信託の登記又は登録をする義務は、これを免除することができない。	ロ　同左 　三　法務省令で定める財産　当該財産を適切に分別して管理する方法として法務省令で定めるもの 2　同左
（信託事務の処理の委託における第三者の選任及び監督に関する義務） 第35条　第28条の規定により信託事務の処理を第三者に委託するときは、受託者は、信託の目的に照らして適切な者に委託しなければならない。	**（信託事務の処理の委託における第三者の選任及び監督に関する義務）** 第35条　同左
2　第28条の規定により信託事務の処理を第三者に委託したときは、受託者は、当該第三者に対し、信託の目的の達成のために必要かつ適切な監督を行わなければならない。	2　同左
3　受託者が信託事務の処理を次に掲げる第三者に委託したときは、前二項の規定は、適用しない。ただし、受託者は、当該第三者が不適任若しくは不誠実であること又は当該第三者による事務の処理が不適切であることを知ったときは、その旨の信託管理人に対する通知、当該第三者への委託の解除その他の必要な措置をとらなければならない。 　一　信託行為において指名された第三者 　二　信託行為において受託者が委託者又は信託管理人の指名に従い信託事務の処理を第三者に委託する旨の定めがある場合において、当該定めに従い指名された第三者	3　受託者が信託事務の処理を次に掲げる第三者に委託したときは、前二項の規定は、適用しない。ただし、受託者は、当該第三者が不適任若しくは不誠実であること又は当該第三者による事務の処理が不適切であることを知ったときは、その旨の受益者に対する通知、当該第三者への委託の解除その他の必要な措置をとらなければならない。 　一　同左 　二　信託行為において受託者が委託者又は受益者の指名に従い信託事務の処理を第三者に委託する旨の定めがある場合において、当該定めに従い指名された第三者
4　（適用除外）	4　前項ただし書の規定にかかわらず、信託行為に別段の定めがあるときは、その定めるところによる。
（信託事務の処理の状況についての報告義務） 第36条　委託者又は信託管理人は、受託者に対し、信託事務の処理の状況並びに信託財産に属する財産及び信託財産責任負担債務	**（信託事務の処理の状況についての報告義務）** 第36条　委託者又は受益者は、受託者に対し、信託事務の処理の状況並びに信託財産に属する財産及び信託財産責任負担債務の

読　替　後	読　替　前
の状況について報告を求めることができる。	状況について報告を求めることができる。
（帳簿等の作成等、報告及び保存の義務）	**（帳簿等の作成等、報告及び保存の義務）**
第37条　受託者は、信託事務に関する計算並びに信託財産に属する財産及び信託財産責任負担債務の状況を明らかにするため、<u>内閣府令・法務省令</u>で定めるところにより、信託財産に係る帳簿その他の書類又は電磁的記録を作成しなければならない。	第37条　受託者は、信託事務に関する計算並びに信託財産に属する財産及び信託財産責任負担債務の状況を明らかにするため、<u>法務省令</u>で定めるところにより、信託財産に係る帳簿その他の書類又は電磁的記録を作成しなければならない。
2　受託者は、毎年1回、一定の時期に、<u>内閣府令・法務省令</u>で定めるところにより、貸借対照表、損益計算書その他の<u>内閣府令・法務省令</u>で定める書類又は電磁的記録を作成しなければならない。	2　受託者は、毎年1回、一定の時期に、<u>法務省令</u>で定めるところにより、貸借対照表、損益計算書その他の<u>法務省令</u>で定める書類又は電磁的記録を作成しなければならない。
3　受託者は、前項の書類又は電磁的記録を作成したときは、その内容について<u>信託管理人</u>に報告しなければならない。（ただし書適用除外）	3　受託者は、前項の書類又は電磁的記録を作成したときは、その内容について<u>受益者（信託管理人が現に存する場合にあっては、信託管理人）</u>に報告しなければならない。<u>ただし、信託行為に別段の定めがあるときは、その定めるところによる。</u>
4　受託者は、第1項の書類又は電磁的記録を作成した場合には、その作成の日から10年間（当該期間内に信託の清算の結了があったときは、その日までの間。次項において同じ。）、当該書類（当該書類に代えて電磁的記録を<u>内閣府令・法務省令</u>で定める方法により作成した場合にあっては、当該電磁的記録）又は電磁的記録（当該電磁的記録に代えて書面を作成した場合にあっては、当該書面）を保存しなければならない。ただし、<u>信託管理人</u>に対し、当該書類若しくはその写しを交付し、又は当該電磁的記録に記録された事項を<u>内閣府令・法務省令</u>で定める方法により提供したときは、この限りでない。	4　受託者は、第1項の書類又は電磁的記録を作成した場合には、その作成の日から10年間（当該期間内に信託の清算の結了があったときは、その日までの間。次項において同じ。）、当該書類（当該書類に代えて電磁的記録を<u>法務省令</u>で定める方法により作成した場合にあっては、当該電磁的記録）又は電磁的記録（当該電磁的記録に代えて書面を作成した場合にあっては、当該書面）を保存しなければならない。ただし、<u>受益者（2人以上の受益者が現に存する場合にあってはそのすべての受益者、信託管理人が現に存する場合にあっては信託管理人。第6項ただし書において同じ。）</u>に対し、当該書類若しくはその写しを交付し、又は当該電磁的記録に記録された事項を<u>法務省令</u>で定める方法により提供したときは、この限りでない。
5　受託者は、信託財産に属する財産の処分に係る契約書その他の信託事務の処理に関する書類又は電磁的記録を作成し、又は取得した場合には、その作成又は取得の日から10年間、当該書類（当該書類に代えて電	5　受託者は、信託財産に属する財産の処分に係る契約書その他の信託事務の処理に関する書類又は電磁的記録を作成し、又は取得した場合には、その作成又は取得の日から10年間、当該書類（当該書類に代えて電

読　替　後	読　替　前
磁的記録を内閣府令・法務省令で定める方法により作成した場合にあっては、当該電磁的記録）又は電磁的記録（当該電磁的記録に代えて書面を作成した場合にあっては、当該書面）を保存しなければならない。この場合においては、前項ただし書の規定を準用する。	磁的記録を法務省令で定める方法により作成した場合にあっては、当該電磁的記録）又は電磁的記録（当該電磁的記録に代えて書面を作成した場合にあっては、当該書面）を保存しなければならない。この場合においては、前項ただし書の規定を準用する。
６　受託者は、第２項の書類又は電磁的記録を作成した場合には、信託の清算の結了の日までの間、当該書類（当該書類に代えて電磁的記録を内閣府令・法務省令で定める方法により作成した場合にあっては、当該電磁的記録）又は電磁的記録（当該電磁的記録に代えて書面を作成した場合にあっては、当該書面）を保存しなければならない。ただし、その作成の日から10年間を経過した後において、信託管理人に対し、当該書類若しくはその写しを交付し、又は当該電磁的記録に記録された事項を内閣府令・法務省令で定める方法により提供したときは、この限りでない。	６　受託者は、第２項の書類又は電磁的記録を作成した場合には、信託の清算の結了の日までの間、当該書類（当該書類に代えて電磁的記録を法務省令で定める方法により作成した場合にあっては、当該電磁的記録）又は電磁的記録（当該電磁的記録に代えて書面を作成した場合にあっては、当該書面）を保存しなければならない。ただし、その作成の日から10年間を経過した後において、受益者に対し、当該書類若しくはその写しを交付し、又は当該電磁的記録に記録された事項を法務省令で定める方法により提供したときは、この限りでない。
（帳簿等の閲覧等の請求） 第38条　信託管理人は、受託者に対し、次に掲げる請求をすることができる。この場合においては、当該請求の理由を明らかにしてしなければならない。 　一　前条第１項又は第５項の書類の閲覧又は謄写の請求 　二　前条第１項又は第５項の電磁的記録に記録された事項を内閣府令・法務省令で定める方法により表示したものの閲覧又は謄写の請求	**（帳簿等の閲覧等の請求）** 第38条　受益者は、受託者に対し、次に掲げる請求をすることができる。この場合においては、当該請求の理由を明らかにしてしなければならない。 　一　同左 　二　前条第１項又は第５項の電磁的記録に記録された事項を法務省令で定める方法により表示したものの閲覧又は謄写の請求
２　前項の請求があったときは、受託者は、次のいずれかに該当すると認められる場合を除き、これを拒むことができない。 　一　当該請求を行う者（以下この項において「請求者」という。）がその権利の確保又は行使に関する調査以外の目的で請求を行ったとき。 　二　請求者が不適当な時に請求を行ったとき。 　三　請求者が信託事務の処理を妨げ、又は信託の目的の達成を妨げる目的で請求を	２　同左 　一　同左 　二　同左 　三　請求者が信託事務の処理を妨げ、又は受益者の共同の利益を害する目的で請求を

読　替　後	読　替　前
行ったとき。	を行ったとき。
四　請求者が当該信託に係る業務と実質的に競争関係にある事業を営み、又はこれに従事するものであるとき。	四　同左
五　請求者が前項の規定による閲覧又は謄写によって知り得た事実を利益を得て第三者に通報するため請求したとき。	五　同左
六　請求者が、過去２年以内において、前項の規定による閲覧又は謄写によって知り得た事実を利益を得て第三者に通報したことがあるものであるとき。	六　同左
3　（空振り）	3　前項（第１号及び第２号を除く。）の規定は、受益者が２人以上ある信託のすべての受益者から第１項の請求があったとき、又は受益者が１人である信託の当該受益者から同項の請求があったときは、適用しない。
4　（空振り）	4　信託行為において、次に掲げる情報以外の情報について、受益者が同意をしたときは第１項の規定による閲覧又は謄写の請求をすることができない旨の定めがある場合には、当該同意をした受益者（その承継人を含む。以下この条において同じ。）は、その同意を撤回することができない。
一　（空振り）	一　前条第２項の書類又は電磁的記録の作成に欠くことのできない情報その他の信託に関する重要な情報
二　（空振り）	二　当該受益者以外の者の利益を害するおそれのない情報
5　（空振り）	5　受託者は、前項の同意をした受益者から第１項の規定による閲覧又は謄写の請求があったときは、前項各号に掲げる情報に該当する部分を除き、これを拒むことができる。
6　利害関係人は、受託者に対し、次に掲げる請求をすることができる。	6　同左
一　前条第２項の書類の閲覧又は謄写の請求	一　同左
二　前条第２項の電磁的記録に記録された事項を内閣府令・法務省令で定める方法により表示したものの閲覧又は謄写の請求	二　前条第２項の電磁的記録に記録された事項を法務省令で定める方法により表示したものの閲覧又は謄写の請求
	（他の受益者の氏名等の開示の請求）

246　第５章　参考資料

読 替 後	読 替 前
第39条 （空振り）	第39条　受益者が２人以上ある信託において は、受益者は、受託者に対し、次に掲げる 事項を相当な方法により開示することを請 求することができる。この場合において は、当該請求の理由を明らかにしてしなけ ればならない。
	一　他の受益者の氏名又は名称及び住所
一　（空振り）	二　他の受益者が有する受益権の内容
二　（空振り）	
2　（空振り）	2　前項の請求があったときは、受託者は、 次のいずれかに該当すると認められる場合 を除き、これを拒むことができない。
一　（空振り）	一　当該請求を行う者（以下この項におい て「請求者」という。）がその権利の確 保又は行使に関する調査以外の目的で請 求を行ったとき。
二　（空振り）	二　請求者が不適当な時に請求を行ったと き。
三　（空振り）	三　請求者が信託事務の処理を妨げ、又は 受益者の共同の利益を害する目的で請求 を行ったとき。
四　（空振り）	四　請求者が前項の規定による開示によっ て知り得た事実を利益を得て第三者に通 報するため請求を行ったとき。
五　（空振り）	五　請求者が、過去２年以内において、前 項の規定による開示によって知り得た事 実を利益を得て第三者に通報したことが あるものであるとき。
3　（空振り）	3　前二項の規定にかかわらず、信託行為に 別段の定めがあるときは、その定めるとこ ろによる。
第３節　受託者の責任等 　　（受託者の損失てん補責任等）	第３節　同左 　　（受託者の損失てん補責任等）
第40条　受託者がその任務を怠ったことに よって次の各号に掲げる場合に該当するに 至ったときは、信託管理人は、当該受託者 に対し、当該各号に定める措置を請求する ことができる。ただし、第２号に定める措 置にあっては、原状の回復が著しく困難で あるとき、原状の回復をするのに過分の費 用を要するとき、その他受託者に原状の回 復をさせることを不適当とする特別の事情 があるときは、この限りでない。	第40条　受託者がその任務を怠ったことに よって次の各号に掲げる場合に該当するに 至ったときは、受益者は、当該受託者に対 し、当該各号に定める措置を請求すること ができる。ただし、第２号に定める措置に あっては、原状の回復が著しく困難である とき、原状の回復をするのに過分の費用を 要するとき、その他受託者に原状の回復を させることを不適当とする特別の事情があ るときは、この限りでない。
一　信託財産に損失が生じた場合　当該損	一　同左

3　公益信託に関する法律における信託法の読替表　抄　247

読　替　後	読　替　前
失のてん補 　二　信託財産に変更が生じた場合　原状の 　　回復 2　受託者が第28条の規定に違反して信託事 　務の処理を第三者に委託した場合におい 　て、信託財産に損失又は変更を生じたとき 　は、受託者は、第三者に委託をしなかった 　としても損失又は変更が生じたことを証明 　しなければ、前項の責任を免れることがで 　きない。 3　受託者が第30条、第31条第1項及び第2 　項又は第32条第1項及び第2項の規定に違 　反する行為をした場合には、受託者は、当 　該行為によって受託者又はその利害関係人 　が得た利益の額と同額の損失を信託財産に 　生じさせたものと推定する。 4　受託者が第34条の規定に違反して信託財 　産に属する財産を管理した場合において、 　信託財産に損失又は変更を生じたときは、 　受託者は、同条の規定に従い分別して管理 　をしたとしても損失又は変更が生じたこと 　を証明しなければ、第1項の責任を免れる 　ことができない。	二　同左 2　同左 3　同左 4　同左
（法人である受託者の役員の連帯責任） 第41条　法人である受託者の理事、取締役若 　しくは執行役又はこれらに準ずる者は、当 　該法人が前条の規定による責任を負う場合 　において、当該法人が行った法令又は信託 　行為の定めに違反する行為につき悪意又は 　重大な過失があるときは、<u>信託管理人</u>に対 　し、当該法人と連帯して、損失のてん補又 　は原状の回復をする責任を負う。	（法人である受託者の役員の連帯責任） 第41条　法人である受託者の理事、取締役若 　しくは執行役又はこれらに準ずる者は、当 　該法人が前条の規定による責任を負う場合 　において、当該法人が行った法令又は信託 　行為の定めに違反する行為につき悪意又は 　重大な過失があるときは、<u>受益者</u>に対し、 　当該法人と連帯して、損失のてん補又は原 　状の回復をする責任を負う。
（損失てん補責任等の免除） 第42条　<u>信託管理人</u>は、次に掲げる責任を免 　除することができる。 　一　第40条の規定による責任 　二　前条の規定による責任	（損失てん補責任等の免除） 第42条　<u>受益者</u>は、次に掲げる責任を免除す 　ることができる。 　一　同左 　二　同左
（損失填補責任等に係る債権の期間の制 　限） 第43条　第40条の規定による責任に係る債権 　の消滅時効は、債務の不履行によって生じ 　た責任に係る債権の消滅時効の例による。 2　第41条の規定による責任に係る債権は、	（損失填補責任等に係る債権の期間の制 　限） 第43条　同左 2　同左

248　第5章　参考資料

読　替　後	読　替　前
次に掲げる場合には、時効によって消滅する。 一　信託管理人が当該債権を行使することができることを知った時から５年間行使しないとき。 二　当該債権を行使することができる時から10年間行使しないとき。 3　（空振り）	一　受益者が当該債権を行使することができることを知った時から５年間行使しないとき。 二　同左 3　第40条又は第41条の規定による責任に係る受益者の債権の消滅時効は、受益者が受益者としての指定を受けたことを知るに至るまでの間（受益者が現に存しない場合にあっては、信託管理人が選任されるまでの間）は、進行しない。
4　（空振り）	4　前項に規定する債権は、受託者がその任務を怠ったことによって信託財産に損失又は変更が生じた時から20年を経過したときは、消滅する。
（信託管理人による受託者の行為の差止め） 第44条　受託者が法令若しくは信託行為の定めに違反する行為をし、又はこれらの行為をするおそれがある場合において、当該行為によって信託財産に著しい損害が生ずるおそれがあるときは、信託管理人は、当該受託者に対し、当該行為をやめることを請求することができる。 2　（空振り）	（受益者による受託者の行為の差止め） 第44条　受託者が法令若しくは信託行為の定めに違反する行為をし、又はこれらの行為をするおそれがある場合において、当該行為によって信託財産に著しい損害が生ずるおそれがあるときは、受益者は、当該受託者に対し、当該行為をやめることを請求することができる。 2　受託者が第33条の規定に違反する行為をし、又はこれをするおそれがある場合において、当該行為によって一部の受益者に著しい損害が生ずるおそれがあるときは、当該受益者は、当該受託者に対し、当該行為をやめることを請求することができる。
（費用又は報酬の支弁等） 第45条　第40条、第41条又は前条の規定による請求に係る訴えを提起した信託管理人が勝訴（一部勝訴を含む。）した場合において、当該訴えに係る訴訟に関し、必要な費用（訴訟費用を除く。）を支出したとき、又は弁護士、弁護士法人、弁護士・外国法事務弁護士共同法人、司法書士若しくは司法書士法人に報酬を支払うべきときは、その費用又は報酬は、その額の範囲内で相当と認められる額を限度として、信託財産か	（費用又は報酬の支弁等） 第45条　第40条、第41条又は前条の規定による請求に係る訴えを提起した受益者が勝訴（一部勝訴を含む。）した場合において、当該訴えに係る訴訟に関し、必要な費用（訴訟費用を除く。）を支出したとき、又は弁護士、弁護士法人、弁護士・外国法事務弁護士共同法人、司法書士若しくは司法書士法人に報酬を支払うべきときは、その費用又は報酬は、その額の範囲内で相当と認められる額を限度として、信託財産から支弁

3　公益信託に関する法律における信託法の読替表　抄　249

読　替　後	読　替　前
ら支弁する。 2　前項の訴えを提起した<u>信託管理人</u>が敗訴した場合であっても、悪意があったときを除き、当該<u>信託管理人</u>は、受託者に対し、これによって生じた損害を賠償する義務を負わない。 　（検査役の選任） **第46条**　受託者の信託事務の処理に関し、不正の行為又は法令若しくは信託行為の定めに違反する重大な事実があることを疑うに足りる事由があるときは、<u>信託管理人</u>は、信託事務の処理の状況並びに信託財産に属する財産及び信託財産責任負担債務の状況を調査させるため、裁判所に対し、検査役の選任の申立てをすることができる。 2　前項の申立てがあった場合には、裁判所は、これを不適法として却下する場合を除き、検査役を選任しなければならない。 3　第1項の申立てを却下する裁判には、理由を付さなければならない。 4　第1項の規定による検査役の選任の裁判に対しては、不服を申し立てることができない。 5　第2項の検査役は、信託財産から裁判所が定める報酬を受けることができる。 6　前項の規定による検査役の報酬を定める裁判をする場合には、受託者及び第2項の検査役の陳述を聴かなければならない。 7　第5項の規定による検査役の報酬を定める裁判に対しては、受託者及び第2項の検査役に限り、即時抗告をすることができる。 **第47条**　前条第2項の検査役は、その職務を行うため必要があるときは、受託者に対し、信託事務の処理の状況並びに信託財産に属する財産及び信託財産責任負担債務の状況について報告を求め、又は当該信託に係る帳簿、書類その他の物件を調査することができる。 2　前条第2項の検査役は、必要な調査を行い、当該調査の結果を記載し、又は記録した書面又は電磁的記録（<u>内閣府令・法務省令</u>で定めるものに限る。）を裁判所に提供	する。 2　前項の訴えを提起した<u>受益者</u>が敗訴した場合であっても、悪意があったときを除き、当該<u>受益者</u>は、受託者に対し、これによって生じた損害を賠償する義務を負わない。 　（検査役の選任） **第46条**　受託者の信託事務の処理に関し、不正の行為又は法令若しくは信託行為の定めに違反する重大な事実があることを疑うに足りる事由があるときは、<u>受益者</u>は、信託事務の処理の状況並びに信託財産に属する財産及び信託財産責任負担債務の状況を調査させるため、裁判所に対し、検査役の選任の申立てをすることができる。 2　同左 3　同左 4　同左 5　同左 6　同左 7 **第47条**　同左 2　前条第2項の検査役は、必要な調査を行い、当該調査の結果を記載し、又は記録した書面又は電磁的記録（<u>法務省令</u>で定めるものに限る。）を裁判所に提供して報告を

250　第5章　参考資料

読 替 後	読 替 前
して報告をしなければならない。	しなければならない。
3　裁判所は、前項の報告について、その内容を明瞭にし、又はその根拠を確認するため必要があると認めるときは、前条第2項の検査役に対し、更に前項の報告を求めることができる。	3　同左
4　前条第2項の検査役は、第2項の報告をしたときは、受託者及び同条第1項の申立てをした<u>信託管理人</u>に対し、第2項の書面の写しを交付し、又は同項の電磁的記録に記録された事項を<u>内閣府令・法務省令</u>で定める方法により提供しなければならない。	4　前条第2項の検査役は、第2項の報告をしたときは、受託者及び同条第1項の申立てをした<u>受益者</u>に対し、第2項の書面の写しを交付し、又は同項の電磁的記録に記録された事項を<u>法務省令</u>で定める方法により提供しなければならない。
5　受託者は、前項の規定による書面の写しの交付又は電磁的記録に記録された事項の<u>内閣府令・法務省令</u>で定める方法による提供があったときは、直ちに、その旨を<u>信託管理人</u>（前条第1項の申立てをしたものを除く。次項において同じ。）に通知しなければならない。（ただし書適用除外）	5　受託者は、前項の規定による書面の写しの交付又は電磁的記録に記録された事項の<u>法務省令</u>で定める方法による提供があったときは、直ちに、その旨を<u>受益者</u>（前条第1項の申立てをしたものを除く。次項において同じ。）に通知しなければならない。<u>ただし、信託行為に別段の定めがあるときは、その定めるところによる。</u>
6　裁判所は、第2項の報告があった場合において、必要があると認めるときは、受託者に対し、同項の調査の結果を<u>信託管理人</u>に通知することその他の当該報告の内容を周知するための適切な措置をとるべきことを命じなければならない。	6　裁判所は、第2項の報告があった場合において、必要があると認めるときは、受託者に対し、同項の調査の結果を<u>受益者</u>に通知することその他の当該報告の内容を周知するための適切な措置をとるべきことを命じなければならない。
第4節　受託者の費用等及び信託報酬等	第4節　同左
（信託財産からの費用等の償還等）	（信託財産からの費用等の償還等）
第48条　受託者は、信託事務を処理するのに必要と認められる費用を固有財産から支出した場合には、信託財産から当該費用及び支出の日以後におけるその利息（以下「費用等」という。）の償還を受けることができる。ただし、信託行為に別段の定めがあるときは、その定めるところによる。	第48条　同左
2　受託者は、信託事務を処理するについて費用を要するときは、信託財産からその前払を受けることができる。ただし、信託行為に別段の定めがあるときは、その定めるところによる。	2　同左
3　受託者は、前項本文の規定により信託財産から費用の前払を受けるには、<u>信託管理</u>	3　受託者は、前項本文の規定により信託財産から費用の前払を受けるには、<u>受益者に</u>

3　公益信託に関する法律における信託法の読替表　抄　251

読 替 後	読 替 前
人に対し、前払を受ける額及びその算定根拠を通知しなければならない。（ただし書適用除外）	対し、前払を受ける額及びその算定根拠を通知しなければならない。<u>ただし、信託行為に別段の定めがあるときは、その定めるところによる。</u>
4　第1項又は第2項の規定にかかわらず、費用等の償還又は費用の前払は、受託者が第40条の規定による責任を負う場合には、これを履行した後でなければ、受けることができない。ただし、信託行為に別段の定めがあるときは、その定めるところによる。	4　同左
5　（空振り）	5　<u>第1項又は第2項の場合には、受託者が受益者との間の合意に基づいて当該受益者から費用等の償還又は費用の前払を受けることを妨げない。</u>
（費用等の償還等の方法） **第49条**　受託者は、前条第1項又は第2項の規定により信託財産から費用等の償還又は費用の前払を受けることができる場合には、その額の限度で、信託財産に属する金銭を固有財産に帰属させることができる。	**（費用等の償還等の方法）** **第49条**　同左
2　前項に規定する場合において、必要があるときは、受託者は、信託財産に属する財産（当該財産を処分することにより信託の目的を達成することができないこととなるものを除く。）を処分することができる。ただし、信託行為に別段の定めがあるときは、その定めるところによる。	2　同左
3　第1項に規定する場合において、第31条第2項各号のいずれかに該当するときは、受託者は、第1項の規定により有する権利の行使に代えて、信託財産に属する財産で金銭以外のものを固有財産に帰属させることができる。ただし、信託行為に別段の定めがあるときは、その定めるところによる。	3　同左
4　第1項の規定により受託者が有する権利は、信託財産に属する財産に対し強制執行又は担保権の実行の手続が開始したときは、これらの手続との関係においては、金銭債権とみなす。	4　同左
5　前項の場合には、同項に規定する権利の存在を証する文書により当該権利を有する	5　同左

読　替　後	読　替　前
ことを証明した受託者も、同項の強制執行又は担保権の実行の手続において、配当要求をすることができる。	
6　　各債権者（信託財産責任負担債務に係る債権を有する債権者に限る。以下この項及び次項において同じ。）の共同の利益のためにされた信託財産に属する財産の保存、清算又は配当に関する費用等について第1項の規定により受託者が有する権利は、第4項の強制執行又は担保権の実行の手続において、他の債権者（当該費用等がすべての債権者に有益でなかった場合にあっては、当該費用等によって利益を受けていないものを除く。）の権利に優先する。この場合においては、その順位は、民法第307条第1項に規定する先取特権と同順位とする。	6　　同左
7　　次の各号に該当する費用等について第1項の規定により受託者が有する権利は、当該各号に掲げる区分に応じ、当該各号の財産に係る第4項の強制執行又は担保権の実行の手続において、当該各号に定める金額について、他の債権者の権利に優先する。	7　　同左
一　信託財産に属する財産の保存のために支出した金額その他の当該財産の価値の維持のために必要であると認められるもの　その金額	一　同左
二　信託財産に属する財産の改良のために支出した金額その他の当該財産の価値の増加に有益であると認められるもの　その金額又は現に存する増価額のいずれか低い金額	二　同左
（信託財産責任負担債務の弁済による受託者の代位）	（信託財産責任負担債務の弁済による受託者の代位）
第50条　受託者は、信託財産責任負担債務を固有財産をもって弁済した場合において、これにより前条第1項の規定による権利を有することとなったときは、当該信託財産責任負担債務に係る債権を有する債権者に代位する。この場合においては、同項の規定により受託者が有する権利は、その代位との関係においては、金銭債権とみなす。	第50条　同左
2　　前項の規定により受託者が同項の債権者	2　　同左

読　替　後	読　替　前
に代位するときは、受託者は、遅滞なく、当該債権者の有する債権が信託財産責任負担債務に係る債権である旨及びこれを固有財産をもって弁済した旨を当該債権者に通知しなければならない。	
（費用等の償還等と同時履行） 第51条　受託者は、第49条第1項の規定により受託者が有する権利が消滅するまでは、<u>第182条第1項第2号</u>に規定する帰属権利者に対する信託財産に係る給付をすべき債務の履行を拒むことができる。ただし、信託行為に別段の定めがあるときは、その定めるところによる。（受益者の部分が空振り）	（費用等の償還等と同時履行） 第51条　受託者は、第49条第1項の規定により受託者が有する権利が消滅するまでは、<u>受益者又は</u>第182条第1項第2号に規定する帰属権利者に対する信託財産に係る給付をすべき債務の履行を拒むことができる。ただし、信託行為に別段の定めがあるときは、その定めるところによる。
（信託財産が費用等の償還等に不足している場合の措置） 第52条　受託者は、第48条第1項又は第2項の規定により信託財産から費用等の償還又は費用の前払を受けるのに信託財産（第49条第2項の規定により処分することができないものを除く。第1号及び第4項において同じ。）が不足している場合において、<u>委託者</u>に対し次に掲げる事項を通知し、第2号の相当の期間を経過しても<u>委託者から</u>費用等の償還又は費用の前払を受けなかったときは、信託を終了させることができる。（受益者の部分が空振り） 一　信託財産が不足しているため費用等の償還又は費用の前払を受けることができない旨 二　受託者の定める相当の期間内に<u>委託者</u>から費用等の償還又は費用の前払を受けないときは、信託を終了させる旨（受益者の部分が空振り） 2　（空振り）	（信託財産が費用等の償還等に不足している場合の措置） 第52条　受託者は、第48条第1項又は第2項の規定により信託財産から費用等の償還又は費用の前払を受けるのに信託財産（第49条第2項の規定により処分することができないものを除く。第1号及び第4項において同じ。）が不足している場合において、<u>委託者及び受益者</u>に対し次に掲げる事項を通知し、第2号の相当の期間を経過しても<u>委託者又は受益者</u>から費用等の償還又は費用の前払を受けなかったときは、信託を終了させることができる。 一　同左 二　受託者の定める相当の期間内に<u>委託者又は受益者</u>から費用等の償還又は費用の前払を受けないときは、信託を終了させる旨 <u>2　委託者が現に存しない場合における前項の規定の適用については、同項中「委託者及び受益者」とあり、及び「委託者又は受益者」とあるのは、「受益者」とする。</u>
3　受益者が現に存しない場合における第1項の規定の適用については、同項中「<u>委託者</u>」とあり、及び「<u>委託者</u>」とあるのは、「委託者」とする。	3　同左
4　第48条第1項又は第2項の規定により信	4　第48条第1項又は第2項の規定により信

読　替　後	読　替　前
託財産から費用等の償還又は費用の前払を受けるのに信託財産が不足している場合において、<u>委託者</u>が現に存しないときは、受託者は、信託を終了させることができる。 （受益者の部分が空振り）	託財産から費用等の償還又は費用の前払を受けるのに信託財産が不足している場合において、<u>委託者及び受益者</u>が現に存しないときは、受託者は、信託を終了させることができる。
（信託財産からの損害の賠償）	（信託財産からの損害の賠償）
第53条　受託者は、次の各号に掲げる場合には、当該各号に定める損害の額について、信託財産からその賠償を受けることができる。ただし、信託行為に別段の定めがあるときは、その定めるところによる。	第53条　同左
一　受託者が信託事務を処理するため自己に過失なく損害を受けた場合　当該損害の額	一　同左
二　受託者が信託事務を処理するため第三者の故意又は過失によって損害を受けた場合（前号に掲げる場合を除く。）　当該第三者に対し賠償を請求することができる額	二　同左
2　<u>第48条第4項</u>、第49条（第6項及び第7項を除く。）及び前二条の規定は、前項の規定による信託財産からの損害の賠償について準用する。	2　<u>第48条第4項及び第5項</u>、第49条（第6項及び第7項を除く。）並びに前二条の規定は、前項の規定による信託財産からの損害の賠償について準用する。
（受託者の信託報酬）	（受託者の信託報酬）
第54条　受託者は、信託の引受けについて商法（明治32年法律第48号）第512条の規定の適用がある場合のほか、信託行為に受託者が信託財産から信託報酬（信託事務の処理の対価として受託者の受ける財産上の利益をいう。以下同じ。）を受ける旨の定めがある場合に限り、信託財産から信託報酬を受けることができる。	第54条　同左
2　前項の場合には、信託報酬の額は、信託行為に信託報酬の額又は算定方法に関する定めがあるときはその定めるところにより、その定めがないときは相当の額とする。	2　同左
3　前項の定めがないときは、受託者は、信託財産から信託報酬を受けるには、<u>信託管理人</u>に対し、信託報酬の額及びその算定の根拠を通知しなければならない。	3　前項の定めがないときは、受託者は、信託財産から信託報酬を受けるには、<u>受益者</u>に対し、信託報酬の額及びその算定の根拠を通知しなければならない。
4　<u>第48条第4項</u>、第49条（第6項及び第7項を除く。）、第51条並びに第52条並びに民	4　<u>第48条第4項及び第5項</u>、第49条（第6項及び第7項を除く。）、第51条並びに第52

3　公益信託に関する法律における信託法の読替表　抄　255

読 替 後	読 替 前
法第648条第2項及び第3項並びに第648条の2の規定は、受託者の信託報酬について準用する。 **（受託者による担保権の実行）** **第55条**　（空振り）	条並びに民法第648条第2項及び第3項並びに第648条の2の規定は、受託者の信託報酬について準用する。 **（受託者による担保権の実行）** **第55条**　担保権が信託財産である信託において、信託行為において受益者が当該担保権によって担保される債権に係る債権者とされている場合には、担保権者である受託者は、信託事務として、当該担保権の実行の申立てをし、売却代金の配当又は弁済金の交付を受けることができる。
第5節　受託者の変更等 　　　　　第1款　受託者の任務の終了 　　（受託者の任務の終了事由） **第56条**　受託者の任務は、信託の清算が結了した場合のほか、次に掲げる事由によって、又は受託者が公益信託に関する法律第9条第1号若しくは第2号のいずれかに該当するに至ったこと若しくは同法第7条第2項第2号及び第5号に掲げる事項の変更（次項又は第3項の規定による受託者の任務の引継ぎに係るものに限る。）に係る同法第12条第1項の認可を拒否する処分がされたこと（以下「特定終了事由」という。）により終了する。ただし、第2号又は第3号に掲げる事由による場合にあっては、信託行為に別段の定めがあるときは、その定めるところによる。 　一　受託者である個人の死亡 　二　受託者である個人が後見開始又は保佐開始の審判を受けたこと。 　三　受託者（破産手続開始の決定により解散するものを除く。）が破産手続開始の決定を受けたこと。 　四　受託者である法人が合併以外の理由により解散したこと。 　五　次条の規定による受託者の辞任 　六　第58条の規定による受託者の解任 　七　信託行為において定めた事由 2　受託者である法人が合併をした場合における合併後存続する法人又は合併により設立する法人は、受託者の任務を引き継ぐものとする。受託者である法人が分割をした	第5節　同左 　　　　　第1款　同左 　　（受託者の任務の終了事由） **第56条**　受託者の任務は、信託の清算が結了した場合のほか、次に掲げる事由によって終了する。ただし、第2号又は第3号に掲げる事由による場合にあっては、信託行為に別段の定めがあるときは、その定めるところによる。 　一　同左 　二　同左 　三　同左 　四　同左 　五　同左 　六　同左 　七　同左 2　同左

256　第5章　参考資料

読 替 後	読 替 前
場合における分割により受託者としての権利義務を承継する法人も、同様とする。	
3　前項の規定にかかわらず、信託行為に別段の定めがあるときは、その定めるところによる。	3　同左
4　第1項第3号に掲げる事由が生じた場合において、同項ただし書の定めにより受託者の任務が終了しないときは、受託者の職務は、破産者が行う。	4　同左
5　受託者の任務は、受託者が再生手続開始の決定を受けたことによっては、終了しない。ただし、信託行為に別段の定めがあるときは、その定めるところによる。	5　同左
6　前項本文に規定する場合において、管財人があるときは、受託者の職務の遂行並びに信託財産に属する財産の管理及び処分をする権利は、管財人に専属する。保全管理人があるときも、同様とする。	6　同左
7　前二項の規定は、受託者が更生手続開始の決定を受けた場合について準用する。この場合において、前項中「管財人があるとき」とあるのは、「管財人があるとき（会社更生法第74条第2項（金融機関等の更生手続の特例等に関する法律第47条及び第213条において準用する場合を含む。）の期間を除く。）」と読み替えるものとする。	7　同左
（受託者の辞任）	（受託者の辞任）
第57条　受託者は、委託者及び信託管理人の同意を得て、辞任することができる。ただし、信託行為に別段の定めがあるときは、その定めるところによる。	第57条　受託者は、委託者及び受益者の同意を得て、辞任することができる。ただし、信託行為に別段の定めがあるときは、その定めるところによる。
2　受託者は、やむを得ない事由があるときは、裁判所の許可を得て、辞任することができる。	2　同左
3　受託者は、前項の許可の申立てをする場合には、その原因となる事実を疎明しなければならない。	3　同左
4　第2項の許可の申立てを却下する裁判には、理由を付さなければならない。	4　同左
5　第2項の規定による辞任の許可の裁判に対しては、不服を申し立てることができない。	5　同左
6　委託者が現に存しない場合には、第1項	6　同左

3　公益信託に関する法律における信託法の読替表　抄　257

読　替　後	読　替　前
本文の規定は、適用しない。	
（受託者の解任）	（受託者の解任）
第58条　委託者及び信託管理人は、<u>正当な理由があるとき</u>は、その合意により、受託者を解任することができる。	第58条　委託者及び受益者は、<u>いつでも</u>、その合意により、受託者を解任することができる。
2　（適用除外）	2　<u>委託者及び受益者が受託者に不利な時期に受託者を解任したときは、委託者及び受益者は、受託者の損害を賠償しなければならない。ただし、やむを得ない事由があったときは、この限りでない。</u>
3　<u>第1項</u>の規定にかかわらず、信託行為に別段の定めがあるときは、その定めるところによる。	3　<u>前二項</u>の規定にかかわらず、信託行為に別段の定めがあるときは、その定めるところによる。
4　受託者がその任務に違反して信託財産に著しい損害を与えたことその他重要な事由があるときは、裁判所は、委託者又は<u>信託管理人</u>の申立てにより、受託者を解任することができる。	4　受託者がその任務に違反して信託財産に著しい損害を与えたことその他重要な事由があるときは、裁判所は、委託者又は<u>受益者</u>の申立てにより、受託者を解任することができる。
5　裁判所は、前項の規定により受託者を解任する場合には、受託者の陳述を聴かなければならない。	5　同左
6　第4項の申立てについての裁判には、理由を付さなければならない。	6　同左
7　第4項の規定による解任の裁判に対しては、委託者、受託者又は<u>信託管理人</u>に限り、即時抗告をすることができる。	7　第4項の規定による解任の裁判に対しては、委託者、受託者又は<u>受益者</u>に限り、即時抗告をすることができる。
8　委託者が現に存しない場合には、<u>第1項</u>の規定は、適用しない。	8　委託者が現に存しない場合には、<u>第1項及び第2項</u>の規定は、適用しない。
第2款　前受託者の義務等	第2款　同左
（前受託者の通知及び保管の義務等）	（前受託者の通知及び保管の義務等）
第59条　第56条第1項第3号から第7号までに掲げる<u>事由又は特定終了事由</u>により受託者の任務が終了した場合には、受託者であった者（以下「前受託者」という。）は、<u>信託管理人</u>に対し、その旨を通知しなければならない。（ただし書適用除外）	第59条　第56条第1項第3号から第7号までに掲げる<u>事由</u>により受託者の任務が終了した場合には、受託者であった者（以下「前受託者」という。）は、<u>受益者</u>に対し、その旨を通知しなければならない。<u>ただし、信託行為に別段の定めがあるときは、その定めるところによる。</u>
2　第56条第1項第3号に掲げる事由により受託者の任務が終了した場合には、前受託者は、破産管財人に対し、信託財産に属する財産の内容及び所在、信託財産責任負担債務の内容その他の<u>内閣府令・法務省令</u>で定める事項を通知しなければならない。	2　第56条第1項第3号に掲げる事由により受託者の任務が終了した場合には、前受託者は、破産管財人に対し、信託財産に属する財産の内容及び所在、信託財産責任負担債務の内容その他の<u>法務省令</u>で定める事項を通知しなければならない。

読　替　後	読　替　前
3　第56条第1項第4号から第7号までに掲げる事由又は特定終了事由により受託者の任務が終了した場合には、前受託者は、新たな受託者（第64条第1項の規定により信託財産管理者が選任された場合にあっては、信託財産管理者。以下この節において「新受託者等」という。）が信託事務の処理をすることができるに至るまで、引き続き信託財産に属する財産の保管をし、かつ、信託事務の引継ぎに必要な行為をしなければならない。ただし、信託行為に別段の定めがあるときは、その義務を加重することができる。	3　第56条第1項第4号から第7号までに掲げる事由により受託者の任務が終了した場合には、前受託者は、新たな受託者（第64条第1項の規定により信託財産管理者が選任された場合にあっては、信託財産管理者。以下この節において「新受託者等」という。）が信託事務の処理をすることができるに至るまで、引き続き信託財産に属する財産の保管をし、かつ、信託事務の引継ぎに必要な行為をしなければならない。ただし、信託行為に別段の定めがあるときは、その義務を加重することができる。
4　前項の規定にかかわらず、第56条第1項第5号に掲げる事由（第57条第1項の規定によるものに限る。）により受託者の任務が終了した場合には、前受託者は、新受託者等が信託事務の処理をすることができるに至るまで、引き続き受託者としての権利義務を有する。ただし、信託行為に別段の定めがあるときは、この限りでない。	4　同左
5　第3項の場合（前項本文に規定する場合を除く。）において、前受託者が信託財産に属する財産の処分をしようとするときは、信託管理人は、前受託者に対し、当該財産の処分をやめることを請求することができる。ただし、新受託者等が信託事務の処理をすることができるに至った後は、この限りでない。	5　第3項の場合（前項本文に規定する場合を除く。）において、前受託者が信託財産に属する財産の処分をしようとするときは、受益者は、前受託者に対し、当該財産の処分をやめることを請求することができる。ただし、新受託者等が信託事務の処理をすることができるに至った後は、この限りでない。
（前受託者の相続人等の通知及び保管の義務等）	（前受託者の相続人等の通知及び保管の義務等）
第60条　第56条第1項第1号又は第2号に掲げる事由により受託者の任務が終了した場合において、前受託者の相続人（法定代理人が現に存する場合にあっては、その法定代理人）又は成年後見人若しくは保佐人（以下この節において「前受託者の相続人等」と総称する。）がその事実を知っているときは、前受託者の相続人等は、知れている信託管理人に対し、これを通知しなければならない。（ただし書適用除外）	第60条　第56条第1項第1号又は第2号に掲げる事由により受託者の任務が終了した場合において、前受託者の相続人（法定代理人が現に存する場合にあっては、その法定代理人）又は成年後見人若しくは保佐人（以下この節において「前受託者の相続人等」と総称する。）がその事実を知っているときは、前受託者の相続人等は、知れている受益者に対し、これを通知しなければならない。ただし、信託行為に別段の定めがあるときは、その定めるところによる。
2　第56条第1項第1号又は第2号に掲げる	2　同左

3　公益信託に関する法律における信託法の読替表　抄　259

読 替 後	読 替 前
事由により受託者の任務が終了した場合には、前受託者の相続人等は、新受託者等又は信託財産法人管理人が信託事務の処理をすることができるに至るまで、信託財産に属する財産の保管をし、かつ、信託事務の引継ぎに必要な行為をしなければならない。	
3　前項の場合において、前受託者の相続人等が信託財産に属する財産の処分をしようとするときは、信託管理人は、これらの者に対し、当該財産の処分をやめることを請求することができる。ただし、新受託者等又は信託財産法人管理人が信託事務の処理をすることができるに至った後は、この限りでない。	3　前項の場合において、前受託者の相続人等が信託財産に属する財産の処分をしようとするときは、受益者は、これらの者に対し、当該財産の処分をやめることを請求することができる。ただし、新受託者等又は信託財産法人管理人が信託事務の処理をすることができるに至った後は、この限りでない。
4　第56条第1項第3号に掲げる事由により受託者の任務が終了した場合には、破産管財人は、新受託者等が信託事務を処理することができるに至るまで、信託財産に属する財産の保管をし、かつ、信託事務の引継ぎに必要な行為をしなければならない。	4　同左
5　前項の場合において、破産管財人が信託財産に属する財産の処分をしようとするときは、信託管理人は、破産管財人に対し、当該財産の処分をやめることを請求することができる。ただし、新受託者等が信託事務の処理をすることができるに至った後は、この限りでない。	5　前項の場合において、破産管財人が信託財産に属する財産の処分をしようとするときは、受益者は、破産管財人に対し、当該財産の処分をやめることを請求することができる。ただし、新受託者等が信託事務の処理をすることができるに至った後は、この限りでない。
6　前受託者の相続人等又は破産管財人は、新受託者等又は信託財産法人管理人に対し、第1項、第2項又は第4項の規定による行為をするために支出した費用及び支出の日以後におけるその利息の償還を請求することができる。	6　同左
7　第49条第6項及び第7項の規定は、前項の規定により前受託者の相続人等又は破産管財人が有する権利について準用する。	7　同左
（費用又は報酬の支弁等）	（費用又は報酬の支弁等）
第61条　第59条第5項又は前条第3項若しくは第5項の規定による請求に係る訴えを提起した信託管理人が勝訴（一部勝訴を含む。）した場合において、当該訴えに係る訴訟に関し、必要な費用（訴訟費用を除	**第61条**　第59条第5項又は前条第3項若しくは第5項の規定による請求に係る訴えを提起した受益者が勝訴（一部勝訴を含む。）した場合において、当該訴えに係る訴訟に関し、必要な費用（訴訟費用を除く。）を

読　替　後	読　替　前
く。）を支出したとき、又は弁護士、弁護士法人、弁護士・外国法事務弁護士共同法人、司法書士若しくは司法書士法人に報酬を支払うべきときは、その費用又は報酬は、その額の範囲内で相当と認められる額を限度として、信託財産から支弁する。	支出したとき、又は弁護士、弁護士法人、弁護士・外国法事務弁護士共同法人、司法書士若しくは司法書士法人に報酬を支払うべきときは、その費用又は報酬は、その額の範囲内で相当と認められる額を限度として、信託財産から支弁する。
2　前項の訴えを提起した<u>信託管理人</u>が敗訴した場合であっても、悪意があったときを除き、当該<u>信託管理人</u>は、受託者に対し、これによって生じた損害を賠償する義務を負わない。	2　前項の訴えを提起した<u>受益者</u>が敗訴した場合であっても、悪意があったときを除き、当該<u>受益者</u>は、受託者に対し、これによって生じた損害を賠償する義務を負わない。
第3款　新受託者の選任	第3款　同左
第62条　第56条第1項各号に掲げる<u>事由又は特定終了事由</u>により受託者の任務が終了した場合において、信託行為に新たな受託者（以下「新受託者」という。）に関する定めがないとき、又は信託行為の定めにより新受託者となるべき者として指定された者が信託の引受けをせず、若しくはこれをすることができないときは、委託者及び<u>信託管理人</u>は、その合意により、新受託者を選任することができる。	第62条　第56条第1項各号に掲げる<u>事由</u>により受託者の任務が終了した場合において、信託行為に新たな受託者（以下「新受託者」という。）に関する定めがないとき、又は信託行為の定めにより新受託者となるべき者として指定された者が信託の引受けをせず、若しくはこれをすることができないときは、委託者及び<u>受益者</u>は、その合意により、新受託者を選任することができる。
2　第56条第1項各号に掲げる<u>事由又は特定終了事由</u>により受託者の任務が終了した場合において、信託行為に新受託者となるべき者を指定する定めがあるときは、利害関係人は、新受託者となるべき者として指定された者に対し、相当の期間を定めて、その期間内に就任の承諾をするかどうかを確答すべき旨を催告することができる。ただし、当該定めに停止条件又は始期が付されているときは、当該停止条件が成就し、又は当該始期が到来した後に限る。	2　第56条第1項各号に掲げる<u>事由</u>により受託者の任務が終了した場合において、信託行為に新受託者となるべき者を指定する定めがあるときは、利害関係人は、新受託者となるべき者として指定された者に対し、相当の期間を定めて、その期間内に就任の承諾をするかどうかを確答すべき旨を催告することができる。ただし、当該定めに停止条件又は始期が付されているときは、当該停止条件が成就し、又は当該始期が到来した後に限る。
3　前項の規定による催告があった場合において、新受託者となるべき者として指定された者は、同項の期間内に委託者及び<u>信託管理人</u>に対し確答をしないときは、就任の承諾をしなかったものとみなす。	3　前項の規定による催告があった場合において、新受託者となるべき者として指定された者は、同項の期間内に委託者及び<u>受益者（2人以上の受益者が現に存する場合にあってはその1人、信託管理人が現に存する場合にあっては信託管理人）</u>に対し確答をしないときは、就任の承諾をしなかったものとみなす。
4　第1項の場合において、同項の合意に係る協議の状況その他の事情に照らして必要	4　同左

読　替　後	読　替　前
があると認めるときは、裁判所は、利害関係人の申立てにより、新受託者を選任することができる。	
5　前項の申立てについての裁判には、理由を付さなければならない。	5　同左
6　第4項の規定による新受託者の選任の裁判に対しては、委託者若しくは<u>信託管理人</u>又は現に存する受託者に限り、即時抗告をすることができる。	6　第4項の規定による新受託者の選任の裁判に対しては、委託者若しくは<u>受益者</u>又は現に存する受託者に限り、即時抗告をすることができる。
7　前項の即時抗告は、執行停止の効力を有する。	7　同左
8　委託者が現に存しない場合における前各項の規定の適用については、第1項中「委託者及び<u>信託管理人</u>は、その合意により」とあるのは「<u>信託管理人</u>は」と、第3項中「委託者及び<u>信託管理人</u>」とあるのは「<u>信託管理人</u>」と、第4項中「同項の合意に係る協議の状況」とあるのは「<u>信託管理人の状況</u>」とする。	8　委託者が現に存しない場合における前各項の規定の適用については、第1項中「委託者及び<u>受益者</u>は、その合意により」とあるのは「<u>受益者</u>は」と、第3項中「委託者及び<u>受益者</u>」とあるのは「<u>受益者</u>」と、第4項中「同項の合意に係る協議の状況」とあるのは「<u>受益者の状況</u>」とする。
第4款　信託財産管理者等 　　（信託財産管理命令）	第4款　同左 　　（信託財産管理命令）
第63条　第56条第1項各号に掲げる<u>事由又は特定終了事由</u>により受託者の任務が終了した場合において、新受託者が選任されておらず、かつ、必要があると認めるときは、新受託者が選任されるまでの間、裁判所は、利害関係人の申立てにより、信託財産管理者による管理を命ずる処分（以下この款において「信託財産管理命令」という。）をすることができる。	**第63条**　第56条第1項各号に掲げる<u>事由</u>により受託者の任務が終了した場合において、新受託者が選任されておらず、かつ、必要があると認めるときは、新受託者が選任されるまでの間、裁判所は、利害関係人の申立てにより、信託財産管理者による管理を命ずる処分（以下この款において「信託財産管理命令」という。）をすることができる。
2　前項の申立てを却下する裁判には、理由を付さなければならない。	2　同左
3　裁判所は、信託財産管理命令を変更し、又は取り消すことができる。	3　同左
4　信託財産管理命令及び前項の規定による決定に対しては、利害関係人に限り、即時抗告をすることができる。	4　同左
（信託財産管理者の選任等）	（信託財産管理者の選任等）
第64条　裁判所は、信託財産管理命令をする場合には、当該信託財産管理命令において、信託財産管理者を選任しなければならない。	**第64条**　同左
2　前項の規定による信託財産管理者の選任	2　同左

読　替　後	読　替　前
の裁判に対しては、不服を申し立てることができない。	
3　裁判所は、第1項の規定による信託財産管理者の選任の裁判をしたときは、直ちに、次に掲げる事項を公告しなければならない。	3　同左
一　信託財産管理者を選任した旨	一　同左
二　信託財産管理者の氏名又は名称	二　同左
4　前項第2号の規定は、同号に掲げる事項に変更を生じた場合について準用する。	4　同左
5　信託財産管理命令があった場合において、信託財産に属する権利で登記又は登録がされたものがあることを知ったときは、裁判所書記官は、職権で、遅滞なく、信託財産管理命令の登記又は登録を嘱託しなければならない。	5　同左
6　信託財産管理命令を取り消す裁判があったとき、又は信託財産管理命令があった後に新受託者が選任された場合において当該新受託者が信託財産管理命令の登記若しくは登録の抹消の嘱託の申立てをしたときは、裁判所書記官は、職権で、遅滞なく、信託財産管理命令の登記又は登録の抹消を嘱託しなければならない。	6　同左
（前受託者がした法律行為の効力）	（前受託者がした法律行為の効力）
第65条　前受託者が前条第1項の規定による信託財産管理者の選任の裁判があった後に信託財産に属する財産に関してした法律行為は、信託財産との関係においては、その効力を主張することができない。	第65条　同左
2　前受託者が前条第1項の規定による信託財産管理者の選任の裁判があった日にした法律行為は、当該裁判があった後にしたものと推定する。	2　同左
（信託財産管理者の権限）	（信託財産管理者の権限）
第66条　第64条第1項の規定により信託財産管理者が選任された場合には、受託者の職務の遂行並びに信託財産に属する財産の管理及び処分をする権利は、信託財産管理者に専属する。	第66条　同左
2　2人以上の信託財産管理者があるときは、これらの者が共同してその権限に属する行為をしなければならない。ただし、裁	2　同左

3　公益信託に関する法律における信託法の読替表　抄　263

読 替 後	読 替 前
判所の許可を得て、それぞれ単独にその職務を行い、又は職務を分掌することができる。	
3　2人以上の信託財産管理者があるときは、第三者の意思表示は、その1人に対してすれば足りる。	3　同左
4　信託財産管理者が次に掲げる行為の範囲を超える行為をするには、裁判所の許可を得なければならない。	4　同左
一　保存行為	一　同左
二　信託財産に属する財産の性質を変えない範囲内において、その利用又は改良を目的とする行為	二　同左
5　前項の規定に違反して行った信託財産管理者の行為は、無効とする。ただし、信託財産管理者は、これをもって善意の第三者に対抗することができない。	5　同左
6　信託財産管理者は、第2項ただし書又は第4項の許可の申立てをする場合には、その原因となる事実を疎明しなければならない。	6　同左
7　第2項ただし書又は第4項の許可の申立てを却下する裁判には、理由を付さなければならない。	7　同左
8　第2項ただし書又は第4項の規定による許可の裁判に対しては、不服を申し立てることができない。	8　同左
（信託財産に属する財産の管理）	（信託財産に属する財産の管理）
第67条　信託財産管理者は、就職の後直ちに信託財産に属する財産の管理に着手しなければならない。	第67条　同左
（当事者適格）	（当事者適格）
第68条　信託財産に関する訴えについては、信託財産管理者を原告又は被告とする。	第68条　同左
（信託財産管理者の義務等）	（信託財産管理者の義務等）
第69条　信託財産管理者は、その職務を行うに当たっては、受託者と同一の義務及び責任を負う。	第69条　同左
（信託財産管理者の辞任及び解任）	（信託財産管理者の辞任及び解任）
第70条　第57条第2項から第5項までの規定は信託財産管理者の辞任について、第58条第4項から第7項までの規定は信託財産管理者の解任について、それぞれ準用する。	第70条　同左

264　第5章　参考資料

読　替　後	読　替　前
この場合において、第57条第2項中「やむを得ない事由」とあるのは、「正当な事由」と読み替えるものとする。	
（信託財産管理者の報酬等）	（信託財産管理者の報酬等）
第71条　信託財産管理者は、信託財産から裁判所が定める額の費用の前払及び報酬を受けることができる。	第71条　同左
2　前項の規定による費用又は報酬の額を定める裁判をする場合には、信託財産管理者の陳述を聴かなければならない。	2　同左
3　第1項の規定による費用又は報酬の額を定める裁判に対しては、信託財産管理者に限り、即時抗告をすることができる。	3　同左
（信託財産管理者による新受託者への信託事務の引継ぎ等）	（信託財産管理者による新受託者への信託事務の引継ぎ等）
第72条　第77条の規定は、信託財産管理者の選任後に新受託者が就任した場合について準用する。この場合において、同条第1項中「信託管理人」とあり、同条第2項中「信託管理人」とあり、及び同条第3項中「信託管理人」とあるのは「新受託者」と、同条第2項中「当該信託管理人」とあるのは「当該新受託者」と読み替えるものとする。	第72条　第77条の規定は、信託財産管理者の選任後に新受託者が就任した場合について準用する。この場合において、同条第1項中「受益者（2人以上の受益者が現に存する場合にあってはそのすべての受益者、信託管理人が現に存する場合にあっては信託管理人）」とあり、同条第2項中「受益者（信託管理人が現に存する場合にあっては、信託管理人。次項において同じ。）」とあり、及び同条第3項中「受益者」とあるのは「新受託者」と、同条第2項中「当該受益者」とあるのは「当該新受託者」と読み替えるものとする。
（受託者の職務を代行する者の権限）	（受託者の職務を代行する者の権限）
第73条　第66条の規定は、受託者の職務を代行する者を選任する仮処分命令により選任された受託者の職務を代行する者について準用する。	第73条　同左
（受託者の死亡により任務が終了した場合の信託財産の帰属等）	（受託者の死亡により任務が終了した場合の信託財産の帰属等）
第74条　第56条第1項第1号に掲げる事由により受託者の任務が終了した場合には、信託財産は、法人とする。	第74条　同左
2　前項に規定する場合において、必要があると認めるときは、裁判所は、利害関係人の申立てにより、信託財産法人管理人による管理を命ずる処分（第6項において「信託財産法人管理命令」という。）をするこ	2　同左

読　替　後	読　替　前
とができる。	
3　第63条第2項から第4項までの規定は、前項の申立てに係る事件について準用する。	3　同左
4　新受託者が就任したときは、第1項の法人は、成立しなかったものとみなす。ただし、信託財産法人管理人がその権限内でした行為の効力を妨げない。	4　同左
5　信託財産法人管理人の代理権は、新受託者が信託事務の処理をすることができるに至った時に消滅する。	5　同左
6　第64条の規定は信託財産法人管理命令をする場合について、第66条から第72条までの規定は信託財産法人管理人について、それぞれ準用する。	6　同左
第5款　受託者の変更に伴う権利 　　　　　　義務の承継等	第5款　同左
（信託に関する権利義務の承継等）	（信託に関する権利義務の承継等）
第75条　第56条第1項各号に掲げる<u>事由又は特定終了事由</u>により受託者の任務が終了した場合において、新受託者が就任したときは、新受託者は、前受託者の任務が終了した時に、その時に存する信託に関する権利義務を前受託者から承継したものとみなす。	第75条　第56条第1項各号に掲げる<u>事由</u>により受託者の任務が終了した場合において、新受託者が就任したときは、新受託者は、前受託者の任務が終了した時に、その時に存する信託に関する権利義務を前受託者から承継したものとみなす。
2　前項の規定にかかわらず、第56条第1項第5号に掲げる事由（第57条第1項の規定によるものに限る。）により受託者の任務が終了した場合（第59条第4項ただし書の場合を除く。）には、新受託者は、新受託者等が就任した時に、その時に存する信託に関する権利義務を前受託者から承継したものとみなす。	2　同左
3　前二項の規定は、新受託者が就任するに至るまでの間に前受託者、信託財産管理者又は信託財産法人管理人がその権限内でした行為の効力を妨げない。	3　同左
4　第27条の規定は、新受託者等が就任するに至るまでの間に前受託者がその権限に属しない行為をした場合について準用する。	4　同左
5　前受託者（その相続人を含む。以下この条において同じ。）が第40条の規定による責任を負う場合又は法人である前受託者の	5　同左

266　第5章　参考資料

読　替　後	読　替　前
理事、取締役若しくは執行役若しくはこれらに準ずる者（以下この項において「理事等」と総称する。）が第41条の規定による責任を負う場合には、新受託者等又は信託財産法人管理人は、前受託者又は理事等に対し、第40条又は第41条の規定による請求をすることができる。	
6　前受託者が信託財産から費用等の償還若しくは損害の賠償を受けることができ、又は信託報酬を受けることができる場合には、前受託者は、新受託者等又は信託財産法人管理人に対し、費用等の償還若しくは損害の賠償又は信託報酬の支払を請求することができる。ただし、新受託者等又は信託財産法人管理人は、信託財産に属する財産のみをもってこれを履行する責任を負う。	6　同左
7　第48条第4項並びに第49条第6項及び第7項の規定は、前項の規定により前受託者が有する権利について準用する。	7　同左
8　新受託者が就任するに至るまでの間に信託財産に属する財産に対し既にされている強制執行、仮差押え若しくは仮処分の執行又は担保権の実行若しくは競売の手続は、新受託者に対し続行することができる。	8　同左
9　前受託者は、第6項の規定による請求に係る債権の弁済を受けるまで、信託財産に属する財産を留置することができる。	9　同左
（承継された債務に関する前受託者及び新受託者の責任）	（承継された債務に関する前受託者及び新受託者の責任）
第76条　前条第1項又は第2項の規定により信託債権に係る債務が新受託者に承継された場合にも、前受託者は、自己の固有財産をもって、その承継された債務を履行する責任を負う。ただし、信託財産に属する財産のみをもって当該債務を履行する責任を負うときは、この限りでない。	第76条　同左
2　新受託者は、前項本文に規定する債務を承継した場合には、信託財産に属する財産のみをもってこれを履行する責任を負う。	2　同左
（前受託者による新受託者等への信託事務の引継ぎ等）	（前受託者による新受託者等への信託事務の引継ぎ等）
第77条　新受託者等が就任した場合には、前	第77条　新受託者等が就任した場合には、前

読　替　後	読　替　前
受託者は、遅滞なく、信託事務に関する計算を行い、<u>信託管理人</u>に対しその承認を求めるとともに、新受託者等が信託事務の処理を行うのに必要な信託事務の引継ぎをしなければならない。	受託者は、遅滞なく、信託事務に関する計算を行い、<u>受益者（２人以上の受益者が現に存する場合にあってはそのすべての受益者、信託管理人が現に存する場合にあっては信託管理人）</u>に対しその承認を求めるとともに、新受託者等が信託事務の処理を行うのに必要な信託事務の引継ぎをしなければならない。
2　<u>信託管理人</u>が前項の計算を承認した場合には、同項の規定による当該<u>信託管理人</u>に対する信託事務の引継ぎに関する責任は、免除されたものとみなす。ただし、前受託者の職務の執行に不正の行為があったときは、この限りでない。	2　<u>受益者（信託管理人が現に存する場合にあっては、信託管理人。次項において同じ。）</u>が前項の計算を承認した場合には、同項の規定による当該<u>受益者</u>に対する信託事務の引継ぎに関する責任は、免除されたものとみなす。ただし、前受託者の職務の執行に不正の行為があったときは、この限りでない。
3　<u>信託管理人</u>が前受託者から第１項の計算の承認を求められた時から１箇月以内に異議を述べなかった場合には、当該<u>信託管理人</u>は、同項の計算を承認したものとみなす。	3　<u>受益者</u>が前受託者から第１項の計算の承認を求められた時から１箇月以内に異議を述べなかった場合には、当該<u>受益者</u>は、同項の計算を承認したものとみなす。
（前受託者の相続人等又は破産管財人による新受託者等への信託事務の引継ぎ等） **第78条**　前条の規定は、第56条第１項第１号又は第２号に掲げる事由により受託者の任務が終了した場合における前受託者の相続人等及び同項第３号に掲げる事由により受託者の任務が終了した場合における破産管財人について準用する。	**（前受託者の相続人等又は破産管財人による新受託者等への信託事務の引継ぎ等）** **第78条**　同左
第６節　受託者が２人以上ある信託 　　　　　　　　**の特例**	**第６節　同左**
（信託財産の合有） **第79条**　受託者が２人以上ある信託においては、信託財産は、その合有とする。	**（信託財産の合有）** **第79条**　同左
（信託事務の処理の方法） **第80条**　受託者が２人以上ある信託においては、信託事務の処理については、受託者の過半数をもって決する。	**（信託事務の処理の方法）** **第80条**　同左
2　前項の規定にかかわらず、保存行為については、各受託者が単独で決することができる。	2　同左
3　前二項の規定により信託事務の処理について決定がされた場合には、各受託者は、	3　同左

268　第５章　参考資料

読　替　後	読　替　前
当該決定に基づいて信託事務を執行することができる。 4　前三項の規定にかかわらず、信託行為に受託者の職務の分掌に関する定めがある場合には、各受託者は、その定めに従い、信託事務の処理について決し、これを執行する。 5　前二項の規定による信託事務の処理についての決定に基づく信託財産のためにする行為については、各受託者は、他の受託者を代理する権限を有する。 6　前各項の規定にかかわらず、信託行為に別段の定めがあるときは、その定めるところによる。 7　受託者が２人以上ある信託においては、第三者の意思表示は、その１人に対してすれば足りる。ただし、<u>信託管理人</u>の意思表示については、信託行為に別段の定めがあるときは、その定めるところによる。 　（職務分掌者の当事者適格） 第81条　前条第４項に規定する場合には、信託財産に関する訴えについて、各受託者は、自己の分掌する職務に関し、他の受託者のために原告又は被告となる。 　（信託事務の処理についての決定の他の受託者への委託） 第82条　受託者が２人以上ある信託においては、各受託者は、信託行為に別段の定めがある場合又はやむを得ない事由がある場合を除き、他の受託者に対し、信託事務（常務に属するものを除く。）の処理についての決定を委託することができない。 　（信託事務の処理に係る債務の負担関係） 第83条　受託者が２人以上ある信託において、信託事務を処理するに当たって各受託者が第三者に対し債務を負担した場合には、各受託者は、連帯債務者とする。 2　前項の規定にかかわらず、信託行為に受託者の職務の分掌に関する定めがある場合において、ある受託者がその定めに従い信託事務を処理するに当たって第三者に対し債務を負担したときは、他の受託者は、信託財産に属する財産のみをもってこれを履	4　同左 5　同左 6　同左 7　受託者が２人以上ある信託においては、第三者の意思表示は、その１人に対してすれば足りる。ただし、<u>受益者</u>の意思表示については、信託行為に別段の定めがあるときは、その定めるところによる。 　（職務分掌者の当事者適格） 第81条　同左 　（信託事務の処理についての決定の他の受託者への委託） 第82条　同左 　（信託事務の処理に係る債務の負担関係） 第83条　同左 2　同左

読　替　後	読　替　前
行する責任を負う。ただし、当該第三者が、その債務の負担の原因である行為の当時、当該行為が信託事務の処理としてされたこと及び受託者が2人以上ある信託であることを知っていた場合であって、信託行為に受託者の職務の分掌に関する定めがあることを知らず、かつ、知らなかったことにつき過失がなかったときは、当該他の受託者は、これをもって当該第三者に対抗することができない。	
（信託財産と固有財産等とに属する共有物の分割の特例）	（信託財産と固有財産等とに属する共有物の分割の特例）
第84条　受託者が2人以上ある信託における第19条の規定の適用については、同条第1項中「場合には」とあるのは「場合において、当該信託財産に係る信託に受託者が2人以上あるときは」と、同項第2号中「受託者」とあるのは「固有財産に共有持分が属する受託者」と、同項第3号中「受託者の」とあるのは「固有財産に共有持分が属する受託者の」と、同条第2項中「受託者」とあるのは「固有財産に共有持分が属する受託者」と、同条第3項中「場合には」とあるのは「場合において、当該信託財産に係る信託又は他の信託財産に係る信託に受託者が2人以上あるときは」と、同項第3号中「受託者の」とあるのは「各信託財産の共有持分が属する受託者の」と、「受託者が決する」とあるのは「受託者の協議による」と、同条第4項中「第2号」とあるのは「第2号又は第3号」とする。	第84条　同左
（受託者の責任等の特例）	（受託者の責任等の特例）
第85条　受託者が2人以上ある信託において、2人以上の受託者がその任務に違反する行為をしたことにより第40条の規定による責任を負う場合には、当該行為をした各受託者は、連帯債務者とする。	第85条　同左
2　受託者が2人以上ある信託における第40条第1項及び第41条の規定の適用については、これらの規定中「<u>信託管理人</u>」とあるのは、「<u>信託管理人</u>又は他の受託者」とする。	2　受託者が2人以上ある信託における第40条第1項及び第41条の規定の適用については、これらの規定中「<u>受益者</u>」とあるのは、「<u>受益者</u>又は他の受託者」とする。
3　受託者が2人以上ある信託において第42	3　同左

読 替 後	読 替 前
条の規定により第40条又は第41条の規定による責任が免除されたときは、他の受託者は、これらの規定によれば当該責任を負うべき者に対し、当該責任の追及に係る請求をすることができない。ただし、信託行為に別段の定めがあるときは、その定めるところによる。	
4　受託者が2人以上ある信託における第44条の規定の適用については、同条第1項中「信託管理人」とあるのは「信託管理人又は他の受託者」とする。(同条第2項中の部分が空振り)	4　受託者が2人以上ある信託における第44条の規定の適用については、同条第1項中「受益者」とあるのは「受益者又は他の受託者」と、同条第2項中「当該受益者」とあるのは「当該受益者又は他の受託者」とする。
（受託者の変更等の特例）	（受託者の変更等の特例）
第86条　受託者が2人以上ある信託における第59条の規定の適用については、同条第1項中「信託管理人」とあるのは「信託管理人及び他の受託者」と、同条第3項及び第4項中「受託者の任務」とあるのは「すべての受託者の任務」とする。	第86条　受託者が2人以上ある信託における第59条の規定の適用については、同条第1項中「受益者」とあるのは「受益者及び他の受託者」と、同条第3項及び第4項中「受託者の任務」とあるのは「すべての受託者の任務」とする。
2　受託者が2人以上ある信託における第60条の規定の適用については、同条第1項中「信託管理人」とあるのは「信託管理人及び他の受託者」と、同条第2項及び第4項中「受託者の任務」とあるのは「すべての受託者の任務」とする。	2　受託者が2人以上ある信託における第60条の規定の適用については、同条第1項中「受益者」とあるのは「受益者及び他の受託者」と、同条第2項及び第4項中「受託者の任務」とあるのは「すべての受託者の任務」とする。
3　受託者が2人以上ある信託における第74条第1項の規定の適用については、同項中「受託者の任務」とあるのは、「すべての受託者の任務」とする。	3　同左
4　受託者が2人以上ある信託においては、第75条第1項及び第2項の規定にかかわらず、その1人の任務が第56条第1項各号に掲げる事由又は特定終了事由により終了した場合には、その任務が終了した時に存する信託に関する権利義務は他の受託者が当然に承継し、その任務は他の受託者が行う。ただし、信託行為に別段の定めがあるときは、その定めるところによる。	4　受託者が2人以上ある信託においては、第75条第1項及び第2項の規定にかかわらず、その1人の任務が第56条第1項各号に掲げる事由により終了した場合には、その任務が終了した時に存する信託に関する権利義務は他の受託者が当然に承継し、その任務は他の受託者が行う。ただし、信託行為に別段の定めがあるときは、その定めるところによる。
（信託の終了の特例）	（信託の終了の特例）
第87条　受託者又は信託管理人が2人以上ある信託における第163条第3号の規定の適用については、同号中「受託者又は信託管	第87条　受託者が2人以上ある信託における第163条第3号の規定の適用については、同号中「受託者が欠けた場合」とあるの

3　公益信託に関する法律における信託法の読替表　抄　271

読　替　後	読　替　前
理人が欠けた場合」とあるのは、「全ての受託者又は全ての信託管理人が欠けた場合」とする。	は、「すべての受託者が欠けた場合」とする。
2　受託者が2人以上ある信託においては、受託者の一部が欠けた場合であって、前条第4項ただし書の規定によりその任務が他の受託者によって行われず、かつ、新受託者が就任しない状態が1年間継続したときも、信託は、終了する。	2　同左
第4章　受益者等	第4章　同左
（空振り）	第1節　受益者の権利の取得及び行使（第88条―第92条）
（空振り）	第2節　受益権等（第93条―第104条）
（空振り）	第3節　2人以上の受益者による意思決定の方法の特例（第105条―第122条）
第4節　信託管理人等	第4節　同左
第1款　信託管理人	第1款　同左
（信託管理人の選任）	（信託管理人の選任）
第123条　信託行為においては、信託管理人となるべき者を指定する定めを設けることができる。	第123条　信託行為においては、受益者が現に存しない場合に信託管理人となるべき者を指定する定めを設けることができる。
2　信託行為に信託管理人となるべき者を指定する定めがあるときは、利害関係人は、信託管理人となるべき者として指定された者に対し、相当の期間を定めて、その期間内に就任の承諾をするかどうかを確答すべき旨を催告することができる。ただし、当該定めに停止条件又は始期が付されているときは、当該停止条件が成就し、又は当該始期が到来した後に限る。	2　同左
3　前項の規定による催告があった場合において、信託管理人となるべき者として指定された者は、同項の期間内に委託者（委託者が現に存しない場合にあっては、受託者）に対し確答をしないときは、就任の承諾をしなかったものとみなす。	3　同左
4　信託行為の定めにより信託管理人となるべき者として指定された者が就任の承諾をせず又はこれをすることができないときは、裁判所は、利害関係人の申立てにより、信託管理人を選任することができる。	4　受益者が現に存しない場合において、信託行為に信託管理人に関する定めがないとき、又は信託行為の定めにより信託管理人となるべき者として指定された者が就任の承諾をせず、若しくはこれをすることがで

読 替 後	読 替 前
（「受益者が現に（中略）、又は」まで空振り）	きないときは、裁判所は、利害関係人の申立てにより、信託管理人を選任することができる。
5　前項の規定による信託管理人の選任の裁判があったときは、当該信託管理人について信託行為に第1項の定めが設けられたものとみなす。	5　同左
6　第4項の申立てについての裁判には、理由を付さなければならない。	6　同左
7　第4項の規定による信託管理人の選任の裁判に対しては、委託者若しくは受託者又は既に存する信託管理人に限り、即時抗告をすることができる。	7　同左
8　前項の即時抗告は、執行停止の効力を有する。	8　同左
（信託管理人の資格）	（信託管理人の資格）
第124条　次に掲げる者は、信託管理人となることができない。	第124条　同左
一　未成年者	一　同左
二　当該信託の受託者である者	二　同左
（信託管理人の権限）	（信託管理人の権限）
第125条　信託管理人は、<u>信託の目的の達成のために</u>自己の名をもって受益者の権利に関する一切の裁判上又は裁判外の行為をする権限を有する。（ただし書適用除外）	第125条　信託管理人は、<u>受益者のために自</u>己の名をもって受益者の権利に関する一切の裁判上又は裁判外の行為をする権限を有する。<u>ただし、信託行為に別段の定めがあるときは、その定めるところによる。</u>
2　2人以上の信託管理人があるときは、これらの者が共同してその権限に属する行為をしなければならない。ただし、信託行為に別段の定めがあるときは、その定めるところによる。	2　同左
3　この法律の規定により受益者に対してすべき通知は、信託管理人があるときは、信託管理人に対してしなければならない。	3　同左
（信託管理人の義務）	（信託管理人の義務）
第126条　信託管理人は、善良な管理者の注意をもって、前条第1項の権限を行使しなければならない。	第126条　同左
2　信託管理人は、<u>信託の目的の達成のために</u>、誠実かつ公平に前条第1項の権限を行使しなければならない。	2　信託管理人は、<u>受益者</u>のために、誠実かつ公平に前条第1項の権限を行使しなければならない。
（信託管理人の費用等及び報酬）	（信託管理人の費用等及び報酬）
第127条　信託管理人は、その事務を処理するのに必要と認められる費用及び支出の日	第127条　同左

3　公益信託に関する法律における信託法の読替表　抄　273

読　替　後	読　替　前
以後におけるその利息を受託者に請求することができる。	
2　信託管理人は、次の各号に掲げる場合には、当該各号に定める損害の額について、受託者にその賠償を請求することができる。	2　同左
一　信託管理人がその事務を処理するため自己に過失なく損害を受けた場合　当該損害の額	一　同左
二　信託管理人がその事務を処理するため第三者の故意又は過失によって損害を受けた場合（前号に掲げる場合を除く。）当該第三者に対し賠償を請求することができる額	二　同左
3　信託管理人は、商法第512条の規定の適用がある場合のほか、信託行為に信託管理人が報酬を受ける旨の定めがある場合に限り、受託者に報酬を請求することができる。	3　同左
4　前三項の規定による請求に係る債務については、受託者は、信託財産に属する財産のみをもってこれを履行する責任を負う。	4　同左
5　第3項の場合には、報酬の額は、信託行為に報酬の額又は算定方法に関する定めがあるときはその定めるところにより、その定めがないときは相当の額とする。	5　同左
6　裁判所は、第123条第4項の規定により信託管理人を選任した場合には、信託管理人の報酬を定めることができる。	6　同左
7　前項の規定による信託管理人の報酬の裁判があったときは、当該信託管理人について信託行為に第3項の定め及び第5項の報酬の額に関する定めがあったものとみなす。	7　同左
8　第6項の規定による信託管理人の報酬の裁判をする場合には、受託者及び信託管理人の陳述を聴かなければならない。	8　同左
9　第6項の規定による信託管理人の報酬の裁判に対しては、受託者及び信託管理人に限り、即時抗告をすることができる。	9　同左
（信託管理人の任務の終了）	（信託管理人の任務の終了）
第128条　第56条の規定は、信託管理人の任務の終了について準用する。この場合にお	第128条　第56条の規定は、信託管理人の任務の終了について準用する。この場合にお

274　第5章　参考資料

読　替　後	読　替　前
いて、同条第１項中「第９条第１号若しくは第２号のいずれかに該当するに至ったこと若しくは同法第７条第２項第２号及び第５号に掲げる事項の変更（次項又は第３項の規定による受託者の任務の引継ぎに係るものに限る。）に係る同法第12条第１項の認可を拒否する処分がされたこと（以下「特定終了事由」という。）」とあるのは「第９条第３号若しくは第４号のいずれかに該当するに至ったこと」と、同項第５号中「次条」とあるのは「第128条第２項において準用する次条」と、同項第６号中「第58条」とあるのは「第128条第２項において準用する第58条」と読み替えるものとする。	いて、同条第１項第５号中「次条」とあるのは「第128条第２項において準用する次条」と、同項第６号中「第58条」とあるのは「第128条第２項において準用する第58条」と読み替えるものとする。
２　第57条の規定は信託管理人の辞任について、第58条の規定は信託管理人の解任について、それぞれ準用する。	２　同左
（新信託管理人の選任等）	（新信託管理人の選任等）
第129条　第62条の規定は、前条第１項において準用する<u>第56条第１項</u>の規定により信託管理人の任務が終了した場合における新たな信託管理人（次項において「新信託管理人」という。）の選任について準用する。	第129条　第62条の規定は、前条第１項において準用する<u>第56条第１項各号</u>の規定により信託管理人の任務が終了した場合における新たな信託管理人（次項において「新信託管理人」という。）の選任について準用する。
２　新信託管理人が就任した場合には、信託管理人であった者は、遅滞なく、新信託管理人がその事務の処理を行うのに必要な事務の引継ぎをしなければならない。	２　同左
３　（空振り）	<u>３　前項の信託管理人であった者は、受益者が存するに至った後においてその受益者となった者を知ったときは、遅滞なく、当該受益者となった者に対しその事務の経過及び結果を報告しなければならない。</u>
（信託管理人による事務の処理の終了等）	（信託管理人による事務の処理の終了等）
第130条　信託管理人による事務の処理は、次に掲げる事由により終了する。ただし、第２号に掲げる事由による場合にあっては、信託行為に別段の定めがあるときは、その定めるところによる。	第130条　同左
一　（空振り）	<u>一　受益者が存するに至ったこと。</u>
二　委託者が信託管理人に対し事務の処理を終了する旨の意思表示をしたこと。	二　同左

3　公益信託に関する法律における信託法の読替表　抄　275

読　替　後	読　替　前
三　信託行為において定めた事由	三　同左
2　前項の規定により信託管理人による事務の処理が終了した場合には、信託管理人であった者は、遅滞なく、<u>委託者（他の信託管理人が現に存する場合にあっては、当該他の信託管理人）</u>に対しその事務の経過及び結果を報告しなければならない。（<u>ただし書空振り</u>）	2　前項の規定により信託管理人による事務の処理が終了した場合には、信託管理人であった者は、遅滞なく、<u>受益者に対しその事務の経過及び結果を報告しなければならない。ただし、受益者が存するに至った後においてその受益者となった者を知った場合に限る。</u>
（空振り）	
	<u>第2款　信託監督人（第131条―第137条）</u>
（空振り）	<u>第3款　受益者代理人（第138条―第144条）</u>
第5章　委託者 　　（委託者の権利等）	第5章　同左 　　（委託者の権利等）
第145条　信託行為においては、委託者がこ<u>の法律及び公益信託に関する法律の規定による</u>その権利の全部又は一部を有しない旨を定めることができる。	第145条　信託行為においては、委託者がこ<u>の法律の規定による</u>その権利の全部又は一部を有しない旨を定めることができる。
2　信託行為においては、委託者も次に掲げる権利の全部又は一部を有する旨を定めることができる。	2　同左
一　第23条第5項又は第6項の規定による異議を主張する権利	一　同左
二　第27条第1項又は第2項（これらの規定を第75条第4項において準用する場合を含む。）の規定による取消権	二　同左
三　第31条第6項又は第7項の規定による取消権	三　同左
四　第32条第4項の規定による権利	四　同左
五　第38条第1項の規定による閲覧又は謄写の請求権	五　同左
六　（空振り）	六　<u>第39条第1項の規定による開示の請求権</u>
七　第40条の規定による損失のてん補又は原状の回復の請求権	七　同左
八　第41条の規定による損失のてん補又は原状の回復の請求権	八　同左
九　第44条の規定による差止めの請求権	九　同左
十　第46条第1項の規定による検査役の選任の申立権	十　同左
十一　第59条第5項の規定による差止めの請求権	十一　同左
十二　第60条第3項又は第5項の規定による差止めの請求権	十二　同左

276　第5章　参考資料

読 替 後	読 替 前
十三 （空振り）	十三 第226条第1項の規定による金銭のてん補又は支払の請求権
十四 （空振り）	十四 第228条第1項の規定による金銭のてん補又は支払の請求権
十五 （空振り）	十五 第254条第1項の規定による損失のてん補の請求権
3 前項第1号、第7号から第9号まで又は第11号から第12号までに掲げる権利について同項の信託行為の定めがされた場合における第24条、第45条又は第61条の規定の適用については、これらの規定中「信託管理人」とあるのは、「委託者又は信託管理人」とする。（括弧内空振り）	3 前項第1号、第7号から第9号まで又は第11号から第15号までに掲げる権利について同項の信託行為の定めがされた場合における第24条、第45条（第226条第6項、第228条第6項及び第254条第3項において準用する場合を含む。）又は第61条の規定の適用については、これらの規定中「受益者」とあるのは、「委託者又は受益者」とする。
4 信託行為においては、受託者が次に掲げる義務を負う旨を定めることができる。 一 この法律の規定により受託者が信託管理人に対し通知すべき事項を委託者に対しても通知する義務	4 同左 一 この法律の規定により受託者が受益者（信託管理人が現に存する場合にあっては、信託管理人。次号において同じ。）に対し通知すべき事項を委託者に対しても通知する義務
二 この法律の規定により受託者が信託管理人に対し報告すべき事項を委託者に対しても報告する義務	二 この法律の規定により受託者が受益者に対し報告すべき事項を委託者に対しても報告する義務
三 第77条第1項又は第184条第1項の規定により受託者がする計算の承認を委託者に対しても求める義務	三 同左
5 委託者が2人以上ある信託における第1項、第2項及び前項の規定の適用については、これらの規定中「委託者」とあるのは、「委託者の全部又は一部」とする。	5 同左
（委託者の地位の移転） 第146条 委託者の地位は、受託者及び信託管理人の同意を得て、又は信託行為において定めた方法に従い、第三者に移転することができる。	（委託者の地位の移転） 第146条 委託者の地位は、受託者及び受益者の同意を得て、又は信託行為において定めた方法に従い、第三者に移転することができる。
2 委託者が2人以上ある信託における前項の規定の適用については、同項中「受託者及び信託管理人」とあるのは、「他の委託者、受託者及び信託管理人」とする。	2 委託者が2人以上ある信託における前項の規定の適用については、同項中「受託者及び受益者」とあるのは、「他の委託者、受託者及び受益者」とする。
（遺言信託における委託者の相続人） 第147条 （適用除外）	（遺言信託における委託者の相続人） 第147条 第3条第2号に掲げる方法によっ

3 公益信託に関する法律における信託法の読替表 抄 277

読　替　後	読　替　前
	て信託がされた場合には、委託者の相続人は、委託者の地位を相続により承継しない。ただし、信託行為に別段の定めがあるときは、その定めるところによる。
（委託者の死亡の時に受益権を取得する旨の定めのある信託等の特例） 第148条　（空振り）	（委託者の死亡の時に受益権を取得する旨の定めのある信託等の特例） 第148条　第90条第1項各号に掲げる信託において、その信託の受益者が現に存せず、又は同条第2項の規定により受益者としての権利を有しないときは、委託者が第145条第2項各号に掲げる権利を有し、受益者が同条第4項各号に掲げる義務を負う。ただし、信託行為に別段の定めがあるときは、その定めるところによる。
第6章　信託の変更、併合及び分割 第1節　信託の変更 （関係当事者の合意等）	第6章　同左 第1節　同左 （関係当事者の合意等）
第149条　信託の変更は、委託者、受託者及び信託管理人の合意によってすることができる。この場合においては、変更後の信託行為の内容を明らかにしてしなければならない。	第149条　信託の変更は、委託者、受託者及び受益者の合意によってすることができる。この場合においては、変更後の信託行為の内容を明らかにしてしなければならない。
2　前項の規定にかかわらず、信託の変更は、次の各号に掲げる場合には、当該各号に定めるものによりすることができる。この場合において、受託者は、第1号に掲げるときは委託者に対し、第2号に掲げるときは委託者及び信託管理人に対し、遅滞なく、変更後の信託行為の内容を通知しなければならない。	2　前項の規定にかかわらず、信託の変更は、次の各号に掲げる場合には、当該各号に定めるものによりすることができる。この場合において、受託者は、第1号に掲げるときは委託者に対し、第2号に掲げるときは委託者及び受益者に対し、遅滞なく、変更後の信託行為の内容を通知しなければならない。
一　信託の目的に反しないことが明らかであるとき　受託者及び信託管理人の合意 　二　信託の目的の達成のために必要であることが明らかであるとき　受託者の書面又は電磁的記録によってする意思表示	一　信託の目的に反しないことが明らかであるとき　受託者及び受益者の合意 　二　信託の目的に反しないこと及び受益者の利益に適合することが明らかであるとき　受託者の書面又は電磁的記録によってする意思表示
3　前二項の規定にかかわらず、信託の変更は、次の各号に掲げる場合には、当該各号に定める者による受益者に対する意思表示によってすることができる。この場合において、第2号に掲げるときは、受託者は、委託者に対し、遅滞なく、変更後の信託行為の内容を通知しなければならない。	3　同左

278　第5章　参考資料

読　替　後	読　替　前
一　受託者の利益を害しないことが明らかであるとき　委託者及び信託管理人 　二　信託の目的に反しないこと及び受託者の利益を害しないことが明らかであるとき　信託管理人 4　前三項の規定にかかわらず、信託行為に別段の定めがあるときは、その定めるところによる。 5　委託者が現に存しない場合においては、第1項及び第3項第1号の規定は適用せず、第2項中「第1号に掲げるときは委託者に対し、第2号に掲げるときは委託者及び信託管理人に対し」とあるのは、「第2号に掲げるときは、信託管理人に対し」とする。	一　受託者の利益を害しないことが明らかであるとき　委託者及び受益者 　二　信託の目的に反しないこと及び受託者の利益を害しないことが明らかであるとき　受益者 4　同左 5　委託者が現に存しない場合においては、第1項及び第3項第1号の規定は適用せず、第2項中「第1号に掲げるときは委託者に対し、第2号に掲げるときは委託者及び受益者に対し」とあるのは、「第2号に掲げるときは、受益者に対し」とする。
（特別の事情による信託の変更を命ずる裁判） 第150条　信託行為の当時予見することのできなかった特別の事情により、信託事務の処理の方法に係る信託行為の定めが信託の目的及び信託財産の状況その他の事情に照らして信託の目的の達成に支障となるときは、裁判所は、委託者、受託者又は信託管理人の申立てにより、信託の変更を命ずることができる。 2　前項の申立ては、当該申立てに係る変更後の信託行為の定めを明らかにしてしなければならない。 3　裁判所は、第1項の申立てについての裁判をする場合には、受託者の陳述を聴かなければならない。ただし、不適法又は理由がないことが明らかであるとして申立てを却下する裁判をするときは、この限りでない。 4　第1項の申立てについての裁判には、理由の要旨を付さなければならない。 5　第1項の申立てについての裁判に対しては、委託者、受託者又は信託管理人に限り、即時抗告をすることができる。 6　前項の即時抗告は、執行停止の効力を有する。	（特別の事情による信託の変更を命ずる裁判） 第150条　信託行為の当時予見することのできなかった特別の事情により、信託事務の処理の方法に係る信託行為の定めが信託の目的及び信託財産の状況その他の事情に照らして受益者の利益に適合しなくなるに至ったときは、裁判所は、委託者、受託者又は受益者の申立てにより、信託の変更を命ずることができる。 2　同左 3　同左 4　同左 5　第1項の申立てについての裁判に対しては、委託者、受託者又は受益者に限り、即時抗告をすることができる。 6　同左
第2節　信託の併合 　　（関係当事者の合意等）	第2節　同左 　　（関係当事者の合意等）

3　公益信託に関する法律における信託法の読替表　抄　　279

読　替　後	読　替　前
第151条　信託の併合は、従前の各信託の委託者、受託者及び<u>信託管理人</u>の合意によってすることができる。この場合においては、次に掲げる事項を明らかにしてしなければならない。	第151条　信託の併合は、従前の各信託の委託者、受託者及び<u>受益者</u>の合意によってすることができる。この場合においては、次に掲げる事項を明らかにしてしなければならない。
一　信託の併合後の信託行為の内容	一　同左
二　（空振り）	二　<u>信託行為において定める受益権の内容に変更があるときは、その内容及び変更の理由</u>
三　（空振り）	三　<u>信託の併合に際して受益者に対し金銭その他の財産を交付するときは、当該財産の内容及びその価額</u>
四　信託の併合がその効力を生ずる日	四　同左
五　その他<u>内閣府令・法務省令</u>で定める事項	五　その他<u>法務省令</u>で定める事項
２　前項の規定にかかわらず、信託の併合は、次の各号に掲げる場合には、当該各号に定めるものによってすることができる。この場合において、受託者は、第１号に掲げるときは委託者に対し、第２号に掲げるときは委託者及び<u>信託管理人</u>に対し、遅滞なく、同項各号に掲げる事項を通知しなければならない。	２　前項の規定にかかわらず、信託の併合は、次の各号に掲げる場合には、当該各号に定めるものによってすることができる。この場合において、受託者は、第１号に掲げるときは委託者に対し、第２号に掲げるときは委託者及び<u>受益者</u>に対し、遅滞なく、同項各号に掲げる事項を通知しなければならない。
一　信託の目的に反しないことが明らかであるとき　受託者及び<u>信託管理人</u>の合意	一　信託の目的に反しないことが明らかであるとき　受託者及び<u>受益者</u>の合意
二　<u>信託の目的の達成のために必要であること</u>が明らかであるとき　受託者の書面又は電磁的記録によってする意思表示	二　<u>信託の目的に反しないこと及び受益者の利益に適合すること</u>が明らかであるとき　受託者の書面又は電磁的記録によってする意思表示
３　前二項の規定にかかわらず、各信託行為に別段の定めがあるときは、その定めるところによる。	３　同左
４　委託者が現に存しない場合においては、第１項の規定は適用せず、第２項中「第１号に掲げるときは委託者に対し、第２号に掲げるときは委託者及び<u>信託管理人</u>に対し」とあるのは、「第２号に掲げるときは、<u>信託管理人</u>に対し」とする。	４　委託者が現に存しない場合においては、第１項の規定は適用せず、第２項中「第１号に掲げるときは委託者に対し、第２号に掲げるときは委託者及び<u>受益者</u>に対し」とあるのは、「第２号に掲げるときは、<u>受益者</u>に対し」とする。
（債権者の異議）	（債権者の異議）
第152条　信託の併合をする場合には、従前の信託の信託財産責任負担債務に係る債権を有する債権者は、受託者に対し、信託の併合について異議を述べることができる。	第152条　同左

280　第5章　参考資料

読　替　後	読　替　前
ただし、信託の併合をしても当該債権者を害するおそれのないことが明らかであるときは、この限りでない。	
2　前項の規定により同項の債権者の全部又は一部が異議を述べることができる場合には、受託者は、次に掲げる事項を官報に公告し、かつ、同項の債権者で知れているものには、各別にこれを催告しなければならない。ただし、第2号の期間は、1箇月を下ることができない。	2　同左
一　信託の併合をする旨	一　同左
二　前項の債権者が一定の期間内に異議を述べることができる旨	二　同左
三　その他<u>内閣府令・法務省令</u>で定める事項	三　その他<u>法務省令</u>で定める事項
3　前項の規定にかかわらず、法人である受託者は、公告（次に掲げる方法によるものに限る。）をもって同項の規定による各別の催告に代えることができる。	3　同左
一　時事に関する事項を掲載する日刊新聞紙に掲載する方法	一　同左
二　電子公告（公告の方法のうち、電磁的方法（会社法（平成17年法律第86号）第2条第34号に規定する電磁的方法をいう。）により不特定多数の者が公告すべき内容である情報の提供を受けることができる状態に置く措置であって同号に規定するものをとる方法をいう。次節において同じ。）	二　同左
4　第1項の債権者が第2項第2号の期間内に異議を述べなかったときは、当該債権者は、当該信託の併合について承認をしたものとみなす。	4　同左
5　第1項の債権者が第2項第2号の期間内に異議を述べたときは、受託者は、当該債権者に対し、弁済し、若しくは相当の担保を提供し、又は当該債権者に弁済を受けさせることを目的として信託会社等（信託会社及び信託業務を営む金融機関（金融機関の信託業務の兼営等に関する法律（昭和18年法律第43号）第1条第1項の認可を受けた金融機関をいう。）をいう。次節において同じ。）に相当の財産を信託しなければ	5　同左

3　公益信託に関する法律における信託法の読替表　抄　281

読 替 後	読 替 前
ならない。ただし、当該信託の併合をしても当該債権者を害するおそれがないときは、この限りでない。	
（信託の併合後の信託の信託財産責任負担債務の範囲等）	（信託の併合後の信託の信託財産責任負担債務の範囲等）
第153条　信託の併合がされた場合において、従前の信託の信託財産責任負担債務であった債務は、信託の併合後の信託の信託財産責任負担債務となる。	第153条　同左
第154条　信託の併合がされた場合において、前条に規定する従前の信託の信託財産責任負担債務のうち信託財産限定責任負担債務（受託者が信託財産に属する財産のみをもって履行する責任を負う信託財産責任負担債務をいう。以下この章において同じ。）であるものは、信託の併合後の信託の信託財産限定責任負担債務となる。	第154条　同左
第3節　信託の分割	第3節　同左
第1款　吸収信託分割	第1款　同左
（関係当事者の合意等）	（関係当事者の合意等）
第155条　吸収信託分割は、委託者、受託者及び信託管理人の合意によってすることができる。この場合においては、次に掲げる事項を明らかにしてしなければならない。 一　吸収信託分割後の信託行為の内容 二　（空振り） 三　（空振り） 四　吸収信託分割がその効力を生ずる日 五　移転する財産の内容 六　吸収信託分割によりその信託財産の一部を他の信託に移転する信託（以下この款において「分割信託」という。）の信託財産責任負担債務でなくなり、分割信託からその信託財産の一部の移転を受ける信託（以下「承継信託」という。）の信託財産責任負担債務となる債務があるときは、当該債務に係る事項 七　その他内閣府令・法務省令で定める事項	第155条　吸収信託分割は、委託者、受託者及び受益者の合意によってすることができる。この場合においては、次に掲げる事項を明らかにしてしなければならない。 一　同左 二　信託行為において定める受益権の内容に変更があるときは、その内容及び変更の理由 三　吸収信託分割に際して受益者に対し金銭その他の財産を交付するときは、当該財産の内容及びその価額 四　同左 五　同左 六　同左 七　その他法務省令で定める事項

282　第5章　参考資料

読　替　後	読　替　前
２　前項の規定にかかわらず、吸収信託分割は、次の各号に掲げる場合には、当該各号に定めるものによってすることができる。この場合において、受託者は、第１号に掲げるときは委託者に対し、第２号に掲げるときは委託者及び<u>信託管理人</u>に対し、遅滞なく、同項各号に掲げる事項を通知しなければならない。 一　信託の目的に反しないことが明らかであるとき　受託者及び<u>信託管理人</u>の合意 <u>二　信託の目的の達成のために必要であることが明らかであるとき　受託者の書面又は電磁的記録によってする意思表示</u>	２　前項の規定にかかわらず、吸収信託分割は、次の各号に掲げる場合には、当該各号に定めるものによってすることができる。この場合において、受託者は、第１号に掲げるときは委託者に対し、第２号に掲げるときは委託者及び<u>受益者</u>に対し、遅滞なく、同項各号に掲げる事項を通知しなければならない。 一　信託の目的に反しないことが明らかであるとき　受託者及び<u>受益者</u>の合意 <u>二　信託の目的に反しないこと及び受益者の利益に適合すること</u>が明らかであるとき　受託者の書面又は電磁的記録によってする意思表示
３　前二項の規定にかかわらず、各信託行為に別段の定めがあるときは、その定めるところによる。	３　同左
４　委託者が現に存しない場合においては、第１項の規定は適用せず、第２項中「第１号に掲げるときは委託者に対し、第２号に掲げるときは委託者及び<u>信託管理人</u>に対し」とあるのは、「第２号に掲げるときは、<u>信託管理人</u>に対し」とする。	４　委託者が現に存しない場合においては、第１項の規定は適用せず、第２項中「第１号に掲げるときは委託者に対し、第２号に掲げるときは委託者及び<u>受益者</u>に対し」とあるのは、「第２号に掲げるときは、<u>受益者</u>に対し」とする。
（債権者の異議） 第156条　吸収信託分割をする場合には、分割信託又は承継信託の信託財産責任負担債務に係る債権を有する債権者は、受託者に対し、吸収信託分割について異議を述べることができる。ただし、吸収信託分割をしても当該債権者を害するおそれのないことが明らかであるときは、この限りでない。	（債権者の異議） 第156条　同左
２　前項の規定により同項の債権者の全部又は一部が異議を述べることができる場合には、受託者は、次に掲げる事項を官報に公告し、かつ、同項の債権者で知れているものには、各別にこれを催告しなければならない。ただし、第２号の期間は、１箇月を下ることができない。 一　吸収信託分割をする旨 二　前項の債権者が一定の期間内に異議を述べることができる旨 三　その他<u>内閣府令・法務省令</u>で定める事項	２　同左 一　同左 二　同左 三　その他<u>法務省令</u>で定める事項

３　公益信託に関する法律における信託法の読替表　抄　283

読　替　後	読　替　前
3　前項の規定にかかわらず、法人である受託者は、公告（次に掲げる方法によるものに限る。）をもって同項の規定による各別の催告に代えることができる。	3　同左
一　時事に関する事項を掲載する日刊新聞紙に掲載する方法	一　同左
二　電子公告	二　同左
4　第1項の債権者が第2項第2号の期間内に異議を述べなかったときは、当該債権者は、当該吸収信託分割について承認をしたものとみなす。	4　同左
5　第1項の債権者が第2項第2号の期間内に異議を述べたときは、受託者は、当該債権者に対し、弁済し、若しくは相当の担保を提供し、又は当該債権者に弁済を受けさせることを目的として信託会社等に相当の財産を信託しなければならない。ただし、当該吸収信託分割をしても当該債権者を害するおそれがないときは、この限りでない。	5　同左
（吸収信託分割後の分割信託及び承継信託の信託財産責任負担債務の範囲等）	（吸収信託分割後の分割信託及び承継信託の信託財産責任負担債務の範囲等）
第157条　吸収信託分割がされた場合において、第155条第1項第6号の債務は、吸収信託分割後の分割信託の信託財産責任負担債務でなくなり、吸収信託分割後の承継信託の信託財産責任負担債務となる。この場合において、分割信託の信託財産限定責任負担債務であった債務は、承継信託の信託財産限定責任負担債務となる。	第157条　同左
第158条　第156条第1項の規定により異議を述べることができる債権者（同条第2項の規定により各別の催告をしなければならないものに限る。）は、同条第2項の催告を受けなかった場合には、吸収信託分割前から有する次の各号に掲げる債権に基づき、受託者に対し、当該各号に定める財産をもって当該債権に係る債務を履行することを請求することもできる。ただし、第1号に定める財産に対しては吸収信託分割がその効力を生ずる日における承継信託の移転を受ける財産の価額を、第2号に定める財産に対しては当該日における分割信託の信	第158条　同左

284　第5章　参考資料

読　替　後	読　替　前
託財産の価額を限度とする。	
一　分割信託の信託財産責任負担債務に係る債権（第155条第1項第6号の債務に係る債権を除く。）　吸収信託分割後の承継信託の信託財産に属する財産	一　同左
二　承継信託の信託財産責任負担債務に係る債権（第155条第1項第6号の債務に係る債権に限る。）　吸収信託分割後の分割信託の信託財産に属する財産	二　同左
第2款　新規信託分割 （関係当事者の合意等）	第2款　同左 （関係当事者の合意等）
第159条　新規信託分割は、委託者、受託者及び信託管理人の合意によってすることができる。この場合においては、次に掲げる事項を明らかにしてしなければならない。	第159条　新規信託分割は、委託者、受託者及び受益者の合意によってすることができる。この場合においては、次に掲げる事項を明らかにしてしなければならない。
一　新規信託分割後の信託行為の内容	一　同左
二　（空振り）	二　信託行為において定める受益権の内容に変更があるときは、その内容及び変更の理由
三　（空振り）	三　新規信託分割に際して受益者に対し金銭その他の財産を交付するときは、当該財産の内容及びその価額
四　新規信託分割がその効力を生ずる日	四　同左
五　移転する財産の内容	五　同左
六　新規信託分割により従前の信託の信託財産責任負担債務でなくなり、新たな信託の信託財産責任負担債務となる債務があるときは、当該債務に係る事項	六　同左
七　その他内閣府令・法務省令で定める事項	七　その他法務省令で定める事項
2　前項の規定にかかわらず、新規信託分割は、次の各号に掲げる場合には、当該各号に定めるものによってすることができる。この場合において、受託者は、第1号に掲げるときは委託者に対し、第2号に掲げるときは委託者及び信託管理人に対し、遅滞なく、同項各号に掲げる事項を通知しなければならない。	2　前項の規定にかかわらず、新規信託分割は、次の各号に掲げる場合には、当該各号に定めるものによってすることができる。この場合において、受託者は、第1号に掲げるときは委託者に対し、第2号に掲げるときは委託者及び受益者に対し、遅滞なく、同項各号に掲げる事項を通知しなければならない。
一　信託の目的に反しないことが明らかであるとき　受託者及び信託管理人の合意	一　信託の目的に反しないことが明らかであるとき　受託者及び受益者の合意
二　信託の目的の達成のために必要であることが明らかであるとき　受託者の書面又は電磁的記録によってする意思表示	二　信託の目的に反しないこと及び受益者の利益に適合することが明らかであるとき　受託者の書面又は電磁的記録によっ

読　替　後	読　替　前
3　前二項の規定にかかわらず、各信託行為に別段の定めがあるときは、その定めるところによる。	てする意思表示 3　同左
4　委託者が現に存しない場合においては、第1項の規定は適用せず、第2項中「第1号に掲げるときは委託者に対し、第2号に掲げるときは委託者及び信託管理人に対し」とあるのは、「第2号に掲げるときは、信託管理人に対し」とする。	4　委託者が現に存しない場合においては、第1項の規定は適用せず、第2項中「第1号に掲げるときは委託者に対し、第2号に掲げるときは委託者及び受益者に対し」とあるのは、「第2号に掲げるときは、受益者に対し」とする。
（債権者の異議）	**（債権者の異議）**
第160条　新規信託分割をする場合には、従前の信託の信託財産責任負担債務に係る債権を有する債権者は、受託者に対し、新規信託分割について異議を述べることができる。ただし、新規信託分割をしても当該債権者を害するおそれのないことが明らかであるときは、この限りでない。	**第160条**　同左
2　前項の規定により同項の債権者の全部又は一部が異議を述べることができる場合には、受託者は、次に掲げる事項を官報に公告し、かつ、同項の債権者で知れているものには、各別に催告しなければならない。ただし、第2号の期間は、1箇月を下ることができない。	2　同左
一　新規信託分割をする旨	一　同左
二　前項の債権者が一定の期間内に異議を述べることができる旨	二　同左
三　その他内閣府令・法務省令で定める事項	三　その他法務省令で定める事項
3　前項の規定にかかわらず、法人である受託者は、公告（次に掲げる方法によるものに限る。）をもって同項の規定による各別の催告に代えることができる。	3　同左
一　時事に関する事項を掲載する日刊新聞紙に掲載する方法	一　同左
二　電子公告	二　同左
4　第1項の債権者が第2項第2号の期間内に異議を述べなかったときは、当該債権者は、当該新規信託分割について承認をしたものとみなす。	4　同左
5　第1項の債権者が第2項第2号の期間内に異議を述べたときは、受託者は、当該債	5　同左

286　第5章　参考資料

読　替　後	読　替　前
権者に対し、弁済し、若しくは相当の担保を提供し、又は当該債権者に弁済を受けさせることを目的として信託会社等に相当の財産を信託しなければならない。ただし、当該新規信託分割をしても当該債権者を害するおそれがないときは、この限りでない。	
（新規信託分割後の従前の信託及び新たな信託の信託財産責任負担債務の範囲等）	（新規信託分割後の従前の信託及び新たな信託の信託財産責任負担債務の範囲等）
第161条　新規信託分割がされた場合において、第159条第1項第6号の債務は、新規信託分割後の従前の信託の信託財産責任負担債務でなくなり、新規信託分割後の新たな信託の信託財産責任負担債務となる。この場合において、従前の信託の信託財産限定責任負担債務であった債務は、新たな信託の信託財産限定責任負担債務となる。	第161条　同左
第162条　第160条第1項の規定により異議を述べることができる債権者（同条第2項の規定により各別の催告をしなければならないものに限る。）は、同条第2項の催告を受けなかった場合には、新規信託分割前から有する次の各号に掲げる債権に基づき、受託者に対し、当該各号に定める財産をもって当該債権に係る債務を履行することを請求することもできる。ただし、第1号に定める財産に対しては新規信託分割がその効力を生ずる日における新たな信託の信託財産の価額を、第2号に定める財産に対しては当該日における従前の信託の信託財産の価額を限度とする。	第162条　同左
一　従前の信託の信託財産責任負担債務に係る債権（第159条第1項第6号の債務に係る債権を除く。）　新規信託分割後の新たな信託の信託財産に属する財産	一　同左
二　新たな信託の信託財産責任負担債務に係る債権となった債権（第159条第1項第6号の債務に係る債権に限る。）　新規信託分割後の従前の信託の信託財産に属する財産	二　同左
第7章　信託の終了及び清算	第7章　同左
第1節　信託の終了	第1節　同左
（信託の終了事由）	（信託の終了事由）

3　公益信託に関する法律における信託法の読替表　抄　287

読　替　後	読　替　前
第163条　信託は、次条の規定によるほか、次に掲げる場合に終了する。	第163条　同左
一　信託の目的を達成したとき、又は信託の目的を達成することができなくなったとき。	一　同左
二　（空振り）	二　受託者が受益権の全部を固有財産で有する状態が１年間継続したとき。
三　受託者又は信託管理人が欠けた場合であって、新受託者又は新信託管理人が就任しない状態が１年間継続したとき（当該期間が経過する日において新受託者又は新信託管理人の選任に係る公益信託に関する法律第12条第１項の認可の申請に対する処分がされていない場合にあっては、当該認可を拒否する処分があったとき）。	三　受託者が欠けた場合であって、新受託者が就任しない状態が１年間継続したとき。
四　受託者が第52条（第53条第２項及び第54条第４項において準用する場合を含む。）の規定により信託を終了させたとき。	四　同左
五　信託の併合がされたとき。	五　同左
六　第165条又は第166条の規定により信託の終了を命ずる裁判があったとき。	六　同左
七　信託財産についての破産手続開始の決定があったとき。	七　同左
八　委託者が破産手続開始の決定、再生手続開始の決定又は更生手続開始の決定を受けた場合において、破産法第53条第１項、民事再生法第49条第１項又は会社更生法第61条第１項（金融機関等の更生手続の特例等に関する法律第41条第１項及び第206条第１項において準用する場合を含む。）の規定による信託契約の解除がされたとき。	八　同左
九　信託行為において定めた事由が生じたとき。	九　同左
（委託者及び受益者の合意等による信託の終了）	（委託者及び受益者の合意等による信託の終了）
第164条　（公益信託に関する法律第23条第２項が特則となり、適用除外）	第164条　委託者及び受益者は、いつでも、その合意により、信託を終了することができる。
２　（公益信託に関する法律第23条第２項が特則となり、適用除外）	２　委託者及び受益者が受託者に不利な時期に信託を終了したときは、委託者及び受益

読　替　後	読　替　前
	<u>者は、受託者の損害を賠償しなければならない。ただし、やむを得ない事由があったときは、この限りでない。</u>
3　（公益信託に関する法律第23条第2項が特則となり、適用除外）	<u>3　前二項の規定にかかわらず、信託行為に別段の定めがあるときは、その定めるところによる。</u>
4　（公益信託に関する法律第23条第2項が特則となり、適用除外）	<u>4　委託者が現に存しない場合には、第1項及び第2項の規定は、適用しない。</u>
（特別の事情による信託の終了を命ずる裁判）	（特別の事情による信託の終了を命ずる裁判）
第165条　信託行為の当時予見することのできなかった特別の事情により、信託を終了することが信託の目的及び信託財産の状況その他の事情に照らして<u>適当である</u>に至ったことが明らかであるときは、裁判所は、委託者、受託者又は<u>信託管理人</u>の申立てにより、信託の終了を命ずることができる。	第165条　信託行為の当時予見することのできなかった特別の事情により、信託を終了することが信託の目的及び信託財産の状況その他の事情に照らして<u>受益者の利益に適合する</u>に<u>至っ</u>たことが明らかであるときは、裁判所は、委託者、受託者又は<u>受益者</u>の申立てにより、信託の終了を命ずることができる。
2　裁判所は、前項の申立てについての裁判をする場合には、受託者の陳述を聴かなければならない。ただし、不適法又は理由がないことが明らかであるとして申立てを却下する裁判をするときは、この限りでない。	2　同左
3　第1項の申立てについての裁判には、理由を付さなければならない。	3　同左
4　第1項の申立てについての裁判に対しては、委託者、受託者又は<u>信託管理人</u>に限り、即時抗告をすることができる。	4　第1項の申立てについての裁判に対しては、委託者、受託者又は<u>受益者</u>に限り、即時抗告をすることができる。
5　前項の即時抗告は、執行停止の効力を有する。	5　同左
（公益の確保のための信託の終了を命ずる裁判）	（公益の確保のための信託の終了を命ずる裁判）
第166条　裁判所は、次に掲げる場合において、公益を確保するため信託の存立を許すことができないと認めるときは、法務大臣又は委託者、<u>信託管理人</u>、信託債権者その他の利害関係人の申立てにより、信託の終了を命ずることができる。	第166条　裁判所は、次に掲げる場合において、公益を確保するため信託の存立を許すことができないと認めるときは、法務大臣又は委託者、<u>受益者</u>、信託債権者その他の利害関係人の申立てにより、信託の終了を命ずることができる。
一　不法な目的に基づいて信託がされたとき。	一　同左
二　受託者が、法令若しくは信託行為で定めるその権限を逸脱し若しくは濫用する	二　同左

3　公益信託に関する法律における信託法の読替表　抄　289

読　替　後	読　替　前
行為又は刑罰法令に触れる行為をした場合において、法務大臣から書面による警告を受けたにもかかわらず、なお継続的に又は反覆して当該行為をしたとき。	
2　裁判所は、前項の申立てについての裁判をする場合には、受託者の陳述を聴かなければならない。ただし、不適法又は理由がないことが明らかであるとして申立てを却下する裁判をするときは、この限りでない。	2　同左
3　第1項の申立てについての裁判には、理由を付さなければならない。	3　同左
4　第1項の申立てについての裁判に対しては、同項の申立てをした者又は委託者、受託者若しくは<u>信託管理人</u>に限り、即時抗告をすることができる。	4　第1項の申立てについての裁判に対しては、同項の申立てをした者又は委託者、受託者若しくは<u>受益者</u>に限り、即時抗告をすることができる。
5　前項の即時抗告は、執行停止の効力を有する。	5　同左
6　委託者、<u>信託管理人</u>、信託債権者その他の利害関係人が第1項の申立てをしたときは、裁判所は、受託者の申立てにより、同項の申立てをした者に対し、相当の担保を立てるべきことを命ずることができる。	6　委託者、<u>受益者</u>、信託債権者その他の利害関係人が第1項の申立てをしたときは、裁判所は、受託者の申立てにより、同項の申立てをした者に対し、相当の担保を立てるべきことを命ずることができる。
7　受託者は、前項の規定による申立てをするには、第1項の申立てが悪意によるものであることを疎明しなければならない。	7　同左
8　民事訴訟法（平成8年法律第109号）第75条第5項及び第7項並びに第76条から第80条までの規定は、第6項の規定により第1項の申立てについて立てるべき担保について準用する。	8　同左
（官庁等の法務大臣に対する通知義務）	（官庁等の法務大臣に対する通知義務）
第167条　裁判所その他の官庁、検察官又は吏員は、その職務上前条第1項の申立て又は同項第2号の警告をすべき事由があることを知ったときは、法務大臣にその旨を通知しなければならない。	第167条　同左
（法務大臣の関与）	（法務大臣の関与）
第168条　裁判所は、第166条第1項の申立てについての裁判をする場合には、法務大臣に対し、意見を求めなければならない。	第168条　同左
2　法務大臣は、裁判所が前項の申立てに係る事件について審問をするときは、当該審	2　同左

290　第5章　参考資料

読　替　後	読　替　前
間に立ち会うことができる。	
3　裁判所は、法務大臣に対し、第1項の申立てに係る事件が係属したこと及び前項の審問の期日を通知しなければならない。	3　同左
4　第1項の申立てを却下する裁判に対しては、第166条第4項に規定する者のほか、法務大臣も、即時抗告をすることができる。	4　同左
（信託財産に関する保全処分）	（信託財産に関する保全処分）
第169条　裁判所は、第166条第1項の申立てがあった場合には、法務大臣若しくは委託者、<u>信託管理人</u>、信託債権者その他の利害関係人の申立てにより又は職権で、同項の申立てにつき決定があるまでの間、信託財産に関し、管理人による管理を命ずる処分（次条において「管理命令」という。）その他の必要な保全処分を命ずることができる。	第169条　裁判所は、第166条第1項の申立てがあった場合には、法務大臣若しくは委託者、<u>受益者</u>、信託債権者その他の利害関係人の申立てにより又は職権で、同項の申立てにつき決定があるまでの間、信託財産に関し、管理人による管理を命ずる処分（次条において「管理命令」という。）その他の必要な保全処分を命ずることができる。
2　裁判所は、前項の規定による保全処分を変更し、又は取り消すことができる。	2　同左
3　第1項の規定による保全処分及び前項の規定による決定に対しては、利害関係人に限り、即時抗告をすることができる。	3　同左
第170条　裁判所は、管理命令をする場合には、当該管理命令において、管理人を選任しなければならない。	第170条　同左
2　前項の管理人は、裁判所が監督する。	2　同左
3　裁判所は、第1項の管理人に対し、信託財産に属する財産及び信託財産責任負担債務の状況の報告をし、かつ、その管理の計算をすることを命ずることができる。	3　同左
4　第64条から72条までの規定は、第1項の管理人について準用する。この場合において、第65条中「前受託者」とあるのは、「受託者」と読み替えるものとする。	4　同左
5　信託財産に属する権利で登記又は登録がされたものに関し前条第1項の規定による保全処分（管理命令を除く。）があったときは、裁判所書記官は、職権で、遅滞なく、当該保全処分の登記又は登録を嘱託しなければならない。	5　同左
6　前項の規定は、同項に規定する保全処分の変更若しくは取消しがあった場合又は当	6　同左

3　公益信託に関する法律における信託法の読替表　抄　291

読　替　後	読　替　前
該保全処分が効力を失った場合について準用する。	
（保全処分に関する費用の負担）	（保全処分に関する費用の負担）
第171条　裁判所が第169条第1項の規定による保全処分をした場合には、非訟事件の手続の費用は、受託者の負担とする。当該保全処分について必要な費用も、同様とする。	第171条　同左
2　前項の保全処分又は第169条第1項の申立てを却下する裁判に対して即時抗告があった場合において、抗告裁判所が当該即時抗告を理由があると認めて原裁判を取り消したときは、その抗告審における手続に要する裁判費用及び抗告人が負担した前審における手続に要する裁判費用は、受託者の負担とする。	2　同左
（保全処分に関する資料の閲覧等）	（保全処分に関する資料の閲覧等）
第172条　利害関係人は、裁判所書記官に対し、第170条第3項の報告又は計算に関する資料の閲覧を請求することができる。	第172条　同左
2　利害関係人は、裁判所書記官に対し、前項の資料の謄写又はその正本、謄本若しくは抄本の交付を請求することができる。	2　同左
3　前項の規定は、第1項の資料のうち録音テープ又はビデオテープ（これらに準ずる方法により一定の事項を記録した物を含む。）に関しては、適用しない。この場合において、これらの物について利害関係人の請求があるときは、裁判所書記官は、その複製を許さなければならない。	3　同左
4　法務大臣は、裁判所書記官に対し、第1項の資料の閲覧を請求することができる。	4　同左
5　民事訴訟法第91条第5項の規定は、第1項の資料について準用する。	5　同左
（新受託者の選任）	（新受託者の選任）
第173条　裁判所は、第166条第1項の規定により信託の終了を命じた場合には、法務大臣若しくは委託者、<u>信託管理人</u>、信託債権者その他の利害関係人の申立てにより、又は職権で、当該信託の清算のために新受託者を選任しなければならない。	第173条　裁判所は、第166条第1項の規定により信託の終了を命じた場合には、法務大臣若しくは委託者、<u>受益者</u>、信託債権者その他の利害関係人の申立てにより又は職権で、当該信託の清算のために新受託者を選任しなければならない。
2　前項の規定による新受託者の選任の裁判に対しては、不服を申し立てることができ	2　同左

292　第5章　参考資料

読　替　後	読　替　前
ない。	
3　第1項の規定により新受託者が選任されたときは、前受託者の任務は、終了する。	3　同左
4　第1項の新受託者は、信託財産から裁判所が定める額の費用の前払及び報酬を受けることができる。	4　同左
5　前項の規定による費用又は報酬の額を定める裁判をする場合には、第1項の新受託者の陳述を聴かなければならない。	5　同左
6　第4項の規定による費用又は報酬の額を定める裁判に対しては、第1項の新受託者に限り、即時抗告をすることができる。	6　同左
（終了した信託に係る吸収信託分割の制限）	（終了した信託に係る吸収信託分割の制限）
第174条　信託が終了した場合には、当該信託を承継信託とする吸収信託分割は、することができない。	第174条　同左
第2節　信託の清算	第2節　同左
（清算の開始原因）	（清算の開始原因）
第175条　信託は、当該信託が終了した場合（第163条第5号に掲げる事由によって終了した場合及び信託財産についての破産手続開始の決定により終了した場合であって当該破産手続が終了していない場合を除く。）には、この節の定めるところにより、清算をしなければならない。	第175条　同左
（信託の存続の擬制）	（信託の存続の擬制）
第176条　信託は、当該信託が終了した場合においても、清算が結了するまではなお存続するものとみなす。	第176条　同左
（清算受託者の職務）	（清算受託者の職務）
第177条　信託が終了した時以後の受託者（以下「清算受託者」という。）は、次に掲げる職務を行う。	第177条　同左
一　現務の結了	一　同左
二　信託財産に属する債権の取立て及び信託債権に係る債務の弁済	二　同左
三　（空振り）	<u>　三　受益債権（残余財産の給付を内容とするものを除く。）に係る債務の弁済</u>
四　残余財産の給付	四　同左
（清算受託者の権限等）	（清算受託者の権限等）
第178条　清算受託者は、信託の清算のために必要な一切の行為をする権限を有する。ただし、信託行為に別段の定めがあるとき	第178条　同左

3　公益信託に関する法律における信託法の読替表　抄　293

読　替　後	読　替　前
は、その定めるところによる。	
2　清算受託者は、次に掲げる場合には、信託財産に属する財産を競売に付することができる。	2　同左
一　第182条第1項第2号に規定する帰属権利者（以下この条において「帰属権利者」という。）が信託財産に属する財産を受領することを拒み、又はこれを受領することができない場合において、相当の期間を定めてその受領の催告をしたとき。（受益者の部分が空振り）	一　受益者又は第182条第1項第2号に規定する帰属権利者（以下この条において「受益者等」と総称する。）が信託財産に属する財産を受領することを拒み、又はこれを受領することができない場合において、相当の期間を定めてその受領の催告をしたとき。
二　帰属権利者の所在が不明である場合	二　受益者等の所在が不明である場合
3　前項第1号の規定により信託財産に属する財産を競売に付したときは、遅滞なく、帰属権利者に対しその旨の通知を発しなければならない。	3　前項第1号の規定により信託財産に属する財産を競売に付したときは、遅滞なく、受益者等に対しその旨の通知を発しなければならない。
4　損傷その他の事由による価格の低落のおそれがある物は、第2項第1号の催告をしないで競売に付することができる。	4　同左
（清算中の信託財産についての破産手続の開始）	（清算中の信託財産についての破産手続の開始）
第179条　清算中の信託において、信託財産に属する財産がその債務を完済するのに足りないことが明らかになったときは、清算受託者は、直ちに信託財産についての破産手続開始の申立てをしなければならない。	第179条　同左
2　信託財産についての破産手続開始の決定がされた場合において、清算受託者が既に信託財産責任負担債務に係る債権を有する債権者に支払ったものがあるときは、破産管財人は、これを取り戻すことができる。	2　同左
（条件付債権等に係る債務の弁済）	（条件付債権等に係る債務の弁済）
第180条　清算受託者は、条件付債権、存続期間が不確定な債権その他その額が不確定な債権に係る債務を弁済することができる。この場合においては、これらの債権を評価させるため、裁判所に対し、鑑定人の選任の申立てをしなければならない。	第180条　同左
2　前項の場合には、清算受託者は、同項の鑑定人の評価に従い同項の債権に係る債務を弁済しなければならない。	2　同左
3　第1項の鑑定人の選任の手続に関する費用は、清算受託者の負担とする。当該鑑定	3　同左

294　第5章　参考資料

読　替　後	読　替　前
人による鑑定のための呼出し及び質問に関する費用についても、同様とする。	
4　第1項の申立てを却下する裁判には、理由を付さなければならない。	4　同左
5　第1項の規定による鑑定人の選任の裁判に対しては、不服を申し立てることができない。	5　同左
6　前各項の規定は、清算受託者、<u>信託管理人</u>、信託債権者及び第182条第1項第2号に規定する帰属権利者の間に別段の合意がある場合には、適用しない。	6　前各項の規定は、清算受託者、<u>受益者</u>、信託債権者及び第182条第1項第2号に規定する帰属権利者の間に別段の合意がある場合には、適用しない。
（債務の弁済前における残余財産の給付の制限）	（債務の弁済前における残余財産の給付の制限）
第181条　清算受託者は、第177条<u>第2号</u>の債務を弁済した後でなければ、信託財産に属する財産を次条第2項に規定する残余財産受益者等に給付することができない。ただし、当該債務についてその弁済をするために必要と認められる財産を留保した場合は、この限りでない。	第181条　清算受託者は、第177条<u>第2号及び第3号</u>の債務を弁済した後でなければ、信託財産に属する財産を次条第2項に規定する残余財産受益者等に給付することができない。ただし、当該債務についてその弁済をするために必要と認められる財産を留保した場合は、この限りでない。
（残余財産の帰属）	（残余財産の帰属）
第182条　残余財産は、次に掲げる者に帰属する。	第182条　同左
一　（空振り）	一　<u>信託行為において残余財産の給付を内容とする受益債権に係る受益者（次項において「残余財産受益者」という。）となるべき者として指定された者</u>
二　信託行為において残余財産の帰属すべき者（以下この節において「帰属権利者」という。）となるべき者として指定された者	二　同左
2　（公益信託に関する法律第27条が特則となり、適用除外）	<u>2　信託行為に残余財産受益者若しくは帰属権利者（以下この項において「残余財産受益者等」と総称する。）の指定に関する定めがない場合又は信託行為の定めにより残余財産受益者等として指定を受けた者のすべてがその権利を放棄した場合には、信託行為に委託者又はその相続人その他の一般承継人を帰属権利者として指定する旨の定めがあったものとみなす。</u>
3　（公益信託に関する法律第27条が特則となり、適用除外）	<u>3　前二項の規定により残余財産の帰属が定まらないときは、残余財産は、清算受託者に帰属する。</u>

読　替　後	読　替　前
（帰属権利者） 第183条　信託行為の定めにより帰属権利者となるべき者として指定された者は、当然に残余財産の給付をすべき債務に係る債権を取得する。ただし、信託行為に別段の定めがあるときは、その定めるところによる。	（帰属権利者） 第183条　同左
2　（空振り）	2　第88条第2項の規定は、前項に規定する帰属権利者となるべき者として指定された者について準用する。
3　信託行為の定めにより帰属権利者となった者は、受託者に対し、その権利を放棄する旨の意思表示をすることができる。ただし、信託行為の定めにより帰属権利者となった者が信託行為の当事者である場合は、この限りでない。	3　同左
4　前項本文に規定する帰属権利者となった者は、同項の規定による意思表示をしたときは、当初から帰属権利者としての権利を取得していなかったものとみなす。ただし、第三者の権利を害することはできない。	4　同左
5　（空振り）	5　第100条及び第102条の規定は、帰属権利者が有する債権で残余財産の給付をすべき債務に係るものについて準用する。
6　（適用除外）	6　帰属権利者は、信託の清算中は、受益者とみなす。
（清算受託者の職務の終了等） 第184条　清算受託者は、その職務を終了したときは、遅滞なく、信託事務に関する最終の計算を行い、信託が終了した時における信託管理人及び帰属権利者（以下この条において「信託管理人等」と総称する。）のすべてに対し、その承認を求めなければならない。	（清算受託者の職務の終了等） 第184条　清算受託者は、その職務を終了したときは、遅滞なく、信託事務に関する最終の計算を行い、信託が終了した時における受益者（信託管理人が現に存する場合にあっては、信託管理人）及び帰属権利者（以下この条において「受益者等」と総称する。）のすべてに対し、その承認を求めなければならない。
2　信託管理人等が前項の計算を承認した場合には、当該信託管理人等に対する清算受託者の責任は、免除されたものとみなす。ただし、清算受託者の職務の執行に不正の行為があったときは、この限りでない。	2　受益者等が前項の計算を承認した場合には、当該受益者等に対する清算受託者の責任は、免除されたものとみなす。ただし、清算受託者の職務の執行に不正の行為があったときは、この限りでない。
3　信託管理人等が清算受託者から第1項の計算の承認を求められた時から1箇月以内	3　受益者等が清算受託者から第1項の計算の承認を求められた時から1箇月以内に異

296　第5章　参考資料

読 替 後	読 替 前
に異議を述べなかった場合には、<u>当該信託</u><u>管理人等</u>は、同項の計算を承認したものとみなす。 　　（空振り） 　　第9章　限定責任信託の特例 　　　第1節　総則 　（限定責任信託の要件） 第216条　限定責任信託は、信託行為においてそのすべての信託財産責任負担債務について受託者が信託財産に属する財産のみをもってその履行の責任を負う旨の定めをし、第232条の定めるところにより登記をすることによって、限定責任信託としての効力を生ずる。 2　前項の信託行為においては、次に掲げる事項を定めなければならない。 　一　限定責任信託の目的 　二　限定責任信託の名称 　三　委託者及び受託者の氏名又は名称及び住所 　四　限定責任信託の主たる信託事務の処理を行うべき場所（第3節において「事務処理地」という。） 　五　信託財産に属する財産の管理又は処分の方法 　六　その他<u>内閣府令・法務省令</u>で定める事項 　（固有財産に属する財産に対する強制執行等の制限） 第217条　限定責任信託においては、信託財産責任負担債務（第21条第1項第8号に掲げる権利に係る債務を除く。）に係る債権に基づいて固有財産に属する財産に対し強制執行、仮差押え、仮処分若しくは担保権の実行若しくは競売又は国税滞納処分をすることはできない。 2　前項の規定に違反してされた強制執行、仮差押え、仮処分又は担保権の実行若しくは競売に対しては、受託者は、異議を主張することができる。この場合においては、民事執行法第38条及び民事保全法第45条の規定を準用する。	議を述べなかった場合には、<u>当該受益者等</u>は、同項の計算を承認したものとみなす。 　　第8章　<u>受益証券発行信託の特例（第</u><u>185条─第215条）</u> 　　第9章　同左 　　　第1節　同左 　（限定責任信託の要件） 第216条　同左 2　同左 　一　同左 　二　同左 　三　同左 　四　同左 　五　同左 　六　その他<u>法務省令</u>で定める事項 　（固有財産に属する財産に対する強制執行等の制限） 第217条　同左 2　同左

3　公益信託に関する法律における信託法の読替表　抄　297

読　替　後	読　替　前
3　第1項の規定に違反してされた国税滞納処分に対しては、受託者は、異議を主張することができる。この場合においては、当該異議の主張は、当該国税滞納処分について不服の申立てをする方法でする。	3　同左
（限定責任信託の名称等） 第218条　限定責任信託には、その名称中に限定責任信託という文字を用いなければならない。	（限定責任信託の名称等） 第218条　同左
2　何人も、限定責任信託でないものについて、その名称又は商号中に、限定責任信託であると誤認されるおそれのある文字を用いてはならない。	2　同左
3　何人も、不正の目的をもって、他の限定責任信託であると誤認されるおそれのある名称又は商号を使用してはならない。	3　同左
4　前項の規定に違反する名称又は商号の使用によって事業に係る利益を侵害され、又は侵害されるおそれがある限定責任信託の受託者は、その利益を侵害する者又は侵害するおそれがある者に対し、その侵害の停止又は予防を請求することができる。	4　同左
（取引の相手方に対する明示義務） 第219条　受託者は、限定責任信託の受託者として取引をするに当たっては、その旨を取引の相手方に示さなければ、これを当該取引の相手方に対し主張することができない。	（取引の相手方に対する明示義務） 第219条　同左
（登記の効力） 第220条　この章の規定により登記すべき事項は、登記の後でなければ、これをもって善意の第三者に対抗することができない。登記の後であっても、第三者が正当な事由によってその登記があることを知らなかったときは、同様とする。	（登記の効力） 第220条　同左
2　この章の規定により登記すべき事項につき故意又は過失によって不実の事項を登記した者は、その事項が不実であることをもって善意の第三者に対抗することができない。	2　同左
（限定責任信託の定めを廃止する旨の信託の変更） 第221条　第216条第1項の定めを廃止する旨	（限定責任信託の定めを廃止する旨の信託の変更） 第221条　同左

298　第5章　参考資料

読 替 後	読 替 前
の信託の変更がされ、第235条の終了の登記がされたときは、その変更後の信託については、この章の規定は、適用しない。	
第2節 計算等の特例 （帳簿等の作成等、報告及び保存の義務等の特例）	第2節 同左 （帳簿等の作成等、報告及び保存の義務等の特例）
第222条 限定責任信託における帳簿その他の書類又は電磁的記録の作成、内容の報告及び保存並びに閲覧及び謄写については、第37条及び第38条の規定にかかわらず、次項から第9項までに定めるところによる。	第222条 同左
2 受託者は、<u>内閣府令・法務省令</u>で定めるところにより、限定責任信託の会計帳簿を作成しなければならない。	2 受託者は、<u>法務省令</u>で定めるところにより、限定責任信託の会計帳簿を作成しなければならない。
3 受託者は、限定責任信託の効力が生じた後速やかに、<u>内閣府令・法務省令</u>で定めるところにより、その効力が生じた日における限定責任信託の貸借対照表を作成しなければならない。	3 受託者は、限定責任信託の効力が生じた後速やかに、<u>法務省令</u>で定めるところにより、その効力が生じた日における限定責任信託の貸借対照表を作成しなければならない。
4 受託者は、毎年、<u>内閣府令・法務省令</u>で定める一定の時期において、<u>内閣府令・法務省令</u>で定めるところにより、限定責任信託の貸借対照表及び損益計算書並びにこれらの附属明細書その他の<u>内閣府令・法務省令</u>で定める書類又は電磁的記録を作成しなければならない。	4 受託者は、毎年、<u>法務省令</u>で定める一定の時期において、<u>法務省令</u>で定めるところにより、限定責任信託の貸借対照表及び損益計算書並びにこれらの附属明細書その他の<u>法務省令</u>で定める書類又は電磁的記録を作成しなければならない。
5 受託者は、前項の書類又は電磁的記録を作成したときは、その内容について<u>信託管理人</u>に報告しなければならない。（ただし書適用除外）	5 受託者は、前項の書類又は電磁的記録を作成したときは、その内容について<u>受益者（信託管理人が現に存する場合にあっては、信託管理人）</u>に報告しなければならない。<u>ただし、信託行為に別段の定めがあるときは、その定めるところによる。</u>
6 受託者は、第2項の会計帳簿を作成した場合には、その作成の日から10年間（当該期間内に信託の清算の結了があったときは、その日までの間。次項において同じ。）、当該会計帳簿（書面に代えて電磁的記録を<u>内閣府令・法務省令</u>で定める方法により作成した場合にあっては当該電磁的記録、電磁的記録に代えて書面を作成した場合にあっては当該書面）を保存しなければならない。ただし、<u>信託管理人</u>に対し、当該書類若しくはその写しを交付し、又は当該電	6 受託者は、第2項の会計帳簿を作成した場合には、その作成の日から10年間（当該期間内に信託の清算の結了があったときは、その日までの間。次項において同じ。）、当該会計帳簿（書面に代えて電磁的記録を<u>法務省令</u>で定める方法により作成した場合にあっては当該電磁的記録、電磁的記録に代えて書面を作成した場合にあっては当該書面）を保存しなければならない。ただし、<u>受益者（2人以上の受益者が現に存する場合にあってはそのすべての受益者、信</u>

3 公益信託に関する法律における信託法の読替表 抄 299

読　替　後	読　替　前
磁的記録に記録された事項を<u>内閣府令・法務省令</u>で定める方法により提供したときは、この限りでない。	託管理人が現に存する場合にあっては信託管理人。第8項において同じ。）に対し、当該書類若しくはその写しを交付し、又は当該電磁的記録に記録された事項を<u>法務省令</u>で定める方法により提供したときは、この限りでない。
7　受託者は、信託財産に属する財産の処分に係る契約書その他の信託事務の処理に関する書類又は電磁的記録を作成し、又は取得した場合には、その作成又は取得の日から10年間、当該書類又は電磁的記録（書類に代えて電磁的記録を<u>内閣府令・法務省令</u>で定める方法により作成した場合にあっては当該電磁的記録、電磁的記録に代えて書面を作成した場合にあっては当該書面）を保存しなければならない。この場合においては、前項ただし書の規定を準用する。	7　受託者は、信託財産に属する財産の処分に係る契約書その他の信託事務の処理に関する書類又は電磁的記録を作成し、又は取得した場合には、その作成又は取得の日から10年間、当該書類又は電磁的記録（書類に代えて電磁的記録を<u>法務省令</u>で定める方法により作成した場合にあっては当該電磁的記録、電磁的記録に代えて書面を作成した場合にあっては当該書面）を保存しなければならない。この場合においては、前項ただし書の規定を準用する。
8　受託者は、第3項の貸借対照表及び第4項の書類又は電磁的記録（以下この項及び第224条第2項第1号において「貸借対照表等」という。）を作成した場合には、信託の清算の結了の日までの間、当該貸借対照表等（書類に代えて電磁的記録を<u>内閣府令・法務省令</u>で定める方法により作成した場合にあっては当該電磁的記録、電磁的記録に代えて書面を作成した場合にあっては当該書面）を保存しなければならない。ただし、その作成の日から10年間を経過した後において、<u>信託管理人</u>に対し、当該書類若しくはその写しを交付し、又は当該電磁的記録に記録された事項を<u>内閣府令・法務省令</u>で定める方法により提供したときは、この限りでない。	8　受託者は、第3項の貸借対照表及び第4項の書類又は電磁的記録（以下この項及び第224条第2項第1号において「貸借対照表等」という。）を作成した場合には、信託の清算の結了の日までの間、当該貸借対照表等（書類に代えて電磁的記録を<u>法務省令</u>で定める方法により作成した場合にあっては当該電磁的記録、電磁的記録に代えて書面を作成した場合にあっては当該書面）を保存しなければならない。ただし、その作成の日から10年間を経過した後において、<u>受益者</u>に対し、当該書類若しくはその写しを交付し、又は当該電磁的記録に記録された事項を<u>法務省令</u>で定める方法により提供したときは、この限りでない。
9　限定責任信託における第38条の規定の適用については、同条第1項各号中「前条第1項又は第5項」とあるのは「第222条第2項又は第7項」と、同条第4項第1号及び第6項各号中「前条第2項」とあるのは「第222条第3項又は第4項」とする。	9　同左
（裁判所による提出命令）	（裁判所による提出命令）
第223条　裁判所は、申立てにより又は職権で、訴訟の当事者に対し、前条第2項から第4項までの書類の全部又は一部の提出を	第223条　同左

読 替 後	読 替 前
命ずることができる。	
（受託者の第三者に対する責任）	（受託者の第三者に対する責任）
第224条　限定責任信託において、受託者が信託事務を行うについて悪意又は重大な過失があったときは、当該受託者は、これによって第三者に生じた損害を賠償する責任を負う。	第224条　同左
2　限定責任信託の受託者が、次に掲げる行為をしたときも、前項と同様とする。ただし、受託者が当該行為をすることについて注意を怠らなかったことを証明したときは、この限りでない。	2　同左
一　貸借対照表等に記載し、又は記録すべき重要な事項についての虚偽の記載又は記録	一　同左
二　虚偽の登記	二　同左
三　虚偽の公告	三　同左
3　前二項の場合において、当該損害を賠償する責任を負う他の受託者があるときは、これらの者は、連帯債務者とする。	3　同左
	（受益者に対する信託財産に係る給付の制限）
第225条　（空振り）	第225条　限定責任信託においては、受益者に対する信託財産に係る給付は、その給付可能額（受益者に対し給付をすることができる額として純資産額の範囲内において法務省令で定める方法により算定される額をいう。以下この節において同じ。）を超えてすることはできない。
	（受益者に対する信託財産に係る給付に関する責任）
第226条　（空振り）	第226条　受託者が前条の規定に違反して受益者に対する信託財産に係る給付をした場合には、次の各号に掲げる者は、連帯して（第２号に掲げる受益者にあっては、現に受けた個別の給付額の限度で連帯して）、当該各号に定める義務を負う。ただし、受託者がその職務を行うについて注意を怠らなかったことを証明した場合は、この限りでない。
一　（空振り）	二　受託者　当該給付の帳簿価額（以下この節において「給付額」という。）に相当する金銭の信託財産に対するてん補の

読　替　後	読　替　前
	義務
二　（空振り）	二　当該給付を受けた受益者　現に受けた個別の給付額に相当する金銭の受託者に対する支払の義務
2　（空振り）	2　受託者が前項第1号に定める義務の全部又は一部を履行した場合には、同項第2号に掲げる受益者は、当該履行された金額に同号の給付額の同項第1号の給付額に対する割合を乗じて得た金額の限度で同項第2号に定める義務を免れ、受益者が同号に定める義務の全部又は一部を履行した場合には、受託者は、当該履行された金額の限度で同項第1号に定める義務を免れる。
3　（空振り）	3　第1項（第2号に係る部分に限る。）の規定により受益者から受託者に対し支払われた金銭は、信託財産に帰属する。
4　（空振り）	4　第1項に規定する義務は、免除することができない。ただし、当該給付をした日における給付可能額を限度として当該義務を免除することについて総受益者の同意がある場合は、この限りでない。
5　（空振り）	5　第1項本文に規定する場合において、同項第1号の義務を負う他の受託者があるときは、これらの者は、連帯債務者とする。
6　（空振り）	6　第45条の規定は、第1項の規定による請求に係る訴えについて準用する。
	（受益者に対する求償権の制限等）
第227条　（空振り）	**第227条**　前条第1項本文に規定する場合において、当該給付を受けた受益者は、給付額が当該給付をした日における給付可能額を超えることにつき善意であるときは、当該給付額について、受託者からの求償の請求に応ずる義務を負わない。
2　（空振り）	2　前条第1項本文に規定する場合には、信託債権者は、当該給付を受けた受益者に対し、給付額（当該給付額が当該信託債権者の債権額を超える場合にあっては、当該債権額）に相当する金銭を支払わせることができる。
	（欠損が生じた場合の責任）
第228条　（空振り）	**第228条**　受託者が受益者に対する信託財産に係る給付をした場合において、当該給付をした日後最初に到来する第222条第4項

読　替　後	読　替　前
	の時期に欠損額（貸借対照表上の負債の額が資産の額を上回る場合において、当該負債の額から当該資産の額を控除して得た額をいう。以下この項において同じ。）が生じたときは、次の各号に掲げる者は、連帯して（第2号に掲げる受益者にあっては、現に受けた個別の給付額の限度で連帯して）、当該各号に定める義務を負う。ただし、受託者がその職務を行うについて注意を怠らなかったことを証明した場合は、この限りでない。
一　（空振り）	一　受託者　その欠損額（当該欠損額が給付額を超える場合にあっては、当該給付額）に相当する金銭の信託財産に対するてん補の義務
二　（空振り）	二　当該給付を受けた受益者　欠損額（当該欠損額が現に受けた個別の給付額を超える場合にあっては、当該給付額）に相当する金銭の受託者に対する支払の義務
2　（空振り）	2　受託者が前項第1号に定める義務の全部又は一部を履行した場合には、同項第2号に掲げる受益者は、当該履行された金額に同号の給付額の同項第1号の給付額に対する割合を乗じて得た金額の限度で同項第2号に定める義務を免れ、受益者が同号に定める義務の全部又は一部を履行した場合には、受託者は、当該履行された金額の限度で同項第1号に定める義務を免れる。
3　（空振り）	3　第1項（第2号に係る部分に限る。）の規定により受益者から受託者に対し支払われた金銭は、信託財産に帰属する。
4　（空振り）	4　第1項に規定する義務は、総受益者の同意がなければ、免除することができない。
5　（空振り）	5　第1項本文に規定する場合において、同項第1号の義務を負う他の受託者があるときは、これらの者は、連帯債務者とする。
6　（空振り）	6　第45条の規定は、第1項の規定による請求に係る訴えについて準用する。
（債権者に対する公告）	（債権者に対する公告）
第229条　限定責任信託の清算受託者は、その就任後遅滞なく、信託債権者に対し、一定の期間内にその債権を申し出るべき旨を官報に公告し、かつ、知れている信託債権	第229条　同左

読　替　後	読　替　前
者には、各別にこれを催告しなければならない。ただし、当該期間は、２箇月を下ることができない。	
2　前項の規定による公告には、当該信託債権者が当該期間内に申出をしないときは清算から除斥される旨を付記しなければならない。	2　同左
（債務の弁済の制限） 第230条　限定責任信託の清算受託者は、前条第１項の期間内は、清算中の限定責任信託の債務の弁済をすることができない。この場合において、清算受託者は、その債務の不履行によって生じた責任を免れることができない。	（債務の弁済の制限） 第230条　同左
2　前項の規定にかかわらず、清算受託者は、前条第１項の期間内であっても、裁判所の許可を得て、少額の債権、清算中の限定責任信託の信託財産に属する財産につき存する担保権によって担保される債権その他これを弁済しても他の債権者を害するおそれがない債権に係る債務について、その弁済をすることができる。この場合において、当該許可の申立ては、清算受託者が２人以上あるときは、その全員の同意によってしなければならない。	2　同左
3　清算受託者は、前項の許可の申立てをする場合には、その原因となる事実を疎明しなければならない。	3　同左
4　第２項の許可の申立てを却下する裁判には、理由を付さなければならない。	4　同左
5　第２項の規定による弁済の許可の裁判に対しては、不服を申し立てることができない。	5　同左
（清算からの除斥） 第231条　清算中の限定責任信託の信託債権者（知れているものを除く。）であって第229条第１項の期間内にその債権の申出をしなかったものは、清算から除斥される。	（清算からの除斥） 第231条　同左
2　前項の規定により清算から除斥された信託債権者は、給付がされていない残余財産に対してのみ、弁済を請求することができる。	2　同左
3　（空振り）	3　２人以上の受益者がある場合において、

304　第5章　参考資料

読　替　後	読　替　前
	清算中の限定責任信託の残余財産の給付を受益者の一部に対してしたときは、当該受益者の受けた給付と同一の割合の給付を当該受益者以外の受益者に対してするために必要な財産は、前項の残余財産から控除する。
第3節　限定責任信託の登記 （限定責任信託の定めの登記）	**第3節　同左** （限定責任信託の定めの登記）
第232条　信託行為において第216条第1項の定めがされたときは、限定責任信託の定めの登記は、2週間以内に、次に掲げる事項を登記してしなければならない。	**第232条**　同左
一　限定責任信託の目的	一　同左
二　限定責任信託の名称	二　同左
三　受託者の氏名又は名称及び住所	三　同左
四　限定責任信託の事務処理地	四　同左
五　第64条第1項（第74条第6項において準用する場合を含む。）の規定により信託財産管理者又は信託財産法人管理人が選任されたときは、その氏名又は名称及び住所	五　同左
六　第163条第9号の規定による信託の終了についての信託行為の定めがあるときは、その定め	六　同左
七　（空振り）	七　会計監査人設置信託（第248条第3項に規定する会計監査人設置信託をいう。第240条第3号において同じ。）であるときは、その旨及び会計監査人の氏名又は名称
（変更の登記）	（変更の登記）
第233条　限定責任信託の事務処理地に変更があったときは、2週間以内に、旧事務処理地においてはその変更の登記をし、新事務処理地においては前条各号に掲げる事項を登記しなければならない。	**第233条**　同左
2　同一の登記所の管轄区域内において限定責任信託の事務処理地に変更があったときは、その変更の登記をすれば足りる。	2　同左
3　前条各号（第4号を除く。）に掲げる事項に変更があったときは、2週間以内に、その変更の登記をしなければならない。	3　同左
（職務執行停止の仮処分命令等の登記）	（職務執行停止の仮処分命令等の登記）
第234条　限定責任信託の受託者の職務の執行を停止し、若しくはその職務を代行する	**第234条**　同左

3　公益信託に関する法律における信託法の読替表　抄　305

読　替　後	読　替　前
者を選任する仮処分命令又はその仮処分命令を変更し、若しくは取り消す決定がされたときは、その事務処理地において、その登記をしなければならない。 　（終了の登記） 第235条　第163条（第6号及び第7号に係る部分を除く。）若しくは<u>公益信託に関する法律第23条第1項</u>の規定により限定責任信託が終了したとき、又は第216条第1項の定めを廃止する旨の信託の変更がされたときは、2週間以内に、終了の登記をしなければならない。	 　（終了の登記） 第235条　第163条（第6号及び第7号に係る部分を除く。）若しくは<u>第164条第1項若しくは第3項</u>の規定により限定責任信託が終了したとき、又は第216条第1項の定めを廃止する旨の信託の変更がされたときは、2週間以内に、終了の登記をしなければならない。
（清算受託者の登記） 第236条　限定責任信託が終了した場合において、限定責任信託が終了した時における受託者が清算受託者となるときは、終了の日から、2週間以内に、清算受託者の氏名又は名称及び住所を登記しなければならない。	（清算受託者の登記） 第236条　同左
2　信託行為の定め又は第62条第1項若しくは第4項若しくは第173条第1項の規定により清算受託者が選任されたときも、前項と同様とする。	2　同左
3　第233条第3項の規定は、前二項の規定による登記について準用する。	3　同左
（清算結了の登記） 第237条　限定責任信託の清算が結了したときは、第184条第1項の計算の承認の日から、2週間以内に、清算結了の登記をしなければならない。	（清算結了の登記） 第237条　同左
（管轄登記所及び登記簿） 第238条　限定責任信託の登記に関する事務は、限定責任信託の事務処理地を管轄する法務局若しくは地方法務局若しくはこれらの支局又はこれらの出張所が管轄登記所としてつかさどる。	（管轄登記所及び登記簿） 第238条　同左
2　登記所に、限定責任信託登記簿を備える。	2　同左
（登記の申請） 第239条　第232条及び第233条の規定による登記は受託者の申請によって、第235条から第237条までの規定による登記は清算受託者の申請によってする。	（登記の申請） 第239条　同左

読　替　後	読　替　前
2　前項の規定にかかわらず、信託財産管理者又は信託財産法人管理人が選任されている場合には、第232条及び第233条の規定による登記（第246条の規定によるものを除く。）は、信託財産管理者又は信託財産法人管理人の申請によってする。 　（限定責任信託の定めの登記の添付書面） 第240条　限定責任信託の定めの登記の申請書には、次に掲げる書面を添付しなければならない。 一　限定責任信託の信託行為を証する書面 二　受託者が法人であるときは、当該法人の登記事項証明書。ただし、当該登記所の管轄区域内に当該法人の本店又は主たる事務所がある場合を除く。 三　（空振り） 　イ　（空振り） 　ロ　（空振り） 　ハ　（空振り） 　（変更の登記の添付書面） 第241条　事務処理地の変更又は第232条各号（第4号を除く。）に掲げる事項の変更の登記の申請書には、事務処理地の変更又は登記事項の変更を証する書面を添付しなければならない。 2　法人である新受託者の就任による変更の登記の申請書には、前条第2号に掲げる書面を添付しなければならない。 3　（空振り） 　（終了の登記の添付書面） 第242条　限定責任信託の終了の登記の申請書には、その事由の発生を証する書面を添付しなければならない。 　（清算受託者の登記の添付書面） 第243条　次の各号に掲げる者が清算受託者	2　同左 　（限定責任信託の定めの登記の添付書面） 第240条　同左 一　同左 二　同左 三　会計監査人設置信託においては、次に掲げる書面 　イ　就任を承諾したことを証する書面 　ロ　会計監査人が法人であるときは、当該法人の登記事項証明書。ただし、当該登記所の管轄区域内に当該法人の主たる事務所がある場合を除く。 　ハ　会計監査人が法人でないときは、第249条第1項に規定する者であることを証する書面 　（変更の登記の添付書面） 第241条　同左 2　同左 3　会計監査人の就任による変更の登記の申請書には、前条第3号ロ又はハに掲げる書面を添付しなければならない。 　（終了の登記の添付書面） 第242条　同左 　（清算受託者の登記の添付書面） 第243条　同左

読　替　後	読　替　前
となった場合の清算受託者の登記の申請書には、当該各号に定める書面を添付しなければならない。	
一　信託行為の定めにより選任された者　次に掲げる書面	一　同左
イ　当該信託行為の定めがあることを証する書面	イ　同左
ロ　選任された者が就任を承諾したことを証する書面	ロ　同左
二　第62条第1項の規定により選任された者　次に掲げる書面	二　同左
イ　第62条第1項の合意があったことを証する書面	イ　同左
ロ　前号ロに掲げる書面	ロ　同左
三　第62条第4項又は第173条第1項の規定により裁判所が選任した者　その選任を証する書面	三　同左
2　第240条（第2号に係る部分に限る。）の規定は、清算受託者が法人である場合の清算受託者の登記について準用する。	2　同左
（清算受託者に関する変更の登記の添付書面）	（清算受託者に関する変更の登記の添付書面）
第244条　清算受託者の退任による変更の登記の申請書には、退任を証する書面を添付しなければならない。	第244条　同左
2　第236条第1項に規定する事項の変更の登記の申請書には、登記事項の変更を証する書面を添付しなければならない。	2　同左
3　第241条第2項の規定は、法人である清算受託者の就任による変更の登記について準用する。	3　同左
（清算結了の登記の添付書面）	（清算結了の登記の添付書面）
第245条　清算結了の登記の申請書には、第184条第1項の計算の承認があったことを証する書面を添付しなければならない。	第245条　同左
（裁判による登記の嘱託）	（裁判による登記の嘱託）
第246条　次に掲げる場合には、裁判所書記官は、職権で、遅滞なく、限定責任信託の事務処理地を管轄する登記所にその登記を嘱託しなければならない。	第246条　同左
一　次に掲げる裁判があったとき。	一　同左
イ　第58条第4項（第70条（第74条第6項において準用する場合を含む。）において準用する場合を含む。）の規定	イ　同左

読　替　後	読　替　前
による受託者又は信託財産管理者若しくは信託財産法人管理人の解任の裁判 　　ロ　第64条第1項（第74条第6項において準用する場合を含む。）の規定による信託財産管理者又は信託財産法人管理人の選任の裁判 　二　次に掲げる裁判が確定したとき。 　　イ　前号イに掲げる裁判を取り消す裁判 　　ロ　第165条又は第166条の規定による信託の終了を命ずる裁判	ロ　同左 　二　同左 　　イ　同左 　　ロ　同左
（商業登記法及び民事保全法の準用）	**（商業登記法及び民事保全法の準用）**
第247条　限定責任信託の登記については、商業登記法（昭和38年法律第125号）第2条から第5条まで、第7条から第15条まで、第17条から第19条の3まで、第21条から第24条まで、第26条、第27条、第51条から第53条まで、第71条第1項、第132条から第137条まで並びに第139条から第148条まで並びに民事保全法第56条の規定を準用する。この場合において、商業登記法第51条第1項中「本店」とあるのは「事務処理地（信託法（平成18年法律第108号）第216条第2項第4号に規定する事務処理地をいう。以下同じ。）」と、「移転した」とあるのは「変更した」と、同項並びに同法第52条第2項、第3項及び第5項中「新所在地」とあるのは「新事務処理地」と、同法第51条第1項及び第2項並びに第52条中「旧所在地」とあるのは「旧事務処理地」と、同法第71条第1項中「解散」とあるのは「限定責任信託の終了」と、民事保全法第56条中「法人を代表する者その他法人の役員」とあるのは「限定責任信託の受託者又は清算受託者」と、「法人の本店又は主たる事務所の所在地（外国法人にあっては、各事務所の所在地）」とあるのは「限定責任信託の事務処理地（信託法（平成18年法律第108号）第216条第2項第4号に規定する事務処理地をいう。）」と読み替えるものとする。	**第247条**　同左
（空振り）	
（適用除外）	第10章　受益証券発行限定責任信託の特例（第248条—第257条） 第11章　受益者の定めのない信託の特

3　公益信託に関する法律における信託法の読替表　抄　309

読　替　後	読　替　前
	例　（第258条—第261条）
第12章　雑　　則	**第12章　同左**
第１節　非　　訟	**第１節　同左**
（信託に関する非訟事件の管轄）	（信託に関する非訟事件の管轄）
第262条　この法律及び公益信託に関する法律の規定による非訟事件は、この条に特別の定めがある場合を除き、受託者の住所地を管轄する地方裁判所の管轄に属する。	**第262条**　この法律の規定による非訟事件は、この条に特別の定めがある場合を除き、受託者の住所地を管轄する地方裁判所の管轄に属する。
２　受託者が２人以上ある場合における前項の規定の適用については、同項中「住所地」とあるのは、「いずれかの住所地」とする。	２　同左
３　受託者の任務の終了後新受託者の就任前におけるこの法律の規定による裁判所に対する申立てに係る事件は、前受託者の住所地を管轄する地方裁判所の管轄に属する。	３　同左
４　受託者が２人以上ある場合における前項の規定の適用については、同項中「受託者の任務」とあるのは、「すべての受託者の任務」とし、前受託者が２人以上ある場合における同項の規定の適用については、同項中「住所地」とあるのは、「いずれかの住所地」とする。	４　同左
５　第６条第１項の申立てに係る事件は、遺言者の最後の住所地を管轄する地方裁判所の管轄に属する。	５　第６条第１項又は第258条第６項の申立てに係る事件は、遺言者の最後の住所地を管轄する地方裁判所の管轄に属する。
（信託に関する非訟事件の手続の特例）	（信託に関する非訟事件の手続の特例）
第263条　この法律及び公益信託に関する法律の規定による非訟事件については、非訟事件手続法第40条及び第57条第２項第２号の規定は、適用しない。	**第263条**　この法律の規定による非訟事件については、非訟事件手続法第40条及び第57条第２項第２号の規定は、適用しない。
（最高裁判所規則）	（最高裁判所規則）
第264条　この法律及び公益信託に関する法律に定めるもののほか、この法律及び公益信託に関する法律の規定による非訟事件の手続に関し必要な事項は、最高裁判所規則で定める。	**第264条**　この法律に定めるもののほか、この法律の規定による非訟事件の手続に関し必要な事項は、最高裁判所規則で定める。
第２節　公　告　等	**第２節　同左**
（法人である受託者についての公告の方法）	（法人である受託者についての公告の方法）
第265条　この法律の規定（第152条第２項、第156条第２項、第160条第２項及び第229条第１項を除く。）による公告は、受託者	**第265条**　同左

読　替　後	読　替　前
（受託者の任務の終了後新受託者の就任前にあっては、前受託者）が法人である場合には、当該法人における公告の方法（公告の期間を含む。）によりしなければならない。	
（法人である受託者の合併等についての公告の手続等の特例）	（法人である受託者の合併等についての公告の手続等の特例）
第266条　会社法その他の法律の規定によりある法人が組織変更、合併その他の行為をするときは当該法人の債権者が当該行為について公告、催告その他の手続を経て異議を述べることができることとされている場合において、法人である受託者が当該行為をしようとするときは、受託者が信託財産に属する財産のみをもって履行する責任を負う信託財産責任負担債務に係る債権を有する債権者は、当該行為についてこれらの手続を経て異議を述べることができる債権者に含まれないものとする。	第266条　同左
2　（公益信託に関する法律第4条第1項が特則となり、適用除外）	2　会社法その他の法律の規定による法人の事業の譲渡に関する規定の適用については、第3条第3号に掲げる方法によってする信託は、その適用の対象となる行為に含まれるものとする。ただし、当該法律に別段の定めがあるときは、この限りでない。
第13章　罰　　則	第13章　同左
	（受益証券発行限定責任信託の受託者等の贈収賄罪）
第267条　（空振り）	第267条　次に掲げる者が、その職務に関して、賄賂を収受し、又はその要求若しくは約束をしたときは、3年以下の懲役又は300万円以下の罰金に処する。これによって不正の行為をし、又は相当の行為をしないときは、5年以下の懲役又は500万円以下の罰金に処する。
一　（空振り）	一　受益証券発行限定責任信託の受託者（前受託者又は清算受託者を含む。以下同じ。）
二　（空振り）	二　受益証券発行限定責任信託の信託財産管理者
三　（空振り）	三　受益証券発行限定責任信託の民事保全法第56条に規定する仮処分命令により選任された受託者の職務を代行する者

読　替　後	読　替　前
四　（空振り）	四　受益証券発行限定責任信託の信託財産法人管理人
五　（空振り）	五　受益証券発行限定責任信託の信託管理人
六　（空振り）	六　受益証券発行限定責任信託の信託監督人
七　（空振り）	七　受益証券発行限定責任信託の受益者代理人
八　（空振り）	八　受益証券発行限定責任信託の検査役
九　（空振り）	九　会計監査人
2　（空振り）	2　前項に規定する賄賂を供与し、又はその申込み若しくは約束をした者は、3年以下の懲役又は300万円以下の罰金に処する。
3　（空振り）	3　第1項の場合において、犯人の収受した賄賂は、没収する。その全部又は一部を没収することができないときは、その価額を追徴する。
	（国外犯）
第268条　（空振り）	第268条　前条第1項の罪は、日本国外においてこれらの罪を犯した者にも適用する。
2　（空振り）	2　前条第2項の罪は、刑法（明治40年法律第45号）第2条の例に従う。
	（法人における罰則の適用）
第269条　（空振り）	第269条　第267条第1項に規定する者が法人であるときは、同項の規定は、その行為をした取締役、執行役その他業務を執行する役員又は支配人に対してそれぞれ適用する。
（過料に処すべき行為）	（過料に処すべき行為）
第270条　受託者、第60条第1項に規定する前受託者の相続人等、信託財産管理者、民事保全法第56条に規定する仮処分命令により選任された受託者の職務を代行する者、信託財産法人管理人、信託管理人又は検査役は、次のいずれかに該当する場合には、100万円以下の過料に処する。ただし、その行為について刑を科すべきときは、この限りでない。	第270条　受託者、第60条第1項に規定する前受託者の相続人等、信託財産管理者、民事保全法第56条に規定する仮処分命令により選任された受託者の職務を代行する者、信託財産法人管理人、信託管理人、信託監督人、受益者代理人又は検査役は、次のいずれかに該当する場合には、100万円以下の過料に処する。ただし、その行為について刑を科すべきときは、この限りでない。
一　この法律及び公益信託に関する法律の規定による公告若しくは通知をすることを怠ったとき、又は不正の公告若しくは通知をしたとき。	一　この法律の規定による公告若しくは通知をすることを怠ったとき、又は不正の公告若しくは通知をしたとき。
二　この法律の規定による開示をすること	二　同左

読　替　後	読　替　前
を怠ったとき。	
三　この法律の規定に違反して、正当な理由がないのに、書類又は電磁的記録に記録された事項を内閣府令・法務省令で定める方法により表示したものの閲覧又は謄写を拒んだとき。	三　この法律の規定に違反して、正当な理由がないのに、書類又は電磁的記録に記録された事項を法務省令で定める方法により表示したものの閲覧又は謄写を拒んだとき。
四　この法律の規定による報告をせず、又は虚偽の報告をしたとき。	四　同左
五　この法律の規定による調査を妨げたとき。	五　同左
六　第37条第1項、第2項若しくは第5項の書類若しくは電磁的記録を作成せず、若しくは保存せず、又はこれらに記載し、若しくは記録すべき事項を記載せず、若しくは記録せず、若しくは虚偽の記載若しくは記録をしたとき。	六　第37条第1項、第2項若しくは第5項の書類若しくは電磁的記録又は第120条の議事録（信託行為に第4章第3節第2款の定めるところによる受益者集会における多数決による旨の定めがある場合に限る。）を作成せず、若しくは保存せず、又はこれらに記載し、若しくは記録すべき事項を記載せず、若しくは記録せず、若しくは虚偽の記載若しくは記録をしたとき。
七　第152条第2項若しくは第5項、第156条第2項若しくは第5項又は第160条第2項若しくは第5項の規定に違反して、信託の併合又は分割をしたとき。	七　同左
八　第179条第1項の規定に違反して、破産手続開始の申立てをすることを怠ったとき。	八　同左
九　第181条の規定に違反して、清算中の信託財産に属する財産の給付をしたとき。	九　同左
2　（空振り）	2　受益証券発行信託の受託者、信託財産管理者、民事保全法第56条に規定する仮処分命令により選任された受託者の職務を代行する者、信託財産法人管理人、信託監督人又は受益権原簿管理人は、次のいずれかに該当する場合には、100万円以下の過料に処する。ただし、その行為について刑を科すべきときは、この限りでない。
一　（空振り）	一　第120条の議事録（信託行為に第214条の別段の定めがない場合に限る。）又は第186条の受益権原簿を作成せず、若しくは保存せず、又はこれらに記載し、若しくは記録すべき事項を記載せず、若し

3　公益信託に関する法律における信託法の読替表　抄　313

読　替　後	読　替　前
	くは記録せず、若しくは虚偽の記載若しくは記録をしたとき。
二　（空振り）	二　第187条第1項又は第202条第1項の規定に違反して、書面の交付又は電磁的記録の提供を拒んだとき。
三　（空振り）	三　第190条第1項の規定に違反して、第186条の受益権原簿を備え置かなかったとき。
四　（空振り）	四　第207条の規定に違反して、遅滞なく、受益証券を発行しなかったとき。
五　（空振り）	五　第209条の規定に違反して、受益証券に記載すべき事項を記載せず、又は虚偽の記載をしたとき。
3　限定責任信託の受託者、信託財産管理者、民事保全法第56条に規定する仮処分命令により選任された受託者の職務を代行する者又は信託財産法人管理人は、次のいずれかに該当する場合には、100万円以下の過料に処する。ただし、その行為について刑を科すべきときは、この限りでない。	3　同左
一　第9章第3節の規定による登記をすることを怠ったとき。	一　同左
二　第222条第2項の会計帳簿、同条第3項の貸借対照表又は同条第4項若しくは第7項の書類若しくは電磁的記録を作成せず、若しくは保存せず、又はこれらに記載し、若しくは記録すべき事項を記載せず、若しくは記録せず、若しくは虚偽の記載若しくは記録をしたとき。	二　同左
三　清算の結了を遅延させる目的で、第229条第1項の期間を不当に定めたとき。	三　同左
四　第230条第1項の規定に違反して、債務の弁済をしたとき。	四　同左
4　（空振り）	4　会計監査人設置信託の受託者、信託財産管理者、民事保全法第56条に規定する仮処分命令により選任された受託者の職務を代行する者、信託財産法人管理人又は信託監督人は、第250条第3項の規定に違反して、会計監査人の選任の手続をすることを怠ったときは、100万円以下の過料に処する。ただし、その行為について刑を科すべきときは、この限りでない。
第271条　次のいずれかに該当する者は、100	第271条　同左

読　替　後	読　替　前
万円以下の過料に処する。 一　第218条第1項の規定に違反して、限定責任信託の名称中に限定責任信託という文字を用いなかった者	一　同左
二　第218条第2項の規定に違反して、限定責任信託であると誤認されるおそれのある文字をその名称又は商号中に使用した者	二　同左
三　第218条第3項の規定に違反して、他の限定責任信託であると誤認されるおそれのある名称又は商号を使用した者	三　同左

4　公益信託に関する法律と公益社団法人及び公益財団法人の認定等に関する法律の比較表

公益信託に関する法律 （令和6年法律第30号） （次ページ以後「公益信託に関する法律」と表記する）	公益社団法人及び公益財団法人の認定等に関する法律の一部を改正する法律（令和6年法律第29号）及び公益信託に関する法律（令和6年法律第30号）附則第27条による改正後の公益社団法人及び公益財団法人の認定等に関する法律（刑法等の一部を改正する法律の施行に伴う関係法律の整理等に関する法律（令和4年法律第68号）による改正を反映済） （次ページ以後「公益社団法人及び公益財団法の認定等に関する法律」と表記する）
公益信託に関する法律 目次 　第1章　総則（第1条—第5条） 　第2章　公益信託の認可等 　　第1節　公益信託の効力（第6条） 　　第2節　公益信託の認可（第7条—第15条） 　　第3節　公益信託事務の処理等（第16条—第21条） 　　第4節　公益信託の併合等（第22条—第27条） 　　第5節　公益信託の監督（第28条—第32条） 　　第6節　信託法の適用関係（第33条） 　第3章　公益認定等委員会等への諮問等 　　第1節　公益認定等委員会への諮問等（第34条—第37条） 　　第2節　都道府県に置かれる合議制の機関への諮問等（第38条・第39条） 　第4章　雑則（第40条—第44条） 　第5章　罰則（第45条—第49条） 　附則	公益社団法人及び公益財団法人の認定等に関する法律 目次 　第1章　総則（第1条—第3条の2） 　第2章　公益法人の認定等 　　第1節　公益法人の認定（第4条—第13条） 　　第2節　公益法人の事業活動等 　　　第1款　公益目的事業の実施等（第14条—第17条） 　　　第2款　公益目的事業財産（第18条） 　　　第3款　公益法人の計算等の特則（第19条—第23条） 　　　第4款　合併等（第24条—第26条） 　　第3節　公益法人の監督（第27条—第31条） 　第3章　公益認定等委員会及び都道府県に置かれる合議制の機関 　　第1節　公益認定等委員会 　　　第1款　設置及び組織（第32条—第42条） 　　　第2款　諮問等（第43条—第46条） 　　　第3款　雑則（第47条—第49条） 　　第2節　都道府県に置かれる合議制の機関（第50条—第55条） 　第4章　雑則（第56条—第61条） 　第5章　罰則（第62条—第66条） 　附則

公益信託に関する法律	公益社団法人及び公益財団法人の認定等に関する法律
第1章　総　　則 （目的） **第1条**　この法律は、内外の社会経済情勢の変化に伴い、公益を目的とする信託による事務の実施が公益の増進のために重要となっていることに鑑み、当該事務が適正に行われるよう公益信託を認可する制度を設けるとともに、当該公益信託の受託者による信託事務の適正な処理を確保するため必要な措置等を定め、もって公益の増進及び活力ある社会の実現に資することを目的とする。 （定義） **第2条**　この法律において、次の各号に掲げる用語の意義は、当該各号に定めるところによる。 　一　公益信託　この法律の定めるところによりする受益者の定め（受益者を定める方法の定めを含む。第4条第3項において同じ。）のない信託であって、公益事務を行うことのみを目的とするものをいう。 　二　公益事務　学術の振興、福祉の向上その他の不特定かつ多数の者の利益の増進を目的とする事務として別表各号に掲げる事務をいう。 2　この法律において、「信託」、「信託行為」、「信託財産」、「委託者」、「受託者」、「受益者」、「信託財産責任負担債務」、「信託の併合」、「吸収信託分割」、「新規信託分割」又は「信託の分割」とは、それぞれ信託法（平成18年法律第108号）第2条に規定する「信託」、「信託行為」、「信託財産」、「委託者」、「受託者」、「受益者」、「信託財産責任負担債務」、「信託の併合」、「吸収信託分割」、「新規信託分割」又は「信託の分割」をいう。 3　この法律において、信託法の規定を引用	**第1章　総　　則** （目的） **第1条**　この法律は、内外の社会経済情勢の変化に伴い、民間の団体が自発的に行う公益を目的とする事業の実施が公益の増進のために重要となっていることにかんがみ、当該事業を適正に実施し得る公益法人を認定する制度を設けるとともに、公益法人による当該事業の適正な実施を確保するための措置等を定め、もって公益の増進及び活力ある社会の実現に資することを目的とする。 （定義） **第2条**　この法律において、次の各号に掲げる用語の意義は、当該各号に定めるところによる。 　一　公益社団法人　第4条の認定を受けた一般社団法人をいう。 　二　公益財団法人　第4条の認定を受けた一般財団法人をいう。 　三　公益法人　公益社団法人又は公益財団法人をいう。 　四　公益目的事業　学術、技芸、慈善その他の公益に関する別表各号に掲げる種類の事業であって、不特定かつ多数の者の利益の増進に寄与するものをいう。

4　公益信託に関する法律と公益社団法人及び公益財団法人の認定等に関する法律の比較表　317

公益信託に関する法律	公益社団法人及び公益財団法人の認定等に関する法律
する場合における当該規定については、第33条第3項の規定により読み替えて適用するものとされたものにあっては、当該読み替えて適用するものとされた規定をいうものとする。 （行政庁） 第3条　この法律における行政庁は、次の各号に掲げる公益信託の区分に応じ、当該各号に定める内閣総理大臣又は都道府県知事とする。 一　次に掲げる公益信託　内閣総理大臣 　イ　公益事務を二以上の都道府県の区域内において行う旨を信託行為で定めるもの 　ロ　国の事務又は事業と密接な関連を有する公益事務であって政令で定めるものを行うもの 二　前号に掲げる公益信託以外の公益信託　その公益事務を行う区域を管轄する都道府県知事 （公益信託の要件） 第4条　公益信託は、信託法第3条第1号又は第2号に掲げる方法によってしなければならない。 2　公益信託の信託行為においては、公益事務を行うことのみを目的とする旨のほか、次に掲げる事項を定めなければならない。 一　公益信託の名称（公益信託という文字を用いるものに限る。第7条第2項第1号において同じ。） 二　信託管理人（信託法第4章第4節第1	（行政庁） 第3条　この法律における行政庁は、次の各号に掲げる公益法人の区分に応じ、当該各号に定める内閣総理大臣又は都道府県知事とする。 一　次に掲げる公益法人　内閣総理大臣 　イ　二以上の都道府県の区域内に事務所を設置するもの 　ロ　公益目的事業を二以上の都道府県の区域内において行う旨を定款で定めるもの 　ハ　国の事務又は事業と密接な関連を有する公益目的事業であって政令で定めるものを行うもの 二　前号に掲げる公益法人以外の公益法人　その事務所が所在する都道府県の知事 （公益法人等の責務） 第3条の2　公益法人は、公益目的事業の質の向上を図るため、運営体制の充実を図るとともに、財務に関する情報の開示その他のその運営における透明性の向上を図るよう努めなければならない。 2　国は、前項の規定による公益法人の取組を促進するため、必要な情報の収集及び提供その他の必要な支援を行うものとする。

公益信託に関する法律	公益社団法人及び公益財団法人の認定等に関する法律
款の信託管理人をいう。以下同じ。）となるべき者を指定する定め 三　帰属権利者（信託法第182条第1項第2号に規定する帰属権利者をいう。第8条第13号において同じ。）となるべき者（委託者を除く。）を指定する定め 四　その他内閣府令で定める事項 3　公益信託においては、受益者の定めを設けることはできない。 　　（公益信託の名称等）	
	（名称等） 第9条　公益認定を受けた一般社団法人又は一般財団法人は、その名称中の一般社団法人又は一般財団法人の文字をそれぞれ公益社団法人又は公益財団法人と変更する定款の変更をしたものとみなす。 2　前項の規定による名称の変更の登記の申請書には、公益認定を受けたことを証する書面を添付しなければならない。 3　公益社団法人又は公益財団法人は、その種類に従い、その名称中に公益社団法人又は公益財団法人という文字を用いなければならない。
第5条　何人も、公益信託でないものについて、その名称又は商号中に、公益信託であると誤認されるおそれのある文字を用いてはならない。 2　何人も、不正の目的をもって、他の公益信託であると誤認されるおそれのある名称又は商号を使用してはならない。 3　前二項の規定に違反する名称又は商号の使用によって公益事務に係る利益を侵害され、又は侵害されるおそれがある公益信託の受託者は、その利益を侵害する者又は侵害するおそれがある者に対し、その侵害の停止又は予防を請求することができる。	4　公益社団法人又は公益財団法人でない者は、その名称又は商号中に、公益社団法人又は公益財団法人であると誤認されるおそれのある文字を用いてはならない。 5　何人も、不正の目的をもって、他の公益社団法人又は公益財団法人であると誤認されるおそれのある名称又は商号を使用してはならない。
第2章　公益信託の認可等 　　　第1節　公益信託の効力 第6条　公益信託は、行政庁の認可を受けなければ、その効力を生じない。	6　公益法人については、一般社団・財団法人法第5条第1項の規定は、適用しない。 　　第2章　公益法人の認定等

4　公益信託に関する法律と公益社団法人及び公益財団法人の認定等に関する法律の比較表　319

公益信託に関する法律	公益社団法人及び公益財団法人の認定等に関する法律
第2節　公益信託の認可 **（公益信託認可の申請）** 第7条　公益信託の受託者となろうとする者は、前条の認可（以下「公益信託認可」という。）を申請しなければならない。	**第1節　公益法人の認定** **（公益認定）** 第4条　公益目的事業を行う一般社団法人又は一般財団法人は、行政庁の認定を受けることができる。 **（公益認定の申請）**
2　公益信託認可の申請は、内閣府令で定めるところにより、次に掲げる事項を記載した申請書を行政庁に提出してしなければならない。 　一　公益信託の名称 　二　受託者及び信託管理人の氏名及び住所（法人にあっては、その名称、代表者の氏名及び主たる事務所の所在地） 　三　公益事務を行う都道府県の区域	第7条　公益認定の申請は、内閣府令で定めるところにより、次に掲げる事項を記載した申請書を行政庁に提出してしなければならない。 　一　名称及び代表者の氏名 　二　公益目的事業を行う都道府県の区域（定款に定めがある場合に限る。）並びに主たる事務所及び従たる事務所の所在場所
四　公益事務の種類及び内容 　五　その他公益信託に係る信託行為の内容に関する事項	三　その行う公益目的事業の種類及び内容 　四　その行う収益事業等の内容
3　前項の申請書には、次に掲げる書類を添付しなければならない。 　一　公益信託に係る信託行為の内容を証する書面 　二　事業計画書及び収支予算書 　三　公益事務を行うに当たり法令上行政機関の許認可等（行政手続法（平成5年法律第88号）第2条第3号に規定する許認可等をいう。以下同じ。）を必要とする場合においては、当該許認可等があったこと又はこれを受けることができることを証する書類 　四　当該公益信託に係る信託事務（以下「公益信託事務」という。）を処理するのに必要な経理的基礎を有することを明らかにする当該公益信託の信託財産に係る財産目録その他の内閣府令で定める書類 　五　次条第11号に規定する支払基準を記載した書類 　六　前各号に掲げるもののほか、内閣府令	2　前項の申請書には、次に掲げる書類を添付しなければならない。 　一　定款 　二　事業計画書及び収支予算書 　三　事業を行うに当たり法令上行政機関の許認可等を必要とする場合においては、当該許認可等があったこと又はこれを受けることができることを証する書類 　四　当該公益目的事業を行うのに必要な経理的基礎を有することを明らかにする財産目録、貸借対照表その他の内閣府令で定める書類 　五　第5条第14号に規定する報酬等の支給の基準を記載した書類 　六　前各号に掲げるもののほか、内閣府令

320　第5章　参考資料

公益信託に関する法律	公益社団法人及び公益財団法人の認定等に関する法律
で定める書類 **（公益信託認可の基準）** **第8条** 行政庁は、公益信託認可の申請に係る公益信託が次に掲げる基準（その信託行為において信託財産が寄附により受け入れた金銭又は預貯金、国債その他これらに準ずる資産（いずれも内閣府令で定める要件に該当するものに限る。）に限られる旨及び当該信託財産（その信託財産に帰せられる収益を含む。）について内閣府令で定める方法によってのみ支出する旨を定める公益信託（第16条第1項において「特定資産公益信託」という。）にあっては、第8号から第10号までに掲げる基準を除く。第30条第2項第1号において同じ。）に適合すると認めるときは、公益信託認可をするものとする。 一　公益事務を行うことのみを目的とするものであること。 二　その受託者が公益信託事務を適正に処理するのに必要な経理的基礎及び技術的能力を有するものであること。 三　その信託管理人が受託者による公益信託事務の適正な処理のため必要な監督をするのに必要な能力を有するものであること。 四　公益信託に係る信託行為の内容を証する書面、事業計画書及び収支予算書の内容に照らし、その存続期間を通じて公益信託事務が処理されることが見込まれるものであること。 五　受託者がその公益信託事務を処理するに当たり、委託者、受託者、信託管理人その他の政令で定める公益信託の関係者に対し信託財産を用いて特別の利益を与えるものでないこと。 六　受託者がその公益信託事務を処理するに当たり、株式会社その他の営利事業を営む者又は特定の個人若しくは団体の利益を図る活動を行うものとして政令で定める者に対し、信託財産を用いて寄附その他の特別の利益を与える行為を行わな	で定める書類 **（公益認定の基準）** **第5条** 行政庁は、前条の認定（以下「公益認定」という。）の申請をした一般社団法人又は一般財団法人が次に掲げる基準に適合すると認めるときは、当該法人について公益認定をするものとする。 一　公益目的事業を行うことを主たる目的とするものであること。 二　公益目的事業を行うのに必要な経理的基礎及び技術的能力を有するものであること。 三　その事業を行うに当たり、社員、評議員、理事、監事、使用人その他の政令で定める当該法人の関係者に対し特別の利益を与えないものであること。 四　その事業を行うに当たり、株式会社その他の営利事業を営む者又は特定の個人若しくは団体の利益を図る活動を行うものとして政令で定める者に対し、寄附その他の特別の利益を与える行為を行わないものであること。ただし、次のいずれ

公益信託に関する法律	公益社団法人及び公益財団法人の認定等に関する法律
いものであること。ただし、次のいずれかに該当する場合は、この限りでない。 イ　公益法人（公益社団法人及び公益財団法人の認定等に関する法律（平成18年法律第49号）第2条第3号に規定する公益法人をいう。以下このイ及び第13号において同じ。）に対し、当該公益法人が行う公益目的事業（同条第4号に規定する公益目的事業をいう。第13号において同じ。）のために寄附その他の特別の利益を与える行為を行う場合 ロ　他の公益信託の受託者に対し、当該受託者が行う公益事務のために寄附その他の特別の利益を与える行為を行う場合	かに該当する場合は、この限りでない。 イ　公益法人に対し、当該公益法人が行う公益目的事業のために寄附その他の特別の利益を与える行為を行う場合 ロ　公益信託（公益信託に関する法律（令和6年法律第30号。以下「公益信託法」という。）第2条第1項第1号に規定する公益信託をいう。以下同じ。）の受託者に対し、当該受託者が行う公益事務（同項第2号に規定する公益事務をいう。第20号及び第21号において同じ。）のために寄附その他の特別の利益を与える行為を行う場合
七　受託者がその公益信託事務を処理するに当たり、投機的な取引、高利の融資その他の事業であって、公益信託の社会的信用を維持する上でふさわしくないものとして政令で定めるもの又は公の秩序若しくは善良の風俗を害するおそれのある事業を行わないものであること。	五　投機的な取引、高利の融資その他の事業であって、公益法人の社会的信用を維持する上でふさわしくないものとして政令で定めるもの又は公の秩序若しくは善良の風俗を害するおそれのある事業を行わないものであること。
八　その処理する公益信託事務について、第16条第1項の規定による収支の均衡が図られるものであると見込まれるものであること。	六　その行う公益目的事業について、第14条の規定による収支の均衡が図られるものであると見込まれるものであること。
	七　公益目的事業以外の事業（以下「収益事業等」という。）を行う場合には、収益事業等を行うことによって公益目的事業の実施に支障を及ぼすおそれがないものであること。
九　その公益信託事務の処理に係る費用に対する公益事務の実施に係る費用の割合として内閣府令で定めるところにより算定される割合（第16条第2項において「公益事務割合」という。）が公益事務の	八　その事業活動を行うに当たり、第15条に規定する公益目的事業比率が100分の50以上となると見込まれるものであること。

322　第5章　参考資料

公益信託に関する法律	公益社団法人及び公益財団法人の認定等に関する法律
実施の状況その他の事情を勘案して内閣府令で定める割合（同項において「基準割合」という。）以上となると見込まれるものであること。 十　その公益信託事務を処理するに当たり、第17条第2項に規定する使途不特定財産額が同条第1項の制限を超えないと見込まれるものであること。	九　その事業活動を行うに当たり、第16条第2項に規定する使途不特定財産額が同条第1項の制限を超えないと見込まれるものであること。 十　各理事について、当該理事及び当該理事と特別利害関係（一方の者が他方の者の配偶者又は3親等以内の親族である関係その他特別な利害関係として政令で定めるものをいう。第12号において同じ。）にある理事の合計数が理事の総数の3分の1を超えないものであること。監事についても、同様とする。 十一　他の同一の団体（公益法人又はこれに準ずるものとして政令で定めるものを除く。）の理事又は使用人である者その他これに準ずる相互に密接な関係にあるものとして政令で定める者である理事の合計数が理事の総数の3分の1を超えないものであること。監事についても、同様とする。 十二　各理事について、監事（監事が2人以上ある場合にあっては、各監事）と特別利害関係を有しないものであること。 十三　会計監査人を置いているものであること。ただし、毎事業年度における当該法人の収益の額、費用及び損失の額その他の政令で定める勘定の額がいずれも政令で定める基準に達しない場合は、この限りでない。
十一　公益信託報酬（公益信託に係る信託報酬（信託法第54条第1項に規定する信託報酬をいう。）及び信託管理人の報酬（同法第127条第3項に規定する報酬をいう。）をいう。第19条において同じ。）について、内閣府令で定めるところにより、当該公益信託の経理の状況その他の事情を考慮して、不当に高額なものとならないような支払基準を定めているもの	十四　その理事、監事及び評議員に対する報酬等（報酬、賞与その他の職務遂行の対価として受ける財産上の利益及び退職手当をいう。以下同じ。）について、内閣府令で定めるところにより、民間事業者の役員の報酬等及び従業員の給与、当該法人の経理の状況その他の事情を考慮して、不当に高額なものとならないような支給の基準を定めているものであるこ

公益信託に関する法律	公益社団法人及び公益財団法人の認定等に関する法律
であること。	と。 十五　理事のうち1人以上が、当該法人又はその子法人（一般社団法人及び一般財団法人に関する法律（平成18年法律第48号。以下「一般社団・財団法人法」という。）第2条第4号に規定する子法人をいう。以下この号及び次号において同じ。）の業務執行理事（一般社団・財団法人法第105条第1項（一般社団・財団法人法第198条において準用する場合を含む。）に規定する業務執行理事をいう。以下この号において同じ。）又は使用人でなく、かつ、その就任の前10年間当該法人又はその子法人の業務執行理事又は使用人であったことがない者その他これに準ずるものとして内閣府令で定める者であること。ただし、毎事業年度における当該法人の収益の額、費用及び損失の額その他の政令で定める勘定の額がいずれも政令で定める基準に達しない場合は、この限りでない。 十六　監事（監事が2人以上ある場合にあっては、監事のうち1人以上）が、その就任の前10年間当該法人又はその子法人の理事又は使用人であったことがない者その他これに準ずるものとして内閣府令で定める者であること。 十七　一般社団法人にあっては、次のいずれにも該当するものであること。 　イ　社員の資格の得喪に関して、当該法人の目的に照らし、不当に差別的な取扱いをする条件その他の不当な条件を付していないものであること。 　ロ　社員総会において行使できる議決権の数、議決権を行使することができる事項、議決権の行使の条件その他の社員の議決権に関する定款の定めがある場合には、その定めが次のいずれにも該当するものであること。 　　（1）　社員の議決権に関して、当該法人の目的に照らし、不当に差別的な取扱いをしないものであるこ

公益信託に関する法律	公益社団法人及び公益財団法人の認定等に関する法律
	と。 （2）　社員の議決権に関して、社員が当該法人に対して提供した金銭その他の財産の価額に応じて異なる取扱いを行わないものであること。 ハ　理事会を置いているものであること。
十二　その信託財産に他の団体の意思決定に関与することができる株式その他の内閣府令で定める財産が属しないものであること。ただし、当該信託財産に当該財産が属することによって他の団体の事業活動を実質的に支配するおそれがない場合として政令で定める場合は、この限りでない。	十八　他の団体の意思決定に関与することができる株式その他の内閣府令で定める財産を保有していないものであること。ただし、当該財産の保有によって他の団体の事業活動を実質的に支配するおそれがない場合として政令で定める場合は、この限りでない。
	十九　公益目的事業を行うために不可欠な特定の財産があるときは、その旨並びにその維持及び処分の制限について、必要な事項を定款で定めているものであること。
十三　当該公益信託の目的とする公益事務（以下この号において「対象公益事務」という。）と類似の公益事務をその目的とする他の公益信託の受託者若しくは対象公益事務と類似の公益目的事業をその目的とする公益法人若しくは次に掲げる法人又は国若しくは地方公共団体を帰属権利者とする旨を信託行為に定めているものであること。	二十　第29条第1項若しくは第2項の規定による公益認定の取消しの処分を受けた場合又は合併により法人が消滅する場合（その権利義務を承継する法人が公益法人であるときを除く。）において、公益目的取得財産残額（第30条第2項に規定する公益目的取得財産残額をいう。）があるときは、これに相当する額の財産を当該公益認定の取消しの日又は当該合併の日から1月以内に類似の事業を目的とする他の公益法人若しくは次に掲げる法人に贈与し、若しくは類似の公益事務をその目的とする公益信託の信託財産とし、又は国若しくは地方公共団体に贈与する旨を定款で定めているものであること。
イ　私立学校法（昭和24年法律第270号）第3条に規定する学校法人 ロ　社会福祉法（昭和26年法律第45号）第22条に規定する社会福祉法人 ハ　更生保護事業法（平成7年法律第86	イ　私立学校法（昭和24年法律第270号）第3条に規定する学校法人 ロ　社会福祉法（昭和26年法律第45号）第22条に規定する社会福祉法人 ハ　更生保護事業法（平成7年法律第86

公益信託に関する法律	公益社団法人及び公益財団法人の認定等に関する法律
号）第2条第6項に規定する更生保護法人 ニ　独立行政法人通則法（平成11年法律第103号）第2条第1項に規定する独立行政法人 ホ　国立大学法人法（平成15年法律第112号）第2条第1項に規定する国立大学法人又は同条第3項に規定する大学共同利用機関法人 ヘ　地方独立行政法人法（平成15年法律第118号）第2条第1項に規定する地方独立行政法人 ト　その他イからへまでに掲げる法人に準ずるものとして政令で定める法人	号）第2条第6項に規定する更生保護法人 ニ　独立行政法人通則法（平成11年法律第103号）第2条第1項に規定する独立行政法人 ホ　国立大学法人法（平成15年法律第112号）第2条第1項に規定する国立大学法人又は同条第3項に規定する大学共同利用機関法人 ヘ　地方独立行政法人法（平成15年法律第118号）第2条第1項に規定する地方独立行政法人 ト　その他イからへまでに掲げる法人に準ずるものとして政令で定める法人 二十一　清算をする場合において残余財産を類似の事業を目的とする他の公益法人若しくは前号イからトまでに掲げる法人若しくは類似の公益事務をその目的とする公益信託の信託財産又は国若しくは地方公共団体に帰属させる旨を定款で定めているものであること。
（欠格事由） **第9条**　前条の規定にかかわらず、次の各号のいずれかに該当する公益信託は、公益信託認可を受けることができない。 一　その受託者のうちに、次のいずれかに該当する者があるもの 　イ　その公益事務を行うに当たり法令上必要となる行政機関の許認可等を受けることができないもの 　ロ　国税若しくは地方税の滞納処分の執行がされているもの又は当該滞納処分の終了の日から3年を経過しないもの 二　その受託者（法人である場合にあっては、その業務を行う理事等（理事、取締役、執行役、業務を執行する社員、監事若しくは監査役又はこれらに準ずる者をいう。以下この号及び第4号において同じ。））のうちに、次のいずれかに該当する者があるもの 　イ　公益信託認可を取り消された場合に	**（欠格事由）** **第6条**　前条の規定にかかわらず、次のいずれかに該当する一般社団法人又は一般財団法人は、公益認定を受けることができない。 一　その理事、監事及び評議員のうちに、次のいずれかに該当する者があるもの 　イ　公益法人が第29条第1項（第4号を

公益信託に関する法律	公益社団法人及び公益財団法人の認定等に関する法律
おいて、その取消しの原因となった事実について責任を有する受託者又は信託管理人であった者（法人である場合にあっては、取消しの処分を受ける原因となった事項が発生した当時現にその業務を行う理事等であった者）でその取消しの日から５年を経過しないもの	除く。）又は第２項の規定により公益認定を取り消された場合において、その取消しの原因となった事実があった日以前１年内に当該公益法人の業務を行う理事であった者でその取消しの日から５年を経過しないもの
ロ　この法律、信託法、担保付社債信託法（明治38年法律第52号）若しくは金融機関の信託業務の兼営等に関する法律（昭和18年法律第43号）の規定、投資信託及び投資法人に関する法律（昭和26年法律第198号）の規定（同法第３編に規定する投資法人制度に係るものを除く。）、暴力団員による不当な行為の防止等に関する法律（平成３年法律第77号）の規定（同法第32条の３第７項及び第32条の11第１項の規定を除く。）、資産の流動化に関する法律（平成10年法律第105号）の規定（同法第２編に規定する特定目的会社制度に係るものを除く。）、著作権等管理事業法（平成12年法律第131号）の規定（同法第２条第１項第２号に規定する委任契約に係るものを除く。）若しくは信託業法（平成16年法律第154号）の規定に違反したことにより、若しくは刑法（明治40年法律第45号）第204条、第206条、第208条、第208条の２第１項、第222条若しくは第247条の罪若しくは暴力行為等処罰に関する法律（大正15年法律第60号）第１条、第２条若しくは第３条の罪を犯したことにより、又は国税若しくは地方税に関する法律中偽りその他不正の行為により国税若しくは地方税を免れ、納付せず、若しくはこれらの税の還付を受け、若しくはこれらの違反行為をしようとすることに関する罪を定めた規定（第４号において「国税等関係規定」という。）に	ロ　この法律、一般社団・財団法人法若しくは暴力団員による不当な行為の防止等に関する法律（平成３年法律第77号）の規定（同法第32条の３第７項及び第32条の11第１項の規定を除く。）に違反したことにより、若しくは刑法（明治40年法律第45号）第204条、第206条、第208条、第208条の２第１項、第222条若しくは第247条の罪若しくは暴力行為等処罰に関する法律（大正15年法律第60号）第１条、第２条若しくは第３条の罪を犯したことにより、又は国税若しくは地方税に関する法律中偽りその他不正の行為により国税若しくは地方税を免れ、納付せず、若しくはこれらの税の還付を受け、若しくはこれらの違反行為をしようとすることに関する罪を定めた規定に違反したことにより、罰金の刑に処せられ、その執行を終わり、又は執行を受けることがなくなった日から５年を経過しない者

4　公益信託に関する法律と公益社団法人及び公益財団法人の認定等に関する法律の比較表　327

公益信託に関する法律	公益社団法人及び公益財団法人の認定等に関する法律
違反したことにより、罰金の刑に処せられ、その執行を終わり、又は執行を受けることがなくなった日から５年を経過しない者 ハ　拘禁刑以上の刑に処せられ、その刑の執行を終わり、又は刑の執行を受けることがなくなった日から５年を経過しない者 ニ　暴力団員による不当な行為の防止等に関する法律第２条第６号に規定する暴力団員（以下このニにおいて「暴力団員」という。）又は暴力団員でなくなった日から５年を経過しない者（第６号において「暴力団員等」という。） 三　その信託管理人のうちに、当該公益信託の受託者の親族、使用人その他受託者と特別の関係がある者又は当該公益信託の委託者若しくは委託者の親族、使用人その他委託者と特別の関係がある者があるもの 四　その信託管理人（法人である場合にあっては、その業務を行う理事等）のうちに、第２号イからニまで（ロにあっては、国税等関係規定に係る部分を除く。）のいずれかに該当する者があるもの	ハ　拘禁刑以上の刑に処せられ、その刑の執行を終わり、又は刑の執行を受けることがなくなった日から５年を経過しない者 ニ　暴力団員による不当な行為の防止等に関する法律第２条第６号に規定する暴力団員（以下この号において「暴力団員」という。）又は暴力団員でなくなった日から５年を経過しない者（第６号において「暴力団員等」という。）
	二　第29条第１項（第４号を除く。）又は第２項の規定により公益認定を取り消され、その取消しの日から５年を経過しないもの
五　その信託行為又は事業計画書の内容が法令又は法令に基づく行政機関の処分に違反しているもの	三　その定款又は事業計画書の内容が法令又は法令に基づく行政機関の処分に違反しているもの 四　その事業を行うに当たり法令上必要となる行政機関の許認可等（行政手続法（平成５年法律第88号）第２条第３号に規定する許認可等をいう。以下同じ。）を受けることができないもの 五　国税若しくは地方税の滞納処分の執行がされているもの又は当該滞納処分の終了の日から３年を経過しないもの
六　暴力団員等がその公益信託事務を支配するもの	六　暴力団員等がその事業活動を支配するもの

公益信託に関する法律	公益社団法人及び公益財団法人の認定等に関する法律
（公益信託認可に関する意見聴取） 第10条　行政庁は、公益信託認可をしようとするときは、次の各号に掲げる事由の区分に応じ、当該事由の有無について、当該各号に定める者の意見を聴くものとする。 　一　第8条第1号、第2号及び第7号並びに前条第1号イ及び第5号に規定する事由（公益事務を行うに当たり法令上行政機関の許認可等を必要とする場合に限る。）　当該許認可等を行う行政機関（以下「許認可等行政機関」という。） 　二　前条第1号ロに規定する事由　国税庁長官、関係都道府県知事又は関係市町村長（第29条第5項第2号及び第32条第2号において「国税庁長官等」という。） 　三　前条第2号ニ、第4号（同条第2号ニに係る部分に限る。第29条第5項第3号及び第32条第3号において同じ。）及び第6号に規定する事由　行政庁が内閣総理大臣である場合にあっては警察庁長官、都道府県知事である場合にあっては警視総監又は道府県警察本部長（同項第3号及び第32条第3号において「警察庁長官等」という。）	**（公益認定に関する意見聴取）** 第8条　行政庁は、公益認定をしようとするときは、次の各号に掲げる事由の区分に応じ、当該事由の有無について、当該各号に定める者の意見を聴くものとする。 　一　第5条第1号、第2号及び第5号並びに第6条第3号及び第4号に規定する事由（事業を行うに当たり法令上行政機関の許認可等を必要とする場合に限る。）　当該行政機関（以下「許認可等行政機関」という。） 　二　第6条第1号ニ及び第6号に規定する事由　行政庁が内閣総理大臣である場合にあっては警察庁長官、都道府県知事である場合にあっては警視総監又は道府県警察本部長（以下「警察庁長官等」という。） 　三　第6条第5号に規定する事由　国税庁長官、関係都道府県知事又は関係市町村長（以下「国税庁長官等」という。）
（公益信託認可の公示） 第11条　行政庁は、公益信託認可をしたときは、内閣府令で定めるところにより、その旨を公示しなければならない。	**（公益認定の公示）** 第10条　行政庁は、公益認定をしたときは、内閣府令で定めるところにより、その旨を公示しなければならない。
（公益信託の変更等の認可） 第12条　公益信託に係る信託の変更（信託法第6章第1節の信託の変更をいう。以下同じ。）又は同法第62条第1項（同法第129条第1項において準用する場合を含む。）の規定による新受託者（同法第62条第1項に規定する新受託者をいう。以下この条及び第31条において同じ。）若しくは新信託管理人（同法第129条第1項に規定する新信託管理人をいう。以下この項及び第3項において同じ。）の選任その他の第7条第2項各号に掲げる事項の変更をするときは、	**（変更の認定）** 第11条　公益法人は、次に掲げる変更をしようとするときは、行政庁の認定を受けなければならない。ただし、内閣府令で定める軽微な変更については、この限りでない。

4　公益信託に関する法律と公益社団法人及び公益財団法人の認定等に関する法律の比較表　329

公益信託に関する法律	公益社団法人及び公益財団法人の認定等に関する法律
当該公益信託の受託者（当該新受託者を含む。）は、あらかじめ、行政庁の認可を申請しなければならない。ただし、同法第150条第1項の規定による信託の変更、第31条第1項若しくは同法第173条第1項の規定による新受託者の選任、同法第62条第4項（同法第129条第1項において準用する場合を含む。）の規定による新受託者若しくは新信託管理人の選任又は内閣府令で定める軽微な信託の変更については、この限りでない。	
	一　公益目的事業を行う都道府県の区域（定款で定めるものに限る。）又は主たる事務所若しくは従たる事務所の所在場所の変更（従たる事務所の新設又は廃止を含む。） 二　公益目的事業の種類又は内容の変更
2　公益信託の目的の変更は、その変更後の目的が当該公益信託の目的に類似するものである場合に限り、することができる。 3　公益信託に係る信託の変更並びに新受託者及び新信託管理人の選任その他の第7条第2項各号に掲げる事項の変更は、第1項ただし書の規定の適用がある場合を除き、同項の認可を受けなければ、その効力を生じない。	
4　第1項の認可の申請は、内閣府令で定めるところにより、当該変更に係る事項を記載した申請書を行政庁に提出してしなければならない。 5　前項の申請書には、内閣府令で定める書類を添付しなければならない。 6　第8条から前条までの規定は、第1項の認可について準用する。	2　前項の変更の認定を受けようとする公益法人は、内閣府令で定めるところにより、変更に係る事項を記載した申請書を行政庁に提出しなければならない。 3　前項の申請書には、内閣府令で定める書類を添付しなければならない。 4　第5条及び第6条（第2号を除く。）の規定は第1項各号に掲げる変更の認定について、第8条第1号（吸収合併に伴い当該変更の認定をする場合にあっては、同条各号）の規定は同項第2号に掲げる変更の認定について、前条の規定は同項の変更の認定をしたときについて、それぞれ準用する。
（申請書の経由） **第13条**　行政庁の変更を伴う前条第1項の認	**第12条**　行政庁の変更を伴う変更の認定に係

330　第5章　参考資料

公益信託に関する法律	公益社団法人及び公益財団法人の認定等に関する法律

可に係る同条第4項の申請書は、変更前の行政庁を経由して変更後の行政庁に提出しなければならない。

2　前項の場合において、同項の認可をしたときは、変更後の行政庁は、内閣府令で定めるところにより、遅滞なく、変更前の行政庁から事務の引継ぎを受けなければならない。

　（公益信託の変更の届出等）

第14条　公益信託の受託者は、第12条第1項ただし書に規定する信託の変更又は選任がされた場合には、内閣府令で定めるところにより、遅滞なく、その旨を行政庁に届け出なければならない。

2　行政庁は、前項の規定による届出があったときは、内閣府令で定めるところにより、その旨を公示しなければならない。

　（受託者の辞任の届出等）

第15条　公益信託の受託者は、次に掲げる場合には、内閣府令で定めるところにより、遅滞なく、その旨を行政庁に届け出なければならない。

一　受託者が辞任し、又は解任された場合

二　信託管理人が辞任し、又は解任された場合

2　行政庁は、前項の規定による届出があったときは、内閣府令で定めるところにより、その旨を公示しなければならない。

　　　　第3節　公益信託事務の処理等
　　　（公益信託事務の収入及び費用等）

第16条　公益信託（特定資産公益信託を除

る前条第2項の申請書は、変更前の行政庁を経由して変更後の行政庁に提出しなければならない。

2　前項の場合において、当該変更の認定をしたときは、変更後の行政庁は、内閣府令で定めるところにより、遅滞なく、変更前の行政庁から事務の引継ぎを受けなければならない。

　（変更の届出）

第13条　公益法人は、次に掲げる変更（合併に伴うものを除く。）があったときは、内閣府令で定めるところにより、遅滞なく、その旨を行政庁に届け出なければならない。

一　名称又は代表者の氏名の変更

二　収益事業等の内容の変更

三　第11条第1項ただし書の内閣府令で定める軽微な変更

四　定款の変更（第11条第1項各号に掲げる変更及び前三号に掲げる変更に係るものを除く。）

五　前各号に掲げるもののほか、内閣府令で定める事項の変更

2　行政庁は、前項第1号又は第2号に掲げる変更について同項の規定による届出があったときは、内閣府令で定めるところにより、その旨を公示しなければならない。

　　　第2節　公益法人の事業活動等
　　　第1款　公益目的事業の実施等
　　　（公益目的事業の収入及び費用）

第14条　公益法人は、その公益目的事業を行

4　公益信託に関する法律と公益社団法人及び公益財団法人の認定等に関する法律の比較表　　331

公益信託に関する法律	公益社団法人及び公益財団法人の認定等に関する法律
く。次項及び次条において同じ。）の受託者は、その公益信託事務を処理するに当たっては、内閣府令で定めるところにより、当該公益信託事務に係る収入をその実施に要する適正な費用（当該公益信託事務を充実させるため将来において必要となる資金として内閣府令で定める方法により積み立てる資金を含む。）に充てることにより、内閣府令で定める期間において、その収支の均衡が図られるようにしなければならない。	うに当たっては、内閣府令で定めるところにより、当該公益目的事業に係る収入をその実施に要する適正な費用（当該公益目的事業を充実させるため将来において必要となる資金として内閣府令で定める方法により積み立てる資金を含む。）に充てることにより、内閣府令で定める期間において、その収支の均衡が図られるようにしなければならない。
2　公益信託の受託者は、公益事務割合が基準割合以上となるように公益信託事務を処理しなければならない。	**（公益目的事業比率）** 第15条　公益法人は、毎事業年度における公益目的事業比率（第1号に掲げる額の同号から第3号までに掲げる額の合計額に対する割合をいう。）が100分の50以上となるように公益目的事業を行わなければならない。 一　公益目的事業の実施に係る費用の額として内閣府令で定めるところにより算定される額 二　収益事業等の実施に係る費用の額として内閣府令で定めるところにより算定される額 三　当該公益法人の運営に必要な経常的経費の額として内閣府令で定めるところにより算定される額
（使途不特定財産額の保有の制限） 第17条　公益信託の毎信託事務年度の末日における使途不特定財産額は、当該公益信託の受託者が公益信託事務を翌信託事務年度においても処理するために必要な額として、当該信託事務年度前の信託事務年度において行った公益信託事務の処理に要した費用の額（その保有する信託財産の状況及び公益信託事務の態様に応じ当該費用の額に準ずるものとして内閣府令で定めるものの額を含む。）を基礎として内閣府令で定めるところにより算定した額を超えてはならない。 2　前項に規定する「使途不特定財産額」とは、公益信託の受託者による信託財産の管	**（使途不特定財産額の保有の制限）** 第16条　公益法人の毎事業年度の末日における使途不特定財産額は、当該公益法人が公益目的事業を翌事業年度においても行うために必要な額として、当該事業年度前の事業年度において行った公益目的事業の実施に要した費用の額（その保有する資産の状況及び事業活動の態様に応じ当該費用の額に準ずるものとして内閣府令で定めるものの額を含む。）を基礎として内閣府令で定めるところにより算定した額を超えてはならない。 2　前項に規定する「使途不特定財産額」とは、公益法人による財産の使用若しくは管

公益信託に関する法律	公益社団法人及び公益財団法人の認定等に関する法律
理の状況又は当該信託財産の性質に鑑み、公益信託事務のために現に使用されておらず、かつ、引き続き公益信託事務のために使用されることが見込まれない信託財産（災害その他の予見し難い事由が発生した場合においても公益信託事務を継続的に行うため必要な限度において保有する必要があるものとして内閣府令で定める要件に該当するもの（次項において「公益信託事務継続予備財産」という。）を除く。）として内閣府令で定めるものの価額の合計額をいう。	理の状況又は当該財産の性質に鑑み、公益目的事業又は公益目的事業を行うために必要な収益事業等その他の業務若しくは活動のために現に使用されておらず、かつ、引き続きこれらのために使用されることが見込まれない財産（第18条に規定する公益目的事業財産のうち、災害その他の予見し難い事由が発生した場合においても公益目的事業を継続的に行うために必要な限度において保有する必要があるものとして内閣府令で定める要件に該当するもの（次項において「公益目的事業継続予備財産」という。）を除く。）として内閣府令で定めるものの価額の合計額をいう。
3　公益信託の受託者は、毎信託事務年度の末日において公益信託事務継続予備財産を保有している場合には、翌信託事務年度開始後速やかに、内閣府令で定めるところにより、当該公益信託事務継続予備財産を保有する理由及びその額その他内閣府令で定める事項を公表しなければならない。 （寄附の募集に関する禁止行為） 第18条　公益信託の受託者又は信託管理人は、寄附の募集に関して、次に掲げる行為をしてはならない。 一　寄附の勧誘又は要求を受け、寄附をしない旨の意思を表示した者に対し、寄附の勧誘又は要求を継続すること。 二　粗野若しくは乱暴な言動を交えて、又は迷惑を覚えさせるような方法で、寄附の勧誘又は要求をすること。 三　寄附をする財産の使途について誤認させるおそれのある行為をすること。 四　前三号に掲げるもののほか、寄附の勧誘若しくは要求を受けた者又は寄附者の利益を不当に害するおそれのあるものとして内閣府令で定める行為をすること。	3　公益法人は、毎事業年度の末日において公益目的事業継続予備財産を保有している場合には、翌事業年度開始後速やかに、内閣府令で定めるところにより、当該公益目的事業継続予備財産を保有する理由及びその額その他内閣府令で定める事項を公表しなければならない。 （寄附の募集に関する禁止行為） 第17条　公益法人の理事若しくは監事又は代理人、使用人その他の従業者は、寄附の募集に関して、次に掲げる行為をしてはならない。 一　寄附の勧誘又は要求を受け、寄附をしない旨の意思を表示した者に対し、寄附の勧誘又は要求を継続すること。 二　粗野若しくは乱暴な言動を交えて、又は迷惑を覚えさせるような方法で、寄附の勧誘又は要求をすること。 三　寄附をする財産の使途について誤認させるおそれのある行為をすること。 四　前三号に掲げるもののほか、寄附の勧誘若しくは要求を受けた者又は寄附者の利益を不当に害するおそれのある行為をすること。 　　　第2款　公益目的事業財産 第18条　公益法人は、次に掲げる財産（以下「公益目的事業財産」という。）を公益目的事業を行うために使用し、又は処分しなけ

公益信託に関する法律	公益社団法人及び公益財団法人の認定等に関する法律
	ればならない。ただし、内閣府令で定める正当な理由がある場合は、この限りでない。 一　公益認定を受けた日以後に寄附を受けた財産（寄附をした者が公益目的事業以外のために使用すべき旨を定めたものを除く。） 二　公益認定を受けた日以後に交付を受けた補助金その他の財産（財産を交付した者が公益目的事業以外のために使用すべき旨を定めたものを除く。） 三　公益認定を受けた日以後に行った公益目的事業に係る活動の対価として得た財産 四　公益認定を受けた日以後に行った収益事業等から生じた収益に内閣府令で定める割合を乗じて得た額に相当する財産 五　前各号に掲げる財産を運用し、支出し、又は処分することにより取得した財産 六　第５条第19号に規定する財産（前各号に掲げるものを除く。） 七　前各号に掲げるもののほか、公益法人が保有する財産であって公益認定を受けた日以後に内閣府令で定める方法により公益目的事業の用に供するものである旨を表示した財産 八　前各号に掲げるもののほか、当該公益法人が公益目的事業を行うことにより取得し、又は公益目的事業を行うために保有していると認められるものとして内閣府令で定める財産 　　　　第３款　公益法人の計算等の特則 （区分経理） 第19条　公益法人は、内閣府令で定めるところにより、公益目的事業に係る経理、収益事業等に係る経理及び法人の運営に係る経理（収益事業等を行わない公益法人にあっては、公益目的事業に係る経理及び法人の運営に係る経理）をそれぞれ区分して整理しなければならない。ただし、収益事業等を行わない公益法人であって、その行う公

334　第５章　参考資料

公益信託に関する法律	公益社団法人及び公益財団法人の認定等に関する法律
	益目的事業の内容その他の事項に関し内閣府令で定める要件に該当するものについては、この限りでない。 2　前項ただし書の規定の適用を受ける公益法人における前条及び第30条第2項の規定の適用については、前条中「を公益目的事業」とあるのは「及び当該公益法人が保有する公益目的事業財産以外の財産のうち当該公益法人の運営を行うため必要な財産として内閣府令で定めるもの以外のもの（以下「公益目的事業財産等」という。）を公益目的事業」と、同項各号中「公益目的事業財産」とあるのは「公益目的事業財産等」とする。
（公益信託報酬） 第19条　公益信託報酬は、第8条第11号に規定する支払基準に従って支払われなければならない。	**（報酬等）** 第20条　公益法人は、第5条第14号に規定する報酬等の支給の基準に従って、その理事、監事及び評議員に対する報酬等を支給しなければならない。
（財産目録の備置き及び閲覧等） 第20条　公益信託の受託者は、毎信託事務年度開始の日の前日までに（公益信託認可を受けた日の属する信託事務年度にあっては、当該公益信託認可を受けた後遅滞なく）、内閣府令で定めるところにより、当該信託事務年度の事業計画書、収支予算書その他の内閣府令で定める書類を作成し、当該信託事務年度の末日までの間、当該書類をその住所（当該受託者が法人である場合にあっては、その主たる事務所）に備え置かなければならない。 2　公益信託の受託者は、毎信託事務年度経過後3月以内に（公益信託認可を受けた日の属する信託事務年度にあっては、当該公益信託認可を受けた後遅滞なく）、内閣府令で定めるところにより、次に掲げる書類を作成し、5年間、当該書類を前項に規定する住所に備え置かなければならない。 一　信託財産に係る財産目録 二　受託者等名簿（受託者及び信託管理人の氏名又は名称及び住所を記載した名簿	**（財産目録の備置き及び閲覧等）** 第21条　公益法人は、毎事業年度開始の日の前日までに（公益認定を受けた日の属する事業年度にあっては、当該公益認定を受けた後遅滞なく）、内閣府令で定めるところにより、当該事業年度の事業計画書、収支予算書その他の内閣府令で定める書類を作成し、当該事業年度の末日までの間、当該書類をその主たる事務所に、その写しをその従たる事務所に備え置かなければならない。 2　公益法人は、毎事業年度経過後3月以内に（公益認定を受けた日の属する事業年度にあっては、当該公益認定を受けた後遅滞なく）、内閣府令で定めるところにより、次に掲げる書類を作成し、当該書類を5年間その主たる事務所に、その写しを3年間その従たる事務所に備え置かなければならない。 一　財産目録 二　役員等名簿（理事、監事及び評議員の氏名及び住所を記載した名簿をいう。以

4　公益信託に関する法律と公益社団法人及び公益財団法人の認定等に関する法律の比較表　335

公益信託に関する法律	公益社団法人及び公益財団法人の認定等に関する法律
をいう。第5項及び次条第2項において同じ。） 三　第8条第11号に規定する支払基準を記載した書類 四　前三号に掲げるもののほか、内閣府令で定める書類 3　第1項に規定する書類及び前項各号に掲げる書類は、電磁的記録（電子的方式、磁気的方式その他人の知覚によっては認識することができない方式で作られる記録であって、電子計算機による情報処理の用に供されるものとして内閣府令で定めるものをいう。次項第2号及び第47条第2号において同じ。）をもって作成することができる。	下同じ。） 三　第5条第14号に規定する報酬等の支給の基準を記載した書類 四　前三号に掲げるもののほか、内閣府令で定める書類 3　第1項に規定する書類及び前項各号に掲げる書類は、電磁的記録（電子的方式、磁気的方式その他人の知覚によっては認識することができない方式で作られる記録であって、電子計算機による情報処理の用に供されるものとして内閣府令で定めるものをいう。以下同じ。）をもって作成することができる。 4　公益法人は、一般社団・財団法人法第123条第2項（一般社団・財団法人法第199条において準用する場合を含む。）の規定により作成する事業報告に、各事業年度における公益目的事業の実施状況、公益法人の運営体制その他の公益法人の適正な運営を確保するために必要なものとして内閣府令で定める事項を記載しなければならない。
4　何人も、公益信託の受託者の業務時間内は、いつでも、第1項に規定する書類、第2項各号に掲げる書類、信託行為の内容を証する書面並びに信託法第37条第1項及び第2項に規定する書類（以下「財産目録等」という。）について、次に掲げる請求をすることができる。この場合においては、当該公益信託の受託者は、正当な理由がないのにこれを拒んではならない。 一　財産目録等が書面をもって作成されているときは、当該書面又は当該書面の写しの閲覧の請求 二　財産目録等が電磁的記録をもって作成されているときは、当該電磁的記録に記録された事項を内閣府令で定める方法により表示したものの閲覧の請求 5　前項の規定にかかわらず、公益信託の受	5　何人も、公益法人の業務時間内は、いつでも、第1項に規定する書類、第2項各号に掲げる書類、定款、社員名簿及び一般社団・財団法人法第129条第1項（一般社団・財団法人法第199条において準用する場合を含む。）に規定する計算書類等（以下「財産目録等」という。）について、次に掲げる請求をすることができる。この場合においては、当該公益法人は、正当な理由がないのにこれを拒んではならない。 一　財産目録等が書面をもって作成されているときは、当該書面又は当該書面の写しの閲覧の請求 二　財産目録等が電磁的記録をもって作成されているときは、当該電磁的記録に記録された事項を内閣府令で定める方法により表示したものの閲覧の請求 6　前項の規定にかかわらず、公益法人は、

公益信託に関する法律	公益社団法人及び公益財団法人の認定等に関する法律
託者は、受託者等名簿について当該公益信託の信託管理人以外の者から同項の請求があった場合には、これに記載され、又は記録された事項中、個人（受託者であるものを除く。次条第2項において同じ。）の住所に係る記載又は記録の部分を除外して、前項各号の閲覧をさせることができる。	役員等名簿又は社員名簿について当該公益法人の社員又は評議員以外の者から同項の請求があった場合には、これらに記載され又は記録された事項中、個人の住所に係る記載又は記録の部分を除外して、同項の閲覧をさせることができる。
	7　財産目録等が電磁的記録をもって作成されている場合であって、その従たる事務所における第5項第2号に掲げる請求に応じることを可能とするための措置として内閣府令で定めるものをとっている公益法人についての第1項及び第2項の規定の適用については、第1項中「その主たる事務所に、その写しをその従たる事務所」とあるのは「その主たる事務所」と、第2項中「その主たる事務所に、その写しを3年間その従たる事務所」とあるのは「その主たる事務所」とする。
（財産目録等の提出等）	（財産目録等の提出等）
第21条　公益信託の受託者は、財産目録等（信託行為の内容を証する書面を除く。）について、前条第1項に規定する書類にあっては毎信託事務年度開始の日の前日までに（公益信託認可を受けた日の属する信託事務年度にあっては、当該公益信託認可を受けた後遅滞なく）、その他の書類にあっては毎信託事務年度の経過後3月以内に（公益信託認可を受けた日の属する信託事務年度にあっては、同条第2項各号に掲げる書類を当該公益信託認可を受けた後遅滞なく）、内閣府令で定めるところにより、行政庁に提出しなければならない。	第22条　公益法人は、財産目録等（定款を除く。）について、前条第1項に規定する書類にあっては毎事業年度開始の日の前日までに（公益認定を受けた日の属する事業年度にあっては、当該公益認定を受けた後遅滞なく）、その他の書類にあっては毎事業年度の経過後3月以内に（公益認定を受けた日の属する事業年度にあっては、同条第2項各号に掲げる書類及び社員名簿を当該公益認定を受けた後遅滞なく）、内閣府令で定めるところにより、行政庁に提出しなければならない。
2　行政庁は、内閣府令で定めるところにより、この法律又はこの法律に基づく命令の規定により公益信託の受託者から提出を受けた財産目録等（受託者等名簿にあっては、当該受託者等名簿に記載された事項中、個人の住所に係る記載の部分を除く。）を公表するものとする。	2　行政庁は、内閣府令で定めるところにより、この法律又はこの法律に基づく命令の規定により公益法人から提出を受けた財産目録等（役員等名簿又は社員名簿にあっては、これらに記載された事項中、個人の住所に係る記載の部分を除く。）を公表するものとする。
	（会計監査人の権限等）
	第23条　公益法人の会計監査人は、一般社

4　公益信託に関する法律と公益社団法人及び公益財団法人の認定等に関する法律の比較表　337

公益信託に関する法律	公益社団法人及び公益財団法人の認定等に関する法律
	団・財団法人法第107条第1項（一般社団・財団法人法第197条において準用する場合を含む。）の規定によるもののほか、財産目録その他の内閣府令で定める書類を監査する。この場合において、会計監査人は、会計監査報告に当該監査の結果を併せて記載し、又は記録しなければならない。
第4節　公益信託の併合等 （公益信託の併合等の認可）	**第4款　合　併　等** （合併等の届出）
第22条　公益信託に係る信託の併合又は信託の分割（第4項及び第5項において「公益信託の併合等」という。）をするときは、当該公益信託の受託者は、あらかじめ、行政庁の認可を申請しなければならない。	**第24条**　公益法人は、次に掲げる行為をしようとするときは、内閣府令で定めるところにより、あらかじめ、その旨を行政庁に届け出なければならない。
	一　合併（当該合併に関し第11条第1項の変更の認定の申請をする場合又は次条第1項の認可の申請をする場合を除く。） 二　事業の全部又は一部の譲渡（当該事業の譲渡に関し第11条第1項の変更の認定の申請をする場合を除く。） 三　公益目的事業の全部の廃止
2　公益信託においては、信託の併合は、従前の各公益信託の目的が類似する場合に限り、することができる。 3　公益信託においては、吸収信託分割にあっては分割信託（信託法第155条第1項第6号に規定する分割信託をいう。）及び承継信託（同号に規定する承継信託をいう。）の目的が類似する場合に限り、新規信託分割にあっては新たな公益信託及び当該新たな公益信託に信託財産の一部を移転する公益信託の目的が類似する場合に限り、することができる。 4　公益信託の併合等は、第1項の認可を受けなければ、その効力を生じない。 5　第1項の認可の申請は、内閣府令で定めるところにより、公益信託の併合等に係る事項を記載した申請書を行政庁に提出してしなければならない。 6　前項の申請書には、内閣府令で定める書類を添付しなければならない。 7　第8条から第11条までの規定は、第1項	

338　第5章　参考資料

公益信託に関する法律	公益社団法人及び公益財団法人の認定等に関する法律
の認可について準用する。	2　行政庁は、前項の規定による届出があったときは、内閣府令で定めるところにより、その旨を公示しなければならない。 **（合併による地位の承継の認可）** **第25条**　公益法人が合併により消滅する法人となる新設合併契約を締結したときは、当該公益法人（当該公益法人が二以上ある場合にあっては、その一）は、当該新設合併により設立する法人（以下この条において「新設法人」という。）が当該新設合併により消滅する公益法人の地位を承継することについて、行政庁の認可を申請することができる。 2　行政庁は、新設法人が次に掲げる要件に適合すると認めるときは、前項の認可をするものとする。 　一　第5条各号に掲げる基準に適合するものであること。 　二　第6条各号のいずれかに該当するものでないこと。 3　第1項の認可があった場合には、新設法人は、その成立の日に、当該新設合併により消滅する公益法人の地位を承継する。 4　第7条、第8条、第10条及び第12条の規定は、第1項の認可について準用する。この場合において、第7条第1項中「次に掲げる事項」とあるのは「次に掲げる事項（第1号に掲げる事項については新設合併により消滅する公益法人及び新設合併により設立する法人（以下この条において「新設法人」という。）に係るもの、第2号から第4号までに掲げる事項については新設法人に係るもの）」と、同項第2号中「定款」とあるのは「定款の案」と、同条第2項中「次に掲げる書類」とあるのは「次に掲げる書類（第1号の定款の案及び第2号から第5号までに掲げる書類については、新設法人に係るもの）」と、同項第1号中「定款」とあるのは「新設合併契約書及び定款の案」と、第12条第1項中「前条第2項」とあるのは「第25条第4項において準

4　公益信託に関する法律と公益社団法人及び公益財団法人の認定等に関する法律の比較表　339

公益信託に関する法律	公益社団法人及び公益財団法人の認定等に関する法律
	用する第7条第1項」と読み替えるものとする。 5　第1項の認可を受けて合併により消滅する公益法人の地位を承継する新設法人についての第18条及び第30条第2項（これらの規定を第19条第2項の規定により読み替えて適用する場合を含む。以下この項において同じ。）の規定の適用については、第18条第1号から第4号までの規定中「公益認定を受けた日」とあるのは「その成立の日」と、同条第5号中「前各号」とあるのは「前各号及び第7号」と、同条第7号中「前各号に掲げるもののほか、公益法人が保有する財産であって公益認定を受けた日以後に内閣府令で定める方法により公益目的事業の用に供するものである旨を表示した財産」とあるのは「その成立の際に合併により消滅する公益法人から承継した財産であって、当該消滅する公益法人の公益目的事業財産であったもの」と、第30条第2項第1号中「が取得した」とあるのは「が合併により承継し、又は取得した」と、「公益認定」とあるのは「合併により消滅する公益法人が公益認定」と、同項第2号中「公益認定を受けた日」とあるのは「その成立の日」と、同項第3号中「公益認定を受けた日」とあるのは「その成立の日」と、「定めるもの」とあるのは「定めるもの並びに合併により消滅する公益法人が公益認定を受けた日以後に内閣府令で定める方法によりその公益目的事業を行うために費消し、又は譲渡した公益目的事業財産（当該消滅する公益法人が第19条第1項ただし書の規定の適用を受けるものである場合にあっては、同条第2項の規定により読み替えて適用する第18条に規定する公益目的事業財産等）以外の財産及び同日以後に当該公益法人がその公益目的事業の実施に伴い負担した公租公課の支払その他内閣府令で定めるもの」とする。
（公益信託の終了事由等）	

公益信託に関する法律	公益社団法人及び公益財団法人の認定等に関する法律
第23条　公益信託は、信託法第163条の規定によるほか、第30条第1項又は第2項の規定により公益信託認可が取り消された場合に終了する。 2　公益信託においては、信託法第164条の規定にかかわらず、信託行為に別段の定めがあるときを除き、委託者及び信託管理人の合意により、公益信託を終了することはできない。 （公益信託の継続） 第24条　信託法第163条（第1号に係る部分に限る。）の規定により公益信託が終了した場合には、委託者、受託者及び信託管理人は、その合意により、公益信託の目的を変更することによって、公益信託を継続することができる。 2　前項の規定により公益信託の目的を変更する場合には、受託者は、次条第1項の規定による届出の日から3月以内に、当該変更について第12条第1項の認可を受けなければならない。 3　委託者が現に存しない場合における第1項の規定の適用については、同項中「委託者、受託者」とあるのは、「受託者」とする。 （信託の終了の届出等） 第25条　公益信託が終了した場合（信託法第163条第5号に掲げる事由によって終了した場合及び第30条第1項又は第2項の規定による公益信託認可の取消しによって終了した場合を除く。）には、その受託者（同法第163条第7号に掲げる事由によって公益信託が終了した場合にあっては、破産管財人）は、遅滞なく、その旨を行政庁に届け出なければならない。 2　行政庁は、前項の規定による届出があったときは、内閣府令で定めるところにより、その旨を公示しなければならない。 （清算の届出等） 第26条　公益信託の清算受託者（信託法第177条に規定する清算受託者をいう。次項及び第49条において同じ。）は、当該公益	（解散の届出等） 第26条　公益法人が合併以外の理由により解散をした場合には、その清算人（解散が破産手続開始の決定による場合にあっては、破産管財人）は、当該解散の日から1月以内に、その旨を行政庁に届け出なければならない。 2　清算人は、一般社団・財団法人法第233条第1項の期間が経過したときは、遅滞なく、残余財産の引渡しの見込みを行政庁に

4　公益信託に関する法律と公益社団法人及び公益財団法人の認定等に関する法律の比較表　341

公益信託に関する法律	公益社団法人及び公益財団法人の認定等に関する法律
信託の終了の日から３月を経過したときは、遅滞なく、残余財産の給付の見込みを行政庁に届け出なければならない。当該見込みに変更があったときも、同様とする。 ２　清算受託者は、清算が結了したときは、遅滞なく、その旨を行政庁に届け出なければならない。 ３　行政庁は、前項の規定による届出があったときは、内閣府令で定めるところにより、その旨を公示しなければならない。 （残余財産の帰属） **第27条**　公益信託の信託行為における第４条第２項第３号の定めにより残余財産の帰属が定まらないときは、信託法第182条第２項及び第３項の規定にかかわらず、残余財産は、国庫（都道府県知事が行政庁である場合にあっては、当該都道府県）に帰属する。	届け出なければならない。当該見込みに変更があったときも、同様とする。 ３　清算人は、清算が結了したときは、遅滞なく、その旨を行政庁に届け出なければならない。 ４　行政庁は、第１項又は前項の規定による届出があったときは、内閣府令で定めるところにより、その旨を公示しなければならない。 （公益認定の取消し等に伴う贈与） **第30条**　行政庁が前条第１項若しくは第２項の規定による公益認定の取消しをした場合又は公益法人が合併により消滅する場合（その権利義務を承継する法人が公益法人であるときを除く。）において、第５条第20号に規定する定款の定めに従い、当該公益認定の取消しの日又は当該合併の日から１月以内に公益目的取得財産残額に相当する額の財産の贈与に係る書面による契約が成立しないとき（当該財産を公益信託の信託財産とする場合にあっては、当該財産を当該公益信託の信託財産とすることができないとき）は、内閣総理大臣が行政庁である場合にあっては国、都道府県知事が行政庁である場合にあっては当該都道府県が当該公益目的取得財産残額に相当する額の金銭について、同号に規定する定款で定める贈与を当該公益認定の取消しを受けた法人又は当該合併により消滅する公益法人の権利義務を承継する法人（第４項において「認定取消法人等」という。）から受ける旨の書面による契約が成立したものとみなす。当該公益認定の取消しの日又は当該合併の日から１月以内に当該公益目的取得財産残額の一部に相当する額の財産について同号に規定する定款で定める贈与に係る書面による契約が成立した場合（当該財産を公益信託の信託財産とする場合にあっては、当該財産を当該公益信託の信託財産としたとき）における残余の部分について

公益信託に関する法律	公益社団法人及び公益財団法人の認定等に関する法律
	も、同様とする。
	2　前項に規定する「公益目的取得財産残額」とは、第1号に掲げる財産から第2号に掲げる財産を除外した残余の財産の価額の合計額から第3号に掲げる額を控除して得た額をいう。
	一　当該公益法人が取得した全ての公益目的事業財産（第18条第6号に掲げる財産にあっては、公益認定を受けた日前に取得したものを除く。）
	二　当該公益法人が公益認定を受けた日以後に公益目的事業を行うために費消し、又は譲渡した公益目的事業財産
	三　公益目的事業財産以外の財産であって当該公益法人が公益認定を受けた日以後に内閣府令で定める方法により公益目的事業を行うために費消し、又は譲渡したもの及び同日以後に公益目的事業の実施に伴い負担した租税公課の支払その他内閣府令で定めるものの額の合計額
	3　前項に規定する額の算定の細目その他公益目的取得財産残額の算定に関し必要な事項は、内閣府令で定める。
	4　行政庁は、第1項の場合には、認定取消法人等に対し、前二項の規定により算定した公益目的取得財産残額及び第1項の規定により当該認定取消法人等と国又は都道府県との間に当該公益目的取得財産残額又はその一部に相当する額の金銭の贈与に係る契約が成立した旨を通知しなければならない。
	5　公益法人は、第5条第20号に規定する定款の定めを変更することができない。
第5節　公益信託の監督 **（報告徴収及び立入検査）**	**第3節　公益法人の監督** **（報告及び検査）**
第28条　行政庁は、公益信託事務の適正な処理を確保するために必要な限度において、内閣府令で定めるところにより、受託者に対し、その公益信託事務の処理の状況並びに信託財産に属する財産及び信託財産責任負担債務の状況に関し必要な報告を求め、又はその職員に、当該受託者の住所若しく	**第27条**　行政庁は、公益法人の事業の適正な運営を確保するために必要な限度において、内閣府令で定めるところにより、公益法人に対し、その運営組織及び事業活動の状況に関し必要な報告を求め、又はその職員に、当該公益法人の事務所に立ち入り、その運営組織及び事業活動の状況若しくは

公益信託に関する法律	公益社団法人及び公益財団法人の認定等に関する法律
は事務所に立ち入り、その公益信託事務及び信託財産に属する財産の状況若しくは帳簿、書類その他の物件を検査させ、若しくは関係者に質問させることができる。 2　前項の規定により立入検査をする職員は、その身分を示す証明書を携帯し、関係者の請求があったときは、これを提示しなければならない。 3　第1項の規定による立入検査の権限は、犯罪捜査のために認められたものと解してはならない。 （勧告、命令等） 第29条　行政庁は、公益信託について、次条第2項各号のいずれかに該当すると疑うに足りる相当な理由がある場合には、当該公益信託の受託者に対し、期限を定めて、必要な措置をとるべき旨の勧告をすることができる。 2　行政庁は、前項の勧告をしたときは、内閣府令で定めるところにより、その勧告の内容を公表しなければならない。 3　行政庁は、第1項の勧告を受けた受託者が、正当な理由がなく、その勧告に係る措置をとらなかったときは、当該受託者に対し、その勧告に係る措置をとるべきことを命ずることができる。 4　行政庁は、前項の規定による命令をしたときは、内閣府令で定めるところにより、その旨を公示しなければならない。 5　行政庁は、第1項の勧告及び第3項の規定による命令をしようとするときは、次の各号に掲げる事由の区分に応じ、当該事由の有無について、当該各号に定める者の意見を聴くことができる。 一　第8条第1号、第2号若しくは第7号、第9条第1号イ若しくは第5号又は次条第2項第4号に規定する事由（公益事務を行うに当たり法令上許認可等行政機関の許認可等を必要とする場合に限る。）　許認可等行政機関 二　第9条第1号ロに規定する事由　国税庁長官等	帳簿、書類その他の物件を検査させ、若しくは関係者に質問させることができる。 2　前項の規定による立入検査をする職員は、その身分を示す証明書を携帯し、関係者の請求があったときは、これを提示しなければならない。 3　第1項の規定による立入検査の権限は、犯罪捜査のために認められたものと解してはならない。 （勧告、命令等） 第28条　行政庁は、公益法人について、次条第2項各号のいずれかに該当すると疑うに足りる相当な理由がある場合には、当該公益法人に対し、期限を定めて、必要な措置をとるべき旨の勧告をすることができる。 2　行政庁は、前項の勧告をしたときは、内閣府令で定めるところにより、その勧告の内容を公表しなければならない。 3　行政庁は、第1項の勧告を受けた公益法人が、正当な理由がなく、その勧告に係る措置をとらなかったときは、当該公益法人に対し、その勧告に係る措置をとるべきことを命ずることができる。 4　行政庁は、前項の規定による命令をしたときは、内閣府令で定めるところにより、その旨を公示しなければならない。 5　行政庁は、第1項の勧告及び第3項の規定による命令をしようとするときは、次の各号に掲げる事由の区分に応じ、当該事由の有無について、当該各号に定める者の意見を聴くことができる。 一　第5条第1号、第2号若しくは第5号、第6条第3号若しくは第4号又は次条第2項第3号に規定する事由（事業を行うに当たり法令上許認可等行政機関の許認可等を必要とする場合に限る。）　許認可等行政機関 二　第6条第1号ニ又は第6号に規定する事由　警察庁長官等

公益信託に関する法律	公益社団法人及び公益財団法人の認定等に関する法律
三　第9条第2号ニ、第4号又は第6号に規定する事由　警察庁長官等 　（公益信託認可の取消し） **第30条**　行政庁は、公益信託が次の各号のいずれかに該当するときは、その公益信託認可を取り消さなければならない。 　一　偽りその他不正の手段により公益信託認可又は第12条第1項若しくは第22条第1項の認可を受けた場合 　二　第9条第6号に該当するに至った場合 　三　受託者が、正当な理由がなく、前条第3項の規定による命令に従わない場合	三　第6条第5号に規定する事由　国税庁長官等 　（公益認定の取消し） **第29条**　行政庁は、公益法人が次のいずれかに該当するときは、その公益認定を取り消さなければならない。 　一　第6条各号（第2号を除く。）のいずれかに該当するに至ったとき。 　二　偽りその他不正の手段により公益認定、第11条第1項の変更の認定又は第25条第1項の認可を受けたとき。 　三　正当な理由がなく、前条第3項の規定による命令に従わないとき。 　四　公益法人から公益認定の取消しの申請があったとき。
2　行政庁は、公益信託が次の各号のいずれかに該当するときは、その公益信託認可を取り消すことができる。 　一　第8条各号に掲げる基準のいずれかに適合しなくなった場合 　二　第9条第1号から第5号までのいずれかに該当するに至った場合 　三　第14条第1項、第15条第1項又は第3節の規定に違反した場合 　四　前三号に掲げるもののほか、法令又は法令に基づく行政機関の処分に違反した場合	2　行政庁は、公益法人が次のいずれかに該当するときは、その公益認定を取り消すことができる。 　一　第5条各号に掲げる基準のいずれかに適合しなくなったとき。 　二　前節の規定を遵守していないとき。 　三　前二号のほか、法令又は法令に基づく行政機関の処分に違反したとき。
3　前条第5項の規定は、前二項の規定による公益信託認可の取消しをしようとする場合について準用する。 4　行政庁は、第1項又は第2項の規定により公益信託認可を取り消したときは、内閣府令で定めるところにより、その旨を公示しなければならない。	3　前条第5項の規定は、前二項の規定による公益認定の取消しをしようとする場合について準用する。 4　行政庁は、第1項又は第2項の規定により公益認定を取り消したときは、内閣府令で定めるところにより、その旨を公示しなければならない。 5　第1項又は第2項の規定による公益認定の取消しの処分を受けた公益法人は、その名称中の公益社団法人又は公益財団法人という文字をそれぞれ一般社団法人又は一般財団法人と変更する定款の変更をしたものとみなす。 6　行政庁は、第1項又は第2項の規定によ

4　公益信託に関する法律と公益社団法人及び公益財団法人の認定等に関する法律の比較表　345

公益信託に関する法律	公益社団法人及び公益財団法人の認定等に関する法律
	る公益認定の取消しをしたときは、遅滞なく、当該公益法人の主たる事務所の所在地を管轄する登記所に当該公益法人の名称の変更の登記を嘱託しなければならない。 7　前項の規定による名称の変更の登記の嘱託書には、当該登記の原因となる事由に係る処分を行ったことを証する書面を添付しなければならない。
（公益信託認可が取り消された場合における新受託者の選任） **第31条**　裁判所は、前条第１項又は第２項の規定により公益信託認可が取り消されたことにより公益信託が終了した場合には、行政庁又は委託者、信託管理人、信託債権者（信託法第21条第２項第４号に規定する信託債権者をいう。）その他の利害関係人の申立てにより、当該公益信託の清算のために新受託者を選任しなければならない。 2　信託法第173条第２項から第６項までの規定は、前項の規定による新受託者の選任について準用する。	
（行政庁への意見） **第32条**　次の各号に掲げる者は、公益信託について当該各号に定める事由があると疑うに足りる相当な理由があるため、行政庁が公益信託の受託者に対して適当な措置をとることが必要であると認める場合には、行政庁に対し、その旨の意見を述べることができる。 　一　許認可等行政機関　第８条第１号、第２号若しくは第７号に掲げる基準に適合しない事由又は第９条第１号イ若しくは第５号若しくは第30条第２項第４号に規定する事由（公益事務を行うに当たり法令上許認可等行政機関の許認可等を必要とする場合に限る。） 　二　国税庁長官等　第９条第１号ロに規定する事由 　三　警察庁長官等　第９条第２号ニ、第４号又は第６号に規定する事由 　　**第６節　信託法の適用関係** **第33条**　信託法第29条第２項ただし書、第31	**（行政庁への意見）** **第31条**　次の各号に掲げる者は、公益法人についてそれぞれ当該各号に定める事由があると疑うに足りる相当な理由があるため、行政庁が公益法人に対して適当な措置をとることが必要であると認める場合には、行政庁に対し、その旨の意見を述べることができる。 　一　許認可等行政機関　第５条第１号、第２号若しくは第５号に掲げる基準に適合しない事由又は第６条第３号若しくは第４号若しくは第29条第２項第３号に該当する事由（事業を行うに当たり法令上許認可等行政機関の許認可等を必要とする場合に限る。） 　二　警察庁長官等　第６条第１号ニ又は第６号に該当する事由 　三　国税庁長官等　第６条第５号に該当する事由

公益信託に関する法律	公益社団法人及び公益財団法人の認定等に関する法律
条第2項（第3号に係る部分に限る。）及び第3項ただし書、第32条第3項ただし書、第35条第4項、第37条第3項ただし書、第47条第5項ただし書、第48条第3項ただし書、第58条第2項、第59条第1項ただし書、第60条第1項ただし書、第125条第1項ただし書、第147条、第183条第6項並びに第222条第5項ただし書の規定は、公益信託については、適用しない。 2　公益信託においては、委託者の相続人は、委託者の地位を相続により承継しない。 3　前章及びこの章に定めるもののほか、公益信託に関する信託法の規定の適用については、次の表の上欄に掲げる同法の規定中同表の中欄に掲げる字句は、それぞれ同表の下欄に掲げる字句とする。	
 （略）　　　（略）　　　（略）	
第3章　公益認定等委員会等への諮問等	第3章　公益認定等委員会及び都道府県に置かれる合議制の機関 第1節　公益認定等委員会 第1款　設置及び組織（第32条—第42条） （設置及び権限） 第32条　内閣府に、公益認定等委員会（以下「委員会」という。）を置く。 2　委員会は、この法律及び公益信託法によりその権限に属させられた事項を処理する。 （職権の行使） 第33条　委員会の委員は、独立してその職権を行う。 （組織） 第34条　委員会は、委員7人をもって組織する。 2　委員は、非常勤とする。ただし、そのうちの4人以内は、常勤とすることができる。 （委員の任命） 第35条　委員は、人格が高潔であって、委員会の権限に属する事項に関し公正な判断をすることができ、かつ、法律、会計又は公

4　公益信託に関する法律と公益社団法人及び公益財団法人の認定等に関する法律の比較表　347

公益信託に関する法律	公益社団法人及び公益財団法人の認定等に関する法律
	益法人若しくは公益信託に係る活動に関して優れた識見を有する者のうちから、両議院の同意を得て、内閣総理大臣が任命する。
	2　委員の任期が満了し、又は欠員が生じた場合において、国会の閉会又は衆議院の解散のために両議院の同意を得ることができないときは、内閣総理大臣は、前項の規定にかかわらず、同項に定める資格を有する者のうちから、委員を任命することができる。
	3　前項の場合においては、任命後最初の国会で両議院の事後の承認を得なければならない。この場合において、両議院の事後の承認を得られないときは、内閣総理大臣は、直ちにその委員を罷免しなければならない。
	（委員の任期）
	第36条　委員の任期は、3年とする。ただし、補欠の委員の任期は、前任者の残任期間とする。
	2　委員は、再任されることができる。
	3　委員の任期が満了したときは、当該委員は、後任者が任命されるまで引き続きその職務を行うものとする。
	（委員の身分保障）
	第37条　委員は、委員会により、心身の故障のため職務の執行ができないと認められた場合又は職務上の義務違反その他委員たるに適しない非行があると認められた場合を除いては、在任中、その意に反して罷免されることがない。
	（委員の罷免）
	第38条　内閣総理大臣は、委員が前条に規定する場合に該当するときは、その委員を罷免しなければならない。
	（委員の服務）
	第39条　委員は、職務上知ることのできた秘密を漏らしてはならない。その職を退いた後も同様とする。
	2　委員は、在任中、政党その他の政治的団体の役員となり、又は積極的に政治運動を

公益信託に関する法律	公益社団法人及び公益財団法人の認定等に関する法律
	してはならない。 3　常勤の委員は、在任中、内閣総理大臣の許可のある場合を除くほか、報酬を得て他の職務に従事し、又は営利事業を営み、その他金銭上の利益を目的とする業務を行ってはならない。 （委員の給与） **第40条**　委員の給与は、別に法律で定める。 （委員長） **第41条**　委員会に、委員長を置き、委員の互選によりこれを定める。 2　委員長は、会務を総理し、委員会を代表する。 3　委員長に事故があるときは、あらかじめその指名する委員が、その職務を代理する。 （事務局） **第42条**　委員会の事務を処理させるため、委員会に事務局を置く。 2　事務局に、事務局長のほか、所要の職員を置く。 3　事務局長は、委員長の命を受けて、局務を掌理する。
第1節　公益認定等委員会への諮問等	第2款　諮　問　等
（委員会への諮問） **第34条**　内閣総理大臣は、次に掲げる場合には、第10条（第12条第6項及び第22条第7項において準用する場合を含む。）又は第29条第5項（第30条第3項において準用する場合を含む。）の規定による許認可等行政機関の意見（第9条第1号イ及び第5号に規定する事由の有無に係るものを除く。）を付して、公益認定等委員会（以下「委員会」という。）に諮問しなければならない。ただし、委員会が諮問を要しないものと認めたものについては、この限りでない。 一　公益信託認可の申請又は第12条第1項若しくは第22条第1項の認可の申請に対する処分をしようとする場合（公益信託が第9条各号のいずれかに該当するものである場合及び行政手続法第7条の規定	（委員会への諮問） **第43条**　内閣総理大臣は、次に掲げる場合には、第8条又は第28条第5項（第29条第3項において準用する場合を含む。）の規定による許認可等行政機関の意見（第6条第3号及び第4号に該当する事由の有無に係るものを除く。）を付して、委員会に諮問しなければならない。ただし、委員会が諮問を要しないものと認めたものについては、この限りでない。 一　公益認定の申請、第11条第1項の変更の認定の申請又は第25条第1項の認可の申請に対する処分をしようとする場合（申請をした法人が第6条各号のいずれかに該当するものである場合及び行政手

4　公益信託に関する法律と公益社団法人及び公益財団法人の認定等に関する法律の比較表　349

公益信託に関する法律	公益社団法人及び公益財団法人の認定等に関する法律
に基づきこれらの認可を拒否する場合を除く。）	統法第7条の規定に基づきこれらの認定を拒否する場合を除く。）
二　第29条第1項の勧告、同条第3項の規定による命令又は第30条第1項若しくは第2項の規定による公益信託認可の取消し（以下この節において「監督処分等」という。）をしようとする場合（次に掲げる場合を除く。）	二　第28条第1項の勧告、同条第3項の規定による命令又は第29条第1項若しくは第2項の規定による公益認定の取消し（以下「監督処分等」という。）をしようとする場合（次に掲げる場合を除く。）
イ　公益信託が第30条第1項第2号又は第2項第2号に該当するものである場合	イ　監督処分等を受ける公益法人が第29条第1項第1号又は第4号のいずれかに該当するものである場合
ロ　第14条第1項若しくは第15条第1項の規定による届出又は第21条第1項の規定による財産目録等の提出をしなかったことを理由として監督処分等をしようとする場合	ロ　第13条第1項若しくは第24条第1項の規定による届出又は第22条第1項の規定による財産目録等の提出をしなかったことを理由として監督処分等をしようとする場合
ハ　第37条第1項の勧告に基づいて監督処分等をしようとする場合	ハ　第46条第1項の勧告に基づいて監督処分等をしようとする場合
2　内閣総理大臣は、次に掲げる場合には、委員会に諮問しなければならない。ただし、委員会が諮問を要しないものと認めたものについては、この限りでない。	2　内閣総理大臣は、次に掲げる場合には、委員会に諮問しなければならない。ただし、委員会が諮問を要しないものと認めたものについては、この限りでない。
一　第8条第5号から第7号まで、第12号ただし書及び第13号ト、第38条において読み替えて準用する前項ただし書及び次項ただし書並びに別表第23号の政令の制定又は改廃の立案をしようとする場合並びに第4条第2項第4号、第7条第2項並びに第3項第4号及び第6号、第8条（第12条第6項及び第22条第7項において準用する場合を含む。）、第12条第4項及び第5項、第14条第1項、第15条第1項、第16条から第18条まで、第20条第1項及び第2項、第22条第5項及び第6項、第28条第1項並びに次条第1項及び第37条第2項（これらの規定を第38条において準用する場合を含む。）の内閣府令の制定又は改廃をしようとする場合	一　第5条第3号から第5号まで、第10号、第11号、第13号ただし書、第15号ただし書、第18号ただし書及び第20号ト、第51条において読み替えて準用する前項ただし書及び次項ただし書並びに別表第23号の政令の制定又は改廃の立案をしようとする場合並びに第5条第14号から第16号まで及び第18号、第7条第1項並びに第2項第4号及び第6号、第11条第2項及び第3項、第13条第1項（第3号を除く。）、第14条、第15条各号、第16条、第18号ただし書並びに第4号、第7号及び第8号、第19条第1項及び同条第2項の規定により読み替えて適用する第18条本文、第21条第1項、第2項及び第4項、第23条、第24条第1項、第27条第1項、第30条第2項第3号（第25条第5項の規定により読み替えて適用する場合を含む。）及び第3項、次条第1項並びに第46条第2項の内閣府令の制定又は改廃

公益信託に関する法律	公益社団法人及び公益財団法人の認定等に関する法律
二 第43条の規定による要求を行おうとする場合 3 内閣総理大臣は、第1項第1号に規定する処分、第29条第3項の規定による命令又は第30条第1項（第2号を除く。）若しくは第2項（第2号を除く。）の規定による公益信託認可の取消しについての審査請求に対する裁決をしようとする場合には、次に掲げる場合を除き、委員会に諮問しなければならない。ただし、委員会が諮問を要しないものと認めたものについては、この限りでない。 一 審査請求が不適法であるとして却下する場合 二 公益信託が第9条各号のいずれかに該当するものである場合 三 第1項第2号イ又はロに規定する理由による監督処分等についての審査請求である場合 （答申の公表等） 第35条 委員会は、諮問に対する答申をしたときは、内閣府令で定めるところにより、その内容を公表しなければならない。 2 委員会は、前項の答申をしたときは、内閣総理大臣に対し、当該答申に基づいてとった措置について報告を求めることができる。 （内閣総理大臣による送付等） 第36条 内閣総理大臣は、第14条第1項、第15条第1項、第25条第1項若しくは第26条第1項若しくは第2項の規定による届出に係る書類の写し又は第21条第1項の規定により提出を受けた財産目録等の写しを委員会に送付しなければならない。 2 内閣総理大臣は、第32条の規定により許認可等行政機関が述べた意見（公益信託が第9条第1号イ又は第5号に該当するものである旨の意見を除く。）を委員会に通知しなければならない。 3 内閣総理大臣は、次の各号に掲げる場合	をしようとする場合 二 第60条の規定による指示を行おうとする場合 3 内閣総理大臣は、第1項第1号に規定する処分、第28条第3項の規定による命令又は第29条第1項第2号若しくは第3号若しくは第2項の規定による公益認定の取消しについての審査請求に対する裁決をしようとする場合には、次に掲げる場合を除き、委員会に諮問しなければならない。ただし、委員会が諮問を要しないものと認めたものについては、この限りでない。 一 審査請求が不適法であるとして却下する場合 二 審査請求をした一般社団法人若しくは一般財団法人又は公益法人が第6条各号のいずれかに該当するものである場合 三 第1項第2号イ又はロに規定する理由による監督処分等についての審査請求である場合 （答申の公表等） 第44条 委員会は、諮問に対する答申をしたときは、内閣府令で定めるところにより、その内容を公表しなければならない。 2 委員会は、前項の答申をしたときは、内閣総理大臣に対し、当該答申に基づいてとった措置について報告を求めることができる。 （内閣総理大臣による送付等） 第45条 内閣総理大臣は、第13条第1項、第24条第1項又は第26条第1項から第3項までの規定による届出に係る書類の写し及び第22条第1項の規定により提出を受けた財産目録等の写しを委員会に送付しなければならない。 2 内閣総理大臣は、第31条の規定により許認可等行政機関が述べた意見（公益法人が第6条第3号又は第4号に該当する事由に係る意見を除く。）を委員会に通知しなければならない。 3 内閣総理大臣は、委員会に諮問しないで

公益信託に関する法律	公益社団法人及び公益財団法人の認定等に関する法律
において、委員会に諮問しないで当該各号に定める措置を講じたときは、その旨を委員会に通知しなければならない。 一　第34条各項の規定のただし書の規定により次に掲げる措置について委員会が諮問を要しないものと認めた場合　当該措置 　　イ　公益信託認可の申請又は第12条第1項若しくは第22条第1項の認可の申請に対する処分 　　ロ　監督処分等 　　ハ　第34条第2項第1号の政令の制定又は改廃の立案及び同号の内閣府令の制定又は改廃 　　ニ　第34条第3項に規定する審査請求に対する裁決 　　ホ　第43条の規定による要求 二　公益信託が第9条各号のいずれかに該当するものである場合　前号イに規定する処分 三　第34条第1項第2号イ又はロに掲げる場合　監督処分等 四　第34条第3項第2号又は第3号に掲げる場合　第1号ニに規定する裁決	次に掲げる措置を講じたときは、その旨を委員会に通知しなければならない。 一　公益認定の申請、第11条第1項の変更の認定の申請又は第25条第1項の認可の申請に対する処分（行政手続法第7条の規定に基づく拒否を除く。） 二　監督処分等（次条第1項の勧告に基づく監督処分等を除く。） 三　第43条第2項第1号の政令の制定又は改廃の立案及び同号の内閣府令の制定又は改廃 四　第43条第3項に規定する審査請求に対する裁決（審査請求が不適法であることによる却下の裁決を除く。） 五　第60条の規定による指示
（委員会による勧告等） **第37条**　委員会は、内閣総理大臣が第29条第1項の勧告若しくは同条第3項の規定による命令又は第30条第1項若しくは第2項の規定による公益信託認可の取消しその他の措置をとる必要があると認めるときは、その旨を内閣総理大臣に勧告をすることができる。	**（委員会による勧告等）** **第46条**　委員会は、前条第1項若しくは第2項の場合又は第59条第1項の規定に基づき第27条第1項の規定による報告の徴収、検査又は質問を行った場合には、公益法人が第29条第1項第2号若しくは第3号又は第2項各号のいずれかに該当するかどうかを審査し、必要があると認めるときは、第28条第1項の勧告若しくは同条第3項の規定による命令又は第29条第1項若しくは第2項の規定による公益認定の取消しその他の措置をとることについて内閣総理大臣に勧告をすることができる。
2　委員会は、前項の勧告をしたときは、内閣府令で定めるところにより、当該勧告の	2　委員会は、前項の勧告をしたときは、内閣府令で定めるところにより、当該勧告の

公益信託に関する法律	公益社団法人及び公益財団法人の認定等に関する法律
内容を公表しなければならない。 3　委員会は、第1項の勧告をしたときは、内閣総理大臣に対し、当該勧告に基づいてとった措置について報告を求めることができる。	内容を公表しなければならない。 3　委員会は、第1項の勧告をしたときは、内閣総理大臣に対し、当該勧告に基づいてとった措置について報告を求めることができる。 <div align="center">第3款　雑　　則</div>（資料提出その他の協力） **第47条**　委員会は、その事務を処理するため必要があると認めるときは、関係行政機関の長、関係地方公共団体の長その他の関係者に対し、資料の提出、意見の開陳、説明その他の必要な協力を求めることができる。 （事務の処理状況の公表） **第48条**　委員会は、毎年、その事務の処理状況を公表しなければならない。 （政令への委任） **第49条**　この節に規定するもののほか、委員会に関し必要な事項は、政令で定める。
<div align="center">第2節　都道府県に置かれる合議制の機関への諮問等</div>	<div align="center">第2節　都道府県に置かれる合議制の機関</div>（設置及び権限） **第50条**　都道府県に、この法律及び公益信託法によりその権限に属させられた事項を処理するため、審議会その他の合議制の機関（以下単に「合議制の機関」という。）を置く。 2　合議制の機関の組織及び運営に関し必要な事項は、政令で定める基準に従い、都道府県の条例で定める。 （合議制の機関への諮問）
（行政庁が都道府県知事である場合についての準用） **第38条**　第34条第1項及び第3項、第35条、第36条第1項、第2項及び第3項（第1号（ハ及びホに係る部分に限る。）を除く。）並びに前条の規定は、行政庁が都道府県知事である場合について準用する。この場合において、これらの規定（第34条第1項本文を除く。）中「委員会」とあるのは「合議制の機関」と、第34条第1項中「公益認定等委員会（以下「委員会」という。）」とあるのは「公益社団法人及び公益財団法人	**第51条**　第43条（第2項を除く。）の規定は、都道府県知事について準用する。この場合において、同条第1項中「付して、委員会」とあるのは「付して、第50条第1項に規定する合議制の機関（以下この条において単に「合議制の機関」という。）」と、同項ただし書中「委員会が」とあるのは「合議制の機関が政令で定める基準に従い」と、同項第2号ハ中「第46条第1項」とあるのは「第54条において準用する第46条第

公益信託に関する法律	公益社団法人及び公益財団法人の認定等に関する法律
の認定等に関する法律第50条第1項に規定する合議制の機関（以下「合議制の機関」という。）」と、同項ただし書及び同条第3項ただし書中「諮問」とあるのは「政令で定める基準に従い諮問」と読み替えるものとする。	1項」と、同条第3項中「委員会に」とあるのは「合議制の機関に」と、同項ただし書中「委員会が」とあるのは「合議制の機関が政令で定める基準に従い」と読み替えるものとする。
	（答申の公表等） **第52条** 第44条の規定は、合議制の機関について準用する。この場合において、同条第2項中「内閣総理大臣」とあるのは、「都道府県知事」と読み替えるものとする。
（都道府県知事による通知等） **第39条** 都道府県知事は、第43条の規定による要求が当該都道府県知事に対して行われた場合には、その旨を前条において読み替えて準用する第34条第1項に規定する合議制の機関に通知しなければならない。	**（都道府県知事による通知等）** **第53条** 都道府県知事は、第60条の規定による指示が当該都道府県知事に対して行われた場合には、その旨を合議制の機関に通知しなければならない。
	2 第45条（第3項第3号及び第5号を除く。）の規定は、都道府県知事について準用する。この場合において、同条第1項中「委員会」とあるのは「第50条第1項に規定する合議制の機関（以下この条において単に「合議制の機関」という。）」と、同条第2項及び第3項中「委員会」とあるのは「合議制の機関」と、同項第2号中「次条第1項」とあるのは「第54条において準用する次条第1項」と、同項第4号中「第43条第3項」とあるのは「第51条において準用する第43条第3項」と読み替えるものとする。
	（合議制の機関による勧告等） **第54条** 第46条の規定は、合議制の機関について準用する。この場合において、同条第1項中「前条第1項若しくは第2項」とあるのは「第53条第2項において準用する前条第1項若しくは第2項」と、「第59条第1項」とあるのは「第59条第2項」と、同項及び同条第3項中「内閣総理大臣」とあるのは「都道府県知事」と読み替えるものとする。
	（資料提出その他の協力） **第55条** 第47条の規定は、合議制の機関につ

公益信託に関する法律	公益社団法人及び公益財団法人の認定等に関する法律
	いて準用する。
第4章 雑 則 （協力依頼） **第40条** 行政庁は、この法律の施行のため必要があると認めるときは、官庁、公共団体その他の者に照会し、又は協力を求めることができる。 （情報の提供） **第41条** 内閣総理大臣及び都道府県知事は、公益事務の実施の状況、公益信託に対して行政庁がとった措置その他の事項についての調査及び分析を行い、必要な統計その他の資料の作成を行うとともに、公益信託に関するデータベースの整備を図り、国民にインターネットその他の高度情報通信ネットワークの利用を通じて迅速に情報を提供できるよう必要な措置を講ずるものとする。	**第4章 雑 則** （協力依頼） **第56条** 行政庁は、この法律の施行のため必要があると認めるときは、官庁、公共団体その他の者に照会し、又は協力を求めることができる。 （情報の提供） **第57条** 内閣総理大臣及び都道府県知事は、公益法人の活動の状況、公益法人に対して行政庁がとった措置その他の事項についての調査及び分析を行い、必要な統計その他の資料の作成を行うとともに、公益法人に関するデータベースの整備を図り、国民にインターネットその他の高度情報通信ネットワークの利用を通じて迅速に情報を提供できるよう必要な措置を講ずるものとする。 （税制上の措置） **第58条** 公益法人が行う公益目的事業に係る活動が果たす役割の重要性にかんがみ、当該活動を促進しつつ適正な課税の確保を図るため、公益法人並びにこれに対する寄附を行う個人及び法人に関する所得課税に関し、所得税、法人税及び相続税並びに地方税の課税についての必要な措置その他所要の税制上の措置を講ずるものとする。
（権限の委任等） **第42条** 内閣総理大臣は、第28条第1項の規定による権限（第35条第1項の答申又は第37条第1項の勧告のため必要なものに限り、第9条各号に掲げる公益信託に該当するか否かの調査に関するものを除く。）を委員会に委任する。 2 行政庁が都道府県知事である場合における第28条第1項の規定による権限（第38条において準用する第35条第1項の答申又は第38条において準用する第37条第1項の勧告のため必要なものに限り、第9条各号に掲げる公益信託に該当するか否かの調査に関するものを除く。）の行使については、第28条第1項中「行政庁」とあるのは「公	（権限の委任等） **第59条** 内閣総理大臣は、第27条第1項の規定による権限（第44条第1項の答申又は第46条第1項の勧告のため必要なものに限り、第6条各号に掲げる一般社団法人又は一般財団法人に該当するか否かの調査に関するものを除く。）を委員会に委任する。 2 行政庁が都道府県知事である場合における第27条第1項の規定による権限（第52条において準用する第44条第1項の答申又は第54条において準用する第46条第1項の勧告のため必要なものに限り、第6条各号に掲げる一般社団法人又は一般財団法人に該当するか否かの調査に関するものを除く。）の行使については、第27条第1項中「行政

4 公益信託に関する法律と公益社団法人及び公益財団法人の認定等に関する法律の比較表 355

公益信託に関する法律	公益社団法人及び公益財団法人の認定等に関する法律
益社団法人及び公益財団法人の認定等に関する法律第50条第1項に規定する合議制の機関」と、「職員」とあるのは「庶務をつかさどる職員」とする。	庁」とあるのは「第50条第1項に規定する合議制の機関」と、「職員」とあるのは「庶務をつかさどる職員」とする。
（是正の要求の方式） **第43条**　内閣総理大臣は、都道府県知事のこの法律及びこれに基づく命令の規定による事務の管理及び執行に関して法令の規定に違反しているものがある場合又は当該事務の管理及び執行を怠るものがある場合において、公益信託認可の審査その他の当該事務の管理及び執行に関し地域間に著しい不均衡があることにより公益事務の適正な実施に支障が生じていることが明らかであるとして地方自治法（昭和22年法律第67号）第245条の5第1項の規定による求めを行うときは、当該都道府県知事が講ずべき措置の内容を示して行うものとする。	**（都道府県知事への指示）** **第60条**　内閣総理大臣は、この法律及びこれに基づく命令の規定による事務の実施に関して地域間の均衡を図るため特に必要があると認めるときは、都道府県知事に対し、第28条第1項の勧告若しくは同条第3項の規定による命令又は第29条第2項の規定による公益認定の取消しその他の措置を行うべきことを指示することができる。
（命令への委任） **第44条**　この法律に定めるもののほか、この法律の実施のための手続その他必要な事項は、命令で定める。	**（政令への委任）** **第61条**　この法律に定めるもののほか、この法律の実施のため必要な事項は、政令で定める。
第5章　罰　　則 **第45条**　偽りその他不正の手段により公益信託認可又は第12条第1項若しくは第22条第1項の認可を受けたときは、その違反行為をした者は、6月以下の拘禁刑又は50万円以下の罰金に処する。	**第5章　罰　　則** **第62条**　次の各号のいずれかに該当する場合には、当該違反行為をした者は、6月以下の拘禁刑又は50万円以下の罰金に処する。 一　偽りその他不正の手段により公益認定、第11条第1項の変更の認定又は第25条第1項の認可を受けたとき。 二　第11条第1項の変更の認定を受けないで同項各号に掲げる変更（行政庁の変更を伴うこととなるものに限る。）をしたとき。 三　第11条第1項の変更の認定を受けないで同項第2号に掲げる変更（第29条第2項第1号に該当することとなるものに限る。）をしたとき。
第46条　次の各号のいずれかに該当する場合には、当該違反行為をした者は、50万円以下の罰金に処する。	**第63条**　次の各号のいずれかに該当する場合には、当該違反行為をした者は、50万円以下の罰金に処する。

公益信託に関する法律	公益社団法人及び公益財団法人の認定等に関する法律
一　第5条第1項の規定に違反して、公益信託であると誤認されるおそれのある文字をその名称又は商号中に用いたとき。	一　第9条第4項の規定に違反して、公益社団法人又は公益財団法人であると誤認されるおそれのある文字をその名称又は商号中に用いたとき。
二　第5条第2項の規定に違反して、他の公益信託であると誤認されるおそれのある名称又は商号を使用したとき。	二　第9条第5項の規定に違反して、他の公益社団法人又は公益財団法人であると誤認されるおそれのある名称又は商号を使用したとき。
第47条　次の各号のいずれかに該当する場合には、当該違反行為をした者は、30万円以下の罰金に処する。 一　第7条第2項、第12条第4項若しくは第22条第5項の申請書又は第7条第3項、第12条第5項若しくは第22条第6項の書類に虚偽の記載をして提出したとき。	**第64条**　次の各号のいずれかに該当する場合には、当該違反行為をした者は、30万円以下の罰金に処する。 一　第7条第1項（第25条第4項において準用する場合を含む。）の申請書又は第7条第2項各号（第25条第4項において準用する場合を含む。）に掲げる書類に虚偽の記載をして提出したとき。 二　第11条第2項の申請書又は同条第3項の書類に虚偽の記載をして提出したとき。
二　第20条第1項又は第2項の規定に違反して、書類又は電磁的記録を備え置かず、又はこれらに記載し、若しくは記録すべき事項を記載せず、若しくは記録せず、若しくは虚偽の記載若しくは記録をしたとき。	三　第21条第1項又は第2項の規定に違反して、書類又は電磁的記録を備え置かず、又はこれらに記載し、若しくは記録すべき事項を記載せず、若しくは記録せず、若しくは虚偽の記載若しくは記録をしたとき。
第48条　法人（法人でない団体で代表者又は管理人の定めのあるものを含む。以下この項において同じ。）の代表者若しくは管理人又は法人若しくは人の代理人、使用人その他の従業者が、その法人又は人の業務に関し、前三条の違反行為をしたときは、行為者を罰するほか、その法人又は人に対しても、各本条の罰金刑を科する。 2　法人でない団体について前項の規定の適用がある場合には、その代表者又は管理人が、その訴訟行為につき法人でない団体を代表するほか、法人を被告人又は被疑者とする場合の刑事訴訟に関する法律の規定を準用する。	**第65条**　法人（法人でない団体で代表者又は管理人の定めのあるものを含む。以下この項において同じ。）の代表者若しくは管理人又は法人若しくは人の代理人、使用人その他の従業者が、その法人又は人の業務に関し、前三条の違反行為をしたときは、行為者を罰するほか、その法人又は人に対しても、各本条の罰金刑を科する。 2　法人でない団体について前項の規定の適用がある場合には、その代表者又は管理人が、その訴訟行為につき法人でない団体を代表するほか、法人を被告人又は被疑者とする場合の刑事訴訟に関する法律の規定を準用する。
第49条　次の各号のいずれかに該当する場合には、当該違反行為をした受託者（受託者であった者を含む。）、信託財産管理者（信	**第66条**　次の各号のいずれかに該当する場合においては、公益法人の理事、監事又は清算人は、50万円以下の過料に処する。

公益信託に関する法律	公益社団法人及び公益財団法人の認定等に関する法律
託法第3章第5節第4款の信託財産管理者をいう。）、民事保全法（平成元年法律第91号）第56条に規定する仮処分命令により選任された受託者の職務を代行する者、信託財産法人管理人（信託法第74条第2項に規定する信託財産法人管理人をいう。）、清算受託者又は破産管財人は、50万円以下の過料に処する。ただし、その行為について刑を科すべきときは、この限りでない。	
一　第14条第1項、第15条第1項、第25条第1項又は第26条第1項若しくは第2項の規定による届出をせず、又は虚偽の届出をしたとき。	一　第13条第1項、第24条第1項又は第26条第1項若しくは第2項の規定による届出をせず、又は虚偽の届出をしたとき。
二　第21条第1項の規定に違反して、財産目録等を提出せず、又はこれに虚偽の記載をして提出したとき。	二　第22条第1項の規定に違反して、財産目録等を提出せず、又はこれに虚偽の記載をして提出したとき。
三　第28条第1項（第42条第2項の規定により読み替えて適用する場合を含む。以下この号において同じ。）の規定による報告をせず、若しくは虚偽の報告をし、又は第28条第1項の規定による検査を拒み、妨げ、若しくは忌避し、若しくは同項の規定による質問に対して答弁をせず、若しくは虚偽の答弁をしたとき。	三　第27条第1項（第59条第2項の規定により読み替えて適用する場合を含む。以下この号において同じ。）の報告をせず、若しくは虚偽の報告をし、又は第27条第1項の規定による検査を拒み、妨げ、若しくは忌避し、若しくは同項の規定による質問に対して答弁をせず、若しくは虚偽の答弁をしたとき。
附　　則　　（略）	附　　則　　（略）
別表（第2条関係）	別表（第2条関係）
一　学術及び科学技術の振興を目的とする事務	一　学術及び科学技術の振興を目的とする事業
二　文化及び芸術の振興を目的とする事務	二　文化及び芸術の振興を目的とする事業
三　障害者若しくは生活困窮者又は事故、災害若しくは犯罪による被害者の支援を目的とする事務	三　障害者若しくは生活困窮者又は事故、災害若しくは犯罪による被害者の支援を目的とする事業
四　高齢者の福祉の増進を目的とする事務	四　高齢者の福祉の増進を目的とする事業
五　勤労意欲のある者に対する就労の支援を目的とする事務	五　勤労意欲のある者に対する就労の支援を目的とする事業
六　公衆衛生の向上を目的とする事務	六　公衆衛生の向上を目的とする事業
七　児童又は青少年の健全な育成を目的とする事務	七　児童又は青少年の健全な育成を目的とする事業
八　勤労者の福祉の向上を目的とする事務	八　勤労者の福祉の向上を目的とする事業
九　教育、スポーツ等を通じて国民の心身の健全な発達に寄与し、又は豊かな人間性を涵養することを目的とする事務	九　教育、スポーツ等を通じて国民の心身の健全な発達に寄与し、又は豊かな人間性を涵養することを目的とする事業

公益信託に関する法律	公益社団法人及び公益財団法人の認定等に関する法律
十　犯罪の防止又は治安の維持を目的とする事務	十　犯罪の防止又は治安の維持を目的とする事業
十一　事故又は災害の防止を目的とする事務	十一　事故又は災害の防止を目的とする事業
十二　人種、性別その他の事由による不当な差別又は偏見の防止及び根絶を目的とする事務	十二　人種、性別その他の事由による不当な差別又は偏見の防止及び根絶を目的とする事業
十三　思想及び良心の自由、信教の自由又は表現の自由の尊重又は擁護を目的とする事務	十三　思想及び良心の自由、信教の自由又は表現の自由の尊重又は擁護を目的とする事業
十四　男女共同参画社会の形成その他のより良い社会の形成の推進を目的とする事務	十四　男女共同参画社会の形成その他のより良い社会の形成の推進を目的とする事業
十五　国際相互理解の促進及び開発途上にある海外の地域に対する経済協力を目的とする事務	十五　国際相互理解の促進及び開発途上にある海外の地域に対する経済協力を目的とする事業
十六　地球環境の保全又は自然環境の保護及び整備を目的とする事務	十六　地球環境の保全又は自然環境の保護及び整備を目的とする事業
十七　国土の利用、整備又は保全を目的とする事務	十七　国土の利用、整備又は保全を目的とする事業
十八　国政の健全な運営の確保に資することを目的とする事務	十八　国政の健全な運営の確保に資することを目的とする事業
十九　地域社会の健全な発展を目的とする事務	十九　地域社会の健全な発展を目的とする事業
二十　公正かつ自由な経済活動の機会の確保及び促進並びにその活性化による国民生活の安定向上を目的とする事務	二十　公正かつ自由な経済活動の機会の確保及び促進並びにその活性化による国民生活の安定向上を目的とする事業
二十一　国民生活に不可欠な物資、エネルギー等の安定供給の確保を目的とする事務	二十一　国民生活に不可欠な物資、エネルギー等の安定供給の確保を目的とする事業
二十二　一般消費者の利益の擁護又は増進を目的とする事務	二十二　一般消費者の利益の擁護又は増進を目的とする事業
二十三　前各号に掲げるもののほか、公益に関する事務として政令で定めるもの	二十三　前各号に掲げるもののほか、公益に関する事業として政令で定めるもの

5　公益信託　税法関連条文

目　次

- ○　所得税法（昭和40年法律第33号）　抄……………………………………361
- ○　所得税法施行令（昭和40年政令第96号）　抄……………………………364
- ○　所得税法施行規則（昭和40年大蔵省令第11号）　抄……………………367
- ○　所得税法基本通達　抄………………………………………………………368
- ○　法人税法（昭和40年法律第34号）　抄……………………………………368
- ○　法人税法施行令（昭和40年政令第97号）　抄……………………………371
- ○　法人税法施行規則（昭和40年大蔵省令第12号）　抄……………………373
- ○　相続税法（昭和25年法律第73号）　抄……………………………………373
- ○　消費税法（昭和63年法律第108号）　抄…………………………………374
- ○　消費税法施行令（昭和63年政令第360号）　抄…………………………377
- ○　消費税法施行規則（昭和63年大蔵省令第53号）　抄……………………385
- ○　消費税法基本通達　抄………………………………………………………385
- ○　印紙税法（昭和42年法律第23号）　抄……………………………………385
- ○　登録免許税法（昭和42年法律第35号）　抄………………………………387
- ○　租税特別措置法（昭和32年法律第26号）　抄……………………………388
- ○　租税特別措置法施行令（昭和32年政令第43号）　抄……………………395
- ○　租税特別措置法施行規則（昭和32年大蔵省令第15号）　抄……………402
- ○　租税特別措置法関係通達　抄………………………………………………407
- ○　地方税法（昭和25年法律第226号）　抄…………………………………409
- ○　地方税法施行令（昭和25年政令第245号）　抄…………………………414

○ 所得税法（昭和40年法律第33号） 抄
（非課税所得）
第9条 次に掲げる所得については、所得税を課さない。
一〜十四 （略）
十五 学資に充てるため給付される金品（給与その他対価の性質を有するもの（給与所得を有する者がその使用者から受けるものにあつては、通常の給与に加算して受けるものであつて、次に掲げる場合に該当するもの以外のものを除く。）を除く。）及び扶養義務者相互間において扶養義務を履行するため給付される金品
　イ　法人である使用者から当該法人の役員（法人税法第2条第15号（定義）に規定する役員をいう。ロにおいて同じ。）の学資に充てるため給付する場合
　ロ　法人である使用者から当該法人の使用人（当該法人の役員を含む。）の配偶者その他の当該使用人と政令で定める特別の関係がある者の学資に充てるため給付する場合
　ハ　個人である使用者から当該個人の営む事業に従事する当該個人の配偶者その他の親族（当該個人と生計を一にする者を除く。）の学資に充てるため給付する場合
　ニ　個人である使用者から当該個人の使用人（当該個人の営む事業に従事する当該個人の配偶者その他の親族を含む。）の配偶者その他の当該使用人と政令で定める特別の関係がある者（当該個人と生計を一にする当該個人の配偶者その他の親族に該当する者を除く。）の学資に充てるため給付する場合
十六 （略）
十七 相続、遺贈又は個人からの贈与により取得するもの（相続税法（昭和25年法律第73号）の規定により相続、遺贈又は個人からの贈与により取得したものとみなされるものを含み、同法第21条の3第1項第1号（贈与税の非課税財産）に規定する公益信託から給付を受けた財産に該当するものを除く。）
十八・十九 （略）
2 （略）
（公共法人等及び公益信託等に係る非課税）
第11条 （略）
2 公益信託に関する法律（令和6年法律第30号）第2条第1項第1号（定義）に規定する公益信託（第59条第1項第1号（贈与等の場合の譲渡所得等の特例）、第60条第1項第1号（贈与等により取得した資産の取得費等）、第60条の2第6項（国外転出をする場合の譲渡所得等の特例）、第60条の3第6項（贈与等により非居住者に資産が移転した場合の譲渡所得等の特例）、第67条の3第8項（信託に係る所得の金額の計算）及び第78条第2項第4号（寄附金控除）において「公益信託」という。）又は社債、株式等の振替に関する法律第2条第11項（定義）に規定する加入者保護信託の信託財産につき生ずる所得（貸付信託の受益権の収益の分配に係るものにあつては、当該受益権が当該公益信託又は当該加入者保護信託の信託財産に引き続き属していた期間に対応する部分の額として政令で定めるところにより計算した金額に相当する部分に限る。）については、所得税を課さない。
3 前二項の規定のうち公社債又は貸付信託、投資信託若しくは特定目的信託の受益権で政令で定めるもの（以下この項において「公社債等」という。）の利子、収益の分配又は第24条第1項（配当所得）に規定する剰余金の配当（以下この項において「利子等」という。）に係る部分は、これらの規定に規定する内国法人又は公益信託若しくは加入者保護信託の受託者が、公社債等につき社債、株式等の振替に関する法律に規定する振替口座簿への記載又は記録その他の政令で定める方法により管理されており、かつ、政令で定めるところにより、当該公社債等の利子等につきこれらの規定の適用を受けようとする旨その他財務省令で定める事項を記載した申告書を、当該公社債等の利子等の支払をする者（次項において「支払者」という。）を経由して税務署長に提出した場合に限り、適用する。
4 前項に規定する内国法人又は公益信託若しくは加入者保護信託の受託者は、同項の規定による申告書の提出に代えて、同項の支払者に対し、当該申告書に記載すべき事項を前条第8項に規定する電磁的方法により提供することができる。この場合において、当該内国法人又は公益信託若しくは加入者保護信託の受託者は、当該申告書を当該支払者に提出したものとみなす。

（譲渡所得）
第33条 譲渡所得とは、資産の譲渡（建物又は構

築物の所有を目的とする地上権又は賃借権の設定その他契約により他人に土地を長期間使用させる行為で政令で定めるものを含む。以下この条において同じ。）による所得をいう。

2 次に掲げる所得は、譲渡所得に含まれないものとする。

一 たな卸資産（これに準ずる資産として政令で定めるものを含む。）の譲渡その他営利を目的として継続的に行なわれる資産の譲渡による所得

二 前号に該当するもののほか、山林の伐採又は譲渡による所得

3 譲渡所得の金額は、次の各号に掲げる所得につき、それぞれその年中の当該所得に係る総収入金額から当該所得の基因となつた資産の取得費及びその資産の譲渡に要した費用の額の合計額を控除し、その残額の合計額（当該各号のうちいずれかの号に掲げる所得に係る総収入金額が当該所得の基因となつた資産の取得費及びその資産の譲渡に要した費用の額の合計額に満たない場合には、その不足額に相当する金額を他の号に掲げる所得に係る残額から控除した金額。以下この条において「譲渡益」という。）から譲渡所得の特別控除額を控除した金額とする。

一 資産の譲渡（前項の規定に該当するものを除く。次号において同じ。）でその資産の取得の日以後5年以内にされたものによる所得（政令で定めるものを除く。）

二 資産の譲渡による所得で前号に掲げる所得以外のもの

4 前項に規定する譲渡所得の特別控除額は、50万円（譲渡益が50万円に満たない場合には、当該譲渡益）とする。

5 第3項の規定により譲渡益から同項に規定する譲渡所得の特別控除額を控除する場合には、まず、当該譲渡益のうち同項第1号に掲げる所得に係る部分の金額から控除するものとする。

（一時所得）

第34条 一時所得とは、利子所得、配当所得、不動産所得、事業所得、給与所得、退職所得、山林所得及び譲渡所得以外の所得のうち、営利を目的とする継続的行為から生じた所得以外の一時の所得で労務その他の役務又は資産の譲渡の対価としての性質を有しないものをいう。

2 一時所得の金額は、その年中の一時所得に係る総収入金額からその収入を得るために支出し

た金額（その収入を生じた行為をするため、又はその収入を生じた原因の発生に伴い直接要した金額に限る。）の合計額を控除し、その残額から一時所得の特別控除額を控除した金額とする。

3 前項に規定する一時所得の特別控除額は、50万円（同項に規定する残額が50万円に満たない場合には、当該残額）とする。

（贈与等の場合の譲渡所得等の特例）

第59条 次に掲げる事由により居住者の有する山林（事業所得の基因となるものを除く。）又は譲渡所得の基因となる資産の移転があつた場合には、その者の山林所得の金額、譲渡所得の金額又は雑所得の金額の計算については、その事由が生じた時に、その時における価額に相当する金額により、これらの資産の譲渡があつたものとみなす。

一 贈与（法人に対するもの及び公益信託の受託者である個人に対するもの（その信託財産とするためのものに限る。）に限る。）又は相続（限定承認に係るものに限る。）若しくは遺贈（法人に対するもの並びに公益信託の受託者である個人に対するもの（その信託財産とするためのものに限る。）及び個人に対する包括遺贈のうち限定承認に係るものに限る。）

二 （略）

2 （略）

（贈与等により取得した資産の取得費等）

第60条 居住者が次に掲げる事由により取得した前条第1項に規定する資産を譲渡した場合における事業所得の金額、山林所得の金額、譲渡所得の金額又は雑所得の金額の計算については、その者が引き続きこれを所有していたものとみなす。

一 贈与（公益信託の受託者に対するもの（その信託財産とするためのものに限る。次条第6項第2号及び第60条の3第6項第2号（贈与等により非居住者に資産が移転した場合の譲渡所得等の特例）において同じ。）を除く。）、相続（限定承認に係るものを除く。）又は遺贈（公益信託の受託者に対するもの（その信託財産とするためのものに限る。次条第6項第3号及び第60条の3第6項第3号において同じ。）及び包括遺贈のうち限定承認に係るものを除く。）

二 （略）

2 〜 4　（略）

第67条の3　（略）

2 〜 7　（略）

8　公益信託の委託者（居住者に限る。以下この項において同じ。）がその有する資産を信託した場合には、当該資産を信託した時において、当該公益信託の委託者から当該公益信託の受託者に対して贈与（当該公益信託が信託法（平成18年法律第108号）第3条第2号（信託の方法）に掲げる方法によつてされた場合には、遺贈）により当該資産の移転が行われたものとして、当該公益信託の委託者の各年分の各種所得の金額を計算するものとする。

9　（略）

（寄附金控除）

第78条　居住者が、各年において、特定寄附金を支出した場合において、第1号に掲げる金額が第2号に掲げる金額を超えるときは、その超える金額を、その者のその年分の総所得金額、退職所得金額又は山林所得金額から控除する。

一　その年中に支出した特定寄附金の額の合計額（当該合計額がその者のその年分の総所得金額、退職所得金額及び山林所得金額の合計額の100分の40に相当する金額を超える場合には、当該100分の40に相当する金額）

二　2千円

2　前項に規定する特定寄附金とは、次に掲げる寄附金（学校の入学に関してするものを除く。）をいう。

一　国又は地方公共団体（港湾法（昭和25年法律第218号）の規定による港務局を含む。）に対する寄附金（その寄附をした者がその寄附によつて設けられた設備を専属的に利用することその他特別の利益がその寄附をした者に及ぶと認められるものを除く。）

二　公益社団法人、公益財団法人その他公益を目的とする事業を行う法人又は団体に対する寄附金（当該法人の設立のためにされる寄附金その他の当該法人の設立前においてされる寄附金で政令で定めるものを含む。）のうち、次に掲げる要件を満たすと認められるものとして政令で定めるところにより財務大臣が指定したもの

イ　広く一般に募集されること。

ロ　教育又は科学の振興、文化の向上、社会福祉への貢献その他公益の増進に寄与するための支出で緊急を要するものに充てられ

ることが確実であること。

三　別表第一に掲げる法人その他特別の法律により設立された法人のうち、教育又は科学の振興、文化の向上、社会福祉への貢献その他公益の増進に著しく寄与するものとして政令で定めるものに対する当該法人の主たる目的である業務に関連する寄附金（出資に関する業務に充てられることが明らかなもの及び前二号に規定する寄附金に該当するものを除く。）

四　公益信託の信託財産とするために支出した当該公益信託に係る信託事務に関連する寄附金（出資に関する信託事務に充てられることが明らかなもの及び前三号に規定する寄附金に該当するものを除く。）

3　第1項の規定による控除は、寄附金控除という。

（確定所得申告）

第120条　（略）

2　（略）

3　次の各号に掲げる居住者が第1項の規定による申告書を提出する場合には、政令で定めるところにより、当該各号に定める書類を当該申告書に添付し、又は当該申告書の提出の際提示しなければならない。

一　第1項の規定による申告書に雑損控除、社会保険料控除（第74条第2項第5号（社会保険料控除）に掲げる社会保険料に係るものに限る。）、小規模企業共済等掛金控除、生命保険料控除、地震保険料控除又は寄附金控除に関する事項の記載をする居住者　これらの控除を受ける金額の計算の基礎となる金額その他の事項を証する書類

二〜四　（略）

4 〜 7　（略）

附　則（令和6年法律第8号）

（施行期日）

第1条　この法律は、令和6年4月1日から施行する。ただし、次の各号に掲げる規定は、当該各号に定める日から施行する。

一〜七　（略）

八　（略）

九　次に掲げる規定　公益信託に関する法律（令和6年法律第30号）の施行の日

イ　第1条中所得税法第9条第1項第17号の改正規定、同法第11条第2項の改正規定、同法第59条第1項第1号の改正規定、同法

5　公益信託　税法関連条文　363

第60条の改正規定、同法第60条の２第６項
第２号の改正規定、同項第３号の改正規
定、同法第60条の３第６項の改正規定、同
法第67条の３の改正規定及び同法第78条の
改正規定並びに次条及び附則第３条の規定

ロ～ヘ　（略）

十一～十六　（略）

（公共法人等及び公益信託等に係る非課税に関
する経過措置）

第２条　第１条の規定による改正後の所得税法
（以下「新所得税法」という。）第11条第２項
（同項に規定する公益信託に係る部分に限る。）
の規定は、前条第９号に定める日以後に効力が
生ずる同項に規定する公益信託（公益信託に関
する法律附則第４条第１項に規定する移行認可
（以下「移行認可」という。）を受けた信託を含
む。）について適用し、同日前に効力が生じた
公益信託に関する法律による改正前の公益信託
ニ関スル法律（大正11年法律第62号）第１条に
規定する公益信託（移行認可を受けたものを除
く。）については、なお従前の例による。

（寄附金控除に関する経過措置）

第３条　個人が第１条の規定による改正前の所得
税法（以下「旧所得税法」という。）第78条第
３項に規定する特定公益信託（移行認可を受け
たものを除く。）の信託財産とするために支出
する金銭については、同項の規定は、なおその
効力を有する。この場合において、同項中「特
定公益信託（公益信託ニ関スル法律第１条（公
益信託）に規定する公益信託で信託の終了の時
における信託財産がその信託財産に係る信託の
委託者に帰属しないこと及びその信託事務の実
施につき政令で定める要件を満たすものである
ことについて政令で定めるところにより証明が
されたものをいう。）」とあるのは、「所得税法
等の一部を改正する法律（令和６年法律第８
号）附則第３条第１項（寄附金控除に関する経
過措置）に規定する特定公益信託」とする。

２　前項の規定の適用がある場合における第13条
の規定による改正後の租税特別措置法（以下
「新租税特別措置法」という。）第４条の５及び
第41条の18から第41条の18の３までの規定の適
用については、新租税特別措置法第４条の５第
２項中「特定寄附金（」とあるのは「特定寄附
金（所得税法等の一部を改正する法律（令和６
年法律第８号）附則第３条第１項の規定により
なおその効力を有するものとされる同法第１条

の規定による改正前の所得税法（第９項におい
て「旧所得税法」という。）第78条第３項の規
定又は」と、同条第９項中「規定並びに」とあ
るのは「規定、旧所得税法第78条第３項の規定
並びに」と、「同法」とあるのは「所得税法」
と、「除く。」と、」とあるのは「除く。」と、旧所
得税法第78条第３項中「支出した金銭」とある
のは「支出した金銭（租税特別措置法第４条の
５第１項の規定の適用を受けた同項に規定する
利子等の金額に相当する部分を除く。）」と、」
と、新租税特別措置法第41条の18第２項中「及
び前項」とあるのは「及び所得税法等の一部を
改正する法律（令和６年法律第８号）附則第３
条第１項の規定によりなおその効力を有するも
のとされる同法第１条の規定による改正前の所
得税法第78条第３項の規定又は前項」と、新租
税特別措置法第41条の18の２第２項中「及び前
条第１項」とあるのは「及び所得税法等の一部
を改正する法律（令和６年法律第８号）附則第
３条第１項の規定によりなおその効力を有する
ものとされる同法第１条の規定による改正前の
所得税法第78条第３項の規定又は前条第１項」
と、新租税特別措置法第41条の18の３第１項中
「第41条の18第１項又は」とあるのは「所得税
法等の一部を改正する法律（令和６年法律第８
号）附則第３条第１項の規定によりなおその効
力を有するものとされる同法第１条の規定によ
る改正前の所得税法第78条第３項の規定又は第
41条の18第１項若しくは」とする。

○　所得税法施行令（昭和40年政令第96号）　抄
　（貸付信託の受益権の収益の分配のうち公共法
　人等が引き続き所有していた期間の金額）

第51条　法第11条第１項及び第２項（公共法人等
及び公益信託等に係る非課税）に規定する政令
で定めるところにより計算した金額は、次の各
号に掲げる場合の区分に応じ当該各号に定める
金額とする。

一　法第11条第１項に規定する内国法人（以下
この条から第51条の４まで（公社債等の利子
等に係る非課税申告書の提出）において「公
共法人等」という。）又は法第11条第２項に
規定する公益信託若しくは加入者保護信託
（以下この条から第51条の４までにおいて
「公益信託等」という。）の受託者が、その所
有し、又はその公益信託等の信託財産に属す
る貸付信託の受益権の収益の分配の計算期間

を通じて第51条の3第1項（公社債等に係る有価証券の記録等）の規定により金融機関の振替口座簿（第32条第1号、第4号及び第5号（金融機関等の範囲）に掲げる者が社債、株式等の振替に関する法律の規定により備え付ける振替口座簿をいう。以下この条及び第51条の3において同じ。）に記載若しくは記録を受け、又は保管の委託をしている場合　当該計算期間に対応する収益の分配の額

二　公共法人等又は公益信託等の受託者が、その所有し、又はその公益信託等の信託財産に属する貸付信託の受益権につきその収益の分配の計算期間の中途において第51条の3第1項の規定により金融機関の振替口座簿に記載若しくは記録を受け、又は保管の委託をし、かつ、その記載若しくは記録を受け、又は保管の委託をした日から当該計算期間の終了の日までの期間を通じて金融機関の振替口座簿に記載若しくは記録を受け、又は保管の委託をしている場合　当該計算期間に対応する収益の分配の額に当該記載若しくは記録を受け、又は保管の委託をしている期間の日数を乗じこれを当該計算期間の日数で除して計算した金額

（公社債等の範囲）

第51条の2　法第11条第3項（公共法人等及び公益信託等に係る非課税）に規定する政令で定める受益権は、次に掲げる受益権とする。

一　貸付信託の受益権

二　公社債投資信託の受益権

三　公社債等運用投資信託の受益権

四　法第6条の3第4号（受託法人等に関するこの法律の適用）に規定する社債的受益権

（公社債等に係る有価証券の記録等）

第51条の3　法第11条第3項（公共法人等及び公益信託等に係る非課税）に規定する政令で定める方法は、公共法人等又は公益信託等の受託者が所有し、又はその公益信託等の信託財産に属する同項に規定する公社債等（以下この項、次項及び次条において「公社債等」という。）の利子等（法第11条第3項に規定する利子等をいう。次条において同じ。）につき法第11条第1項及び第2項の規定の適用を受けようとする次の各号に掲げる公社債等の区分に応じ当該各号に定める方法とする。

一　公社債及び前条各号に掲げる受益権（次号から第4号までに掲げるものを除く。）　金融

機関の営業所等（第32条第1号、第4号及び第5号（金融機関等の範囲）に掲げる者の営業所、事務所その他これらに準ずるものをいう。以下この項並びに次項第1号及び第4号において同じ。）に係る金融機関の振替口座簿に記載又は記録を受ける方法

二　社債（法第2条第1項第9号（定義）に規定する社債であつて、金融商品取引法第29条の2第1項第8号（登録の申請）に規定する権利に該当するものをいう。以下この号及び次項第2号において同じ。）　金融商品取引業者等（同法第2条第9項（定義）に規定する金融商品取引業者（同法第28条第1項（通則）に規定する第一種金融商品取引業を行う者に限る。）又は同法第2条第11項に規定する登録金融機関をいう。同号において同じ。）に特定管理方法（当該社債の譲渡についての制限を付すことその他の金融庁長官が定める要件を満たす方法をいう。）による保管の委託をする方法

三　公社債及び前条第2号又は第3号に掲げる受益権で投資信託委託会社（投資信託及び投資法人に関する法律第2条第11項（定義）に規定する投資信託委託会社をいう。次項第3号において同じ。）から取得するもの（前号に掲げるものを除く。）　振替の取次ぎをした当該投資信託委託会社の営業所を通じて金融機関の振替口座簿に記載又は記録を受ける方法

四　長期信用銀行法第8条（長期信用銀行債の発行）の規定による長期信用銀行債その他財務省令で定める公社債等、記名式の貸付信託及び公募公社債等運用投資信託（投資信託及び投資法人に関する法律第2条第2項に規定する委託者非指図型投資信託に限る。）の受益証券（第2号に掲げるものを除く。）　金融機関の営業所等に係る金融機関の振替口座簿に記載若しくは記録を受ける方法又は金融機関の営業所等に保管される方法

2　次の各号に掲げる営業所等（営業所、事務所その他これらに準ずるものをいう。第2号において同じ。）（次条において「金融機関等の営業所等」という。）は、当該各号に定める公社債等につき、帳簿を備え、その記載若しくは記録を受け、又は保管の委託をした者の各人別に口座を設け、財務省令で定める事項を記載し、又は記録しなければならない。

5　公益信託　税法関連条文　365

一　前項第1号の金融機関の営業所等　同号の
　　金融機関の振替口座簿に記載又は記録をした
　　公社債
二　前項第2号の金融商品取引業者等の営業所
　　等　同号の保管の委託を受けた社債
三　前項第3号の投資信託委託会社の営業所
　　同号の金融機関の振替口座簿に記載又は記録
　　をした公社債等
四　前項第4号の金融機関の営業所等　同号の
　　金融機関の振替口座簿に記載若しくは記録を
　　し、又は同号の保管の委託を受けた公社債等
3　金融庁長官は、第1項第2号の規定により要
　件を定めたときは、これを告示する。
4　第1項及び第2項に定めるもののほか、同項
　の帳簿の保存に関し必要な事項は、財務省令で
　定める。

**（公社債等の利子等に係る非課税申告書の提
出）**

第51条の4　公共法人等又は公益信託等の受託者
　は、その支払を受けるべき公社債等の利子等に
　つき法第11条第1項及び第2項（公共法人等及
　び公益信託等に係る非課税）の規定の適用を受
　けようとする場合には、当該公社債等の利子等
　の支払を受けるべき日の前日までに、同条第3
　項に規定する申告書を金融機関等の営業所等及
　び支払者（同項に規定する支払者をいう。以下
　この項及び第6項において同じ。）を経由して
　その支払者の当該利子等に係る法第17条（源泉
　徴収に係る所得税の納税地）の規定による納税
　地（法第18条第2項（納税地の指定）の規定に
　よる指定があつた場合には、その指定をされた
　納税地）の所轄税務署長に提出しなければなら
　ない。
2　前項の金融機関等の営業所等の長は、同項の
　申告書に記載されている公社債等に係る有価証
　券の記載若しくは記録、保管又は振替の取次ぎ
　に関する事項と前条第2項の帳簿に記載されて
　いる当該公社債等に係る有価証券の記載若しく
　は記録、保管又は振替の取次ぎに関する事項と
　が異なるときは、当該申告書を受理してはなら
　ない。
3　第1項の場合において、同項の申告書が同項
　の金融機関等の営業所等に受理されたときは、
　当該申告書は、その受理された日に同項の税務
　署長に提出されたものとみなす。
4　第1項の公共法人等又は公益信託等の受託者
　は、同項の規定による申告書の提出に代えて、

同項の金融機関等の営業所等に対し、当該申告
書に記載すべき事項を電磁的方法（法第11条第
4項に規定する電磁的方法をいう。第6項にお
いて同じ。）により提供することができる。こ
の場合において、当該公共法人等又は公益信託
等の受託者は、当該申告書を当該金融機関等の
営業所等に提出したものとみなす。
5　法第11条第4項又は前項の規定の適用がある
　場合における第3項の規定の適用については、
　同項中「申告書が」とあるのは「申告書に記載
　すべき事項を」と、「に受理された」とあるの
　は「が提供を受けた」と、「受理された日」と
　あるのは「提供を受けた日」とする。
6　第1項の申告書を受理した金融機関等の営業
　所等の長は、同項の規定による申告書の提出に
　代えて、同項の支払者に対し、当該申告書に記
　載すべき事項を電磁的方法により提供すること
　ができる。この場合において、当該金融機関等
　の営業所等の長は、当該申告書を当該支払者に
　提出したものとみなす。

**（譲渡所得の基因とされない棚卸資産に準ずる
資産）**

第81条　法第33条第2項第1号（譲渡所得）に規
　定する政令で定めるものは、次に掲げる資産と
　する。
一　不動産所得、山林所得又は雑所得を生ずべ
　　き業務に係る第3条各号（棚卸資産の範囲）
　　に掲げる資産に準ずる資産
二　減価償却資産で第138条第1項（少額の減
　　価償却資産の取得価額の必要経費算入）の規
　　定に該当するもの（同項に規定する取得価額
　　が10万円未満であるもののうち、その者の業
　　務の性質上基本的に重要なものを除く。）
三　減価償却資産で第139条第1項（一括償却
　　資産の必要経費算入）の規定の適用を受けた
　　もの（その者の業務の性質上基本的に重要な
　　ものを除く。）

（確定申告書に関する書類等の提出又は提示）

第262条　法第120条第3項第1号（確定所得申
　告）（法第122条第3項（還付等を受けるための
　申告）、第123条第3項（確定損失申告）、第125
　条第4項（年の中途で死亡した場合の確定申
　告）及び第127条第4項（年の中途で出国をす
　る場合の確定申告）において準用する場合を含
　む。）に掲げる居住者は、次に掲げる書類又は
　電磁的記録印刷書面（電子証明書等に記録され
　た情報の内容を、国税庁長官の定める方法によ

366　第5章　参考資料

つて出力することにより作成した書面をいう。以下この項において同じ。）を確定申告書に添付し、又は当該申告書の提出の際提示しなければならない。ただし、第2号から第5号までに掲げる書類又は電磁的記録印刷書面で法第190条第2号（年末調整）の規定により同号に規定する給与所得控除後の給与等の金額から控除された法第74条第2項第5号（社会保険料控除）に掲げる社会保険料、法第75条第2項（小規模企業共済等掛金控除）に規定する小規模企業共済等掛金（第3号において「小規模企業共済等掛金」という。）、法第76条第1項（生命保険料控除）に規定する新生命保険料（第4号イにおいて「新生命保険料」という。）若しくは旧生命保険料（第4号ロにおいて「旧生命保険料」という。）、同条第2項に規定する介護医療保険料（第4号ハにおいて「介護医療保険料」という。）、同条第3項に規定する新個人年金保険料（第4号ニにおいて「新個人年金保険料」という。）若しくは旧個人年金保険料（第4号ホにおいて「旧個人年金保険料」という。）又は法第77条第1項（地震保険料控除）に規定する地震保険料（第5号において「地震保険料」という。）に係るものについては、この限りでない。

一～五　（略）

六　確定申告書に寄附金控除に関する事項を記載する場合にあつては、当該申告書に記載したその控除を受ける金額の計算の基礎となる法第78条第2項（寄附金控除）に規定する特定寄附金の明細書その他財務省令で定める書類又は当該書類に記載すべき事項を記録した電子証明書等に係る電磁的記録印刷書面

2～6　（略）

附　則（令和6年政令第141号）

（施行期日）

第1条　この政令は、令和6年4月1日から施行する。ただし、次の各号に掲げる規定は、当該各号に定める日から施行する。

一　（略）

二　第217条の2を削る改正規定並びに附則第4条、第6条、第7条、第9条及び第10条の規定　公益信託に関する法律（令和6年法律第30号）の施行の日

（公社債等に係る有価証券の記録等に関する経過措置）

第2条　改正後の所得税法施行令（以下「新令」という。）第51条の3（第1項第2号に係る部分に限る。）の規定は、所得税法第11条第1項又は第2項に規定する内国法人又は公益信託若しくは加入者保護信託がこの政令の施行の日以後に支払を受けるべき同号に規定する社債の利子について適用する。

（特定公益信託の要件等に関する経過措置）

第4条　所得税法等の一部を改正する法律（令和6年法律第8号。以下「改正法」という。）附則第3条第1項の規定によりなおその効力を有するものとされる改正法第1条の規定による改正前の所得税法第78条第3項の規定に基づくこの政令による改正前の所得税法施行令（以下「旧令」という。）第217条の2第3項から第5項までの規定は、なおその効力を有する。この場合において、同条第3項中「主務大臣」とあるのは「主務大臣（当該特定公益信託が第2号に掲げるものをその目的とする公益信託である場合を除き、当該特定公益信託に係る主務官庁の権限に属する事務を行うこととされた都道府県の知事その他の執行機関を含む。次項において同じ。）」と、同条第4項中「証明がされた公益信託の第1項各号」とあるのは「公益信託の所得税法施行令の一部を改正する政令（令和6年政令第141号）による改正前の所得税法施行令第217条の2第1項各号（特定公益信託の要件等）」とする。

○　所得税法施行規則（昭和40年大蔵省令第11号）抄

（公共法人等及び公益信託等に係る非課税申告書の記載事項）

第16条の2　法第11条第3項（公共法人等及び公益信託等に係る非課税）に規定する申告書に記載すべき財務省令で定める事項は、次に掲げる事項とする。

一　当該申告書を提出する者の氏名又は名称、住所若しくは居所又は本店若しくは主たる事務所の所在地及び個人番号又は法人番号

二　法第11条第1項又は第2項の規定の適用を受けようとする公社債又は令第51条の2各号（公社債等の範囲）に掲げる受益権の別及び名称

三　法第11条第1項又は第2項の規定の適用を受けようとする同条第3項に規定する公社債等（以下この項において「公社債等」という。）の利子等の支払期及び当該公社債等の利子等の額

5　公益信託　税法関連条文　367

四 前号に規定する公社債等に係る有価証券に
つき令第51条の3第1項（公社債等に係る有
価証券の記録等）の規定により金融機関の振
替口座簿に増額の記載若しくは記録を受け、
又は保管の委託をした年月日及び当該記載若
しくは記録をし、若しくは保管の委託を受け
た同項第1号に規定する金融機関の営業所等
又は同項第2号に規定する金融商品取引業者
等の同条第2項に規定する営業所等の名称
（同条第1項第3号に規定する投資信託委託
会社の営業所を通じて公社債等に係る有価証
券につき金融機関の振替口座簿に増額の記載
又は記録を受ける場合には、その旨及び当該
公社債等に係る有価証券につき金融機関の振
替口座簿に増額の記載又は記録をする者の名
称）

五 当該申告書の提出の際に経由すべき支払者
（法第11条第3項に規定する支払者をいう。
次項において同じ。）の名称

六 その他参考となるべき事項

2 前項に規定する申告書を受理した支払者（法
人番号を有しない者を除く。以下この項におい
て同じ。）は、当該申告書（法第11条第4項に
規定する電磁的方法により提供された当該申告
書に記載すべき事項を記録した法第10条第2項
（障害者等の少額預金の利子所得等の非課税）
に規定する電磁的記録を含む。）に、当該支払
者の法人番号を付記するものとする。

附 則（令和6年財務省令第14号）
（施行期日）

第1条 この省令は、令和6年4月1日から施行
する。ただし、次の各号に掲げる規定は、当該
各号に定める日から施行する。

一～三 （略）

四 第16条第2項第1号の改正規定、第16条の
2第1項第1号の改正規定、第96条第1項第
7号ハの改正規定及び別表第七（1）の表の
備考2（9）への(ⅲ)の改正規定並びに附則第7
条並びに第9条第2項及び第4項の規定 公
益信託に関する法律（令和6年法律第30号）
の施行の日

五 （略）

（公共法人等及び公益信託等に係る非課税申告
書の記載事項に関する経過措置）

第3条 新規則第16条の2（第1項第4号に係る
部分に限る。）の規定は、この省令の施行の日
（以下「施行日」という。）以後に提出する所得

税法第11条第3項の申告書について適用し、施
行日前に提出した所得税法等の一部を改正する
法律（令和6年法律第8号。以下「改正法」と
いう。）第1条の規定による改正前の所得税法
第11条第3項の申告書については、なお従前の
例による。

（信託の計算書に関する経過措置）

第7条 改正法附則第3条第1項の規定の適用が
ある場合における新規則第96条の規定の適用に
ついては、同条第1項第7号ハ中「規定する公
益信託」とあるのは「規定する公益信託若しく
は所得税法等の一部を改正する法律（令和6年
法律第8号）附則第3条第1項（寄附金控除に
関する経過措置）に規定する特定公益信託」
と、「当該公益信託」とあるのは「当該公益信
託又は特定公益信託」とする。

（書式に関する経過措置）

第9条 （略）

2・3 （略）

4 改正法附則第3条第1項の規定の適用がある
場合において、所得税法第227条に規定する信
託が租税特別措置法（昭和32年法律第26号）第
4条の5第1項に規定する特定寄附信託である
ときにおける所得税法第227条に規定する計算
書についての新規則別表第七（1）に定める書
式の適用については、同表の備考2（9）への(ⅲ)
中「規定する公益信託」とあるのは「規定する
公益信託若しくは所得税法等の一部を改正する
法律（令和6年法律第8号）附則第3条第1項
に規定する特定公益信託」と、「当該公益信託」
とあるのは「当該公益信託又は特定公益信託」
とする。

○ 所得税法基本通達 抄
（譲渡所得の基因となる資産の範囲）

33－1 譲渡所得の基因となる資産とは、法第33
条第2項各号に規定する資産及び金銭債権以外
の一切の資産をいい、当該資産には、借家権又
は行政官庁の許可、認可、割当て等により発生
した事実上の権利も含まれる。

○ 法人税法（昭和40年法律第34号） 抄
（定義）

第2条 この法律において、次の各号に掲げる用
語の意義は、当該各号に定めるところによる。

一～二十八 （略）

二十九 集団投資信託 次に掲げる信託をい

う。

イ　合同運用信託

ロ　投資信託及び投資法人に関する法律第2条第3項に規定する投資信託（次に掲げるものに限る。）及び外国投資信託

（1）　投資信託及び投資法人に関する法律第2条第4項に規定する証券投資信託

（2）　その受託者（投資信託及び投資法人に関する法律第2条第1項に規定する委託者指図型投資信託にあつては、委託者）による受益権の募集が、同条第8項に規定する公募により行われ、かつ、主として国内において行われるものとして政令で定めるもの

ハ　特定受益証券発行信託（信託法（平成18年法律第108号）第185条第3項（受益証券の発行に関する信託行為の定め）に規定する受益証券発行信託のうち、次に掲げる要件の全てに該当するもの（イに掲げる信託及び次号ハに掲げる信託を除く。）をいう。）

（1）　信託事務の実施につき政令で定める要件に該当するものであることについて政令で定めるところにより税務署長の承認を受けた法人（（1）において「承認受託者」という。）が引き受けたものであること（その計算期間開始の日の前日までに、当該承認受託者（当該受益証券発行信託の受託者に就任したことによりその信託事務の引継ぎを受けた承認受託者を含む。）がその承認を取り消された場合及び当該受益証券発行信託の受託者に承認受託者以外の者が就任した場合を除く。）。

（2）　各計算期間終了の時における未分配利益の額として政令で定めるところにより計算した金額のその時における元本の総額に対する割合（（3）において「利益留保割合」という。）が政令で定める割合を超えない旨の信託行為における定めがあること。

（3）　各計算期間開始の時において、その時までに到来した利益留保割合の算定の時期として政令で定めるもののいずれにおいてもその算定された利益留保割合が（2）に規定する政令で定める割合を超えていないこと。

（4）　その計算期間が1年を超えないこと。

（5）　受益者（受益者としての権利を現に有するものに限る。）が存しない信託に該当したことがないこと。

二十九の二　法人課税信託　次に掲げる信託（集団投資信託並びに第12条第4項第1号（信託財産に属する資産及び負債並びに信託財産に帰せられる収益及び費用の帰属）に規定する退職年金等信託及び同項第2号に規定する公益信託等を除く。）をいう。

イ～ホ　（略）

三十～四十四　（略）

（内国公益法人等の非収益事業所得等の非課税）

第6条　内国法人である公益法人等又は人格のない社団等の各事業年度の所得のうち収益事業から生じた所得以外の所得については、前条の規定にかかわらず、各事業年度の所得に対する法人税を課さない。

（信託財産に属する資産及び負債並びに信託財産に帰せられる収益及び費用の帰属）

第12条　信託の受益者（受益者としての権利を現に有するものに限る。）は当該信託の信託財産に属する資産及び負債を有するものとみなし、かつ、当該信託財産に帰せられる収益及び費用は当該受益者の収益及び費用とみなして、この法律の規定を適用する。ただし、集団投資信託、退職年金等信託、公益信託等又は法人課税信託の信託財産に属する資産及び負債並びに当該信託財産に帰せられる収益及び費用については、この限りでない。

2　信託の変更をする権限（軽微な変更をする権限として政令で定めるものを除く。）を現に有し、かつ、当該信託の信託財産の給付を受けることとされている者（受益者を除く。）は、前項に規定する受益者とみなして、同項の規定を適用する。

3　法人が受託者となる集団投資信託、退職年金等信託又は公益信託等の信託財産に属する資産及び負債並びに当該信託財産に帰せられる収益及び費用は、当該法人の各事業年度の所得の金額の計算上、当該法人の資産及び負債並びに収益及び費用でないものとみなして、この法律の規定を適用する。

4　この条において、次の各号に掲げる用語の意義は、当該各号に定めるところによる。

5　公益信託　税法関連条文　369

一　（略）

二　公益信託等　公益信託に関する法律（令和
　６年法律第30号）第２条第１項第１号（定
　義）に規定する公益信託及び社債、株式等の
　振替に関する法律（平成13年法律第75号）第
　２条第11項（定義）に規定する加入者保護信
　託をいう。

5　（略）

第22条　（略）

2　内国法人の各事業年度の所得の金額の計算上
　当該事業年度の益金の額に算入すべき金額は、
　別段の定めがあるものを除き、資産の販売、有
　償又は無償による資産の譲渡又は役務の提供、
　無償による資産の譲受けその他の取引で資本等
　取引以外のものに係る当該事業年度の収益の額
　とする。

3～5　（略）

（寄附金の損金不算入）

第37条　内国法人が各事業年度において支出した
　寄附金の額（次項の規定の適用を受ける寄附金
　の額を除く。）の合計のうち、その内国法人
　の当該事業年度終了の時の資本金の額及び資本
　準備金の額の合計額若しくは出資金の額又は当
　該事業年度の所得の金額を基礎として政令で定
　めるところにより計算した金額を超える部分の
　金額は、当該内国法人の各事業年度の所得の金
　額の計算上、損金の額に算入しない。

2～3　（略）

4　第１項の場合において、同項に規定する寄附
　金の額のうちに、公共法人、公益法人等（別表
　第二に掲げる一般社団法人、一般財団法人及び
　労働者協同組合を除く。以下第６項までにおい
　て同じ。）その他特別の法律により設立された
　法人のうち、教育又は科学の振興、文化の向
　上、社会福祉への貢献その他公益の増進に著し
　く寄与するものとして政令で定めるものに対す
　る当該法人の主たる目的である業務に関連する
　寄附金（出資に関する業務に充てられることが
　明らかなもの及び前項各号に規定する寄附金に
　該当するものを除く。）の額があるときは、当
　該寄附金の額の合計額（当該合計額が当該事業
　年度終了の時の資本金の額及び資本準備金の額
　の合計額若しくは出資金の額又は当該事業年度
　の所得の金額を基礎として政令で定めるところ
　により計算した金額を超える場合には、当該計
　算した金額に相当する金額）は、第１項に規定
　する寄附金の額の合計額に算入しない。ただ

し、公益法人等が支出した寄附金の額について
は、この限りでない。

5　第１項の場合において、同項に規定する寄附
　金の額のうちに公益信託に関する法律第２条第
　１項第１号（定義）に規定する公益信託の信託
　財産とするために支出した当該公益信託に係る
　信託事務に関連する寄附金（出資に関する信託
　事務に充てられることが明らかなもの及び第３
　項各号又は前項に規定する寄附金に該当するも
　のを除く。）の額があるときは、当該寄附金の
　額の合計額（当該合計額が前項に規定する政令
　で定めるところにより計算した金額から同項の
　規定により第１項に規定する寄附金の額の合計
　額に算入されない金額を控除した金額を超える
　場合には、当該控除した金額に相当する金額）
　は、第１項に規定する寄附金の額の合計額に算
　入しない。ただし、公益法人等が支出した寄附
　金の額については、この限りでない。

6　（略）

7　前各項に規定する寄附金の額は、寄附金、拠
　出金、見舞金その他いずれの名義をもってする
　かを問わず、内国法人が金銭その他の資産又は
　経済的な利益の贈与又は無償の供与（広告宣伝
　及び見本品の費用その他これらに類する費用並
　びに交際費、接待費及び福利厚生費とされるべ
　きものを除く。次項において同じ。）をした場
　合における当該金銭の額若しくは金銭以外の資
　産のその贈与の時における価額又は当該経済的
　な利益のその供与の時における価額によるもの
　とする。

8　内国法人が資産の譲渡又は経済的な利益の供
　与をした場合において、その譲渡又は供与の対
　価の額が当該資産のその譲渡の時における価額
　又は当該経済的な利益のその供与の時における
　価額に比して低いときは、当該対価の額と当該
　価額との差額のうち実質的に贈与又は無償の供
　与をしたと認められる金額は、前項の寄附金の
　額に含まれるものとする。

9　第３項の規定は、確定申告書、修正申告書又
　は更正請求書に第１項に規定する寄附金の額の
　合計額に算入されない第３項各号に掲げる寄附
　金の額及び当該寄附金の明細を記載した書類の
　添付がある場合に限り、第４項及び第５項の規
　定は、確定申告書、修正申告書又は更正請求書
　に第１項に規定する寄附金の額の合計額に算入
　されない第４項又は第５項に規定する寄附金の
　額及び当該寄附金の明細を記載した書類の添付

があり、かつ、当該書類に記載された寄附金が
これらの規定に規定する寄附金に該当すること
を証する書類として財務省令で定める書類を保
存している場合に限り、適用する。この場合に
おいて、第3項から第5項までの規定により第
1項に規定する寄附金の額の合計額に算入され
ない金額は、当該金額として記載された金額を
限度とする。

10　税務署長は、第4項又は第5項の規定により
第1項に規定する寄附金の額の合計額に算入さ
れないこととなる金額の全部又は一部につき前
項に規定する財務省令で定める書類の保存がな
い場合においても、その書類の保存がなかつた
ことについてやむを得ない事情があると認める
ときは、その書類の保存がなかつた金額につき
第4項又は第5項の規定を適用することができ
る。

11・12　（略）

附　則（平成19年法律第6号）

（合同運用信託の定義等に関する経過措置）

第34条　第2条の規定（附則第1条第7号ロに掲
げる改正規定に限る。）による改正後の法人税
法の規定は、信託法施行日以後に効力が生ずる
信託（遺言によってされた信託にあっては信託
法施行日以後に遺言がされたものに限り、新法
信託を含む。）について適用し、信託法施行日
前に効力が生じた信託（遺言によってされた信
託にあっては信託法施行日前に遺言がされたも
のを含み、新法信託及び公益信託に関する法律
（令和6年法律第30号）附則第4条第1項に規
定する移行認可を受けたものを除く。）につい
ては、なお従前の例による。

2　（略）

附　則（令和6年法律第8号）

（施行期日）

第1条　この法律は、令和6年4月1日から施行
する。ただし、次の各号に掲げる規定は、当該
各号に定める日から施行する。

一～八　（略）

九　次に掲げる規定　公益信託に関する法律
（令和6年法律第30号）の施行の日

イ　（略）

ロ　第2条中法人税法第2条の改正規定（同
条第12号の14に係る部分を除く。）、同法第
12条の改正規定、同法第37条の改正規定及
び同法附則第19条の3を削る改正規定並び
に附則第7条、第8条及び第67条の規定

ハ～ホ　（略）

十一～十六　（略）

（信託財産に属する資産及び負債並びに信託財
産に帰せられる収益及び費用の帰属等に関する
経過措置）

第7条　新法人税法第2条第29号の2、第12条及
び第37条の規定（同条第5項に規定する公益信
託に係る部分に限る。）は、附則第1条第9号
に定める日以後に効力が生ずる同項に規定する
公益信託（移行認可を受けた信託を含む。）に
ついて適用し、同日前に効力が生じた公益信託
に関する法律による改正前の公益信託ニ関スル
法律第1条に規定する公益信託（移行認可を受
けたものを除く。）については、次条に定める
ものを除き、なお従前の例による。

（寄附金の損金不算入に関する経過措置）

第8条　法人（人格のない社団等を含む。次条に
おいて同じ。）が、第2条の規定による改正前
の法人税法第37条第6項に規定する特定公益信
託（移行認可を受けたものを除く。）の信託財
産とするために支出する金銭の額については、
同項の規定は、なおその効力を有する。この場
合において、同項中「特定公益信託（公益信託
ニ関スル法律（大正11年法律第62号）第1条
（公益信託）に規定する公益信託で信託の終了
の時における信託財産がその信託財産に係る信
託の委託者に帰属しないこと及びその信託事務
の実施につき政令で定める要件を満たすもので
あることについて政令で定めるところにより証
明がされたものをいう。）」とあり、及び「第6
項に規定する特定公益信託」とあるのは、「所
得税法等の一部を改正する法律（令和6年法律
第8号）附則第8条（寄附金の損金不算入に関
する経過措置）に規定する特定公益信託」とす
る。

○　法人税法施行令（昭和40年政令第97号）　抄

（信託財産に属する資産及び負債並びに信託財
産に帰せられる収益及び費用の帰属）

第15条　法第12条第2項（信託財産に属する資産
及び負債並びに信託財産に帰せられる収益及び
費用の帰属）に規定する政令で定める権限は、
信託の目的に反しないことが明らかである場合
に限り信託の変更をすることができる権限とす
る。

2　法第12条第2項に規定する信託の変更をする
権限には、他の者との合意により信託の変更を

5　公益信託　税法関連条文　371

することができる権限を含むものとする。

3 停止条件が付された信託財産の給付を受ける権利を有する者は、法第12条第2項に規定する信託財産の給付を受けることとされている者に該当するものとする。

4・5 （略）

（一般寄附金の損金算入限度額）

第73条 法第37条第1項（寄附金の損金不算入）に規定する政令で定めるところにより計算した金額は、次の各号に掲げる内国法人の区分に応じ当該各号に定める金額とする。

一 普通法人、法別表第二に掲げる労働者協同組合、協同組合等及び人格のない社団等（次号に掲げるものを除く。） 次に掲げる金額の合計額の4分の1に相当する金額

イ 当該事業年度終了の時における資本金の額及び資本準備金の額の合計額又は出資金の額を12で除し、これに当該事業年度の月数を乗じて計算した金額の1000分の2.5に相当する金額

ロ 当該事業年度の所得の金額の100分の2.5に相当する金額

二 普通法人、協同組合等及び人格のない社団等のうち資本又は出資を有しないもの、法別表第二に掲げる一般社団法人及び一般財団法人並びに財務省令で定める法人 当該事業年度の所得の金額の100分の1.25に相当する金額

三 公益法人等（前二号に掲げるものを除く。以下この号において同じ。） 次に掲げる法人の区分に応じそれぞれ次に定める金額

イ 公益社団法人又は公益財団法人 当該事業年度の所得の金額の100分の50に相当する金額

ロ 私立学校法第3条（定義）に規定する学校法人（同法第152条第5項（私立専修学校）の規定により設立された法人で学校教育法第124条（専修学校）に規定する専修学校を設置しているものを含む。）、社会福祉法第22条（定義）に規定する社会福祉法人、更生保護事業法（平成7年法律第86号）第2条第6項（定義）に規定する更生保護法人又は医療法第42条の2第1項（社会医療法人）に規定する社会医療法人 当該事業年度の所得の金額の100分の50に相当する金額（当該金額が年200万円に満たない場合には、年200万円）

ハ イ又はロに掲げる法人以外の公益法人等 当該事業年度の所得の金額の100分の20に相当する金額

2 前項各号に規定する所得の金額は、次に掲げる規定を適用しないで計算した場合における所得の金額とする。

一～二十七 （略）

3 第1項各号に規定する所得の金額は、内国法人が当該事業年度において支出した法第37条第7項に規定する寄附金の額の全額は損金の額に算入しないものとして計算するものとする。

4 事業年度が1年に満たない法人に対する第1項第3号ロの規定の適用については、同号ロ中「年200万円」とあるのは、「200万円を12で除し、これに当該事業年度の月数を乗じて計算した金額」とする。

5 第1項及び前項の月数は、暦に従つて計算し、1月に満たない端数を生じたときは、これを切り捨てる。

6 内国法人が第1項各号に掲げる法人のいずれに該当するかの判定は、各事業年度終了の時の現況による。

（特定公益増進法人に対する寄附金の特別損金算入限度額）

第77条の2 法第37条第4項（寄附金の損金不算入）に規定する政令で定めるところにより計算した金額は、次の各号に掲げる内国法人の区分に応じ当該各号に定める金額とする。

一 普通法人、法別表第二に掲げる労働者協同組合、協同組合等及び人格のない社団等（次号に掲げるものを除く。） 次に掲げる金額の合計額の2分の1に相当する金額

イ 当該事業年度終了の時における資本金の額及び資本準備金の額の合計額又は出資金の額を12で除し、これに当該事業年度の月数を乗じて計算した金額の1000分の3.75に相当する金額

ロ 当該事業年度の所得の金額の100分の6.25に相当する金額

二 普通法人、協同組合等及び人格のない社団等のうち資本又は出資を有しないもの、法別表第二に掲げる一般社団法人及び一般財団法人並びに財務省令で定める法人 当該事業年度の所得の金額の100分の6.25に相当する金額

2 前項各号に規定する所得の金額は、第73条第2項各号（一般寄附金の損金算入限度額）に掲

げる規定を適用しないで計算した場合における所得の金額とする。

3　第1項各号に規定する所得の金額は、内国法人が当該事業年度において支出した法第37条第7項に規定する寄附金の額の全額は損金の額に算入しないものとして計算するものとする。

4　第1項の月数は、暦に従つて計算し、1月に満たない端数を生じたときは、これを切り捨てる。

5　内国法人が第1項各号に掲げる法人のいずれに該当するかの判定は、各事業年度終了の時の現況による。

附　則（令和6年政令第142号）

（施行期日）

第1条　この政令は、令和6年4月1日から施行する。ただし、次の各号に掲げる規定は、当該各号に定める日から施行する。

一・二　（略）

三　第1条中法人税法施行令第73条の2第1項及び第77条の3の改正規定、同令第77条の4を削る改正規定並びに同令第202条第1項第2号の改正規定並びに附則第4条、第10条及び第11条の規定　公益信託に関する法律（令和6年法律第30号）の施行の日

（特定公益信託の要件等に関する経過措置）

第4条　所得税法等の一部を改正する法律（令和6年法律第8号。以下「改正法」という。）附則第8条の規定によりなおその効力を有するものとされる改正法第2条の規定による改正前の法人税法第37条第6項の規定に基づく第1条の規定による改正前の法人税法施行令（以下「旧令」という。）第77条の4第3項から第6項までの規定は、なおその効力を有する。この場合において、同条第3項中「主務大臣」とあるのは「主務大臣（当該特定公益信託が第2号に掲げるものをその目的とする公益信託である場合を除き、当該特定公益信託に係る主務官庁の権限に属する事務を行うこととされた都道府県の知事その他の執行機関を含む。次項において同じ。）」と、同条第4項中「証明がされた公益信託の第1項各号」とあるのは「公益信託の法人税法施行令等の一部を改正する政令（令和6年政令第142号）第1条の規定による改正前の法人税法施行令（次項において「旧令」という。）第77条の4第1項各号（特定公益信託の要件等）」と、同条第5項中「第2項」とあるのは「旧令第77条の4第2項」とする。

○　法人税法施行規則（昭和40年大蔵省令第12号）　抄

（一般寄附金の損金算入限度額の計算上公益法人等から除かれる法人）

第22条の4　令第73条第1項第2号（一般寄附金の損金算入限度額）に規定する財務省令で定める法人は、次に掲げる法人とする。

一　地方自治法第260条の2第7項（地縁による団体）に規定する認可地縁団体

二　建物の区分所有等に関する法律（昭和37年法律第69号）第47条第2項（成立等）に規定する管理組合法人及び同法第66条（建物の区分所有に関する規定の準用）の規定により読み替えられた同項に規定する団地管理組合法人

三　政党交付金の交付を受ける政党等に対する法人格の付与に関する法律（平成6年法律第106号）第7条の2第1項（変更の登記）に規定する法人である政党等

四　密集市街地における防災街区の整備の促進に関する法律（平成9年法律第49号）第133条第1項（法人格）に規定する防災街区整備事業組合

五　特定非営利活動促進法（平成10年法律第7号）第2条第2項（定義）に規定する特定非営利活動法人（同条第3項に規定する認定特定非営利活動法人を除く。）

六　マンションの建替え等の円滑化に関する法律（平成14年法律第78号）第5条第1項（マンション建替事業の施行）に規定するマンション建替組合、同法第116条（マンション敷地売却事業の実施）に規定するマンション敷地売却組合及び同法第164条（敷地分割事業の実施）に規定する敷地分割組合

（特定公益増進法人に対する寄附金の特別損金算入限度額の計算上公益法人等から除かれる法人）

第23条の3　令第77条の2第1項第2号（特定公益増進法人に対する寄附金の特別損金算入限度額）に規定する財務省令で定める法人は、第22条の4各号（一般寄附金の損金算入限度額の計算上公益法人等から除かれる法人）に掲げる法人とする。

○　相続税法（昭和25年法律第73号）　抄

（相続税の非課税財産）

第12条　次に掲げる財産の価額は、相続税の課税

5　公益信託　税法関連条文　373

価格に算入しない。

一～三　（略）

四　公益信託に関する法律（令和6年法律第30号）第2条第1項第1号（定義）に規定する公益信託（第21条の3第1項第1号及び第4号において「公益信託」という。）の受託者が遺贈により取得した財産（その信託財産として取得したものに限る。）

五～七　（略）

2　（略）

（贈与税の非課税財産）

第21条の3　次に掲げる財産の価額は、贈与税の課税価格に算入しない。

一　法人からの贈与により取得した財産及び公益信託から給付を受けた財産

二・三　（略）

四　公益信託の受託者が贈与により取得した財産（その信託財産として取得したものに限る。）

五・六　（略）

2　（略）

附　則　（平成19年法律第6号）

（相続税法の一部改正に伴う経過措置）

第49条　第3条の規定による改正後の相続税法（以下この条において「新相続税法」という。）第1章第3節の規定（新相続税法第9条の3第1項に規定する受益者連続型信託に係る部分を除く。）は、信託法施行日以後に効力が生ずる信託（遺言によってされた信託にあっては信託法施行日以後に遺言がされたものに限り、新法信託を含む。）について適用し、信託法施行日前に効力が生じた信託（遺言によってされた信託にあっては信託法施行日前に遺言がされたものを含み、新法信託及び公益信託に関する法律附則第4条第1項に規定する移行認可を受けたものを除く。）については、なお従前の例による。

2～9　（略）

附　則　（令和6年法律第8号）

（施行期日）

第1条　この法律は、令和6年4月1日から施行する。ただし、次の各号に掲げる規定は、当該各号に定める日から施行する。

一～八　（略）

九　次に掲げる規定　公益信託に関する法律（令和6年法律第30号）の施行の日

イ・ロ　（略）

ハ　第3条の規定（同条中相続税法第59条第5項の改正規定を除く。）及び附則第12条第1項の規定

ニ～ヘ　（略）

十一～十六　（略）

（相続税法の一部改正に伴う経過措置）

第12条　公益信託に関する法律による改正前の公益信託ニ関スル法律第1条に規定する公益信託（移行認可を受けたものを除く。）については、第3条の規定による改正前の相続税法第21条の3第1項第4号及び附則第24項の規定は、なおその効力を有する。この場合において、同号中「所得税法第78条第3項（寄附金控除）」とあるのは「所得税等の一部を改正する法律（令和6年法律第8号）附則第3条第1項（寄附金控除に関する経過措置）」と、同項中「公益信託ニ関スル法律」とあるのは「公益信託に関する法律（令和6年法律第30号）附則第2条第2項（公益信託に関する法律の適用等に関する経過措置）の規定によりなお従前の例によることとされる場合における同法による改正前の公益信託ニ関スル法律」とする。

2　（略）

○　消費税法（昭和63年法律第108号）　抄

（小規模事業者に係る納税義務の免除）

第9条　事業者のうち、その課税期間に係る基準期間における課税売上高が千万円以下である者（適格請求書発行事業者を除く。）については、第5条第1項の規定にかかわらず、その課税期間中に国内において行つた課税資産の譲渡等及び特定課税仕入れにつき、消費税を納める義務を免除する。ただし、この法律に別段の定めがある場合は、この限りでない。

2～9　（略）

（信託財産に係る資産の譲渡等の帰属）

第14条　信託の受益者（受益者としての権利を現に有するものに限る。）は当該信託の信託財産に属する資産を有するものとみなし、かつ、当該信託財産に係る資産等取引（資産の譲渡等、課税仕入れ及び課税貨物の保税地域からの引取りをいう。以下この項及び次条第1項において同じ。）は当該受益者の資産等取引とみなして、この法律の規定を適用する。ただし、法人税法第2条第29号（定義）に規定する集団投資信託、同条第29号の2に規定する法人課税信託又は同法第12条第4項第1号（信託財産に属する

374　第5章　参考資料

資産及び負債並びに信託財産に帰せられる収益及び費用の帰属）に規定する退職年金等信託若しくは同項第2号に規定する公益信託若しくは加入者保護信託の信託財産に属する資産及び当該信託財産に係る資産等取引については、この限りでない。

2・3 （略）

（法人課税信託等の受託者に関するこの法律の適用）

第15条　前条第1項ただし書に規定する法人課税信託又は同項ただし書に規定する公益信託（以下この条において「法人課税信託等」という。）の受託者は、各法人課税信託等の信託資産等（信託財産に属する資産及び当該信託財産に係る資産等取引をいう。以下この条において同じ。）及び固有資産等（法人課税信託等の信託資産等以外の資産及び資産等取引をいう。以下この条において同じ。）ごとに、それぞれ別の者とみなして、この法律（第5条、前条、第20条から第27条まで、第47条、第50条及び第51条並びに第6章を除く。以下この条において同じ。）の規定を適用する。

2　前項の場合において、各法人課税信託等の信託資産等及び固有資産等は、同項の規定によりみなされた各別の者にそれぞれ帰属するものとする。

3　個人事業者が受託事業者（法人課税信託等の受託者について、前二項の規定により、当該法人課税信託等に係る信託資産等が帰属する者としてこの法律の規定を適用する場合における当該受託者をいう。以下この条において同じ。）である場合には、当該受託事業者は、法人とみなして、この法律の規定を適用する。

4　固有事業者（法人課税信託等の受託者について、第1項及び第2項の規定により、当該法人課税信託等に係る固有資産等が帰属する者としてこの法律の規定を適用する場合における当該受託者をいう。以下この条において同じ。）のその課税期間に係る基準期間における課税売上高については、第9条第2項の規定にかかわらず、次に掲げる金額の合計額とする。

一　当該固有事業者の当該課税期間の基準期間における課税売上高として第9条第2項の規定により計算した金額

二　当該固有事業者に係る各法人課税信託等の受託事業者の当該固有事業者の基準期間に対応する期間における課税売上高として政令で定めるところにより計算した金額の合計額

5　受託事業者のその課税期間に係る基準期間における課税売上高については、第9条第2項の規定にかかわらず、当該課税期間の初日の属する当該受託事業者に係る法人課税信託等の固有事業者の課税期間の基準期間における課税売上高とする。

6　受託事業者のその課税期間の初日において、当該受託事業者に係る法人課税信託等の固有事業者が、当該初日の属する当該固有事業者の課税期間（その基準期間における課税売上高が千万円以下である課税期間に限る。）の初日において適格請求書発行事業者である場合又は当該課税期間における課税資産の譲渡等及び特定課税仕入れにつき第9条第4項の規定による届出書の提出により、若しくは第10条から第12条の4までの規定により消費税を納める義務が免除されない事業者である場合には、当該受託事業者の当該初日の属する課税期間における課税資産の譲渡等及び特定課税仕入れについては、第9条第1項本文の規定は、適用しない。

7　固有事業者又は受託事業者に係る第9条の2第1項に規定する特定期間における課税売上高（同条第3項の規定の適用がある場合には、同項に規定する合計額）、第11条第4項に規定する当該事業年度の基準期間における課税売上高及び第30条第2項に規定する課税期間における課税売上高については、第9条の2第2項若しくは第3項、第11条第4項又は第30条第6項の規定にかかわらず、それぞれこれらの金額に相当するものとして第4項又は第5項の規定に準じて政令で定めるところにより計算した金額とする。

8　受託事業者のその課税期間の初日において、当該受託事業者に係る法人課税信託等の固有事業者が、当該初日の属する当該固有事業者の課税期間につき第37条第1項の規定の適用を受ける事業者である場合に限り、当該受託事業者の当該初日の属する課税期間については、同項の規定を適用する。この場合において、同項中「事業者（」とあるのは「受託事業者（第15条第3項に規定する受託事業者をいい、第9条第1項本文の規定により消費税を納める義務が免除される事業者を除く。）のその課税期間の初日において、当該受託事業者に係る法人課税信託等（第15条第1項に規定する法人課税信託等をいう。）の固有事業者（同条第4項に規定す

る固有事業者をいい、」と、「その納税地を所轄する税務署長にその」とあるのは「その」と、「この項の規定の適用を受ける旨を記載した届出書を提出した場合には、当該届出書を提出した日の属する課税期間の翌課税期間（当該届出書を提出した日の属する課税期間が事業を開始した日の属する課税期間その他の政令で定める課税期間である場合には、当該課税期間）以後の課税期間（その基準期間における課税売上高が５千万円を超える課税期間及び分割等に係る課税期間を除く。）」とあるのは「この項の規定の適用を受ける事業者である場合には、当該初日の属する当該受託事業者の課税期間」と、同項各号中「当該事業者」とあるのは「当該受託事業者」とする。

9　前項の固有事業者が、同項に規定する初日の属する当該固有事業者の課税期間（以下この項において「固有課税期間」という。）につき第37条の２第１項又は第６項の規定の適用を受けた場合における前項の規定の適用については、次の各号に掲げる場合の区分に応じ当該各号に定めるところによる。

一　当該固有課税期間が第37条の２第１項に規定する選択被災課税期間である場合において当該選択被災課税期間につき同項の承認を受けたとき　前項に規定する初日において当該固有事業者が第37条第１項の規定の適用を受ける事業者であつたものとみなす。

二　当該固有課税期間が第37条の２第６項に規定する不適用被災課税期間である場合において当該不適用被災課税期間につき同項の承認を受けたとき　前項に規定する初日において当該固有事業者が第37条第１項の規定の適用を受ける事業者でなかつたものとみなす。

10　受託事業者についての第42条の規定の適用については、信託の併合は合併とみなし、信託の併合に係る従前の信託である法人課税信託等に係る受託事業者は被合併法人に含まれるものと、信託の併合に係る新たな信託である法人課税信託等に係る受託事業者は合併法人に含まれるものとする。

11　受託事業者については、第９条第４項から第９項まで、第10条から第12条の４まで、第37条第３項から第８項まで、第37条の２及び第57条から第57条の３までの規定は、適用しない。

12　一の法人課税信託等の受託者が二以上ある場合には、各受託者の当該法人課税信託等に係る

信託資産等は、当該法人課税信託等の信託事務を主宰する受託者（以下この条において「主宰受託者」という。）の信託資産等とみなして、この法律の規定を適用する。

13　前項の規定により主宰受託者の信託資産等とみなされた当該信託資産等に係る消費税については、主宰受託者以外の受託者は、その消費税について、連帯納付の責めに任ずる。

14　前項に規定する消費税を主宰受託者以外の受託者から徴収する場合における国税通則法第43条第１項（国税の徴収の所轄庁）の規定の適用については、同項中「国税の徴収」とあるのは「消費税法第15条第１項（法人課税信託等の受託者に関するこの法律の適用）に規定する法人課税信託等の同条第12項に規定する主宰受託者（以下この項において「主宰受託者」という。）以外の受託者（以下この項において「連帯受託者」という。）の同条第13項に規定する連帯納付の責任に係る消費税の徴収」と、「その国税の納税地」とあるのは「当該消費税の納税地又は当該連帯受託者が当該法人課税信託等の主宰受託者であつたとした場合における当該消費税の納税地」とする。

15　前各項に定めるもののほか、法人課税信託等の併合又は分割が行われた場合の仕入れに係る消費税額の計算その他受託事業者又は固有事業者についてのこの法律の規定の適用に関し必要な事項は、政令で定める。

（国、地方公共団体等に対する特例）

第60条　（略）

2・3　（略）

4　国若しくは地方公共団体（特別会計を設けて事業を行う場合に限る。）、別表第三に掲げる法人、第14条第１項ただし書に規定する公益信託に係る第15条第３項に規定する受託事業者（第８項において「公益信託受託事業者」という。）又は人格のない社団等（第９条第１項本文の規定により消費税を納める義務が免除される者を除く。）が課税仕入れを行い、又は課税貨物を保税地域から引き取る場合において、当該課税仕入れの日又は課税貨物の保税地域からの引取りの日（当該課税貨物につき特例申告書を提出した場合には、当該特例申告書を提出した日又は特例申告に関する決定の通知を受けた日）の属する課税期間において資産の譲渡等の対価以外の収入（政令で定める収入を除く。以下この項において「特定収入」という。）があり、か

376　第5章　参考資料

つ、当該特定収入の合計額が当該課税期間における資産の譲渡等の対価の額（第28条第1項に規定する対価の額をいう。）の合計額に当該特定収入の合計額を加算した金額に比し僅少でない場合として政令で定める場合に該当するときは、第37条の規定の適用を受ける場合を除き、当該課税期間の第45条第1項第2号に掲げる消費税額（次項及び第6項において「課税標準額に対する消費税額」という。）から控除することができる課税仕入れ等の税額（第30条第2項に規定する課税仕入れ等の税額をいう。以下この項及び次項において同じ。）の合計額は、第30条から第36条までの規定にかかわらず、これらの規定により計算した場合における当該課税仕入れ等の税額の合計額から特定収入に係る課税仕入れ等の税額として政令で定めるところにより計算した金額を控除した残額に相当する金額とする。この場合において、当該金額は、当該課税期間における第32条第1項第1号に規定する仕入れに係る消費税額とみなす。

5　前項の場合において、同項に規定する課税仕入れ等の税額から同項に規定する政令で定めるところにより計算した金額を控除して控除しきれない金額があるときは、当該控除しきれない金額を課税資産の譲渡等に係る消費税額とみなして同項の課税期間の課税標準額に対する消費税額に加算する。

6・7　（略）

8　前各項に定めるもののほか、国若しくは地方公共団体（特別会計を設けて行う事業に限る。）又は別表第三に掲げる法人のうち政令で定めるものの第42条第1項、第4項若しくは第6項又は第45条第1項の規定による申告書の提出期限の特例、その他国若しくは地方公共団体、別表第三に掲げる法人、公益信託受託事業者又は人格のない社団等に対するこの法律の適用に関し必要な事項は、政令で定める。

附　則（平成19年法律第6号）

（消費税法の一部改正に伴う経過措置）

第52条　第6条の規定（附則第1条第7号へに掲げる改正規定に限る。）による改正後の消費税法の規定は、信託法施行日以後に効力が生ずる信託（遺言によってされた信託にあっては信託法施行日以後に遺言がされたものに限り、新法信託を含む。）について適用し、信託法施行日前に効力が生じた信託（遺言によってされた信託にあっては信託法施行日前に遺言がされたも

のを含み、新法信託及び公益信託に関する法律附則第4条第1項に規定する移行認可を受けたものを除く。）については、なお従前の例による。

附　則（令和6年法律第8号）

（施行期日）

第1条　この法律は、令和6年4月1日から施行する。ただし、次の各号に掲げる規定は、当該各号に定める日から施行する。

一～八　（略）

九　次に掲げる規定　公益信託に関する法律（令和6年法律第30号）の施行の日

　イ～ハ　（略）

　ニ　第5条中消費税法第14条第1項ただし書の改正規定、同法第15条（見出しを含む。）の改正規定、同法第60条の改正規定、同法附則第19条の2を削り、同法附則第19条の3を同法附則第19条の2とする改正規定及び同法別表第三の改正規定（同表第1号に係る部分を除く。）並びに附則第13条第5項の規定

　ホ・ヘ　（略）

十～十六　（略）

（消費税法の一部改正に伴う経過措置）

第13条　（略）

2～4　（略）

5　新消費税法第14条第1項、第15条及び第60条第4項の規定は、附則第1条第9号に定める日以後に効力が生ずる新消費税法第14条第1項ただし書に規定する公益信託（移行認可を受けた信託を含む。）について適用し、同日前に効力が生じた公益信託に関する法律による改正前の公益信託ニ関スル法律第1条に規定する公益信託（移行認可を受けたものを除く。）については、なお従前の例による。

○　消費税法施行令（昭和63年政令第360号）　抄
（法人課税信託等の固有事業者の基準期間における課税売上高等の特例）

第27条　法第15条第4項第2号に規定する政令で定めるところにより計算した金額は、同項の固有事業者のその課税期間の基準期間の初日から同日以後1年を経過する日までの間に終了した同号の受託事業者の各事業年度における課税売上高（第22条第1項に規定する各事業年度における課税売上高をいう。次項において同じ。）の合計額（当該受託事業者の各事業年度の月数

5　公益信託　税法関連条文　377

の合計数が12を超える場合には、当該合計額を
当該合計数で除し、これに12を乗じて計算した
金額）とする。

2　固有事業者（法第15条第４項に規定する固有
事業者をいう。以下第８項までにおいて同じ。）
に係る同条第７項に規定する政令で定めるところ
により計算した金額は、次の各号に掲げる金
額の区分に応じ当該各号に定める金額とする。

一　固有事業者の固有事業年度等（個人事業者
である固有事業者のその年又は法人である固
有事業者のその事業年度をいう。以下この号
において同じ。）に係る法第９条の２第１項
に規定する特定期間における課税売上高　次
に掲げる金額の合計額

イ　当該固有事業者の固有事業年度等に係る
特定期間（法第９条の２第４項に規定する
特定期間をいう。以下この号において同
じ。）における課税売上高として同条第２
項の規定により計算した同項に規定する残
額（同条第３項の規定の適用がある場合に
は、当該特定期間中に支払つた給与等金額
（同項に規定する給与等の金額に相当する
ものとして財務省令で定めるものをいう。
ロにおいて同じ。）の合計額）

ロ　当該固有事業者に係る各法人課税信託等
（法第15条第１項に規定する法人課税信託
等をいう。以下この項、次項及び第６項第
７号において同じ。）の受託事業者（同条
第３項に規定する受託事業者をいう。以下
この項、第６項及び第７項において同じ。）
の次に掲げる場合の区分に応じそれぞれ次
に定める金額（当該金額のうちその計算の
基礎となつた期間の月数が当該固有事業者
の固有事業年度等に係る特定期間の月数を
超えるものである場合には、当該金額をそ
の計算の基礎となつた期間の月数で除し、
これに当該特定期間の月数を乗じて計算し
た金額）の合計額

（１）　当該固有事業者の固有事業年度等に
係る特定期間中に当該受託事業者の準特
定期間（当該受託事業者の事業年度（６
月以下であるものを除く。）開始の日以
後６月の期間をいい、当該６月の期間の
末日を第20条の６第１項に規定する６月
の期間の末日とみなした場合において同
項各号に掲げる場合に該当するときは同
項の規定によりみなされた期間とする。）

（１）において同じ。）の末日が到来する
場合　当該準特定期間における課税売上
高（当該準特定期間を法第９条の２第２
項に規定する特定期間とみなした場合に
おける同項に規定する残額をいい、当該
固有事業者のイの残額の計算につき同条
第３項の規定の適用がある場合には当該
準特定期間中に支払つた給与等金額の合
計額とする。）

（２）　当該固有事業者の固有事業年度等に
係る特定期間中に終了した当該受託事業
者の各事業年度がある場合（（１）に該
当する場合を除く。）　当該各事業年度に
おける課税売上高（当該固有事業者のイ
の残額の計算につき法第９条の２第３項
の規定の適用がある場合には、当該各事
業年度中に支払つた給与等金額の合計
額）の合計額

二　固有事業者の法第11条第４項に規定する当
該事業年度の基準期間における課税売上高
次に掲げる金額の合計額

イ　当該固有事業者の当該基準期間における
課税売上高として法第11条第４項の規定に
より計算した同項に規定する残額

ロ　当該固有事業者の当該基準期間中に終了
した当該固有事業者に係る各法人課税信託
等の受託事業者の各事業年度における課税
売上高の合計額の合計額

三　固有事業者の法第30条第２項に規定する課
税期間における課税売上高　次に掲げる金額
の合計額

イ　当該固有事業者の当該課税期間における
課税売上高として法第30条第６項の規定に
より計算した同項に規定する残額

ロ　当該固有事業者の当該課税期間中に終了
した当該固有事業者に係る各法人課税信託
等の受託事業者の各課税期間における課税
売上高（当該課税期間中の法第30条第６項
に規定する課税資産の譲渡等の対価の額の
合計額から当該課税期間中の同項に規定す
る売上げに係る税抜対価の返還等の金額の
合計額を控除した残額をいう。）の合計額
（当該各課税期間の月数の合計数が12を超
える場合には、当該各課税期間における課
税売上高の合計額を当該合計数で除し、こ
れに12を乗じて計算した金額）の合計額

3　第１項、前項第１号ロ又は同項第３号ロの受

託事業者が、これらの規定に規定する固有事業者に係る基準期間、特定期間又は課税期間の初日の翌日以後に当該受託事業者に係る法人課税信託等につき受託者の変更又は主宰受託者の変更（当該法人課税信託等の受託者が二以上ある場合における当該法人課税信託等の信託事務を主宰する受託者の変更をいう。）により新たに就任した受託者（合併又は分割により新たに就任した受託者を除く。）である場合における第1項並びに前項第1号及び第3号の規定の適用については、次に定めるところによる。

一　第1項の規定の適用については、同項中「の受託事業者」とあるのは「の受託事業者（以下この項において「新受託事業者」という。）」と、「次項」とあるのは「以下この項及び次項」と、「（当該受託事業者」とあるのは「に当該基準期間の初日から同日以後1年を経過する日までの間に終了した当該新受託事業者に係る法第15条第1項に規定する法人課税信託等の旧受託事業者（当該法人課税信託等の受託者の変更又は第3項に規定する主宰受託者の変更前の受託者である同条第3項に規定する受託事業者をいう。）の各事業年度における課税売上高の合計額を加算した金額（当該新受託事業者及び当該旧受託事業者」と、「当該合計額」とあるのは「当該加算した金額」とする。

二　前項第1号の規定の適用については、同号ロ中「の次に掲げる場合」とあるのは「及び当該受託事業者に係る法人課税信託等の旧受託事業者（当該法人課税信託等の受託者の変更又は次項に規定する主宰受託者の変更前の受託者である受託事業者をいう。（1）及び（2）において同じ。）の次に掲げる場合」と、同号ロ（1）中「受託事業者」とあるのは「旧受託事業者」と、同号ロ（2）中「の各事業年度」とあるのは「の各事業年度（当該旧受託事業者の各事業年度を含む。）」とする。

三　前項第3号の規定の適用については、同号ロ中「受託事業者」とあるのは「受託事業者（ロにおいて「新受託事業者」という。）」と、「）の合計額（当該」とあるのは「ロにおいて同じ。）の合計額に当該固有事業者の当該課税期間中に終了した当該新受託事業者に係る法人課税信託等の旧受託事業者（当該法人課税信託等の受託者の変更又は次項に規定す

る主宰受託者の変更前の受託者である受託事業者をいう。）の各課税期間における課税売上高の合計額を加算した金額（当該新受託事業者及び当該旧受託事業者の」と、「当該各課税期間における課税売上高の合計額」とあるのは「当該加算した金額」とする。

4～8　（略）

9　第1項から第3項までの月数は、暦に従つて計算し、1月に満たない端数を生じたときは、これを1月とする。

（法人課税信託等の受託者に関する特例）

第28条　受託事業者（法第15条第3項に規定する受託事業者をいう。以下この条において同じ。）についての法第32条第7項、第33条第1項、第34条第1項、第35条、第35条の2第1項及び第2項、第36条第3項、第38条第4項、第38条の2第4項並びに第39条第6項並びに第35条、第36条の2、第38条第2項及び第41条の規定の適用については、信託の併合は合併とみなし、信託の併合に係る従前の信託である法人課税信託等（法第15条第1項に規定する法人課税信託等をいう。以下この条において同じ。）に係る受託事業者は被合併法人に含まれるものと、信託の併合に係る新たな信託である法人課税信託等に係る受託事業者は合併法人に含まれるものとし、信託の分割は法人の分割とみなし、信託の分割によりその信託財産の一部を受託者を同一とする他の信託又は新たな信託の信託財産として移転する法人課税信託等に係る受託事業者は分割法人に含まれるものと、信託の分割により受託者を同一とする他の信託からその信託財産の一部の移転を受ける法人課税信託等に係る受託事業者は分割承継法人に含まれるものとする。

2　固有事業者（法第15条第4項に規定する固有事業者をいう。以下この条において同じ。）の法第15条第6項に規定する初日の属する課税期間（以下この項において「固有課税期間」という。）が第20条各号に掲げる課税期間のいずれかである場合又は固有事業者が固有課税期間につき第20条の2第1項又は第2項の規定の適用を受けた場合における法第15条第6項の規定の適用については、次に定めるところによる。

一　固有課税期間が第20条各号に掲げる課税期間のいずれかである場合において、固有事業者が当該固有課税期間につき法第9条第4項の規定の適用を受けるため同項の規定による

5　公益信託　税法関連条文　379

届出書を当該固有課税期間中に提出した場合
（当該固有課税期間の末日前に法第15条第6
項に規定する初日の属する同項の受託事業者
の課税期間が終了する場合には、当該課税期
間の末日までに提出した場合に限る。）又は
固有課税期間が固有事業者の法第9条第4項
の規定の適用を受けようとする課税期間であ
る場合において、当該固有事業者が第20条の
2第1項に規定するやむを得ない事情がある
ため当該固有課税期間につき同項の承認を受
けたときは、法第15条第6項に規定する初日
において、これらの固有事業者は法第9条第
4項の規定による届出書の提出により消費税
を納める義務が免除されない事業者であつた
ものとみなす。

二　固有課税期間が固有事業者の法第9条第4
項の規定の適用を受けることをやめようとす
る課税期間である場合において、当該固有事
業者が第20条の2第2項に規定するやむを得
ない事情があるため当該固有課税期間につき
同項の承認を受けたときは、法第15条第6項
に規定する初日において、当該固有事業者は
法第9条第4項の規定による届出書の提出に
より消費税を納める義務が免除されない事業
者でなかつたものとみなす。

3　受託事業者に係る法第15条第7項に規定する
政令で定めるところにより計算した金額は、次
の各号に掲げる金額の区分に応じ当該各号に定
める金額とする。

一　受託事業者のその事業年度に係る特定期間
における課税売上高（法第9条の2第1項に
規定する特定期間における課税売上高をい
う。以下この号において同じ。）　当該受託事
業者のその事業年度開始の日の属する当該受
託事業者に係る法人課税信託等の固有事業者
の前条第2項第1号に規定する固有事業年度
等の特定期間における課税売上高として同号
（同条第3項第2号の規定により読み替えて
適用する場合を含む。）の規定により計算し
た金額

二　受託事業者の課税期間における課税売上高
（法第30条第2項に規定する課税期間におけ
る課税売上高をいう。以下この号において同
じ。）　当該受託事業者の当該課税期間の末日
の属する当該受託事業者に係る法人課税信託
等の固有事業者の課税期間の前課税期間にお
ける課税売上高（当該受託事業者の課税期間

の末日と当該固有事業者の課税期間の末日が
同日である場合には、当該固有事業者の当該
課税期間における課税売上高）として前条第
2項第3号（同条第3項第3号の規定により
読み替えて適用する場合を含む。）の規定に
より計算した金額

4　固有事業者の法第15条第8項に規定する初日
の属する課税期間（以下この項において「固有
課税期間」という。）が第56条第1項各号に掲
げる課税期間のいずれかである場合又は固有事
業者が固有課税期間につき第57条の2第1項又
は第2項の規定の適用を受けた場合における法
第15条第8項の規定の適用については、次に定
めるところによる。

一　固有課税期間が第56条第1項各号に掲げる
課税期間のいずれかである場合において、固
有事業者が当該固有課税期間につき法第37条
第1項の規定の適用を受けるため同項の規定
による届出書を当該固有課税期間中に提出し
た場合（当該固有課税期間の末日前に法第15
条第8項に規定する初日の属する同項の受託
事業者の課税期間が終了する場合には、当該
課税期間の末日までに提出した場合に限る。）
又は固有課税期間が固有事業者の法第37条第
1項の規定の適用を受けようとする課税期間
である場合において、当該固有事業者が第57
条の2第1項に規定するやむを得ない事情が
あるため当該固有課税期間につき同項の承認
を受けたときは、法第15条第8項に規定する
初日において、これらの固有事業者は法第37
条第1項の規定の適用を受ける事業者であつ
たものとみなす。

二　固有課税期間が固有事業者の法第37条第1
項の規定の適用を受けることをやめようとす
る課税期間である場合において、当該固有事
業者が第57条の2第2項に規定するやむを得
ない事情があるため当該固有課税期間につき
同項の承認を受けたときは、法第15条第8項
に規定する初日において、当該固有事業者は
法第37条第1項の規定の適用を受ける事業者
でなかつたものとみなす。

5〜12　（略）

13　法人課税信託等の固有事業者が適格請求書発
行事業者である場合における当該法人課税信託
等の受託事業者については、法第57条の2第1
項の登録を受けたものとみなして、法及びこの
政令の規定を適用する。この場合において、法

380　第5章　参考資料

第57条の4第1項第1号中「登録番号（」とあるのは「受託事業者（第15条第3項に規定する受託事業者をいう。次項第1号及び第3項第1号において同じ。）に係る法人課税信託等（同条第1項に規定する法人課税信託等をいう。次項第1号及び第3項第1号において同じ。）の固有事業者（同条第4項に規定する固有事業者をいう。次項第1号及び第3項第1号において同じ。）の登録番号（」と、同条第2項第1号及び第3項第1号中「登録番号」とあるのは「受託事業者に係る法人課税信託等の固有事業者の登録番号」と、第49条第4項第2号中「登録番号（」とあるのは「法第15条第3項に規定する受託事業者に係る同条第1項に規定する法人課税信託等の同条第4項に規定する固有事業者の登録番号（」とする。

14 法第15条第1項の規定の適用を受けた法第14条第1項ただし書に規定する公益信託に対する国税通則法の規定の適用については、同法第7条の2第1項及び第2項（信託に係る国税の納付義務の承継）中「事由に」とあるのは、「事由又は公益信託に関する法律（令和6年法律第30号）第33条第3項（信託法の適用関係）の規定により読み替えて適用する信託法第56条第1項に規定する特定終了事由に」とする。

15 前各項に定めるもののほか、受託事業者又は固有事業者についての法又はこの政令の規定の適用に関し必要な事項は、財務省令で定める。

（国、地方公共団体等の仕入れに係る消費税額の特例）

第75条 法第60条第4項に規定する政令で定める収入は、次に掲げる収入とする。

一 借入金及び債券の発行に係る収入で、法令においてその返済又は償還のため補助金、負担金その他これらに類するものの交付を受けることが規定されているもの以外のもの（第6号及び次項において「借入金等」という。）

二 出資金

三 預金、貯金及び預り金

四 貸付回収金

五 返還金及び還付金

六 次に掲げる収入（前各号に掲げるものを除く。）

イ 法令又は交付要綱等（国、地方公共団体又は特別の法律により設立された法人（イ及び第8項において「国等」という。）から資産の譲渡等の対価以外の収入を受ける

際に国等が作成した当該収入の使途を定めた文書をいう。第4項第1号イ及び第8項において同じ。）において、次に掲げる支出以外の支出（ロ及びハにおいて「特定支出」という。）のためにのみ使用することとされている収入

（1） 課税仕入れに係る支払対価の額（法第30条第8項第1号ニに規定する課税仕入れに係る支払対価の額をいう。第4項、第8項及び第9項において同じ。）に係る支出

（2） 法第30条第1項に規定する特定課税仕入れに係る支払対価の額並びに同項に規定する特定課税仕入れに係る消費税額及び当該消費税額を課税標準として課されるべき地方消費税額に相当する額（これらの税額に係る附帯税の額に相当する額を除く。）の合計額（第4項において「特定課税仕入れに係る支払対価等の額」という。）に係る支出

（3） 課税貨物の引取価額（課税貨物に係る第54条第1項第2号イに掲げる金額をいう。第4項において同じ。）に係る支出

（4） 借入金等の返済金又は償還金に係る支出

ロ 国又は地方公共団体が合理的な方法により資産の譲渡等の対価以外の収入の使途を明らかにした文書において、特定支出のためにのみ使用することとされている収入

ハ 公益社団法人又は公益財団法人が作成した寄附金の募集に係る文書において、特定支出のためにのみ使用することとされている当該寄附金の収入（当該寄附金が次に掲げる要件の全てを満たすことについて当該寄附金の募集に係る文書において明らかにされていることにつき、公益社団法人及び公益財団法人の認定等に関する法律（平成18年法律第49号）第3条（行政庁）に規定する行政庁の確認を受けているものに限る。）

（1） 特定の活動に係る特定支出のためにのみ使用されること。

（2） 期間を限定して募集されること。

（3） 他の資金と明確に区分して管理されること。

2 借入金等に係る債務の全部又は一部の免除が

5 公益信託　税法関連条文　381

あつた場合における法第60条第4項の規定の適用については、当該免除に係る債務の額に相当する額は、当該債務の免除があつた日の属する課税期間における資産の譲渡等の対価以外の収入とする。

3 法第60条第4項に規定する政令で定める場合は、当該課税期間における資産の譲渡等の対価の額（法第28条第1項に規定する対価の額をいう。次項及び第6項において同じ。）の合計額に当該課税期間における法第60条第4項に規定する特定収入（以下この条において「特定収入」という。）の合計額を加算した金額のうちに当該特定収入の合計額の占める割合が100分の5を超える場合とする。

4 法第60条第4項に規定する政令で定めるところにより計算した金額は、次の各号に掲げる場合の区分に応じ当該各号に定める金額とする。

一 当該課税期間における仕入れに係る消費税額（法第32条第1項第1号に規定する仕入れに係る消費税額をいう。以下この条において同じ。）の計算につき法第30条第2項の規定の適用がない場合　イに掲げる金額とロに掲げる金額との合計額（ロに規定する課税仕入れ等の税額の合計額からイに掲げる金額を控除して控除しきれない金額があるときは、イに掲げる金額から、当該控除しきれない金額にロに規定する調整割合を乗じて計算した金額を控除した金額）

イ　当該課税期間における特定収入のうち法令等（法令、交付要綱等又は第1項第6号ロに規定する文書をいう。以下この項において同じ。）において課税仕入れに係る支払対価の額、特定課税仕入れに係る支払対価等の額又は課税貨物の引取価額に係る支出のためにのみ使用することとされている部分（以下この条において「課税仕入れ等に係る特定収入」という。）の合計額に110分の7.8（当該合計額のうち他の者から受けた軽減対象課税資産の譲渡等に係る課税仕入れに係る支払対価の額又は軽減対象課税貨物の引取価額に係る支出のためにのみ使用することとされている課税仕入れ等に係る特定収入については、108分の6.24）を乗じて計算した金額

ロ　当該課税期間における課税仕入れ等の税額（当該課税期間において法第30条から第36条までの規定により計算した場合におけ

る法第30条第2項に規定する課税仕入れ等の税額をいう。以下この条において同じ。）の合計額からイに掲げる金額を控除した残額に、当該課税期間における調整割合（当該課税期間における資産の譲渡等の対価の額の合計額に当該課税期間における課税仕入れ等に係る特定収入以外の特定収入の合計額を加算した金額のうちに当該課税仕入れ等に係る特定収入以外の特定収入の合計額の占める割合をいう。以下この条において同じ。）を乗じて計算した金額

二 当該課税期間における仕入れに係る消費税額を法第30条第2項第1号に定める方法により計算する場合　イからハまでに掲げる金額の合計額（当該課税期間における課税仕入れ等の税額の合計額からイに掲げる金額とロに掲げる金額との合計額を控除して控除しきれない金額があるときは、イに掲げる金額とロに掲げる金額との合計額から、当該控除しきれない金額にハに規定する調整割合を乗じて計算した金額を控除した金額）

イ　当該課税期間における特定収入のうち法令等において課税資産の譲渡等にのみ要する課税仕入れに係る支払対価の額、課税資産の譲渡等にのみ要する特定課税仕入れに係る支払対価等の額又は課税資産の譲渡等にのみ要する課税貨物の引取価額に係る支出のためにのみ使用することとされている部分の合計額に110分の7.8（当該合計額のうち他の者から受けた軽減対象課税資産の譲渡等に係る課税仕入れに係る支払対価の額又は軽減対象課税貨物の引取価額に係る支出のためにのみ使用することとされている課税仕入れ等に係る特定収入については、108分の6.24）を乗じて計算した金額

ロ　当該課税期間における特定収入のうち法令等において課税資産の譲渡等とその他の資産の譲渡等（法第30条第2項第1号に規定するその他の資産の譲渡等をいう。以下この号及び第8項第2号ロにおいて同じ。）に共通して要する課税仕入れに係る支払対価の額、課税資産の譲渡等とその他の資産の譲渡等に共通して要する特定課税仕入れに係る支払対価等の額又は課税資産の譲渡等とその他の資産の譲渡等に共通して要する課税貨物の引取価額に係る支出のためにのみ使用することとされている部分の合計

額に110分の7.8（当該合計額のうち他の者から受けた軽減対象課税資産の譲渡等に係る課税仕入れに係る支払対価の額又は軽減対象課税貨物の引取価額に係る支出のためにのみ使用することとされている課税仕入れ等に係る特定収入については、108分の6.24）を乗じて計算した金額に、同条第2項第1号ロに規定する課税売上割合を乗じて計算した金額（同条第3項本文の規定の適用がある場合には、同項に規定する承認に係る割合を用いて計算した金額）

ハ　当該課税期間における課税仕入れ等の税額の合計額からイに掲げる金額とロに掲げる金額との合計額を控除した残額に、当該課税期間における調整割合を乗じて計算した金額

三　当該課税期間における仕入れに係る消費税額を法第30条第2項第2号に定める方法により計算する場合　イに掲げる金額とロに掲げる金額との合計額（当該課税期間における課税仕入れ等の税額の合計額からイに掲げる金額を控除して控除しきれない金額があるときは、イに掲げる金額から当該控除しきれない金額にロに規定する調整割合を乗じて計算した金額を控除した金額）

イ　当該課税期間における課税仕入れ等に係る特定収入の合計額に110分の7.8（当該合計額のうち他の者から受けた軽減対象課税資産の譲渡等に係る課税仕入れに係る支払対価の額又は軽減対象課税貨物の引取価額に係る支出のためにのみ使用することとされている課税仕入れ等に係る特定収入については、108分の6.24）を乗じて計算した金額に、法第30条第2項第2号に規定する課税売上割合を乗じて計算した金額

ロ　当該課税期間における課税仕入れ等の税額の合計額からイに掲げる金額を控除した残額に当該課税期間における調整割合を乗じて計算した金額

5　当該課税期間における調整割合と当該課税期間における通算調整割合との差が100分の20以上である場合（第1号イに掲げる金額と同号ロに掲げる金額とが等しい場合及び同号イに規定する各課税期間においてこの項の規定の適用を受けた場合を除く。）には、当該課税期間の法第60条第4項に規定する政令で定めるところにより計算した金額は、前項の規定にかかわら

ず、次の各号に掲げる場合の区分に応じ当該各号に定める金額とする。

一　イに掲げる金額がロに掲げる金額を超える場合　前項の規定に基づいて計算した場合における法第60条第4項に規定する政令で定めるところにより計算した金額（以下この条において「特定収入に係る課税仕入れ等の税額」という。）から、イに掲げる金額からロに掲げる金額を控除した残額（第7項において「調整差額」という。）を控除した残額

イ　当該課税期間につき前項の規定に基づいて計算した場合における特定収入に係る課税仕入れ等の税額に当該課税期間の初日の2年前の日の前日の属する課税期間から当該課税期間の直前の課税期間までの各課税期間における特定収入に係る課税仕入れ等の税額の合計額を加算した金額

ロ　当該課税期間の初日の2年前の日の前日の属する課税期間から当該課税期間までの各課税期間（以下この号及び次項において「通算課税期間」という。）につき、当該通算課税期間の調整割合に代えて当該課税期間における通算調整割合を用いて前項の規定に基づいて計算した場合における当該通算課税期間における特定収入に係る課税仕入れ等の税額の合計額

二　前号イに掲げる金額が同号ロに掲げる金額に満たない場合　前項の規定に基づいて計算した場合における当該課税期間における特定収入に係る課税仕入れ等の税額に、同号ロに掲げる金額から同号イに掲げる金額を控除した残額を加算した金額

6　前項に規定する通算調整割合とは、第1号に掲げる金額のうちに第2号に掲げる金額の占める割合をいう。

一　当該課税期間の通算課税期間における資産の譲渡等の対価の額の合計額に当該通算課税期間における課税仕入れ等に係る特定収入以外の特定収入の合計額を加算した金額

二　当該課税期間の通算課税期間における課税仕入れ等に係る特定収入以外の特定収入の合計額

7　第5項の規定の適用がある場合において、同項第1号に掲げる場合に該当し、かつ、同号に規定する当該課税期間における特定収入に係る課税仕入れ等の税額から調整差額を控除して控除しきれない金額があるときは、当該控除しき

れない金額を当該課税期間における課税仕入れ等の税額の合計額に加算する。この場合において、当該加算した後の金額は、当該課税期間における仕入れに係る消費税額とみなす。

8　事業者（法第9条第1項本文の規定により消費税を納める義務が免除される事業者を除く。）が、取戻し対象特定収入につき、法第60条第4項の規定の適用を受けた場合において、法令若しくは交付要綱等により国等に使途を報告すべきこととされている文書又は第1項第6号ロに規定する文書により適格請求書発行事業者以外の者から行つた課税仕入れに係る支払対価の額（法第9条第1項本文の規定により消費税を納める義務が免除されることとなる課税期間及び法第37条第1項の規定の適用を受ける課税期間における適格請求書発行事業者以外の者から行つた課税仕入れに係る支払対価の額を除くものとし、適格請求書発行事業者以外の者から行つた課税仕入れであることにより法第30条第1項の規定の適用を受けないこととなるものに限る。以下この条において「控除対象外仕入れに係る支払対価の額」という。）の合計額を明らかにしているときは、法第37条第1項の規定の適用を受ける場合を除き、次の各号に掲げる場合の区分に応じ当該各号に定める金額に一から当該取戻し対象特定収入のあつた課税期間の調整割合を控除して得た率を乗じて計算した金額をその明らかにした課税期間における課税仕入れ等の税額の合計額に加算することができる。この場合において、当該加算した後の金額は、当該課税期間における仕入れに係る消費税額とみなす。

一　当該取戻し対象特定収入のあつた課税期間が第4項第1号に掲げる場合に該当する場合　当該控除対象外仕入れに係る支払対価の額の合計額に110分の7.8（当該合計額のうち他の者から受けた軽減対象課税資産の譲渡等に係る控除対象外仕入れに係る支払対価の額については、108分の6.24）を乗じて計算した金額

二　当該取戻し対象特定収入のあつた課税期間が第4項第2号に掲げる場合に該当する場合　イに掲げる金額とロに掲げる金額との合計額

イ　当該控除対象外仕入れに係る支払対価の額（課税資産の譲渡等にのみ要する控除対象外仕入れに係る支払対価の額に限る。）

の合計額に110分の7.8（当該合計額のうち他の者から受けた軽減対象課税資産の譲渡等に係る控除対象外仕入れに係る支払対価の額については、108分の6.24）を乗じて計算した金額

ロ　当該控除対象外仕入れに係る支払対価の額（課税資産の譲渡等とその他の資産の譲渡等に共通して要する控除対象外仕入れに係る支払対価の額に限る。）の合計額に110分の7.8（当該合計額のうち他の者から受けた軽減対象課税資産の譲渡等に係る控除対象外仕入れに係る支払対価の額については、108分の6.24）を乗じて計算した金額に当該課税期間の法第30条第2項第1号ロに規定する課税売上割合を乗じて計算した金額（同条第3項本文の規定の適用がある場合には、同項に規定する承認に係る割合を用いて計算した金額）

三　当該取戻し対象特定収入のあつた課税期間が第4項第3号に掲げる場合に該当する場合　当該控除対象外仕入れに係る支払対価の額の合計額に110分の7.8（当該合計額のうち他の者から受けた軽減対象課税資産の譲渡等に係る控除対象外仕入れに係る支払対価の額については、108分の6.24）を乗じて計算した金額に当該課税期間の法第30条第2項第2号に規定する課税売上割合を乗じて計算した金額

9　前項に規定する取戻し対象特定収入とは、課税仕入れ等に係る特定収入により支出された課税仕入れに係る支払対価の額の合計額のうちに課税仕入れ等に係る特定収入により支出された控除対象外仕入れに係る支払対価の額の合計額の占める割合が100分の5を超える場合のその特定収入をいう。

（国、地方公共団体等の帳簿の記載事項の特例）

第77条　法第60条第4項に規定する国若しくは地方公共団体、法別表第三に掲げる法人、公益信託受託事業者又は人格のない社団等の法第58条の規定の適用については、同条の帳簿には、同条に規定する事項のほか、同項に規定する特定収入及び第75条第1項各号に掲げる収入に関する財務省令で定める事項を併せて記録しなければならない。

附　則　（令和6年政令第145号）
（施行期日）

1 この政令は、令和6年4月1日から施行する。ただし、次の各号に掲げる規定は、当該各号に定める日から施行する。
　一 （略）
　二 第1条中消費税法施行令第27条（見出しを含む。）の改正規定（同条第2項中「この項から第7項まで」を「第8項まで」に改める部分、同項第1号ロに係る部分（「法人課税信託」を「法人課税信託等」に改める部分を除く。）、同条第6項に係る部分及び同条第8項を同条第9項とし、同条第7項を同条第8項とし、同条第6項の次に1項を加える部分を除く。）、同令第28条（見出しを含む。）の改正規定（同条第5項中「法人課税信託」を「（特定法人課税信託」に改める部分及び同条第11項に係る部分を除く。）、同令第77条の改正規定及び同令附則第19条の2の改正規定　公益信託に関する法律（令和6年法律第30号）の施行の日
　（経過措置）
2 令和6年10月1日から前項第2号に定める日の前日までの間における第1条の規定による改正後の消費税法施行令（次項において「新令」という。）第27条第6項の規定の適用については、同項中「法人課税信託等」とあるのは、「法人課税信託」とする。
3 この政令の施行の日から附則第1項第2号に定める日の前日までの間における新令第27条第7項の規定の適用については、同項中「法人課税信託等」とあるのは、「法人課税信託」とする。

○　消費税法施行規則（昭和63年大蔵省令第53号）　抄
　（法人課税信託等の受託者に関する特例）
第11条の4　法第15条第3項に規定する受託事業者は、法第46条の2第2項に規定する特定法人に該当しないものとする。
　（国、地方公共団体等の特定収入等に関する帳簿の記載事項）
第31条　令第77条に規定する財務省令で定める事項は、次に掲げる事項とする。
　一　法第60条第4項に規定する特定収入又は令第75条第1項各号に掲げる収入（以下この条において「特定収入等」という。）に係る相手方の氏名又は名称
　二　特定収入等を受けた年月日

　三　特定収入等の内容
　四　特定収入等の金額
　五　特定収入等の使途
2 法第60条第4項に規定する国若しくは地方公共団体、法別表第三に掲げる法人、公益信託受託事業者又は人格のない社団等が特定収入等を受けた場合において、当該特定収入等に係る相手方が不特定かつ多数であるときは、前項第1号に掲げる事項については、同項の規定にかかわらず、その記録を省略することができる。
　附　則（令和6年財務省令第19号）
　この省令は、令和6年4月1日から施行する。ただし、次の各号に掲げる規定は、当該各号に定める日から施行する。
　一　（略）
　二　第11条の3の見出しの改正規定、第15条の7第1項第3号、第5号及び第6号の改正規定並びに第31条第2項の改正規定　公益信託に関する法律（令和6年法律第30号）の施行の日

○　消費税法基本通達　抄
　（法人課税信託の受託者の納税義務）
4－4－1　法人課税信託（法人税法第2条第29号の2《定義》に規定する法人課税信託をいう。以下この節において同じ。）の受託者は、各法人課税信託の信託資産等及び固有資産等ごとに、それぞれ別の者とみなして消費税法が適用されるのであるが、受託事業者における法第9条第1項本文《小規模事業者に係る納税義務の免除》の規定の適用については、その課税期間の初日の属する固有事業者の課税期間の基準期間における課税売上高により判定する。
　ただし、当該初日の属する固有事業者の課税期間の基準期間における課税売上高が1,000万円以下である場合であっても、当該固有事業者が課税事業者選択届出書を提出する等により、当該課税期間につき同項本文の規定の適用を受けない場合には、当該受託事業者にも同項本文の規定の適用がないことに留意する。

○　印紙税法（昭和42年法律第23号）　抄
　（非課税文書）
第5条　別表第一の課税物件の欄に掲げる文書のうち、次に掲げるものには、印紙税を課さない。
　一　別表第一の非課税物件の欄に掲げる文書

5　公益信託　税法関連条文　385

二・三　（略）

別表第一　課税物件表（第2条—第5条、第7条、第12条関係）

課税物件表の適用に関する通則

1　この表における文書の所属の決定は、この表の各号の規定による。この場合において、当該各号の規定により所属を決定することができないときは、2及び3に定めるところによる。

2　一の文書でこの表の二以上の号に掲げる文書により証されるべき事項又はこの表の一若しくは二以上の号に掲げる文書により証されるべき事項とその他の事項とが併記され、又は混合して記載されているものその他一の文書でこれに記載されている事項がこの表の二以上の号に掲げる文書により証されるべき事項に該当するものは、当該各号に掲げる文書に該当する文書とする。

3　一の文書が2の規定によりこの表の各号のうち二以上の号に掲げる文書に該当することとなる場合には、次に定めるところによりその所属を決定する。

　イ　第1号又は第2号に掲げる文書と第3号から第17号までに掲げる文書とに該当する文書は、第1号又は第2号に掲げる文書とする。ただし、第1号又は第2号に掲げる文書で契約金額の記載のないものと第7号に掲げる文書とに該当する文書は、同号に掲げる文書とし、第1号又は第2号に掲げる文書と第17号に掲げる文書とに該当する文書のうち、当該文書に売上代金（同号の定義の欄1に規定する売上代金をいう。以下この通則において同じ。）に係る受取金額（100万円を超えるものに限る。）の記載があるもので、当該受取金額が当該文書に記載された契約金額（当該金額が二以上ある場合には、その合計額）を超えるもの又は契約金額の記載のないものは、同号に掲げる文書とする。

　ロ　（略）

　ハ　第3号から第17号までに掲げる文書のうち二以上の号に掲げる文書に該当する文書は、当該二以上の号のうち最も号数の少ない号に掲げる文書とする。ただし、当該文書に売上代金に係る受取金額（100万円を超えるものに限る。）の記載があるときは、第17号に掲げる文書とする。

　ニ　ホに規定する場合を除くほか、第18号から第20号までに掲げる文書と第1号から第17号までに掲げる文書とに該当する文書は、第18号から第20号までに掲げる文書とする。

　ホ　（略）

4　この表の課税標準及び税率の欄の税率又は非課税物件の欄の金額が契約金額、券面金額その他当該文書により証されるべき事項に係る金額（以下この4において「契約金額等」という。）として当該文書に記載された金額（以下この4において「記載金額」という。）を基礎として定められている場合における当該金額の計算については、次に定めるところによる。

　イ　当該文書に二以上の記載金額があり、かつ、これらの金額が同一の号に該当する文書により証されるべき事項に係るものである場合には、これらの金額の合計額を当該文書の記載金額とする。

　ロ　当該文書が2の規定によりこの表の二以上の号に該当する文書である場合には、次に定めるところによる。

　（1）　当該文書の記載金額を当該二以上の号のそれぞれに掲げる文書により証されるべき事項ごとに区分することができるときは、当該文書が3の規定によりこの表のいずれの号に掲げる文書に所属することとなるかに応じ、その所属する号に掲げる文書により証されるべき事項に係る金額を当該文書の記載金額とする。

　（2）　当該文書の記載金額を当該二以上の号のそれぞれに掲げる文書により証されるべき事項ごとに区分することができないときは、当該金額（当該金額のうちに、当該文書が3の規定によりこの表のいずれかの号に所属することとなる場合における当該所属する号に掲げる文書により証されるべき事項に係る金額以外の金額として明らかにされている部分があるときは、当該明らかにされている部分の金額を除く。）を当該文書の記載金額とする。

　ハ　（略）

　ニ　契約金額等の変更の事実を証すべき文書について、当該文書に係る契約についての変更前の契約金額等の記載のある文書が作成されていることが明らかであり、かつ、変更の事実を証すべき文書により変更金額

（変更前の契約金額等と変更後の契約金額等の差額に相当する金額をいう。以下同じ。）が記載されている場合（変更前の契約金額等と変更後の契約金額等が記載されていることにより変更金額を明らかにすることができる場合を含む。）には、当該変更金額が変更前の契約金額等を増加させるものであるときは、当該変更金額を当該文書の記載金額とし、当該変更金額が変更前の契約金額等を減少させるものであるときは、当該文書の記載金額の記載はないものとする。

　ホ　次の（1）から（3）までの規定に該当する文書の記載金額については、それぞれ（1）から（3）までに定めるところによる。
　　（1）　当該文書に記載されている単価及び数量、記号その他によりその契約金額等の計算をすることができるときは、その計算により算出した金額を当該文書の記載金額とする。
　　（2）・（3）　（略）
　ヘ　当該文書の記載金額が外国通貨により表示されている場合には、当該文書を作成した日における外国為替及び外国貿易法（昭和24年法律第228号）第7条第1項（外国為替相場）の規定により財務大臣が定めた基準外国為替相場又は裁定外国為替相場により当該記載金額を本邦通貨に換算した金額を当該文書についての記載金額とする。

5　この表の第1号、第2号、第7号及び第12号から第15号までにおいて「契約書」とは、契約証書、協定書、約定書その他名称のいかんを問わず、契約（その予約を含む。以下同じ。）の成立若しくは更改又は契約の内容の変更若しくは補充の事実（以下「契約の成立等」という。）を証すべき文書をいい、念書、請書その他契約の当事者の一方のみが作成する文書又は契約の当事者の全部若しくは一部の署名を欠く文書で、当事者間の了解又は商慣習に基づき契約の成立等を証することとされているものを含むものとする。

6　1から5までに規定するもののほか、この表の規定の適用に関し必要な事項は、政令で定める。

番号	物件名	定義	課税標準及び税率	非課税物件
（略）	（略）	（略）	（略）	（略）
十二	信託行為に関する契約書	信託行為に関する契約書には、信託証書を含むものとする。	1通につき200円	公益信託に関する法律（令和6年法律第30号）第2条第1項第1号（定義）に規定する公益信託の信託行為に関する契約書（同法第6条（公益信託の効力）の規定による行政庁の認可又は同法第22条第1項（公益信託の併合等の認可）の規定による行政庁の認可（併合に係るものに限る。）を受けた後に作成されるものに限る。）
（略）	（略）	（略）	（略）	（略）

　附　則　（令和6年法律第8号）　抄
　（施行期日）
第1条　この法律は、令和6年4月1日から施行する。ただし、次の各号に掲げる規定は、当該各号に定める日から施行する。
　一～八　（略）
　九　次に掲げる規定　公益信託に関する法律（令和6年法律第30号）の施行の日
　　イ～ニ　（略）
　　ホ　第10条中印紙税法別表第一の改正規定
　　ヘ　（略）
　十～十六　（略）

○　登録免許税法（昭和42年法律第35号）　抄
　（信託財産の登記等の課税の特例）
第7条　信託による財産権の移転の登記又は登録で次の各号のいずれかに該当するものについては、登録免許税を課さない。

5　公益信託　税法関連条文　387

一 委託者から受託者に信託のために財産を移す場合における財産権の移転の登記又は登録

二・三 （略）

2 （略）

（課税標準及び税率）

第9条 登録免許税の課税標準及び税率は、この法律に別段の定めがある場合を除くほか、登記等の区分に応じ、別表第一の課税標準欄に掲げる金額又は数量及び同表の税率欄に掲げる割合又は金額による。

別表第一

登記、登録、特許、免許、許可、認可、認定、指定又は技能証明の事項	課税標準	税率
1　不動産の登記（不動産の信託の登記を含む。） （注）　この号において「不動産」とは、土地及び建物並びに立木に関する法律（明治42年法律第22号）第1条第1項（定義）に規定する立木をいう。		
（略）	（略）	（略）
（10）　信託の登記 イ　所有権の信託の登記 ロ・ハ　（略）	不動産の価額	1000分の4
（略）		
28の2　限定責任信託の登記		
（1）　信託法（平成18年法律第108号）第232条（限定責任信託の定めの登記）の限定責任信託の定めの登記 （2）～（6）　（略）	申請件数	1件につき3万円
（略）		

○ **租税特別措置法（昭和32年法律第26号）　抄**
（国等に対して財産を寄附した場合の譲渡所得等の非課税）

第40条 国又は地方公共団体に対し財産の贈与又は遺贈があつた場合には、所得税法第59条第1項第1号の規定の適用については、当該財産の贈与又は遺贈がなかつたものとみなす。公益法人等（次に掲げる者をいう。以下この条において同じ。）に対する財産（国外にある土地その他の政令で定めるものを除く。以下この条において同じ。）の贈与又は遺贈（同法第67条の3

第8項の規定により第2号に規定する公益信託の受託者に対して贈与又は遺贈により当該財産の移転が行われたものとされた場合におけるその贈与又は遺贈及び当該公益法人等を設立するためにする財産の提供を含み、同号に掲げる者（第1号に掲げる者に該当する者を除く。）に対するものである場合には第2号に規定する公益信託の信託財産とするためのものに限る。以下この条において同じ。）で、当該贈与又は遺贈が教育又は科学の振興、文化の向上、社会福祉への貢献その他公益の増進に著しく寄与すること、当該贈与又は遺贈に係る財産（当該財産につき第33条第1項に規定する収用等があつたことその他の政令で定める理由により当該財産の譲渡をした場合において、当該譲渡による収入金額の全部に相当する金額をもつて取得した当該財産に代わるべき資産として政令で定めるものを取得したときは、当該資産（次項、第3項及び第18項において「代替資産」という。））が、当該贈与又は遺贈があつた日から2年を経過する日までの期間（当該期間内に当該公益法人等の公益目的事業（第1号に規定する公益を目的とする事業及び公益信託に関する法律第7条第3項第4号に規定する公益信託事務をいう。以下この項から第3項まで及び第5項において同じ。）の用に直接供することが困難である場合として政令で定める事情があるときは、政令で定める期間。次項において同じ。）内に、当該公益法人等の当該公益目的事業の用に直接供され、又は供される見込みであることその他の政令で定める要件を満たすものとして国税庁長官の承認を受けたものについても、また同様とする。

一 公益社団法人、公益財団法人、特定一般法人（法人税法別表第二に掲げる一般社団法人及び一般財団法人で、同法第2条第9号の2イに掲げるものをいう。）その他の公益を目的とする事業を行う法人（外国法人に該当するものを除く。）

二 公益信託に関する法律第2条第1項第1号に規定する公益信託（以下この条において「公益信託」という。）の受託者（非居住者又は外国法人に該当するものを除く。）

2 国税庁長官は、前項後段の規定の適用を受けて贈与又は遺贈があつた場合において、当該贈与又は遺贈に係る財産又は代替資産（以下この項において「財産等」という。）が当該贈与又

は遺贈があつた日から2年を経過する日までの期間内に当該公益法人等の当該公益目的事業の用に直接供されなかつたときその他の当該財産等が当該公益法人等の当該公益目的事業の用に直接供される前に政令で定める事実が生じたとき（当該公益法人等が当該財産等（当該財産等の譲渡をした場合には、当該譲渡による収入金額の全部に相当する額の金銭）を国又は地方公共団体に贈与した場合その他政令で定める場合を除く。）は、前項後段の承認を取り消すことができる。この場合には、その承認が取り消された時において、政令で定めるところにより、同項に規定する贈与又は遺贈があつたものとみなす。

3 国税庁長官は、第1項後段の規定の適用を受けて行われた贈与又は遺贈を受けた公益法人等が、当該贈与又は遺贈のあつた後、当該贈与又は遺贈に係る財産又は代替資産（以下この項において「財産等」という。）をその公益目的事業の用に直接供しなくなつたことその他の当該贈与又は遺贈につき政令で定める事実（前項に規定する事実を除く。）が生じた場合（当該公益法人等が当該財産等（当該財産等の譲渡をした場合には、当該譲渡による収入金額の全部に相当する額の金銭）を国又は地方公共団体に贈与した場合その他政令で定める場合を除く。）には、第1項後段の承認を取り消すことができる。この場合には、当該公益法人等を当該贈与又は遺贈を行つた個人とみなして、政令で定めるところにより、これに当該財産に係る山林所得の金額、譲渡所得の金額又は雑所得の金額に係る所得税を課する。

4 前項後段の規定の適用がある場合には、次に定めるところによる。

一 前項後段の規定の適用を受けた公益法人等（第1項第1号に掲げる者に限る。）に対する法人税法の規定の適用については、同法第38条第2項中「次に掲げるもの」とあるのは、「次に掲げるもの及び租税特別措置法第40条第3項後段（国等に対して財産を寄附した場合の譲渡所得等の非課税）の規定による所得税（当該所得税に係る同項の財産の価額が当該財産の同条第1項に規定する贈与又は遺贈を受けた同項に規定する公益法人等の各事業年度の所得の金額の計算上益金の額に算入された場合における当該所得税を除く。）」とする。

二 前項後段の規定の適用を受けた公益法人等（第1項第2号に掲げる者に限る。）に対する国税通則法の規定の適用については、同法第7条の2第1項及び第2項中「事由に」とあるのは、「事由又は公益信託に関する法律（令和6年法律第30号）第33条第3項（信託法の適用関係）の規定により読み替えて適用する信託法第56条第1項に規定する特定終了事由に」とする。

三 前項後段の規定の適用を受ける公益法人等が第1項第2号に規定する公益信託の受託者である場合において、当該公益信託の受託者が二以上あるときは、当該公益信託の信託事務を主宰する受託者（以下この項、第11項及び第12項において「主宰受託者」という。）を前項後段に規定する個人とみなして同項後段の規定を適用する。この場合において、当該主宰受託者に課する同項後段の財産に係る所得税については、当該主宰受託者以外の受託者は、その所得税について、連帯納付の責めに任ずる。

四 前号に規定する所得税を主宰受託者以外の受託者から徴収する場合における国税通則法第43条第1項の規定の適用については、同項中「国税の徴収」とあるのは「公益信託に関する法律第2条第1項第1号（定義）に規定する公益信託の租税特別措置法第40条第4項第3号（国等に対して財産を寄附した場合の譲渡所得等の非課税）に規定する主宰受託者（以下この項において「主宰受託者」という。）以外の受託者（以下この項において「連帯受託者」という。）の同号に規定する連帯納付の責任に係る所得税の徴収」と、「その国税の納税地」とあるのは「当該所得税の納税地又は当該連帯受託者が当該公益信託の主宰受託者であつたとした場合における当該所得税の納税地」とする。

5 第3項の代替資産には、次に掲げる資産を含むものとする。この場合において、第1号の書類を提出した公益法人等は、同号の買換資産を、同号の譲渡の日の翌日から1年を経過する日までの期間（当該期間内に同号の公益目的事業の用に直接供することが困難である場合として政令で定める事情があるときは、政令で定める期間）内に、当該公益目的事業の用に直接供しなければならないものとし、第2号の書類を提出した公益法人等は、同号の特定買換資産

を、同号の方法により管理しなければならない
ものとする。

一　第3項の公益法人等が、同項の贈与又は遺
贈を受けた財産（当該公益法人等の公益目的
事業の用に2年以上直接供しているものに限
る。）の譲渡をし、その譲渡による収入金額
の全部に相当する金額をもつて資産（当該財
産に係る公益目的事業の用に直接供すること
ができる当該財産と同種の資産（財務省令で
定めるものを含む。）、土地及び土地の上に存
する権利に限る。以下この号及び第18項にお
いて「買換資産」という。）を取得した場合
において、その譲渡の日の前日までに、当該
譲渡の日その他の財務省令で定める事項を記
載した書類を、納税地の所轄税務署長を経由
して国税庁長官に提出したときにおける当該
買換資産

二　第3項の公益法人等が、同項の贈与又は遺
贈を受けた財産（政令で定めるものを除く。）
で政令で定める方法により管理しているもの
の譲渡をし、その譲渡による収入金額の全部
に相当する金額をもつて資産（以下この号及
び第18項において「特定買換資産」という。）
を取得した場合において、その譲渡の日の前
日までに、その管理の方法その他の財務省令
で定める事項を記載した書類を、納税地の所
轄税務署長を経由して国税庁長官に提出した
ときにおける当該特定買換資産

6　第1項後段の規定の適用を受けて行われた贈
与又は遺贈（以下この条において「特定贈与
等」という。）を受けた公益法人等が、合併
（信託法第56条第2項の規定による合併を除
く。）により当該公益法人等に係る第3項に規
定する財産等を当該合併後存続する法人又は当
該合併により設立する法人（公益法人等に該当
するものに限る。以下この項において「公益合
併法人」という。）に移転しようとする場合に
おいて、当該合併の日の前日までに、政令で定
めるところにより、当該合併の日その他の財務
省令で定める事項を記載した書類を、納税地の
所轄税務署長を経由して国税庁長官に提出した
ときは、当該合併の日以後は、当該公益合併法
人は当該特定贈与等に係る公益法人等と、当該
公益合併法人がその移転を受けた資産は当該特
定贈与等に係る財産と、それぞれみなして、こ
の条の規定を適用する。

7　特定贈与等を受けた公益法人等が、解散（合

併による解散及び信託法第56条第1項第4号に
掲げる事由による解散を除く。）による残余財
産の分配又は引渡しにより当該公益法人等に係
る第3項に規定する財産等を他の公益法人等
（第1項第1号に掲げる者に限る。）に移転し、
又は類似の公益信託に関する法律第2条第1項
第2号に規定する公益事務（次項及び第12項に
おいて「公益事務」という。）をその目的とす
る公益信託（その公益信託の受託者が第1項第
2号に掲げる者に該当する者であるものに限
る。）の信託財産としようとする場合において、
当該解散の日の前日までに、政令で定めるとこ
ろにより、当該解散の日その他の財務省令で定
める事項を記載した書類を、納税地の所轄税務
署長を経由して国税庁長官に提出したときは、
当該解散の日以後は、当該他の公益法人等又は
当該公益信託の受託者（以下この項において
「解散引継法人等」という。）は当該特定贈与等
に係る公益法人等と、当該解散引継法人等がそ
の移転を受け、又は当該公益信託の信託財産と
して受け入れた資産は当該特定贈与等に係る財
産と、それぞれみなして、この条の規定を適用
する。

8　特定贈与等を受けた公益法人等で公益社団法
人及び公益財団法人の認定等に関する法律（平
成18年法律第49号。以下この項及び第16項にお
いて「公益認定法」という。）第29条第1項又
は第2項の規定による公益認定法第5条に規定
する公益認定の取消しの処分（当該取消しの処
分に係る事由により第1項後段の承認を取り消
すことができる場合の当該処分を除く。以下こ
の項において「特定処分」という。）を受けた
もの（当該特定処分後において、第1項第1号
に規定する特定一般法人に該当するものに限
る。以下この項において「当初法人」という。）
が、同条第17号に規定する定款の定めに従い、
その有する公益認定法第30条第2項に規定する
公益目的取得財産残額に相当する額の財産（以
下この項において「引継財産」という。）を他
の公益法人等（第1項第1号に掲げる者に限
る。）に贈与し、又は類似の公益事務をその目
的とする公益信託（その公益信託の受託者が第
1項第2号に掲げる者に該当する者であるもの
に限る。）の信託財産としようとする場合にお
いて、当該贈与の日又は当該信託財産とする日
（以下この項において「贈与等の日」という。）
の前日までに、政令で定めるところにより、当

該贈与等の日その他の財務省令で定める事項を記載した書類を、納税地の所轄税務署長を経由して国税庁長官に提出したときは、当該贈与等の日以後は、当該他の公益法人等又は当該公益信託の受託者（以下この項において「引継法人等」という。）は当該特定贈与等に係る公益法人等と、当該引継法人等が当該贈与を受け、又は当該公益信託の信託財産として受け入れた公益引継資産（当該引継財産のうち、当該特定処分を受けた公益法人等に係る第３項に規定する財産等に相当するものとして政令で定める部分をいう。）は当該特定贈与等に係る財産と、それぞれみなして、この条の規定を適用する。この場合において、当該贈与等の日以後は、当該当初法人については、第３項の規定は、適用しない。

9・10　（略）

11　特定贈与等を受けた第１項第２号に規定する公益信託の受託者（以下この項において「当初受託者」という。）が、次の各号に掲げる事由（当該事由により第１項後段の承認を取り消すことができる場合（当該特定贈与等をした者の所得に係る所得税の負担を不当に減少させる結果となると認められることその他の事由により当該承認を取り消すことができる場合として政令で定める場合に限る。）の当該事由を除く。第14項において「任務終了事由等」という。）により当該当初受託者に係る第３項に規定する財産等を当該各号に掲げる事由の区分に応じ当該各号に定める者（公益信託に関する法律第12条第１項に規定する新受託者（第１号において「新受託者」という。）の選任若しくは同法第７条第２項各号に掲げる事項の変更につき同法第12条第１項の認可を受け、又は同項ただし書に規定する新受託者の選任につき同法第14条第１項の規定による届出がされた当該公益信託の受託者（第１項第２号に掲げる者に該当する者に限る。）に該当するものに限る。以下この項において「引継受託者」という。）に移転しようとする場合において、当該認可又は届出の日の前日までに、政令で定めるところにより、当該認可又は届出の日その他の財務省令で定める事項を記載した書類を、納税地の所轄税務署長を経由して国税庁長官に提出したときは、当該認可又は届出の日以後は、当該引継受託者は当該特定贈与等に係る公益法人等と、当該引継受託者がその移転を受けた資産は当該特定贈与等に

係る財産と、それぞれみなして、この条の規定を適用する。この場合において、当該当初受託者が二以上あるときは、その主宰受託者が当該書類を納税地の所轄税務署長を経由して国税庁長官に提出しなければならない。

一　当該当初受託者の任務の終了　新受託者
二　当該当初受託者である法人の合併　当該合併後存続する法人又は当該合併により設立する法人
三　当該当初受託者である法人の分割　当該分割により受託者としての権利義務を承継する法人

12　特定贈与等を受けた第１項第２号に規定する公益信託（以下この項において「当初公益信託」という。）の受託者が、公益信託の終了（当該公益信託の終了に係る事由により第１項後段の承認を取り消すことができる場合（当該特定贈与等をした者の所得に係る所得税の負担を不当に減少させる結果となると認められることその他の事由により当該承認を取り消すことができる場合として政令で定める場合に限る。）の当該公益信託の終了を除く。）により当該当初公益信託の受託者に係る第３項に規定する財産等を他の公益法人等（第１項第１号に掲げる者であつて、当該当初公益信託に係る公益信託に関する法律第４条第２項第３号に規定する帰属権利者となるべき者に該当するものに限る。）に移転し、又は類似の公益事務をその目的とする他の公益信託（その公益信託の受託者が第１項第２号に掲げる者であつて、当該当初公益信託に係る同条第２項第３号に規定する帰属権利者となるべき者に該当する者であるものに限る。）の信託財産としようとする場合において、当該公益信託の終了の日の前日までに、政令で定めるところにより、当該公益信託の終了の日その他の財務省令で定める事項を記載した書類を、納税地の所轄税務署長を経由して国税庁長官に提出したときは、当該公益信託の終了の日以後は、当該他の公益法人等又は当該他の公益信託の受託者（以下この項において「帰属権利者」という。）は当該特定贈与等に係る公益法人等と、当該帰属権利者がその移転を受け、又は当該他の公益信託の信託財産として受け入れた資産は当該特定贈与等に係る財産と、それぞれみなして、この条の規定を適用する。この場合において、当該当初公益信託の受託者が二以上あるときは、その主宰受託者が当該書類を納

5　公益信託　税法関連条文　391

税地の所轄税務署長を経由して国税庁長官に提出しなければならない。

13 第6項に規定する公益合併法人が、特定贈与等を受けた公益法人等から同項に規定する合併により資産の移転を受けた場合（当該公益法人等が当該移転につき同項に規定する書類を当該合併の日の前日までに提出しなかつた場合に限る。）において、当該公益合併法人が、政令で定めるところにより、当該資産が当該特定贈与等に係る第3項に規定する財産等であることを知つた日の翌日から2月を経過した日の前日までに、当該合併の日その他の財務省令で定める事項を記載した書類を、納税地の所轄税務署長を経由して国税庁長官に提出したときは、第6項の規定にかかわらず、当該合併の日以後は、当該公益合併法人は当該特定贈与等に係る公益法人等と、当該公益合併法人がその移転を受けた資産は当該特定贈与等に係る財産と、それぞれみなして、この条の規定を適用する。

14 前項の規定は、第8項に規定する引継法人等が同項に規定する当初法人から同項に規定する引継財産の贈与を受けた場合又は同項に規定する引継財産を同項に規定する公益信託の信託財産として受け入れた場合（当該当初法人が当該贈与又は当該信託財産とすることにつき同項に規定する書類を同項に規定する贈与等の日の前日までに提出しなかつた場合に限る。）、第9項に規定する受贈公益法人等が同項に規定する特定一般法人から同項に規定する財産等の贈与を受けた場合（当該特定一般法人が当該贈与につき同項に規定する書類を当該贈与の日の前日までに提出しなかつた場合に限る。）、第10項に規定する譲受法人が同項に規定する譲渡法人から同項に規定する財産等の贈与を受けた場合（当該譲渡法人が当該贈与につき同項に規定する書類を当該贈与の日の前日までに提出しなかつた場合に限る。）及び第11項に規定する引継受託者が同項に規定する当初受託者から任務終了事由等により同項に規定する財産等の移転を受けた場合（当該当初受託者が当該移転につき同項に規定する書類を同項に規定する認可又は届出の日の前日までに提出しなかつた場合に限る。）について準用する。この場合において、当該引継法人等が当該当初法人から当該引継財産の贈与を受けた場合又は当該引継財産を当該公益信託の信託財産として受け入れた場合について準用するときは、前項中「資産は」とあるのは、

「第8項に規定する公益引継資産は」と読み替えるものとする。

15 第5項後段の規定は第6項から第13項（前項において準用する場合を含む。以下この項において同じ。）までの規定を適用する場合について、第8項後段の規定は第9項の特定一般法人、第10項の譲渡法人並びに前項の規定を適用する場合における同項の当初法人、特定一般法人及び譲渡法人について、それぞれ準用する。この場合において、第10項の譲受法人又は前項の譲受法人について第10項又は第13項の規定を適用する場合について準用する第5項後段中「当該公益目的事業の用」とあるのは「当該公益目的事業の用（政令で定める事業の用に限る。）」と、「とし、第2号の書類を提出した公益法人等は、同号の特定買換資産を、同号の方法により管理しなければならないものとする」とあるのは「とする」と読み替えるものとする。

16 （略）

17 国税庁長官は、第1項後段の承認をしたときは、その旨を当該承認を申請した者及び当該申請に係る公益法人等に対し、当該承認をしないことを決定したとき又は当該承認を第2項の規定により取り消したときは、その旨を当該承認を申請した者又は当該承認を受けていた者に対し、当該承認を第3項の規定により取り消したときは、その旨を当該承認に係る公益法人等に対し、それぞれ通知しなければならない。

18 個人から贈与又は遺贈を受けた資産（当該資産に係る代替資産、買換資産又は特定買換資産に該当するものを含む。以下この項において「受贈資産」という。）を有する公益法人等が当該受贈資産の移転につき第5項から第12項までの規定の適用を受けようとする場合には、当該公益法人等は、政令で定めるところにより、国税庁長官に対し、当該受贈資産が当該公益法人等に係る特定贈与等に係る第3項に規定する財産等であることの確認を求めることができる。この場合において、当該公益法人等が当該受贈資産のうち平成20年12月1日以後の贈与又は遺贈に係るものについてその確認を求めることができるのは、その確認を求めることにつき災害その他やむを得ない理由がある場合に限るものとする。

19 国税庁長官は、前項の規定により確認を求められたときは、当該確認に係る公益法人等に対

し、速やかに回答しなければならない。

20　第1項後段の承認につき、その承認をしないことの決定若しくは第2項の取消しがあつた場合（当該取消しがあつた場合には、政令で定める場合に限る。）における当該承認を申請した者若しくは当該承認を受けていた者の納付すべき所得税の額で当該処分に係る財産の贈与若しくは遺贈に係るものとして政令で定めるところにより計算した金額又は第3項の取消しがあつた場合（政令で定める場合に限る。）における当該承認に係る公益法人等の納付すべき所得税の額についての国税通則法第60条第2項の規定の適用については、同項本文に規定する期間は、同項の規定にかかわらず、当該決定又は取消しの通知をした日の翌日から当該金額を完納する日までの期間とする。

21　第1項の規定の適用を受ける財産の贈与又は遺贈について所得税法第78条第1項の規定又は第41条の18の2若しくは第41条の18の3の規定の適用がある場合におけるこれらの規定の適用については、同法第78条第2項中「寄附金（学校の入学に関してするものを除く。）」とあるのは「寄附金（租税特別措置法第40条第1項（国等に対して財産を寄附した場合の譲渡所得等の非課税）の規定の適用を受けるもののうち同項に規定する財産の贈与又は遺贈に係る山林所得の金額若しくは譲渡所得の金額で第32条第3項に規定する山林所得の特別控除額若しくは第33条第3項に規定する譲渡所得の特別控除額を控除しないで計算した金額又は雑所得の金額に相当する部分及び学校の入学に関してするものを除く。）」と、第41条の18の2第1項中「その寄附をした者」とあるのは「第40条第1項の規定の適用を受けるもののうち同項に規定する財産の贈与又は遺贈に係る山林所得の金額若しくは譲渡所得の金額で所得税法第32条第3項に規定する山林所得の特別控除額若しくは同法第33条第3項に規定する譲渡所得の特別控除額を控除しないで計算した金額又は雑所得の金額に相当する部分並びにその寄附をした者」と、「所得税法」とあるのは「同法」とする。

22　第20項に定めるもののほか、第1項後段の承認の手続、第2項後段の規定によりあつたものとみなされる贈与又は遺贈に係る所得税法第78条の規定の特例、第3項後段の規定により贈与又は遺贈を行つた個人とみなされる公益法人等に対する所得税に関する法令の規定の適用に関

する特例、当該公益法人等（合併又は解散（合併による解散を除く。）をするものに限る。）に対する所得税の納税義務の成立時期に関する特例その他第1項から第19項までの規定の適用に関し必要な事項は、政令で定める。

（国等に対して相続財産を贈与した場合等の相続税の非課税等）

第70条　（略）

2　（略）

3　相続又は遺贈により財産を取得した者が、当該財産の全部又は一部を第1項に規定する申告書の提出期限までに公益信託に関する法律第2条第1項第1号に規定する公益信託（次項において「公益信託」という。）の信託財産とするために支出をした場合には、当該支出により当該支出をした者又はその親族その他これらの者と相続税法第64条第1項に規定する特別の関係がある者の相続税又は贈与税の負担が不当に減少する結果となると認められる場合を除き、当該支出をした財産の価額は、当該相続又は遺贈に係る相続税の課税価格の計算の基礎に算入しない。

4　前項の財産を受け入れた公益信託がその受入れの日から2年を経過した日までに終了（信託の併合による終了を除く。）をした場合又は当該公益信託の受託者が当該財産を同日までにその公益信託事務（公益信託に関する法律第7条第3項第4号に規定する公益信託事務をいう。）の用に供しない場合若しくは供しなくなつた場合には、前項の規定にかかわらず、当該財産の価額は、同項の相続又は遺贈に係る相続税の課税価格の計算の基礎に算入する。

5　第1項又は第3項の規定は、これらの規定の適用を受けようとする者のこれらの規定の相続又は遺贈に係る第1項に規定する申告書に、これらの規定の適用を受けようとする旨を記載し、かつ、同項の贈与又は第3項の支出をした財産の明細書その他財務省令で定める書類を添付しない場合には、適用しない。

6　第1項又は第3項の規定の適用を受けてこれらの規定に規定する相続又は遺贈に係る申告書を提出した者（その者の相続人及び包括受遺者を含む。）は、これらの規定の適用を受けた財産について第2項又は第4項に規定する事由が生じた場合には、これらの規定に規定する2年を経過した日の翌日から4月以内に修正申告書を提出し、かつ、当該期限内に当該修正申告書

の提出により納付すべき税額を納付しなければ
ならない。

7　第1項又は第3項の規定の適用を受けた者
は、これらの規定の適用を受けた財産について
第2項又は第4項に規定する事由が生じたこと
に伴い当該財産の価額を相続税の課税価格に算
入すべきこととなつたことにより、相続税法第
27条又は第29条の規定による申告書を提出すべ
きこととなつた場合には、第2項又は第4項に
規定する2年を経過した日の翌日から4月以内
に期限後申告書を提出し、かつ、当該期限内に
当該期限後申告書の提出により納付すべき税額
を納付しなければならない。

8　前二項の規定により申告書を提出すべき者が
これらの申告書を提出しなかつた場合には、税
務署長は、これらの申告書に記載すべきであつ
た課税価格、相続税額その他の事項につき国税
通則法第24条若しくは第26条の規定による更正
又は同法第25条の規定による決定を行う。

9　第69条の3第4項の規定は、第6項の規定に
よる修正申告書及び前項の更正（当該申告書を
提出すべき者に係るものに限る。）について、
同条第5項の規定は、第7項の規定による期限
後申告書及び前項の更正（当該申告書を提出す
べき者に係るものに限る。）又は決定について、
それぞれ準用する。この場合において、同条第
4項第2号中「第69条の3第1項」とあるのは
「第70条第6項」と、「第27条」とあるのは「第
27条又は第29条」と、同条第5項第2号中「第
69条の3第2項」とあるのは「第70条第7項」
と読み替えるものとする。

10　第1項、第2項及び第5項から前項までの規
定は、相続又は遺贈により財産を取得した者
が、当該財産の全部又は一部を第1項に規定す
る申告書の提出期限までに特定非営利活動促進
法第2条第3項に規定する認定特定非営利活動
法人に対し、当該認定特定非営利活動法人の行
う同条第1項に規定する特定非営利活動に係る
事業に関連する贈与をした場合について準用す
る。この場合において、第2項中「同項の規
定」とあるのは「第10項において準用する前項
の規定」と、第5項中「第1項又は第3項」と
あるのは「第10項において準用する第1項」
と、「同項の贈与又は第3項の支出」とあるの
は「第10項の贈与」と読み替えるものとする。

附　則（令和6年法律第8号）　抄

（施行期日）

第1条　この法律は、令和6年4月1日から施行
する。ただし、次の各号に掲げる規定は、当該
各号に定める日から施行する。

一～八　（略）

九　次に掲げる規定　公益信託に関する法律
（令和6年法律第30号）の施行の日

イ～ホ　（略）

ヘ　第13条中租税特別措置法第4条の5の改
正規定、同法第29条の2第4項の改正規定
（「又は遺贈（」の下に「公益信託に関する
法律（令和6年法律第30号）第2条第1項
第1号に規定する公益信託の受託者に対す
るものであつてその信託財産とするための
もの及び」を加える部分に限る。）、同項第
2号の改正規定、同法第30条第2項第5号
の改正規定、同法第33条の3第3項の改正
規定、同法第40条の改正規定（同条第8項
中「同条第17号」を「同条第20号」に改め
る部分を除く。）、同法第41条の18第2項の
改正規定（「同条第3項の規定又は」を削
る部分に限る。）、同法第41条の18の2第2
項の改正規定、同法第41条の18の3第1項
の改正規定、同法第66条の11の3の改正規
定、同法第70条の改正規定並びに同法第86
条の7の見出し及び同条第1項の改正規定
並びに附則第54条第1項から第3項までの
規定

十～十六　（略）

（相続税及び贈与税の特例に関する経過措置）

第54条　新租税特別措置法第70条第3項及び第4
項の規定は、附則第1条第9号に定める日以後
に支出をする財産に係る相続税について適用す
る。

2　相続又は遺贈（贈与をした者の死亡により効
力を生ずる贈与を含む。）により財産を取得し
た者が当該財産に属する金銭を旧租税特別措置
法第70条第3項に規定する特定公益信託（移行
認可を受けたものを除く。）の信託財産とする
ために支出をした場合については、同項及び同
条第4項の規定は、なおその効力を有する。こ
の場合において、同条第3項中「公益信託ニ関
スル法律（大正11年法律第62号）第1条に規定
する公益信託で信託の終了の時における信託財
産がその信託財産に係る信託の委託者に帰属し
ないこと及びその信託事務の実施につき政令で
定める要件を満たすものであることについて政
令で定めるところにより証明がされたもの」と

394　第5章　参考資料

あるのは、「所得税法等の一部を改正する法律（令和6年法律第8号）附則第54条第2項に規定する特定公益信託」とする。

3　前項の規定によりなおその効力を有するものとされる旧租税特別措置法第70条第3項の規定の適用を受けた金銭を受け入れた前項の特定公益信託が移行認可を受けた場合には、当該移行認可の日以後は、当該金銭を新租税特別措置法第70条第3項の規定の適用を受けた財産とみなして、同条第4項の規定を適用する。

4〜6　（略）

○　租税特別措置法施行令（昭和32年政令第43号）抄

（公益法人等に対して財産を寄附した場合の譲渡所得等の非課税）

第25条の17　法第40条第1項後段の規定の適用を受けようとする者は、贈与又は遺贈（同項後段に規定する贈与又は遺贈をいう。以下この条において同じ。）により同項後段に規定する財産（以下この条において「財産」という。）を取得する同項後段に規定する公益法人等（以下この条において「公益法人等」という。）の事業の目的、当該贈与又は遺贈に係る財産の内容その他の財務省令で定める事項を記載した申請書に、当該公益法人等が当該申請書に記載された事項を確認したことを証する書類を添付して、当該贈与又は遺贈のあつた日から4月以内（当該期間の経過する日前に当該贈与があつた日の属する年分の所得税の確定申告書の提出期限が到来する場合には、当該提出期限まで）に、納税地の所轄税務署長を経由して、国税庁長官に提出しなければならない。この場合において、当該期間内に当該申請書の提出がなかつたこと又は当該書類の添付がなかつたことにつき国税庁長官においてやむを得ないと認める事情があり、かつ、当該贈与又は遺贈に係る山林所得、譲渡所得又は雑所得につき国税通則法第24条から第26条までの規定による更正又は決定を受ける日の前日までに当該申請書又は書類の提出があつたときは、当該期間内に当該申請書の提出又は当該書類の添付があつたものとする。

2　法第40条第1項後段に規定する政令で定める財産は、国外にある土地若しくは土地の上に存する権利又は建物及びその附属設備若しくは構築物とする。

3　法第40条第1項後段に規定する政令で定める

理由により贈与又は遺贈に係る財産の譲渡をした場合は、次の各号に掲げる場合とし、同項後段に規定する当該財産に代わるべき資産として政令で定めるものは、当該各号に掲げる場合の区分に応じ当該各号に定める資産とする。

一　当該財産につき法第64条第1項に規定する収用等又は法第65条第1項に規定する換地処分等による譲渡があつた場合（法第64条第2項又は第65条第7項から第9項までの規定によりこれらの譲渡があつたものとみなされる場合を含む。）　当該財産に係る法第64条第1項に規定する代替資産又は法第65条第1項に規定する交換取得資産

二　当該贈与又は遺贈に係る公益法人等の法第40条第1項後段に規定する公益目的事業（以下この条において「公益目的事業」という。）の用に直接供する施設につき、所得税法第2条第1項第27号に規定する災害があつた場合において、その復旧を図るために当該財産を譲渡したとき　その災害を受けた施設（災害により滅失した場合には、当該施設に代わるべき当該施設と同種の施設）の用に供する減価償却資産、土地及び土地の上に存する権利

三　当該贈与又は遺贈に係る公益法人等の公益目的事業の用に直接供する施設（当該財産をその施設の用に供しているものに限る。）における当該公益目的事業の遂行が、環境基本法（平成5年法律第91号）第2条第3項に規定する公害により、若しくは当該施設の所在場所の周辺において風俗営業等の規制及び業務の適正化等に関する法律第2条第1項第1号から第4号までに掲げる営業が営まれることとなつたことにより著しく困難となつた場合又は当該施設の規模を拡張する場合において、当該施設の移転をするため当該財産を譲渡したとき　当該移転後の施設の用に供する減価償却資産、土地及び土地の上に存する権利

四　当該財産につき所得税法第57条の4第1項に規定する株式交換又は同条第2項に規定する株式移転による譲渡があつた場合　当該株式交換により取得する同条第1項に規定する株式交換完全親法人の同項に規定する株式若しくは親法人（当該株式交換完全親法人との間に同項に規定する政令で定める関係がある法人をいう。）の同項に規定する株式又は当該株式移転により取得する同条第2項に規定

する株式移転完全親法人の株式

五　（略）

六　当該財産のうち、第7項の規定の適用を受けて行われた贈与若しくは遺贈に係るもの又は法第40条第5項第2号に規定する特定買換資産で、第7項第2号イ、ロ（2）若しくはハからホまでに規定する方法でこれらの規定に規定する要件を満たすもの（以下この条において「特定管理方法」という。）により管理されていたものの譲渡をしたとき　当該譲渡をした財産に代わるべき資産として財務省令で定めるもので引き続き当該特定管理方法により管理されるもの

七　前各号に掲げる場合に準ずる場合として財務省令で定める場合　その譲渡による収入金額の全部に相当する金額をもつて取得した資産で財務省令で定めるもの

4　法第40条第1項後段に規定する政令で定める事情は、公益法人等が同項後段の贈与又は遺贈を受けた土地の上に建設をする当該贈与又は遺贈に係る公益目的事業の用に直接供する建物のその建設に要する期間が通常2年を超えることその他同項の財産又は代替資産を当該贈与又は遺贈があつた日から2年を経過する日までの期間内に当該公益目的事業の用に直接供することが困難であるやむを得ない事情とし、同項後段に規定する政令で定める期間は、当該贈与又は遺贈があつた日から国税庁長官が認める日までの期間とする。

5　法第40条第1項後段に規定する政令で定める要件は、次に掲げる要件（同項後段の贈与又は遺贈が法人税法別表第一に掲げる独立行政法人、国立大学法人、大学共同利用機関法人、地方独立行政法人（地方独立行政法人法第21条第1号に掲げる業務、同条第3号チに掲げる事業に係る同号に掲げる業務、同条第4号に掲げる業務、同条第5号に掲げる業務若しくは地方独立行政法人法施行令第6条第1号に掲げる介護老人保健施設若しくは介護医療院若しくは同条第3号に掲げる博物館、美術館、植物園、動物園若しくは水族館に係る同法第21条第6号に掲げる業務を主たる目的とするもの又は同法第68条第1項に規定する公立大学法人に限る。）及び日本司法支援センターに対するもの（法第40条第1項第2号に規定する公益信託の信託財産とするためのものを除く。）である場合には、第2号に掲げる要件）とする。

一　当該贈与又は遺贈が、教育又は科学の振興、文化の向上、社会福祉への貢献その他公益の増進に著しく寄与すること。

二　当該贈与又は遺贈に係る財産又は法第40条第1項に規定する代替資産が、当該贈与又は遺贈があつた日から2年を経過する日までの期間（同項に規定する期間をいう。）内に、当該公益法人等の当該贈与又は遺贈に係る公益目的事業の用に直接供され、又は供される見込みであること。

三　公益法人等に対して財産の贈与又は遺贈をすることにより、当該贈与若しくは遺贈をした者の所得に係る所得税の負担を不当に減少させ、又は当該贈与若しくは遺贈をした者の親族その他これらの者と相続税法第64条第1項に規定する特別の関係がある者の相続税若しくは贈与税の負担を不当に減少させる結果とならないと認められること。

6　贈与又は遺贈が、次の各号に掲げる場合の区分に応じ当該各号に定める要件を満たすときは、前項第3号の所得税又は贈与税若しくは相続税の負担を不当に減少させる結果とならないと認められるものとする。

一　次号に掲げる場合以外の場合　次に掲げる要件の全てを満たす公益法人等に対するものであること。

イ　その運営組織が適正であるとともに、その寄附行為、定款又は規則において、その理事、監事、評議員その他これらの者に準ずるもの（以下この号及び次項第1号において「役員等」という。）のうち親族関係を有する者及びこれらと次に掲げる特殊の関係がある者（ロ、次号ハ及び同項第1号において「親族等」という。）の数がそれぞれの役員等の数のうちに占める割合は、いずれも3分の1以下とする旨の定めがあること。

（1）当該親族関係を有する役員等と婚姻の届出をしていないが事実上婚姻関係と同様の事情にある者

（2）当該親族関係を有する役員等の使用人及び使用人以外の者で当該役員等から受ける金銭その他の財産によつて生計を維持しているもの

（3）（1）又は（2）に掲げる者の親族でこれらの者と生計を一にしているもの

（4）当該親族関係を有する役員等及び

396　第5章　参考資料

（1）から（3）までに掲げる者のほか、次に掲げる法人の法人税法第2条第15号に規定する役員（（ⅰ）において「会社役員」という。）又は使用人である者
　　（ⅰ）　当該親族関係を有する役員等が会社役員となつている他の法人
　　（ⅱ）　当該親族関係を有する役員等及び（1）から（3）までに掲げる者並びにこれらの者と法人税法第2条第10号に規定する政令で定める特殊の関係のある法人を判定の基礎にした場合に同号に規定する同族会社に該当する他の法人
　ロ　その公益法人等に財産の贈与若しくは遺贈をする者、その公益法人等の役員等若しくは社員又はこれらの者の親族等に対し、施設の利用、金銭の貸付け、資産の譲渡、給与の支給、役員等の選任その他財産の運用及び事業の運営に関して特別の利益を与えないこと。
　ハ　その寄附行為、定款又は規則において、その公益法人等が解散した場合にその残余財産が国若しくは地方公共団体又は他の公益法人等に帰属する旨の定めがあること。
　ニ　その公益法人等につき公益に反する事実がないこと。
　ホ　その公益法人等が当該贈与又は遺贈により株式の取得をした場合には、当該取得により当該公益法人等の有することとなる当該株式の発行法人の株式がその発行済株式の総数の2分の1を超えることとならないこと。
二　法第40条第1項第2号に規定する公益信託（以下この条において「公益信託」という。）の信託財産とするためのものである場合　次に掲げる要件（その公益信託の受託者（その公益信託の受託者が二以上ある場合には、その公益信託の全ての受託者）が同項第1号に掲げる者（前号イに掲げる要件を満たすものに限る。）その他の財務省令で定める者である場合には、ロに掲げる要件を除く。）の全てを満たす公益信託の信託財産とするためのものであること。
　イ　その公益信託が、その信託行為の定めるところにより適正に運営されるものであること。
　ロ　その公益信託の信託行為において、運営

委員会その他これに準ずるもの（当該信託行為において、その公益信託の目的に関し学識経験を有する者から構成される旨の定めがあることその他の公益信託の適正な運営に資するものとして財務省令で定める要件を満たすものに限る。）を置く旨の定めがあること。
　ハ　その公益信託の信託財産とするために財産の贈与若しくは遺贈をする者、その公益信託の受託者若しくは公益信託に関する法律第4条第2項第2号に規定する信託管理人（当該受託者又は信託管理人が法人である場合には、その同法第9条第2号に規定する理事等を含む。）又はこれらの者（個人に限る。）の親族等に対し、施設の利用、金銭の貸付け、資産の譲渡、報酬の支払その他信託財産の運用及び公益信託の運営に関して特別の利益を与えないこと。
　ニ　その公益信託の信託行為において、その公益信託が終了した場合にその残余財産が国若しくは地方公共団体又は公益法人等に帰属する旨の定めがあること。
　ホ　その公益信託につき公益に反する事実がないこと。
　ヘ　当該贈与又は遺贈により株式がその公益信託の信託財産とされた場合には、当該株式を当該信託財産として受け入れたことにより当該公益信託の受託者（当該公益信託の受託者が二以上ある場合には、いずれかの受託者）の有することとなる当該株式の発行法人の株式がその発行済株式の総数の2分の1を超えることとならないこと。

7　法第40条第1項後段の贈与又は遺贈が、公益法人等（国立大学法人等（国立大学法人、大学共同利用機関法人、公立大学法人、独立行政法人国立高等専門学校機構及び国立研究開発法人をいう。以下この項において同じ。）、公益社団法人、公益財団法人、学校法人（私立学校振興助成法（昭和50年法律第61号）第14条第1項に規定する学校法人で同項に規定する文部科学大臣の定める基準に従い会計処理を行うものに限る。第2号ハにおいて同じ。）、社会福祉法人又は認定特定非営利活動法人等（特定非営利活動促進法（平成10年法律第7号）第2条第3項に規定する認定特定非営利活動法人及び同条第4項に規定する特例認定特定非営利活動法人をいう。第2号ホにおいて同じ。）に限る。以下こ

5　公益信託　税法関連条文　397

の項において同じ。）に対するものである場合
において、次に掲げる要件を満たすものである
ことを証する書類として財務省令で定める書類
を添付した第1項の規定による申請書（当該公
益法人等が当該贈与又は遺贈に係る財産につい
て、特定管理方法により管理することとする旨
又は同号ロ（1）に規定する不可欠特定財産と
して同号ロ（1）に規定する定款の定めを設け
ることとする旨の記載のあるものに限る。）の
提出があつたときは、法第40条第1項後段に規
定する要件は、次に掲げる要件（国立大学法人
等（法人税法別表第一に掲げる法人に限る。次
項及び第13項第3号において「特定国立大学法
人等」という。）にあつては、第2号及び第3
号に掲げる要件）とする。

一　当該贈与又は遺贈をした者が当該公益法人
等の役員等及び社員並びにこれらの者の親族
等に該当しないこと。

二　次に掲げる当該贈与又は遺贈を受けた公益
法人等の区分に応じそれぞれ次に定める要件
　イ　（略）
　ロ　公益社団法人又は公益財団法人　次に掲
げる要件のいずれかを満たすこと。
　（1）　当該贈与又は遺贈を受けた財産が当
該公益社団法人又は当該公益財団法人の
不可欠特定財産（公益社団法人及び公益
財団法人の認定等に関する法律（平成18
年法律第49号）第5条第16号に規定する
財産をいう。第9項において同じ。）で
あるものとして、その旨並びにその維持
及び処分の制限について、必要な事項が
定款で定められていること。
　（2）　当該贈与又は遺贈を受けた財産（当
該財産につき譲渡があつた場合には、当
該譲渡による収入金額の全部に相当する
金額をもつて取得した資産（財務省令で
定めるものに限る。）を含む。）が、関係
大臣が財務大臣と協議して定める事業に
充てるために関係大臣が財務大臣と協議
して定める方法により管理されることに
つき、関係大臣が財務大臣と協議して定
める所轄庁に確認されていること。
　ハ・ニ　（略）
三　その他財務省令で定める要件

8　次の各号に掲げる場合において、第1項の税
務署長に当該各号に規定する申請書の提出があ
つた日から1月以内（第2号の贈与又は遺贈を

受けた前項に規定する公益法人等が特定国立大
学法人等でない場合であつて、当該贈与又は遺
贈を受けた財産が、法第37条の10第2項に規定
する株式等（同項第1号から第3号まで、第5
号及び第6号に掲げるものに限る。）、新株予約
権付社債（資産の流動化に関する法律第131条
第1項に規定する転換特定社債及び同法第139
条第1項に規定する新優先資引受権付特定社
債を含む。）又は所得税法第174条第9号に規定
する匿名組合契約の出資の持分であるときは、
3月以内）に、これらの申請の承認がなかつた
とき、又は当該承認をしないことの決定がなか
つたときは、これらの申請の承認があつたもの
とみなす。

一　（略）

二　前項の贈与又は遺贈につき同項の申請書
（同項の書類の添付があるものに限る。）の提
出があつた場合

9　（略）

10　法第40条第2項に規定する政令で定める事実
は、第5項第2号に規定する期間内に同項に規
定する財産若しくは代替資産（特定管理方法に
より管理されているものを除く。）が同号の公
益目的事業の用に直接供されなかつたこと、当
該財産若しくは代替資産が当該公益目的事業の
用に直接供される前に同項第3号に掲げる要件
に該当しないこととなつたこと又は前項の定め
るところにより同項に規定する財務省令で定め
る書類の提出がなかつたこととする。

11　法第40条第2項に規定する政令で定める場合
は、同条第8項に規定する特定処分を受けた同
項に規定する当初法人が、同項に規定する公益
引継資産を国又は地方公共団体に贈与した場合
（当該公益引継資産として同条第2項に規定す
る財産又は代替資産（当該財産又は代替資産の
譲渡をした場合には、当該譲渡による収入金額
の全部に相当する額の金銭）を贈与した場合を
除く。）とする。

12　法第40条第1項後段の規定の適用を受けて行
われた贈与又は遺贈に係る同項後段の承認につ
き同条第2項の規定による取消しがあつた場合
には、当該贈与又は遺贈があつた時に、その時
における価額に相当する金額により、当該贈与
又は遺贈に係る財産の譲渡があつたものとし
て、同項後段に規定する贈与又は遺贈に係る山
林所得の金額、譲渡所得の金額又は雑所得の金
額を計算し、当該贈与をした者の当該承認が取

398　第5章　参考資料

り消された日の属する年分（その日までに当該
贈与をした者が死亡していた場合には、死亡の
日の属する年分。第16項及び第40項において同
じ。）又は当該遺贈をした者の当該遺贈があつ
た日の属する年分の所得として、所得税を課す
る。

13 法第40条第3項に規定する政令で定める事実
は、次に掲げる事実とする。

一 法第40条第3項に規定する財産等（特定管
理方法により管理されているものを除く。）
をその公益目的事業の用に直接供しなくなつ
たこと。

二 第5項第3号に掲げる要件に該当しないこ
ととなつたこと。

三 第7項の申請書の提出の時において同項第
1号に掲げる要件に該当していなかつたこと
及び当該提出の時において当該要件に該当し
ないこととなることが明らかであると認めら
れ、かつ、当該提出の後に当該要件に該当し
ないこととなつたこと（同項に規定する公益
法人等が特定国立大学法人等である場合を除
く。）。

14 （略）

15 第11項の規定は、法第40条第3項に規定する
政令で定める場合について準用する。

16 法第40条第1項後段の規定の適用を受けて行
われた贈与又は遺贈に係る同項後段の承認につ
き同条第3項の規定による取消しがあつた場合
には、当該贈与又は遺贈があつた時に、その時
における価額に相当する金額により、当該贈与
又は遺贈に係る財産の譲渡があつたものとし
て、同項後段に規定する財産に係る山林所得の
金額、譲渡所得の金額又は雑所得の金額を計算
し、当該承認に係る公益法人等（同条第4項第
3号の規定の適用がある場合には、同号に規定
する主宰受託者。以下第18項まで及び第38項に
おいて同じ。）の当該承認が取り消された日の
属する年分（遺贈の場合には当該遺贈があつた
日の属する年分とし、当該公益法人等が当該承
認が取り消された日の属する年以前に解散又は
死亡をした場合には当該解散の日（当該解散が
合併による解散である場合には、当該合併の日
の前日）又は死亡の日の属する年分とする。）
の所得として、所得税を課する。この場合にお
いて、当該公益法人等（個人を除く。）の住所
は、その本店又は主たる事務所の所在地にある
ものとする。

17 法第40条第3項後段の規定により公益法人等
（前項に規定する承認が取り消された日の属す
る年以前に解散をしたものに限る。）に課され
る所得税に係る国税通則法第15条の規定の適用
については、同条第2項第1号中「暦年の終了
の時」とあるのは、「解散の日（合併による解
散の場合には、当該合併の日の前日）を経過す
る時」とする。

18 法第40条第3項後段の規定により公益法人等
（第16項に規定する承認が取り消された日の属
する年以前に解散をしたものに限る。）に課さ
れる所得税に係る所得税法第2編第5章第2節
の規定の適用については、同法第120条第1項
中「第3期（その年の翌年2月16日から3月15
日までの期間をいう。以下この節において同
じ。）において」とあるのは「解散の日（合併
による解散の場合には、当該合併の日の前日）
の翌日から2月以内（当該翌日から2月以内に
残余財産の最後の分配又は引渡しが行われる場
合には、その行われる日の前日まで）に」と、
同法第128条中「第3期において」とあるのは
「解散の日（合併による解散の場合には、当該
合併の日の前日）の翌日から2月以内（当該翌
日から2月以内に残余財産の最後の分配又は引
渡しが行われる場合には、その行われる日の前
日まで）に」とする。

19 法第40条第5項に規定する政令で定める事情
は、同項の公益法人等が同項第1号に規定する
買換資産として取得した土地の上に建設をする
同号に規定する財産に係る公益目的事業の用に
直接供する建物のその建設に要する期間が通常
1年を超えることその他当該買換資産を同号の
譲渡の日の翌日から1年を経過する日までの期
間内に当該公益目的事業の用に直接供すること
が困難であるやむを得ない事情とし、同項に規
定する政令で定める期間は、当該譲渡の日の翌
日から国税庁長官が認める日までの期間とす
る。

20 法第40条第5項第2号に規定する政令で定め
る財産は、第7項の規定の適用を受けて行われ
た贈与又は遺贈に係る財産とし、同号に規定す
る政令で定める方法は、特定管理方法とする。

21 法第40条第6項に規定する特定贈与等（次
項、第25項及び第32項において「特定贈与等」
という。）を受けた公益法人等が、同条第6項
に規定する合併により同項に規定する財産等を
同項に規定する公益合併法人に移転しようとす

る場合において、同項の規定の適用を受けよう
とするときは、当該合併の日の前日までに、同
項に規定する書類に、当該公益合併法人が同項
の規定の適用を受けることを確認したことを証
する書類を添付して、これを当該公益法人等の
主たる事務所の所在地の所轄税務署長を経由し
て、国税庁長官に提出しなければならない。

22 特定贈与等を受けた公益法人等が、法第40条
第7項に規定する解散による残余財産の分配又
は引渡しにより同項に規定する財産等を同項に
規定する他の公益法人等に移転し、又は同項に
規定する公益信託の信託財産としようとする場
合において、同項の規定の適用を受けようとす
るときは、当該解散の日の前日までに、同項に
規定する書類に、同項に規定する解散引継法人
等が同項の規定の適用を受けることを確認した
ことを証する書類を添付して、これを当該公益
法人等の主たる事務所の所在地の所轄税務署長
を経由して、国税庁長官に提出しなければなら
ない。

23 法第40条第8項に規定する当初法人が、同項
の規定により同項に規定する引継財産（次項に
おいて「引継財産」という。）を同条第8項に
規定する他の公益法人等に贈与し、又は同項に
規定する公益信託の信託財産としようとする場
合において、同項の規定の適用を受けようとす
るときは、同項に規定する贈与等の日の前日ま
でに、同項に規定する書類に、同項に規定する
引継法人等が同項の規定の適用を受けることを
確認したことを証する書類を添付して、これを
当該当初法人の主たる事務所の所在地の所轄税
務署長を経由して、国税庁長官に提出しなけれ
ばならない。

24 法第40条第8項に規定する政令で定める部分
は、引継財産の次の各号に掲げる区分に応じ当
該各号に定めるものとする。
　一　法第40条第8項に規定する財産等　当該財
　　産等
　二　前号に掲げる引継財産以外の引継財産　法
　　第40条第8項に規定する公益目的取得財産残
　　額を基礎として財務省令で定めるところによ
　　り計算した金額に相当する額の資産

25 第21項の規定は、特定贈与等を受けた法第40
条第9項に規定する特定一般法人が同項の規定
により同項に規定する財産等を同項に規定する
受贈公益法人等に贈与しようとする場合又は同
条第10項に規定する譲渡法人が同項の規定によ

り同項に規定する財産等を同項に規定する譲受
法人に贈与をしようとする場合について準用す
る。

26・27　（略）

28 法第40条第11項に規定する政令で定める場合
は、同条第1項後段の規定の適用を受けて行わ
れた贈与又は遺贈につき第13項第2号に掲げる
事実が生じたことにより、国税庁長官が同条第
1項後段の承認を取り消すことができる場合と
する。

29 法第40条第11項に規定する当初受託者が、同
項に規定する任務終了事由等により同項に規定
する財産等を同項に規定する引継受託者に移転
しようとする場合において、同項の規定の適用
を受けようとするときは、同項に規定する認可
又は届出の日の前日までに、同項に規定する書
類に、当該引継受託者が同項の規定の適用を受
けることを確認したことを証する書類を添付し
て、これを当該当初受託者の本店又は主たる事
務所の所在地（当該当初受託者が個人である場
合には、当該当初受託者の納税地）の所轄税務
署長を経由して、国税庁長官に提出しなければ
ならない。

30 第28項の規定は、法第40条第12項に規定する
政令で定める場合について準用する。

31 法第40条第12項に規定する当初公益信託の受
託者が、同項に規定する公益信託の終了により
同項に規定する財産等を同項に規定する他の公
益法人等に移転し、又は同項に規定する他の公
益信託の信託財産としようとする場合におい
て、同項の規定の適用を受けようとするとき
は、当該公益信託の終了の日の前日までに、同
項に規定する書類に、同項に規定する帰属権利
者が同項の規定の適用を受けることを確認した
ことを証する書類を添付して、これを当該当初
公益信託の受託者の本店又は主たる事務所の所
在地（当該当初公益信託の受託者が個人である
場合には、当該当初公益信託の受託者の納税
地）の所轄税務署長を経由して、国税庁長官に
提出しなければならない。

32 法第40条第13項に規定する公益合併法人が、
特定贈与等を受けた公益法人等から同条第6項
に規定する合併により資産の移転を受けた場合
において、同条第13項の規定の適用を受けよう
とするときは、当該資産が当該特定贈与等に係
る同項に規定する財産等であることを知った日
の翌日から2月を経過した日の前日までに、同

項に規定する書類に、当該資産が当該特定贈与等を受けた公益法人等から当該合併により移転を受けたものであることを明らかにする書類を添付して、これを当該公益合併法人の主たる事務所の所在地の所轄税務署長を経由して、国税庁長官に提出しなければならない。

33 前項の規定は、法第40条第8項に規定する引継法人等が同項に規定する当初法人から同項に規定する引継財産の贈与を受けた場合又は同項に規定する引継財産を同項に規定する公益信託の信託財産として受け入れた場合、同条第9項に規定する受贈公益法人等が同項に規定する特定一般法人から同項に規定する財産等の贈与を受けた場合、同条第10項に規定する譲受法人が同項に規定する譲渡法人から同項に規定する財産等の贈与を受けた場合及び同条第11項に規定する引継受託者が同項に規定する当初受託者から同項に規定する任務終了事由等により同項に規定する財産等の移転を受けた場合について準用する。この場合において、当該引継法人等が当該当初法人から当該引継財産を当該公益信託の信託財産として受け入れた場合について準用するときは、前項中「主たる事務所の所在地」とあるのは、「本店又は主たる事務所の所在地（当該引継法人等が個人である場合には、当該引継法人等の納税地）」と、当該引継受託者が当該当初受託者から当該任務終了事由等により当該財産等の移転を受けた場合について準用するときは、同項中「主たる事務所の所在地」とあるのは、「本店又は主たる事務所の所在地（当該引継受託者が個人である場合には、当該引継受託者の納税地）」と、それぞれ読み替えるものとする。

34〜36 （略）

37 法第40条第18項に規定する公益法人等（当該公益法人等が同条第1項第2号に規定する公益信託の受託者である場合において、当該公益信託の受託者が二以上あるときは、その同条第4項第3号に規定する主宰受託者。以下この項において同じ。）が同条第18項の規定による確認を求める場合には、同項に規定する受贈資産の内容その他の財務省令で定める事項を記載した書類に、同項に規定する確認を求める資産が当該受贈資産であることを明らかにする書類を添付して、これを当該公益法人等の本店又は主たる事務所の所在地（当該公益法人等が個人である場合には、当該公益法人等の納税地）の所轄

税務署長を経由して、国税庁長官に提出しなければならない。

38 法第40条第20項に規定する同条第2項の取消しに係る政令で定める場合は、第12項の規定により同項の贈与又は遺贈をした者に課される所得税のその納付の期限後において当該取消しが行われた場合とし、同条第20項に規定する同条第3項に係る政令で定める場合は、第16項の規定により公益法人等に課される所得税のその納付の期限（当該公益法人等が同項に規定する承認が取り消された日の属する年以前に解散をしたものである場合には、第18項の規定により読み替えられた所得税法第128条の規定による納付の期限）後において当該取消しが行われた場合とする。

39 法第40条第20項に規定する政令で定めるところにより計算した所得税の額は、その者の納付すべき所得税の額から同条第1項後段の承認があつたものとした場合において計算されるその者の納付すべき所得税の額を控除した金額に相当する金額とする。

40 法第40条第1項後段の承認につき同条第2項の規定による取消しがあつた場合において、当該承認に係る贈与について所得税法第78条第1項の規定又は法第41条の18の2若しくは第41条の18の3の規定の適用があるときは、これらの規定は、当該承認が取り消された日の属する年分において適用を受けることができる。この場合において、同項中「支出した場合」とあるのは「支出した場合（租税特別措置法第40条第1項後段（国等に対して財産を寄附した場合の譲渡所得等の非課税）の承認につき同条第2項の規定による取消しがあつた場合を含む。）」と、所得税法第78条第2項中「寄附金（学校の入学に関してするものを除く。）」とあるのは「寄附金（租税特別措置法第40条第1項の規定の適用を受けたもの（当該取消しに係るものに限る。）のうち同項に規定する財産の贈与に係る山林所得の金額若しくは譲渡所得の金額で第32条第3項（山林所得）に規定する山林所得の特別控除額若しくは第33条第3項（譲渡所得）に規定する譲渡所得の特別控除額を控除しないで計算した金額又は雑所得の金額に相当する部分に限るものとし、学校の入学に関してするものを除く。）」と、法第41条の18の2第1項中「その寄附をした者」とあるのは「その年において第40条第1項後段の承認につき同条第2項の規定に

よる取消しがあつた場合には、同条第1項の規定の適用を受けたもの（当該取消しに係るものに限る。）のうち同項に規定する財産の贈与に係る山林所得の金額若しくは譲渡所得の金額で所得税法第32条第3項に規定する山林所得の特別控除額若しくは同法第33条第3項に規定する譲渡所得の特別控除額を控除しないで計算した金額又は雑所得の金額に相当する部分を含むものとし、その寄附をした者」と、「所得税法」とあるのは「同法」とする。

41　関係大臣は、第7項第2号イ、ロ（2）及びホに規定する業務、事業、方法及び所轄庁を定めたときは、これを告示する。

附　則（令和6年政令第151号）　抄

（施行期日）

第1条　この政令は、令和6年4月1日から施行する。ただし、次の各号に掲げる規定は、当該各号に定める日から施行する。

一・二　（略）

三　第2条の35の改正規定、第25条の10の2第14項第3号の改正規定、第25条の17の改正規定、第26条の28の3第6項第2号イの改正規定、第39条の23第1項の改正規定、第40条の4を削り、第40条の3を第40条の4とし、第40条の2の3を第40条の3とする改正規定、第46条の5の見出しの改正規定及び第55条第1項の改正規定並びに次条並びに附則第10条第2項、第21条、第22条、第25条及び第26条の規定　公益信託に関する法律（令和6年法律第30号）の施行の日

四～六　（略）

（相続税の特例に関する経過措置）

第21条　改正法附則第54条第2項の規定によりなおその効力を有するものとされる旧法第70条第3項の規定に基づく旧令第40条の4第3項及び第4項の規定は、なおその効力を有する。この場合において、同条第3項中「主務大臣」とあるのは「主務大臣（当該特定公益信託が第2号に掲げるものをその目的とする公益信託である場合を除き、当該特定公益信託に係る主務官庁の権限に属する事務を行うこととされた都道府県の知事その他の執行機関を含む。次項において同じ。）」と、同条第4項中「証明がされた公益信託の第1項各号」とあるのは「公益信託の租税特別措置法施行令の一部を改正する政令（令和6年政令第151号）による改正前の租税特別措置法施行令第40条の4第1項各号」とす

る。

○　**租税特別措置法施行規則（昭和32年大蔵省令第15号）　抄**

（公益法人等に対して財産を寄附した場合の譲渡所得等の非課税）

第18条の19　施行令第25条の17第1項に規定する財務省令で定める事項は、次に掲げる事項とする。

一　贈与又は遺贈（法第40条第1項後段に規定する贈与又は遺贈をいう。以下この条において同じ。）をした者（以下この号において「贈与者等」という。）の氏名、住所又は居所及び当該贈与をした者の個人番号（個人番号を有しない者にあつては、氏名及び住所又は居所。以下この号において同じ。）（当該贈与をした者が死亡している場合又は遺贈の場合には、当該贈与者等の相続人（包括受遺者を含む。）の氏名、住所又は居所及び個人番号並びに当該贈与者等との続柄を含む。）並びに当該贈与又は遺贈をした年月日

二　当該贈与又は遺贈に係る法第40条第1項後段に規定する財産（以下この条において「財産」という。）の種類、所在地、数量、取得年月日、取得価額及び当該贈与又は遺贈の時における価額並びに当該財産の同項後段に規定する公益法人等（以下この条において「公益法人等」という。）における使用目的及び使用開始年月日又は使用開始予定年月日（同項後段に規定する政令で定める事情がある場合には、その事情の詳細を含む。）

三　当該贈与又は遺贈の次に掲げる場合の区分に応じそれぞれ次に定める事項

イ　ロに掲げる場合以外の場合　当該贈与又は遺贈により財産を取得する公益法人等の名称及び主たる事務所の所在地並びに事業の目的並びに設立年月日又は設立予定年月日

ロ　法第40条第1項第2号に規定する公益信託（以下この条において「公益信託」という。）の信託財産とするためのものである場合　当該贈与又は遺贈により財産を取得する公益法人等の氏名又は名称及び住所若しくは居所又は本店若しくは主たる事務所の所在地（当該公益信託の受託者が二以上ある場合には、その法第40条第4項第3号に規定する主宰受託者（以下この条におい

て「主宰受託者」という。）の氏名又は名称を含む。）並びに当該公益信託の名称、公益信託に関する法律（令和6年法律第30号）第2条第1項第2号に規定する公益事務の内容及び同法第6条の認可を受けた年月日

四　当該贈与又は遺贈をした者及びこれらの者の親族の当該公益法人等における地位その他当該公益法人等との関係

五　当該公益法人等の事業運営に関する明細（当該贈与又は遺贈が公益信託の信託財産とするためのものである場合には、当該公益信託に係る信託事務に関する明細）

六　当該贈与又は遺贈の次に掲げる場合の区分に応じそれぞれ次に定める事項

イ　ロに掲げる場合以外の場合　当該公益法人等の施行令第25条の17第6項第1号に規定する役員等（以下この号において「役員等」という。）の氏名及び住所並びに当該役員等に係る同項第1号イに規定する親族等（ロにおいて「親族等」という。）に関する事項

ロ　公益信託の信託財産とするためのものである場合　当該公益信託の第5項第1号に規定する運営委員等の氏名及び住所並びに当該運営委員等に係る親族等に関する事項（当該公益信託の受託者（当該公益信託の受託者が二以上ある場合には、その全ての受託者）が第4項に規定する者である場合には、当該公益信託の受託者のその役員等の氏名及び住所並びに当該役員等に係る親族等に関する事項）

七　施行令第25条の17第1項の申請書に同条第8項第1号に規定する書類を添付する場合には、その旨

八　その他参考となるべき事項

2・3　（略）

4　施行令第25条の17第6項第2号に規定する財務省令で定める者は、法第40条第1項第1号に掲げる者（施行令第25条の17第6項第1号イに掲げる要件を満たすものに限る。）とする。

5　施行令第25条の17第6項第2号ロに規定する財務省令で定める要件は、次に掲げる要件とする。

一　施行令第25条の17第6項第2号ロの公益信託の信託行為において、同号ロに規定する運営委員会その他これに準ずるもの（第3号に

おいて「運営委員会等」という。）は、当該公益信託の目的に関し学識経験を有する者、当該公益信託の適正な運営に必要な実務経験を有する者その他の者（次号及び第4号において「運営委員等」という。）から構成される旨の定めがあること。

二　当該信託行為において、運営委員等のうち施行令第25条の17第6項第1号イに規定する親族等の数が当該運営委員等の数のうちに占める割合は、3分の1以下とする旨の定めがあること。

三　当該信託行為において、当該公益信託の受託者は、信託財産の処分その他の公益信託事務（公益信託に関する法律第7条第3項第4号に規定する公益信託事務をいう。）の処理に関する重要な事項について、運営委員会等の同意を得なければならない旨の定めがあること。

四　運営委員等に対して当該公益信託の信託財産から支払われる報酬の額は、その任務の遂行のために通常必要な費用の額を超えないものであることが当該信託行為において明らかであること。

6〜10　（略）

11　法第40条第5項第1号に規定する財務省令で定めるものは、同条第3項に規定する公益法人等が同項の贈与又は遺贈を受けた同号に規定する財産（次項において「譲渡財産」という。）が株式である場合における公社債及び投資信託の受益権とする。

12　法第40条第5項第1号に規定する財務省令で定める事項は、次に掲げる事項とする。

一　法第40条第5項第1号に規定する書類を提出する公益法人等の名称、主たる事務所の所在地及び法人番号（当該公益法人等が公益信託の受託者である場合には、当該公益信託の受託者の氏名又は名称、住所若しくは居所又は本店若しくは主たる事務所の所在地及び個人番号又は法人番号（当該公益信託の受託者が二以上ある場合には、その主宰受託者の氏名又は名称を含む。）並びに当該公益信託の名称）

二　当該公益法人等が譲渡をしようとする譲渡財産の種類、所在地及び数量並びに当該公益法人等が当該譲渡財産を法第40条第1項後段に規定する公益目的事業の用に直接供した年月日並びに当該譲渡財産の譲渡予定価額及び

譲渡予定年月日

三　当該譲渡財産を当該公益法人等に贈与又は遺贈をした者の氏名及び住所又は居所、当該贈与又は遺贈をした年月日並びに当該贈与又は遺贈に係る法第40条第1項後段の承認を受けた年月日（以下この条において「承認年月日」という。）

四　当該公益法人等が取得する法第40条第5項第1号に規定する買換資産の種類、所在地、数量、取得予定価額、取得予定年月日、使用開始予定年月日（同項後段に規定する政令で定める事情がある場合には、その事情の詳細を含む。）及び使用目的

五　その他参考となるべき事項

13・14（略）

15　法第40条第6項に規定する財務省令で定める事項は、次に掲げる事項とする。

一　法第40条第6項に規定する特定贈与等（以下この条において「特定贈与等」という。）を受けた公益法人等の名称、主たる事務所の所在地及び法人番号並びに合併予定年月日

二　当該公益法人等が法第40条第6項に規定する公益合併法人に移転をしようとする同項に規定する財産等の種類、所在地及び数量

三　当該公益合併法人の名称、主たる事務所の所在地及び法人番号（法人番号を有しない法人にあつては、名称及び主たる事務所の所在地）並びに当該公益合併法人が当該移転を受ける資産の使用開始予定年月日（法第40条第15項において準用する同条第5項後段に規定する政令で定める事情がある場合には、その事情の詳細を含む。）及び使用目的

四　第2号に規定する財産等（当該財産等が、当該公益法人等が当該特定贈与等を受けた財産以外のものである場合には、当該財産）を当該公益法人等に当該特定贈与等をした者の氏名及び住所又は居所並びに当該特定贈与等に係る贈与又は遺贈をした年月日及び承認年月日並びに当該財産の種類、所在地及び数量

五　その他参考となるべき事項

16　法第40条第7項に規定する財務省令で定める事項は、次に掲げる事項とする。

一　特定贈与等を受けた公益法人等の名称、主たる事務所の所在地及び法人番号並びに解散予定年月日

二　当該公益法人等が法第40条第7項に規定する他の公益法人等に移転をし、又は同項に規定する公益信託の信託財産としようとする同項に規定する財産等の種類、所在地及び数量

三　法第40条第7項に規定する解散引継法人等の名称、主たる事務所の所在地及び法人番号（当該解散引継法人等が当該公益信託の受託者である場合には、当該公益信託の受託者の氏名又は名称、住所若しくは居所又は本店若しくは主たる事務所の所在地及び個人番号又は法人番号（当該公益信託の受託者が二以上ある場合には、その主宰受託者の氏名又は名称を含む。）並びに当該公益信託の名称）並びに当該解散引継法人等が当該移転を受け、又は当該公益信託の信託財産として受け入れる資産の使用開始予定年月日（同条第15項において準用する同条第5項後段に規定する政令で定める事情がある場合には、その事情の詳細を含む。）及び使用目的

四　第2号に規定する財産等（当該財産等が、当該公益法人等が当該特定贈与等を受けた財産以外のものである場合には、当該財産）を当該公益法人等に当該特定贈与等をした者の氏名及び住所又は居所並びに当該特定贈与等に係る贈与又は遺贈をした年月日及び承認年月日並びに当該財産の種類、所在地及び数量

五　その他参考となるべき事項

17　法第40条第8項に規定する財務省令で定める事項は、次に掲げる事項とする。

一　法第40条第8項に規定する当初法人（以下第19項までにおいて「当初法人」という。）の名称、主たる事務所の所在地及び法人番号、同条第8項に規定する特定処分（第31項において「特定処分」という。）を受けた年月日並びに当該特定処分後において同条第8項に規定する特定一般法人に該当することとなつた事情の詳細

二　当該当初法人が法第40条第8項に規定する他の公益法人等に贈与をし、又は同項に規定する公益信託の信託財産としようとする同項に規定する公益引継資産の種類、所在地、数量及び当該特定処分を受けた日の前日における価額並びに当該贈与予定年月日

三　法第40条第8項に規定する引継法人等が当該贈与を受け、又は当該公益信託の信託財産として受け入れる当該公益引継資産をもつて資産を取得しようとする場合には、その取得しようとする資産（次号において「代替公益引継資産」という。）の種類、所在地、数量、

404　第5章　参考資料

取得予定価額及び取得予定年月日

四　当該引継法人等の名称、主たる事務所の所
在地及び法人番号（当該引継法人等が当該公
益信託の受託者である場合には、当該公益信
託の受託者の氏名又は名称、住所若しくは居
所又は本店若しくは主たる事務所の所在地及
び個人番号又は法人番号（当該公益信託の受
託者が二以上ある場合には、その主宰受託者
の氏名又は名称を含む。）並びに当該公益信
託の名称）並びに当該引継法人等が当該贈与
を受け、又は当該公益信託の信託財産として
受け入れる当該公益引継資産（代替公益引継
資産を含む。）の使用開始予定年月日（法第
40条第15項において準用する同条第５項後段
に規定する政令で定める事情がある場合に
は、その事情の詳細を含む。）及び使用目的

五　当該公益引継資産（当該公益引継資産が、
当該当初法人が特定贈与等を受けた財産以外
のものである場合には、当該財産）を当該当
初法人に当該特定贈与等をした者の氏名及び
住所又は居所並びに当該特定贈与等に係る贈
与又は遺贈をした年月日及び承認年月日並び
に当該財産の種類、所在地及び数量

六　当該公益引継資産が施行令第25条の17第24
項第２号に掲げる引継財産である場合には、
次項又は第19項の規定により計算した金額及
び当該金額の計算に関する明細

七　その他参考となるべき事項

18　施行令第25条の17第24項第２号に規定する財
務省令で定めるところにより計算した金額は、
当初法人の法第40条第８項に規定する公益目的
取得財産残額に、第１号に掲げる金額のうちに
第２号に掲げる金額の占める割合を乗じて計算
した金額とする。

一　公益社団法人及び公益財団法人の認定等に
関する法律施行規則（平成19年内閣府令第68
号。次項において「公益認定法施行規則」と
いう。）第49条第１号に掲げる額（その額が
零を下回る場合にあつては、零）と同条第２
号に掲げる額との合計額

二　法第40条第８項に規定する財産等の同項に
規定する特定処分を受けた日の前日における
価額

19　公益認定法施行規則第50条第１項の規定の適
用がある場合における施行令第25条の17第24項
第２号に規定する財務省令で定めるところによ
り計算した金額は、前項の規定にかかわらず、

当初法人の法第40条第８項に規定する公益目的
取得財産残額に、第１号に掲げる金額のうちに
第２号に掲げる金額の占める割合を乗じて計算
した金額とする。

一　公益認定法施行規則第50条第３項第１号に
掲げる額（その額が零を下回る場合にあつて
は、零）と同項第２号に掲げる額との合計額

二　前項第２号に掲げる金額

20〜27　（略）

28　法第40条第11項に規定する財務省令で定める
事項は、次に掲げる事項とする。

一　法第40条第11項に規定する当初受託者の氏
名又は名称、住所若しくは居所又は本店若し
くは主たる事務所の所在地及び個人番号又は
法人番号（当該当初受託者に係る公益信託の
受託者が二以上ある場合には、当該当初受託
者以外の受託者の氏名又は名称、住所若しく
は居所又は本店若しくは主たる事務所の所在
地及び個人番号又は法人番号を含む。）、当該
公益信託の名称、同項に規定する任務終了事
由等が生じた年月日並びに当該任務終了事由
等の詳細

二　当該当初受託者が法第40条第11項に規定す
る引継受託者に移転をしようとする同項に規
定する財産等の種類、所在地及び数量

三　当該引継受託者の氏名又は名称、住所若し
くは居所又は本店若しくは主たる事務所の所
在地及び個人番号又は法人番号、当該引継受
託者が当該移転を受ける資産の使用開始予定
年月日（法第40条第15項において準用する同
条第５項後段に規定する政令で定める事情が
ある場合には、その事情の詳細を含む。）及
び使用目的並びに公益信託に関する法律第12
条第１項に規定する新受託者の選任若しくは
同法第７条第２項各号に掲げる事項の変更に
係る同法第12条第１項の認可の申請をした日
又は同項ただし書に規定する新受託者の選任
に係る同法第14条第１項の規定による届出の
予定年月日

四　第２号に規定する財産等（当該財産等が、
当該当初受託者が特定贈与等を受けた財産以
外のものである場合には、当該財産）を当該
当初受託者に当該特定贈与等をした者の氏名
及び住所又は居所並びに当該特定贈与等に係
る贈与又は遺贈をした年月日及び承認年月日
並びに当該財産の種類、所在地及び数量

五　その他参考となるべき事項

5　公益信託　税法関連条文　405

29　法第40条第12項に規定する財務省令で定める
　事項は、次に掲げる事項とする。
　　一　法第40条第12項に規定する当初公益信託の
　　　受託者の氏名又は名称、住所若しくは居所又
　　　は本店若しくは主たる事務所の所在地及び個
　　　人番号又は法人番号（当該当初公益信託の受
　　　託者が二以上ある場合には、その主宰受託者
　　　の氏名又は名称を含む。）、当該当初公益信託
　　　の名称、同項に規定する公益信託の終了の予
　　　定年月日並びに当該公益信託の終了に係る事
　　　由の詳細
　　二　当該当初公益信託の受託者が法第40条第12
　　　項に規定する他の公益法人等に移転をし、又
　　　は同項に規定する他の公益信託の信託財産と
　　　しようとする同項に規定する財産等の種類、
　　　所在地及び数量
　　三　法第40条第12項に規定する帰属権利者の名
　　　称、主たる事務所の所在地及び法人番号（当
　　　該帰属権利者が当該他の公益信託の受託者で
　　　ある場合には、当該他の公益信託の受託者の
　　　氏名又は名称、住所若しくは居所又は本店若
　　　しくは主たる事務所の所在地及び個人番号又
　　　は法人番号（当該他の公益信託の受託者が二
　　　以上ある場合には、その主宰受託者の氏名又
　　　は名称を含む。並びに当該他の公益信託の
　　　名称）並びに当該帰属権利者が当該移転を受
　　　け、又は当該他の公益信託の信託財産として
　　　受け入れる資産の使用開始予定年月日（同条
　　　第15項において準用する同条第5項後段に規
　　　定する政令で定める事情がある場合には、そ
　　　の事情の詳細を含む。）及び使用目的
　　四　第2号に規定する財産等（当該財産等が、
　　　当該当初公益信託の受託者が特定贈与等を受
　　　けた財産以外のものである場合には、当該財
　　　産）を当該当初公益信託の受託者に当該特定
　　　贈与等をした者の氏名及び住所又は居所並び
　　　に当該特定贈与等に係る贈与又は遺贈をした
　　　年月日及び承認年月日並びに当該財産の種
　　　類、所在地及び数量
　　五　その他参考となるべき事項
30　法第40条第13項に規定する財務省令で定める
　事項は、次に掲げる事項とする。
　　一　特定贈与等を受けた公益法人等から法第40
　　　条第6項に規定する合併により資産の移転を
　　　受けた同条第13項に規定する公益合併法人の
　　　名称、主たる事務所の所在地及び法人番号並
　　　びに当該合併をした年月日

　　二　当該公益合併法人が当該合併により移転を
　　　受けた資産が法第40条第13項に規定する財産
　　　等であることを知つた日並びに当該資産の種
　　　類、所在地、数量、使用開始年月日（同条第
　　　15項において準用する同条第5項後段に規定
　　　する政令で定める事情がある場合には、その
　　　事情の詳細を含む。）及び使用目的
　　三　第1号の特定贈与等を受けた公益法人等の
　　　名称、主たる事務所の所在地及び法人番号
　　四　その他参考となるべき事項
31　法第40条第14項に規定する引継法人等が同項
　に規定する当初法人から同項に規定する引継財
　産の贈与を受けた場合又は同項に規定する引継
　財産を同項に規定する公益信託の信託財産とし
　て受け入れた場合における同項において準用す
　る同条第13項に規定する財務省令で定める事項
　は、次に掲げる事項とする。
　　一　当該引継法人等の名称、主たる事務所の所
　　　在地及び法人番号（当該引継法人等が当該公
　　　益信託の受託者である場合には、当該公益信
　　　託の受託者の氏名又は名称、住所若しくは居
　　　所又は本店若しくは主たる事務所の所在地及
　　　び個人番号又は法人番号（当該公益信託の受
　　　託者が二以上ある場合には、その主宰受託者
　　　の氏名又は名称を含む。）並びに当該公益信
　　　託の名称）並びに当該贈与を受け、又は当該
　　　公益信託の信託財産として受け入れた年月日
　　二　当該引継法人等が当該当初法人から当該贈
　　　与を受け、又は当該公益信託の信託財産とし
　　　て受け入れた資産が法第40条第14項に規定す
　　　る引継財産であることを知つた日並びに当該
　　　贈与を受け、又は当該公益信託の信託財産と
　　　して受け入れた同条第8項に規定する公益引
　　　継資産の種類、所在地、数量及び特定処分を
　　　受けた日の前日における価額
　　三　当該引継法人等が当該贈与を受け、又は当
　　　該公益信託の信託財産として受け入れた当該
　　　公益引継資産をもつて資産を取得した場合に
　　　は、その取得をした資産（次号において「代
　　　替公益引継資産」という。）の種類、所在地、
　　　数量、取得価額及び取得年月日
　　四　当該引継法人等の当該公益引継資産（代替
　　　公益引継資産を含む。）の使用開始年月日
　　　（法第40条第15項において準用する同条第5
　　　項後段に規定する政令で定める事情がある場
　　　合には、その事情の詳細を含む。）及び使用
　　　目的

406　第5章　参考資料

五　当該当初法人の名称、主たる事務所の所在地及び法人番号並びに特定処分を受けた年月日並びに当該特定処分後において法第40条第8項に規定する特定一般法人に該当することとなつた事情の詳細

六　当該公益引継資産が施行令第25条の17第24項第2号に掲げる引継財産である場合には、第18項又は第19項の規定により計算した金額及び当該金額の計算に関する明細

七　その他参考となるべき事項

32・33　(略)

34　法第40条第14項に規定する引継受託者が同項に規定する当初受託者から同項に規定する任務終了事由等により同項に規定する財産等の移転を受けた場合における同項において準用する同条第13項に規定する財務省令で定める事項は、次に掲げる事項とする。

一　当該引継受託者の氏名又は名称、住所若しくは居所又は本店若しくは主たる事務所の所在地及び個人番号又は法人番号（当該引継受託者に係る公益信託の受託者が二以上ある場合には、当該引継受託者以外の受託者の氏名又は名称、住所若しくは居所又は本店若しくは主たる事務所の所在地及び個人番号又は法人番号を含む。）、当該公益信託の名称並びに当該任務終了事由等に係る法第40条第14項に規定する認可又は届出の日

二　当該引継受託者が当該当初受託者から当該移転を受けた資産が法第40条第11項に規定する財産等であることを知つた日並びに当該財産等の種類、所在地、数量、使用開始年月日（同条第15項において準用する同条第5項後段に規定する政令で定める事情がある場合には、その事情の詳細を含む。）及び使用目的

三　当該当初受託者の氏名又は名称、住所若しくは居所又は本店若しくは主たる事務所の所在地及び個人番号又は法人番号、法第40条第11項に規定する任務終了事由等が生じた年月日並びに当該任務終了事由等の詳細

四　その他参考となるべき事項

35・36　(略)

37　施行令第25条の17第37項に規定する財務省令で定める事項は、次に掲げる事項とする。

一　法第40条第18項に規定する公益法人等の名称、主たる事務所の所在地及び法人番号（当該公益法人等が公益信託の受託者である場合には、当該公益信託の受託者の氏名又は名

称、住所若しくは居所又は本店若しくは主たる事務所の所在地及び個人番号又は法人番号（当該公益信託の受託者が二以上ある場合には、その主宰受託者の氏名又は名称を含む。）並びに当該公益信託の名称）

二　法第40条第18項に規定する受贈資産の種類、所在地及び数量

三　当該受贈資産を当該公益法人等に贈与又は遺贈をした者の氏名及び住所又は居所並びに当該贈与又は遺贈をした年月日

四　当該受贈資産につき法第40条第18項の規定による確認を求める理由（当該受贈資産が平成20年12月1日以後の贈与又は遺贈に係るものである場合には、当該確認を求めるやむを得ない理由を含む。）

五　その他参考となるべき事項

附　則　（令和6年財務省令第24号）　抄

（施行期日）

第1条　この省令は、令和6年4月1日から施行する。ただし、次の各号に掲げる規定は、当該各号に定める日から施行する。

一～三　(略)

四　第3条の17第2項第1号の改正規定、同条第9項の改正規定及び第18条の19の改正規定並びに次条の規定　公益信託に関する法律（令和6年法律第30号）の施行の日

五～七　(略)

○　租税特別措置法関係通達　抄

（公益の増進に著しく寄与するかどうかの判定）

40-12　措令第25条の17第5項第1号に規定する「当該贈与又は遺贈が…公益の増進に著しく寄与する」かどうかの判定は、11《法令に違反する贈与等》に該当するものを除き、当該贈与又は遺贈に係る公益目的事業が公益の増進に著しく寄与するかどうかにより行うものとして取り扱う。この場合の判定は、次に掲げる事項が、それぞれ次に掲げる要件を満たしているかどうかによるものとして取り扱う。

（1）　公益目的事業の規模

当該贈与又は遺贈を受けた公益法人等の当該贈与又は遺贈に係る公益目的事業が、その事業の内容に応じ、その公益目的事業を行う地域又は分野において社会的な存在として認識される程度の規模を有すること。

この場合において、例えば、次のイからヌ

5　公益信託　税法関連条文　407

までに掲げる事業がその公益法人等の主たる目的として行われているときは、当該事業は、社会的存在として認識される程度の規模を有するものに該当するものとして取り扱う。

イ　学校教育法（昭和22年法律第26号）第1条に規定する学校を設置運営する事業

ロ　社会福祉法第2条第2項各号及び第3項各号《定義》に規定する事業

ハ　更生保護事業法第2条第1項に規定する更生保護事業

ニ　宗教の普及その他教化育成に寄与することとなる事業

ホ　博物館法（昭和26年法律第285号）第2条第1項《定義》に規定する博物館を設置運営する事業

　　（注）　上記の博物館は、博物館法第11条《登録》の規定による博物館としての登録を受けたものに限られているのであるから留意する。

ヘ　図書館法（昭和25年法律第118号）第2条第1項《定義》に規定する図書館を設置運営する事業

ト　30人以上の学生若しくは生徒（以下「学生等」という。）に対して学資の支給若しくは貸与をし、又はこれらの者の修学を援助するための寄宿舎を設置運営する事業（学資の支給若しくは貸与の対象となる者又は寄宿舎の貸与の対象となる者が都道府県の範囲よりも狭い一定の地域内に住所を有する学生等若しくは当該一定の地域内に所在する学校の学生等に限定されているものを除く。）

チ　科学技術その他の学術に関する研究を行うための施設（以下「研究施設」という。）を設置運営する事業又は当該学術に関する研究を行う者（以下「研究者」という。）に対して助成金を支給する事業（助成金の支給の対象となる者が都道府県の範囲よりも狭い一定の地域内に住所を有する研究者又は当該一定の地域内に所在する研究施設の研究者に限定されているものを除く。）

リ・ヌ　（略）

（2）　公益の分配

当該贈与又は遺贈を受けた公益法人等の事業の遂行により与えられる公益が、それを必要とする者の現在又は将来における勤務先、職業などにより制限されることなく、公益を必要とするすべての者（やむを得ない場合においてはこれらの者から公平に選出された者）に与えられるなど公益の分配が適正に行われること。

（3）　事業の営利性

当該公益法人等の当該贈与又は遺贈に係る公益目的事業について、その公益の対価がその事業の遂行に直接必要な経費と比べて過大でないことその他当該公益目的事業の運営が営利企業的に行われている事実がないこと。

（4）　法令の遵守等

当該公益法人等の事業の運営につき、法令に違反する事実その他公益に反する事実がないこと。

40-13　措令第25条の17第5項第2号に規定する財産等が贈与又は遺贈に係る公益目的事業の用に直接供されるかどうかの判定は、原則として、当該財産等そのものが、当該贈与又は遺贈を受けた公益法人等の当該贈与又は遺贈に係る公益目的事業の用に直接供されるかどうかにより行うことに留意する。

ただし、株式、著作権などのようにその財産の性質上その財産を公益目的事業の用に直接供することができないものである場合には、各年の配当金、印税収入などその財産から生ずる果実の全部が当該公益目的事業の用に供されるかどうかにより、当該財産が当該公益目的事業の用に直接供されるかどうかを判定して差し支えないものとして取り扱う。この場合において、各年の配当金、印税収入などの果実の全部が当該公益目的事業の用に供されるかどうかは、例えば、12の（1）のト（（公益の増進に著しく寄与するかどうかの判定））に掲げる事業を行う公益法人等において学資として支給され、又は同チに掲げる事業を行う公益法人等において助成金として支給されるなど、当該果実の全部が直接、かつ、継続して、当該公益目的事業の用に供されるかどうかにより判定することに留意する。

（注）

1　建物を賃貸の用に供し、当該賃貸に係る収入を公益目的事業の用に供する場合は、ただし書の適用がないことに留意する。

2　配当金などの果実が毎年定期的に生じない株式などについては、ただし書の適用がないことに留意する。

408　第5章　参考資料

（「公益を目的とする事業の用に供する」こと
の意義）

70－1－13　措置法第70条第2項又は第10項の規
定により準用する同条第2項の規定の適用に当
たり、同項の贈与により取得した財産が公益を
目的とする事業の用に供されているかどうかの
判定は、贈与財産が、その贈与の目的に従って
当該公益法人の行う公益を目的とする事業（認
定特定非営利活動法人については、特定非営利
活動促進法第2条第1項に規定する事業をい
う。以下70－1－13において同じ。）の用に供
されているかどうかによるものとし、贈与財産
が贈与時のままでその用に供されているかどう
かは問わないものとする。したがって、例え
ば、同条第1項に規定する政令で定める法人の
建物その他の施設の取得資金に充当する目的で
贈与された金銭がそれらの施設の取得資金に充
当され、又は、配当金その他の果実を当該法人
の行う公益を目的とする事業の用に供する目的
で贈与された株式その他の財産の収益が当該法
人の当該事業の用に供されていることが、それ
らの財産の管理、運用の状況等から確認できる
ときは、これらの贈与財産は、いずれも当該法
人の公益を目的とする事業の用に供されている
ものとして取り扱うものであるから留意する。

○　地方税法（昭和25年法律第226号）　抄
（道府県民税に関する用語の意義）

第23条　道府県民税について、次の各号に掲げる
用語の意義は、それぞれ当該各号に定めるとこ
ろによる。

一・二　（略）

三　法人税割　次に掲げる法人の区分に応じ、
それぞれ次に定める道府県民税をいう。

イ　この法律の施行地に本店又は主たる事務
所若しくは事業所を有する法人（以下この
項及び第53条において「内国法人」とい
う。）　法人税額を課税標準として課する道
府県民税

ロ　（略）

三の二〜十八　（略）

2〜4　（略）

（寄附金税額控除）

第37条の2　道府県は、所得割の納税義務者が、
前年中に次に掲げる寄附金を支出し、当該寄附
金の額の合計額（当該合計額が前年の総所得金
額、退職所得金額及び山林所得金額の合計額の

100分の30に相当する金額を超える場合には、
当該100分の30に相当する金額）が2,000円を超
える場合には、その超える金額の100分の4
（当該納税義務者が指定都市の区域内に住所を
有する場合には、100分の2）に相当する金額
（当該納税義務者が前年中に特例控除対象寄附
金を支出し、当該特例控除対象寄附金の額の合
計額が2,000円を超える場合には、当該100分の
4（当該納税義務者が指定都市の区域内に住所
を有する場合には、100分の2）に相当する金
額に特例控除額を加算した金額。以下この項に
おいて「控除額」という。）を当該納税義務者
の第35条及び前条の規定を適用した場合の所得
割の額から控除するものとする。この場合にお
いて、当該控除額が当該所得割の額を超えると
きは、当該控除額は、当該所得割の額に相当す
る金額とする。

一・二　（略）

三　所得税法第78条第2項第2号から第4号ま
でに掲げる寄附金及び租税特別措置法第41条
の18の2第2項に規定する特定非営利活動に
関する寄附金（次号に掲げる寄附金を除く。）
のうち、住民の福祉の増進に寄与する寄附金
として当該道府県の条例で定めるもの

四　（略）

2〜14　（略）

（事業税に関する用語の意義）

第72条　事業税について、次の各号に掲げる用語
の意義は、それぞれ当該各号に定めるところに
よる。

一・二　（略）

三　所得割　所得により法人の行う事業に対し
て課する事業税をいう。

四・五　（略）

（事業税と信託財産）

第72条の3　信託の受益者（受益者としての権利
を現に有するものに限る。）は当該信託の信託
財産に属する資産及び負債を有するものとみな
し、かつ、当該信託財産に帰せられる収益及び
費用は当該受益者の収益及び費用とみなして、
この節の規定を適用する。ただし、集団投資信
託（法人税法第2条第29号に規定する集団投資
信託をいう。第3項において同じ。）、退職年金
等信託（同法第12条第4項第1号に規定する退
職年金等信託をいう。第3項において同じ。）、
公益信託等（同条第4項第2号に規定する公益
信託等をいう。第3項において同じ。）又は法

5　公益信託　税法関連条文　409

人課税信託の信託財産に属する資産及び負債並びに当該信託財産に帰せられる収益及び費用については、この限りでない。

2　信託の変更をする権限（軽微な変更をする権限として政令で定めるものを除く。）を現に有し、かつ、当該信託の信託財産の給付を受けることとされている者（受益者を除く。）は、前項に規定する受益者とみなして、同項の規定を適用する。

3　法人が受託者となる集団投資信託、退職年金等信託又は公益信託等の信託財産に属する資産及び負債並びに当該信託財産に帰せられる収益及び費用は、当該法人の各事業年度の所得の金額の計算上、当該法人の資産及び負債並びに収益及び費用でないものとみなして、この節の規定を適用する。

4　（略）

（法人の事業税の課税標準）

第72条の12　法人の行う事業に対する事業税の課税標準は、次の各号に掲げる事業税の区分に応じ、当該各号に定めるものによる。

一・二　（略）

三　所得割　各事業年度の所得

四　（略）

（地方消費税の納税義務者等）

第72条の78　地方消費税は、事業者の行つた課税資産の譲渡等（消費税法第2条第1項第9号に規定する課税資産の譲渡等のうち、特定資産の譲渡等（同項第8号の2に規定する特定資産の譲渡等をいう。第72条の84第1項第2号及び第2項において同じ。）並びに同法その他の法律又は条約の規定により消費税を課さないこととされるもの及び免除されるもの以外のものをいう。以下この節において同じ。）及び特定課税仕入れ（消費税法第5条第1項に規定する特定課税仕入れのうち、同法その他の法律又は条約の規定により消費税を課さないこととされるもの及び免除されるもの以外のものをいう。以下この節において同じ。）については、当該事業者（消費税法第9条第1項本文の規定により消費税を納める義務が免除される事業者（同法第15条第1項に規定する法人課税信託等の受託者にあつては、同条第3項に規定する受託事業者及び同条第4項に規定する固有事業者に係る消費税を納める義務が全て免除される事業者に限る。）を除く。）に対し、次項に規定する道府県が譲渡割により、同法第2条第1項第11号に規定する課税貨物（輸入品に対する内国消費税の徴収等に関する法律（昭和30年法律第37号）その他の法律又は条約の規定により消費税を課さないこととされるもの及び免除されるものを除く。）については、当該課税貨物を消費税法第2条第1項第2号に規定する保税地域から引き取る者に対し、当該保税地域所在の道府県が貨物割により課する。

2〜8　（略）

（譲渡割と信託財産）

第72条の80　信託の受益者（受益者としての権利を現に有するものに限る。）は当該信託の信託財産に属する資産を有するものとみなし、かつ、当該信託財産に属する資産に係る課税資産の譲渡等及び特定課税仕入れは当該受益者の課税資産の譲渡等及び特定課税仕入れとみなして、この節の規定を適用する。ただし、集団投資信託（法人税法第2条第29号に規定する集団投資信託をいう。）、法人課税信託（同条第29号の2に規定する法人課税信託をいう。次条第1項において同じ。）、退職年金等信託（同法第12条第4項第1号に規定する退職年金等信託をいう。）、公益信託（同項第2号に規定する公益信託をいう。次条第1項において同じ。）又は加入者保護信託（同号に規定する加入者保護信託をいう。）の信託財産に属する資産並びに当該信託財産に属する資産に係る課税資産の譲渡等及び特定課税仕入れについては、この限りでない。

2・3　（略）

（法人課税信託等の受託者に関するこの節の規定の適用）

第72条の80の2　法人課税信託又は公益信託（以下この条において「法人課税信託等」という。）の受託者は、各法人課税信託等の信託資産等（信託財産に属する資産並びに当該信託財産に属する資産に係る課税資産の譲渡等及び特定課税仕入れをいう。以下この条において同じ。）及び固有資産等（法人課税信託等の信託資産等以外の資産、課税資産の譲渡等及び特定課税仕入れをいう。次項において同じ。）ごとに、それぞれ別の者とみなして、この節（第72条の78から前条まで、第72条の85、第72条の91、第72条の92、第72条の95、第72条の101から第72条の104まで及び第72条の109から第72条の111までを除く。以下この条において同じ。）の規定を適用する。

2 前項の場合において、各法人課税信託等の信託資産等及び固有資産等は、同項の規定によりみなされた各別の者にそれぞれ帰属するものとする。

3 個人事業者が受託事業者（法人課税信託等の受託者について、前二項の規定により、当該法人課税信託等に係る信託資産等が帰属する者としてこの節の規定を適用する場合における当該受託者をいう。以下この項において同じ。）である場合には、当該受託事業者は、法人とみなして、この節の規定を適用する。

4 一の法人課税信託等の受託者が二以上ある場合には、各受託者の当該法人課税信託等に係る信託資産等は、当該法人課税信託等の信託事務を主宰する受託者（次項において「主宰受託者」という。）の信託資産等とみなして、この節の規定を適用する。

5 前項の規定により主宰受託者の信託資産等とみなされた当該信託資産等に係る地方消費税については、主宰受託者以外の受託者は、その地方消費税について、連帯納付の責めに任ずる。

6 前各項に定めるもののほか、法人課税信託等の受託者についてのこの節の規定の適用に関し必要な事項は、政令で定める。

（地方消費税の税率）

第72条の83 地方消費税の税率は、78分の22とする。

（形式的な所有権の移転等に対する不動産取得税の非課税）

第73条の7 道府県は、次に掲げる不動産の取得に対しては、不動産取得税を課することができない。

一・二 （略）

三 委託者から受託者に信託財産を移す場合における不動産の取得（当該信託財産の移転が第73条の2第2項本文の規定に該当する場合における不動産の取得を除く。）

四～二十一 （略）

（市町村民税に関する用語の意義）

第292条 市町村民税について、次の各号に掲げる用語の意義は、それぞれ当該各号に定めるところによる。

一・二 （略）

三 法人税割 次に掲げる法人の区分に応じ、それぞれ次に定める市町村民税をいう。

イ この法律の施行地に本店又は主たる事務所若しくは事業所を有する法人（以下この

項及び第321条の8において「内国法人」という。） 法人税額を課税標準として課する市町村民税

ロ （略）

四～十四 （略）

2～4 （略）

（寄附金税額控除）

第314条の7 市町村は、所得割の納税義務者が、前年中に次に掲げる寄附金を支出し、当該寄附金の額の合計額（当該合計額が前年の総所得金額、退職所得金額及び山林所得金額の合計額の100分の30に相当する金額を超える場合には、当該100分の30に相当する金額）が2千円を超える場合には、その超える金額の100分の6（当該納税義務者が指定都市の区域内に住所を有する場合には、100分の8）に相当する金額（当該納税義務者が前年中に特例控除対象寄附金を支出し、当該特例控除対象寄附金の額の合計額が2千円を超える場合には、当該100分の6（当該納税義務者が指定都市の区域内に住所を有する場合には、100分の8）に相当する金額に特例控除額を加算した金額。以下この項において「控除額」という。）を当該納税義務者の第314条の3及び前条の規定を適用した場合の所得割の額から控除するものとする。この場合において、当該控除額が当該所得割の額を超えるときは、当該控除額は、当該所得割の額に相当する金額とする。

一・二 （略）

三 所得税法第78条第2項第2号から第4号までに掲げる寄附金及び租税特別措置法第41条の18の2第2項に規定する特定非営利活動に関する寄附金（次号に掲げる寄附金を除く。）のうち、住民の福祉の増進に寄与する寄附金として当該市町村の条例で定めるもの

四 （略）

2～14 （略）

（固定資産税の納税義務者等）

第343条 固定資産税は、固定資産の所有者（質権又は100年より永い存続期間の定めのある地上権の目的である土地については、その質権者又は地上権者とする。以下固定資産税について同様とする。）に課する。

2 前項の所有者とは、土地又は家屋については、登記簿又は土地補充課税台帳若しくは家屋補充課税台帳に所有者（区分所有に係る家屋については、当該家屋に係る建物の区分所有等に

5 公益信託 税法関連条文 411

関する法律第2条第2項の区分所有者とする。以下固定資産税について同様とする。）として登記又は登録がされている者をいう。この場合において、所有者として登記又は登録がされている個人が賦課期日前に死亡しているとき、若しくは所有者として登記又は登録がされている法人が同日前に消滅しているとき、又は所有者として登記されている第348条第1項の者が同日前に所有者でなくなつているときは、同日において当該土地又は家屋を現に所有している者をいうものとする。

3～10　（略）

（固定資産税の非課税の範囲）

第348条　市町村は、国並びに都道府県、市町村、特別区、これらの組合、財産区及び合併特例区に対しては、固定資産税を課することができない。

2　固定資産税は、次に掲げる固定資産に対しては課することができない。ただし、固定資産を有料で借り受けた者がこれを次に掲げる固定資産として使用する場合には、当該固定資産の所有者に課することができる。

一～八　（略）

九　学校法人又は私立学校法第152条第5項の法人（以下この号において「学校法人等」という。）がその設置する学校において直接保育又は教育の用に供する固定資産（第10号の4に該当するものを除く。）、学校法人等がその設置する寄宿舎で学校教育法第1条の学校又は同法第124条の専修学校に係るものにおいて直接その用に供する固定資産及び公益社団法人若しくは公益財団法人、宗教法人又は社会福祉法人がその設置する幼稚園において直接保育の用に供する固定資産（同号に該当するものを除く。）並びに公益社団法人又は公益財団法人がその設置する図書館において直接その用に供する固定資産及び公益社団法人若しくは公益財団法人又は宗教法人がその設置する博物館法第2条第1項の博物館において直接その用に供する固定資産

十～四十五　（略）

3～10　（略）

（固定資産税の税率）

第350条　固定資産税の標準税率は、100分の1.4とする。

2　（略）

附　則

（公益法人等に係る道府県民税及び市町村民税の課税の特例）

第3条の2の3　道府県は、当分の間、租税特別措置法第40条第3項後段（同条第6項から第12項まで及び第13項（同条第14項において準用する場合を含む。以下この項において同じ。）の規定によりみなして適用する場合を含む。次項において同じ。）の規定の適用を受けた同条第3項に規定する公益法人等（同条第6項から第13項までの規定により特定贈与等に係る公益法人等とみなされる者を含む。次項及び第3項において同じ。）を同条第3項に規定する贈与又は遺贈を行つた個人とみなして、政令で定めるところにより、これに同項に規定する財産（同条第6項から第13項までの規定により特定贈与等に係る財産とみなされる資産を含む。次項において同じ。）に係る山林所得の金額、譲渡所得の金額又は雑所得の金額に係る道府県民税の所得割を課する。

2　市町村は、当分の間、租税特別措置法第40条第3項後段の規定の適用を受けた同項に規定する公益法人等を同項に規定する贈与又は遺贈を行つた個人とみなして、政令で定めるところにより、これに同項に規定する財産に係る山林所得の金額、譲渡所得の金額又は雑所得の金額に係る市町村民税の所得割を課する。

3　前二項の規定の適用がある場合には、次に定めるところによる。

一　前二項の規定の適用を受けた公益法人等（租税特別措置法第40条第1項第1号に掲げる者に限る。）に対する法人税法の規定の適用については、同法第38条第2項第2号中「係るもの」とあるのは、「係るもの及び同法附則第3条の2の3第1項又は第2項の規定によるもの（当該道府県民税又は市町村民税に係るこれらの規定に規定する財産の価額がこれらの規定に規定する当該公益法人等の各事業年度の所得の金額の計算上益金の額に算入された場合における当該道府県民税又は市町村民税に限る。）」とする。

二　前二項の規定の適用を受けた公益法人等（租税特別措置法第40条第1項第2号に掲げる者に限る。）に対する第9条の4の規定の適用については、同条第1項及び第2項中「事由」とあるのは、「事由又は公益信託に関する法律（令和6年法律第30号）第33条第3項の規定により読み替えて適用する信託法第

412　第5章　参考資料

56条第1項に規定する特定終了事由」とする。

三　前二項の規定の適用を受ける公益法人等が租税特別措置法第40条第1項第2号に規定する公益信託の受託者である場合において、当該公益信託の受託者が二以上あるときは、当該公益信託の信託事務を主宰する受託者（以下この号において「主宰受託者」という。）を前二項に規定する個人とみなしてこれらの規定を適用する。この場合において、当該主宰受託者に課するこれらの規定の財産に係る道府県民税又は市町村民税の所得割については、当該主宰受託者以外の受託者は、その道府県民税又は市町村民税の所得割について、連帯納付の責めに任ずる。

　附　則（平成19年法律第4号）

（信託法の制定に伴う道府県民税、事業税、地方消費税及び市町村民税に関する経過措置）

第12条　新法第9条の4、第10条の3、第11条の3、第13条の2、第14条の9、第16条の4、第17条の2、第19条の9、第20条の9の3、第23条、第24条、第25条、第52条、第53条、第55条、第62条、第72条から第72条の2の2まで、第72条の3、第72条の12、第72条の13、第72条の23、第72条の24、第72条の24の6から第72条の24の8まで、第72条の24の11、第72条の25、第72条の26、第72条の28、第72条の33から第72条の34まで、第72条の37、第72条の38、第72条の39から第72条の41まで、第72条の48、第72条の49の3、第72条の78、第72条の80、第72条の80の2、第292条、第294条、第296条、第312条、第321条の8、第321条の11及び第734条並びに附則第3条の2の3、第8条の4及び第9条の3の2の規定は、信託法の施行の日以後に効力が生ずる信託（遺言によってされた信託にあっては同日以後に遺言がされたものに限り、信託法の施行に伴う関係法律の整備等に関する法律（平成18年法律第109号）第3条第1項、第6条第1項、第11条第2項、第15条第2項、第26条第1項、第30条第2項又は第56条第2項の規定により同法第3条第1項に規定する新法信託とされた信託（以下この条において「新法信託」という。）を含む。第5項において同じ。）について適用し、同日前に効力が生じた信託（遺言によってされた信託にあっては同日前に遺言がされたものを含み、新法信託及び公益信託に関する法律（令和6年法律第30号）附則第

4条第1項に規定する移行認可を受けたものを除く。第5項において同じ。）については、この条に別段の定めがあるものを除き、なお従前の例による。

　附　則（令和6年法律第4号）

（施行期日）

第1条　この法律は、令和6年4月1日から施行する。ただし、次の各号に掲げる規定は、当該各号に定める日から施行する。

一～九　（略）

十　第3条（第4号及び次号に掲げる改正規定を除く。）並びに附則第8条第4項、第10条及び第37条の規定　公益信託に関する法律（令和6年法律第30号）の施行の日

十一　第3条中地方税法第37条の2第1項第3号及び第314条の7第1項第3号の改正規定並びに同法附則第3条の2の4第1項及び第3項の改正規定並びに附則第5条及び第19条の規定　前号に掲げる規定の施行の日の属する年の翌年の1月1日

第8条　（略）

2・3　（略）

4　附則第1条第10号に掲げる規定による改正後の地方税法第72条の3第1項ただし書及び第3項の規定は、同号に掲げる規定の施行の日（以下この項及び附則第10条において「10号施行日」という。）以後に効力が生ずる所得税法等改正法第2条の規定による改正後の法人税法（昭和40年法律第34号）第12条第4項第2号に規定する公益信託（公益信託に関する法律附則第4条第1項に規定する移行認可（以下この項及び附則第10条において「移行認可」という。）を受けた信託を含む。）について適用し、10号施行日前に効力が生じた公益信託に関する法律による改正前の公益信託ニ関スル法律（大正11年法律第62号）第1条に規定する公益信託（移行認可を受けたものを除く。）については、なお従前の例による。

第10条　附則第1条第10号に掲げる規定による改正後の地方税法第72条の78第1項、第72条の80第1項ただし書及び第72条の80の2の規定は、10号施行日以後に効力が生ずる同項ただし書に規定する公益信託（移行認可を受けた信託を含む。）について適用し、10号施行日前に効力が生じた公益信託に関する法律による改正前の公益信託ニ関スル法律第1条に規定する公益信託（移行認可を受けたものを除く。）については、

なお従前の例による。

○ 地方税法施行令（昭和25年政令第245号） 抄
（法人課税信託等の併合又は分割等）

第35条の7の3 信託の併合に係る従前の信託又は信託の分割に係る分割信託（信託の分割によりその信託財産の一部を他の信託又は新たな信託に移転する信託をいう。次項において同じ。）が法人課税信託（法第72条の80第1項ただし書に規定する法人課税信託をいう。次項及び第5項において同じ。）のうち法人税法第2条第29号の2イ又はハに掲げる信託（以下この項において「特定法人課税信託」という。）である場合には、当該信託の併合に係る新たな信託又は当該信託の分割に係る他の信託若しくは新たな信託（特定法人課税信託を除く。）は、特定法人課税信託とみなして、法第2章第3節の規定を適用する。

2 信託の併合又は信託の分割（一の信託が新たな信託に信託財産の一部を移転するものに限る。以下この項及び次項において「単独新規信託分割」という。）が行われた場合において、当該信託の併合が法人課税信託を新たな信託とするものであるときにおける当該信託の併合に係る従前の信託（法人課税信託を除く。）は当該信託の併合の直前に法人課税信託に該当することとなつたものとみなし、当該単独新規信託分割が集団投資信託（法第72条の80第1項に規定する集団投資信託をいう。以下この項において同じ。）又は受益者等課税信託（同条第1項に規定する受益者（同条第2項の規定により同条第1項に規定する受益者とみなされる者を含む。）がその信託財産に属する資産を有するものとみなされる信託をいう。以下この項において同じ。）を分割信託とし、法人課税信託を承継信託（信託の分割により分割信託からその信託財産の一部の移転を受ける信託をいう。以下この項及び次項において同じ。）とするものであるときにおける当該承継信託は当該単独新規信託分割の直後に集団投資信託又は受益者等課税信託から法人課税信託に該当することとなつたものとみなして、法第2章第3節の規定を適用する。

3 他の信託に信託財産の一部を移転する信託の分割（以下この項において「吸収信託分割」という。）又は二以上の信託が新たな信託に信託財産の一部を移転する信託の分割（以下この項において「複数新規信託分割」という。）が行われた場合には、当該吸収信託分割又は複数新規信託分割により移転する信託財産をその信託財産とする信託（以下この項において「吸収分割中信託」という。）を承継信託とする単独新規信託分割が行われ、直ちに当該吸収分割中信託及び承継信託（複数新規信託分割にあつては、他の吸収分割中信託）を従前の信託とする信託の併合が行われたものとみなして、前二項の規定を適用する。

4 法第72条の80の2第1項の規定の適用を受けた公益信託（法第72条の80第1項ただし書に規定する公益信託をいう。次項において同じ。）に対する法第9条の4第1項及び第2項の規定の適用については、これらの規定中「事由」とあるのは、「事由又は公益信託に関する法律（令和6年法律第30号）第33条第3項の規定により読み替えて適用する信託法第56条第1項に規定する特定終了事由」とする。

5 前各項に定めるもののほか、法人課税信託又は公益信託の受託者についての法第2章第3節又はこの節の規定の適用に関し必要な事項は、総務省令で定める。

附　則　（令和6年政令第138号）

この政令は、令和8年4月1日から施行する。ただし、次の各号に掲げる規定は、当該各号に定める日から施行する。

一　第35条の7の3及び第61条の改正規定並びに附則第3条の2の3第1項の改正規定（「附則第3条の2の4第1項」を「附則第3条の2の3第1項」に改める部分に限る。）及び同条第2項の改正規定（「附則第3条の2の4第2項」を「附則第3条の2の3第2項」に改める部分に限る。）　公益信託に関する法律（令和6年法律第30号）の施行の日

二　附則第3条の2の3第1項の改正規定（「附則第3条の2の4第1項」を「附則第3条の2の3第1項」に改める部分を除く。）及び同条第2項の改正規定（「附則第3条の2の4第2項」を「附則第3条の2の3第2項」に改める部分を除く。）　前号に掲げる規定の施行の日の属する年の翌年の1月1日

事項索引

【英字】
Cy Pres原則 ……………………………115

【あ行】
新しい時代の公益法人制度の在り
　方に関する有識者会議 ……………15
新たな公益信託制度の施行準備に
　関する研究会 ………………………23
移行期間 ………………………………154
移行期間満了日 ………………155, 160
移行認可 …………154, 159, 160, 206
移行認可に関する意見聴取 ………165
移行認可の基準 ………………………162
移行認可の欠格事由 ………………163
移行認可の申請 ………………156, 162
移行認可の申請のためにする信託
　の変更 ………………………163, 164
遺言 ………………………31, 70, 132
委託者課税 ……………13, 32, 175
委託者等の意向 ………………………7
委託者の権限 …………33, 39, 49, 71
委託者の地位 …………………………31
委託者の地位の移転 ………………31, 32
委託者の地位の相続 …32, 132, 133
一般特例 ………………………182, 184
印紙税非課税 ………………………199
インパクト投資 ………………………6, 8
運営委員会 ……………25, 54, 185

【か行】
買換特例 ………………………………187
関係機関の長に対する意見聴取 ……97,
　　　　　　　　　　　　122, 124, 165
勧告 ………………121, 139, 142, 144, 166
監督処分等 ………………121, 139, 141

技術的能力 ……………………………81
帰属権利者 ……49, 92, 93, 115, 118, 132
寄附金控除 ……………9, 13, 52, 174, 196
旧公益信託 ………………………154, 160
吸収信託分割 ………………………112
旧信託法公益信託 ………………154
旧法公益信託 ………………154, 158
行政庁 ………………28, 59, 68, 69, 77
行政庁の地位 ………………………37
許可審査基準 ………27, 53, 71, 74, 82, 86
経過措置 ………………………………154
軽微な信託の変更 …………99, 100, 101
経理的基礎 …………………79, 81, 82
源泉徴収 ………………………………203
限定責任信託 ………………………136
公益2法 ………………11, 17, 23
公益事務 ………………………65, 66, 81
公益事務割合 ………………………88, 104
公益事務を行う都道府県の区域 ……77
公益信託事務 ………………………65
公益信託事務継続予備財産 …………105
公益信託と目的信託の異同 …………47
公益信託認可 ………………53, 55, 154
公益信託認可の基準 ………………80
公益信託認可の申請 ………………75
公益信託認可の申請書の記載事項
　……………………………………76
公益信託認可の取消し …………123, 139,
　　　　　　　　　　　　142, 144, 166
公益信託認可の任意的取消事由
　……………………………………34, 123
公益信託認可の必要的取消事由
　……………………………………121, 123
公益信託の意義 ………………………63
公益信託の継続 ………………114, 195

事項索引　415

公益信託の効力‥‥‥‥75, 100, 113, 164
公益信託の終了‥‥‥114, 116, 117, 135
公益信託の終了事由‥‥‥113, 135, 136
公益信託の終了の届出‥‥‥116, 153
公益信託の清算‥‥‥‥115, 117, 155,
156, 157, 161
公益信託の清算の届出‥‥‥117, 153
公益信託の定義‥‥‥‥‥‥‥‥64
公益信託の併合（等）‥‥‥111, 113, 199
公益信託の変更の届出等‥‥‥101, 153
公益信託の変更の認可‥‥‥99, 115, 199
公益信託の名称‥‥‥53, 71, 74, 76
公益信託の名称保護‥‥‥71, 74, 169
公益信託の目的の変更‥‥‥100, 115
公益信託報酬‥‥‥‥91, 106, 107
公益信託報酬の支払基準‥‥‥78, 91,
106, 107, 109
公益先行信託‥‥‥‥‥‥‥‥74
公益認定‥‥‥‥‥‥‥29, 51, 55
公益認定等委員会‥‥‥57, 95, 138
公益認定等委員会への諮問‥‥‥121,
138, 139, 140, 167
公益認定等委員会への通知‥‥‥142, 168
公益法人information‥‥‥3, 15, 23, 111
公益法人制度改革関連３法‥‥‥10, 14
公益法人の設立‥‥‥‥‥‥8, 81
合議制の機関‥‥‥‥‥57, 145, 169
公示‥‥‥‥97, 102, 103, 116, 117, 121
控除対象財産‥‥‥‥‥‥‥‥105
固定資産税‥‥‥‥‥‥202, 203, 204

【さ行】
財産目録（等）‥‥‥37, 107, 109, 111
財産目録等の備置き及び閲覧‥‥34, 108
財産目録等の提出及び公表‥‥‥110
裁判所の地位‥‥‥‥‥‥‥‥37
残余公益信託‥‥‥‥‥‥‥‥74
残余財産の帰属‥‥‥‥‥‥‥118

事業計画書‥‥‥‥‥‥78, 79, 109
事業税‥‥‥‥‥‥‥‥198, 203
施行日‥‥‥‥‥‥‥23, 157, 205
自己信託‥‥‥‥‥‥‥‥31, 70
使途不特定財産（額）‥‥‥89, 105
収支の均衡‥‥‥‥‥‥‥87, 104
収支予算書‥‥‥‥‥‥78, 79, 109
受益者等課税信託‥‥‥‥‥12, 176
受益者の定めのない信託‥‥‥46, 47, 50,
64, 65, 73, 130
「受益者の定めのない信託」と「目
的信託」の関係‥‥‥‥‥‥‥51
受給者の地位‥‥‥‥‥‥‥‥36
受託者及び信託管理人の名簿‥‥‥109
受託者の解任‥‥‥‥‥‥102, 103
受託者の義務‥‥‥‥‥‥‥‥50
受託者の欠格事由‥‥‥‥33, 34, 95
受託者の権限‥‥‥‥‥‥‥34, 39
受託者の資格‥‥‥‥‥‥‥48, 81
受託者の辞任‥‥‥‥‥‥102, 103
受託者の辞任の届出等‥‥‥102, 153
受託者の地位‥‥‥‥‥‥‥‥33
受託者の任務終了事由‥‥‥34, 103,
134, 189
主務官庁‥‥‥‥‥‥‥‥59, 118
主務官庁制‥‥‥‥‥‥‥‥26
準備行為‥‥‥‥‥‥‥‥157, 171
譲渡所得等課税‥‥‥‥‥177, 181
譲渡所得等課税の非課税制度‥‥‥52,
177, 182
承認特例‥‥‥‥‥‥‥‥182, 187
消費税‥‥‥‥‥‥‥200, 201, 204
所得税の非課税‥‥‥‥200, 203, 205
新規信託分割‥‥‥‥‥‥‥‥112
審査請求に対する裁決‥‥‥‥‥140
新受託者の選任‥‥‥‥34, 99, 189
新信託管理人の選任‥‥‥‥35, 99
信託管理人‥‥‥‥‥‥‥‥48, 71

信託管理人の解任‥‥‥‥‥‥‥‥‥102
信託管理人の欠格事由‥‥‥‥35, 95, 96
信託管理人の権限‥‥‥‥36, 39, 49, 131
信託管理人の資格‥‥‥‥‥‥‥‥48, 82
信託管理人の辞任‥‥‥‥‥‥‥‥‥102
信託管理人の地位‥‥‥‥‥‥‥‥‥‥35
信託管理人の報酬‥‥‥‥‥‥‥‥35, 91
信託業法‥‥‥‥‥‥‥‥‥‥23, 59, 60
信託契約‥‥‥‥‥‥‥‥‥‥‥‥31, 70
信託行為に定める事項‥‥‥‥‥‥‥‥70
信託財産の運用‥‥‥‥‥‥17, 53, 86
信託の併合‥‥‥‥‥‥‥‥‥‥‥‥112
信託の変更‥‥‥‥‥‥‥‥‥‥99, 189
信託報酬‥‥‥‥‥‥‥‥‥‥‥‥90, 91
信託法の特則（等）‥‥‥‥45, 73, 75
信託法の特別法‥‥‥‥‥‥45, 63, 67
清算受託者‥‥‥‥‥‥‥‥72, 117, 124
是正の要求‥‥‥‥‥140, 145, 148, 149
善管注意義務‥‥‥‥‥34, 86, 130, 131
相続税の非課税制度‥‥‥‥‥‥193, 194

【た行】
代替資産の取得‥‥‥‥‥‥‥‥‥‥187
立入検査‥‥‥‥‥‥119, 142, 153, 166
地方消費税‥‥‥‥‥‥‥‥‥‥‥‥201
直接寄附‥‥‥‥‥‥‥‥‥‥‥6, 7, 8
追加信託‥‥‥‥‥‥‥‥‥‥‥‥‥31
投機的な取引‥‥‥‥‥‥‥‥‥17, 86
倒産隔離‥‥‥‥‥‥‥‥‥‥‥‥‥‥9
答申の公表‥‥‥‥‥‥‥‥‥140, 167
登録免許税‥‥‥‥‥‥‥‥‥202, 204
特定買換資産の特例‥‥‥‥‥‥‥‥188

特定寄附金‥‥‥‥‥‥‥‥‥‥‥‥13
特定公益信託‥‥‥‥13, 52, 174, 177, 178
特定公益増進法人に対する寄附金
‥‥‥‥‥‥‥‥‥‥‥‥‥‥‥‥13
特定資産公益信託‥‥‥‥81, 87, 88, 90
特定収入‥‥‥‥‥‥‥‥‥‥201, 202
特定終了事由‥‥‥‥‥‥‥‥‥‥134
特別の利益‥‥‥‥‥‥‥‥‥‥‥‥84

【な行】
認定特定公益信託‥‥‥‥‥‥‥13, 52,
174, 177, 178

【は行】
八条委員会‥‥‥‥‥‥29, 141, 144, 147
非課税承認の取消し‥‥‥‥‥‥‥187
非課税制度の継続‥‥‥188, 189, 191, 192
引受けの許可‥‥‥‥‥‥‥‥‥‥25
不動産取得税‥‥‥‥‥‥‥‥202, 204
別枠損金算入‥‥‥‥‥‥9, 13, 196, 198
報告徴収‥‥‥‥‥‥‥119, 142, 153, 166
法人課税信託‥‥‥‥‥‥175, 176, 201
法人住民税‥‥‥‥‥‥‥‥‥‥‥198

【ま行】
みなし受益者‥‥‥‥‥‥‥‥‥‥‥36
命令‥‥‥‥‥‥‥121, 139, 142, 144, 166
目的信託‥‥‥‥‥‥‥‥46, 50, 51, 64,
71, 75, 129, 130

【ら行】
利益相反の行為の例外‥‥‥‥‥‥‥131

事項索引　417

概説 新しい公益信託法

2025年3月31日　第1刷発行

編著者	古	谷	真	良	
著　者	太	田	道	寛	
	藤	井	梨	絵	
	大	塚	一	輝	
発行者	加	藤	一	浩	

〒160-8519　東京都新宿区南元町19

発 行 所　一般社団法人 金融財政事情研究会

編 集 部　TEL 03(3355)1721　FAX 03(3355)3763

販売受付　TEL 03(3358)2891　FAX 03(3358)0037

URL https://www.kinzai.jp/

DTP・校正：株式会社友人社／印刷：株式会社光邦

・本書の内容の一部あるいは全部を無断で複写・複製・転訳載すること、および
磁気または光記録媒体、コンピュータネットワーク上等へ入力することは、法
律で認められた場合を除き、著作者および出版社の権利の侵害となります。
・落丁・乱丁本はお取替えいたします。定価はカバーに表示してあります。

ISBN978-4-322-14493-2